# 朱子学年鉴

二〇二〇

朱子学会　厦门大学国学研究院　编

U0421010

华东师范大学出版社
上海·2022

**图书在版编目（CIP）数据**

朱子学年鉴. 2020/朱子学会,厦门大学国学研究院编. —上海:华东师范大学出版社,2022
ISBN 978-7-5760-2717-4

Ⅰ. ①朱… Ⅱ. ①朱… ②厦… Ⅲ. ①朱熹(1130—1200)-理学-研究-2020-年鉴 Ⅳ. ①B244.75-54

中国版本图书馆 CIP 数据核字(2022)第 042385 号

朱子学年鉴(2020)

编　　者　朱子学会　厦门大学国学研究院
责任编辑　吕振宇
特约审读　王莲华
责任校对　王丽平
装帧设计　左筱榛

出版发行　华东师范大学出版社
社　　址　上海市中山北路 3663 号　邮编 200062
网　　址　www.ecnupress.com.cn
电　　话　021-60821666　行政传真 021-62572105
客服电话　021-62865537　门市(邮购)电话 021-62869887
地　　址　上海市中山北路 3663 号华东师范大学校内先锋路口
网　　店　http://hdsdcbs.tmall.com

印 刷 者　上海昌鑫龙印务有限公司
开　　本　787×1092　16 开
印　　张　22.25
字　　数　428 千字
版　　次　2022 年 7 月第 1 版
印　　次　2022 年 7 月第 1 次
书　　号　ISBN 978-7-5760-2717-4
定　　价　88.00 元

出 版 人　王　焰

# 《朱子学年鉴》编委会

方炫姓(韩国建国大学哲学系)
尹　波(四川大学古籍所)
邓庆平(江西师范大学政法学院)
邓联合(山东大学哲学与社会发展学院)
申绪璐(杭州师范大学国学院)
田智忠(北京师范大学哲学学院)
史甄陶(台湾大学中国文学系)
冯　兵(华侨大学哲学与社会发展学院)
问永宁(深圳大学哲学系)
许家星(北京师范大学哲学学院)
苏费翔(德国特里尔大学汉学系)
李　典(德国特里尔大学汉学系)
李承贵(南京大学哲学系)
李春颖(中国政法大学国际儒学院)
连　凡(武汉大学哲学学院)
吴　宁(中山大学博雅学院)
吴吉民(《朱子文化》杂志社)
吴启超(香港中文大学哲学系)
何善蒙(浙江大学哲学系)
张丽华(上海师范大学哲学系)
张品端(武夷学院朱子学研究中心)
张瑞元(西安石油大学马克思主义学院)
张锦枝(上海社会科学院哲学研究所)
张新国(南昌大学哲学系)
陆建华(安徽大学哲学系)
陈晨捷(山东大学儒学高等研究院)
板东洋介(日本皇学馆大学)
周元侠(福建省社会科学院哲学研究所)
姜真硕(韩国外国语大学校)
宣炳三(韩国崇实大学哲学系)
徐公喜(上饶师院朱子学研究所)
殷晓星(日本学术振兴会)
殷　慧(湖南大学岳麓书院)
高海波(清华大学哲学系)

# 编 者 说 明

《朱子学年鉴》是朱子学会主办的文献性、资料性学术年刊。2020 卷力求如实反映 2020 年朱子学界的研究现状，让广大专家、学者和读者更全面、更深刻地了解和把握当今朱子学研究的重大事件、重要问题和主要趋向。

《朱子学年鉴》2020 卷主要内容有："特稿"栏目选登了中国人民大学哲学院张立文先生和清华大学国学研究院陈来教授的文章，前者探讨了理一分殊论：中国哲学元理，后者以朱子论"义"为中心，研究了古典儒学中"义"的观念。"朱子学研究新视野"栏目推介了朱汉民教授的《朱熹以理释仁的路径和意义》、乐爱国教授的《朱熹解〈论语〉中的"君子""小人"》、何俊教授的《程朱理学的话语型塑——以〈论孟精义〉为中心》、李承贵教授的《禅宗与朱熹理学的离合——以朱熹对禅宗的理解为视角》、陈逢源教授的《"传衍"与"道统"——〈四书大全〉中黄榦学术之考察》等。"全球朱子学研究述评"栏目比较详细地梳理了 2020 年中国台湾、北美、日本、韩国、欧洲等朱子学的研究现状，介绍了目前全球朱子学研究的最新进展。"朱子学书评""朱子学研究论著""朱子学研究硕博士论文荟萃""朱子学学界概况""朱子学学术动态""资料辑要"等栏目尽可能全面地展示 2020 年全球朱子学界的最新成果和学术动态。

在编辑过程中，编辑部对有关信息进行了反复核实，但其中肯定会有疏漏、不足，我们恳请专家、学者和广大读者批评指正。需要说明的是，鉴于本刊的特点，本卷对所转载或摘登以及被数字出版物收录的相关文献均不再另付稿酬。

《朱子学年鉴》2020 卷的编辑出版得到了海内外朱子学界学者、有关科研机构和高校的鼎力支持。对此，我们表示诚挚的谢意！

《朱子学年鉴》编辑部

2021 年 5 月

# 目录

## 朱子学书评



## 朱子学研究论著

### 学术专著

**学术论文**

## 朱子学学界概况

### 朱子学研究重大课题



## 朱子学学术动态



## 资料辑要

朱子学年鉴（2020）

# 特稿

# 理一分殊论：中国哲学元理

张立文

“五味万殊，而大同于美；曲变虽众，亦大同于和。”（《声无哀乐论》）五味有千差万别，但其同一之处是吃起来都很味美；曲的变化众多，其相同之处是都很和谐。理虽一，但其分万殊。理一分殊作为中国哲学特有思维方式，它是主体把握客体的理性体认的方式，是由诸多方面、不同质料构成的思维活动的复杂系统，是在不断实践活动中形成的思维结构，是一种相对定型、稳定的思维样式，是主体把握客体，主体通向客体的中介、桥梁，具有典型性、普适性、广大性，潜移默化地指导人们的实践活动。

## 一、理一分殊解

理一分殊是中国哲学探索道体的重要思维方式。程颐在评张载《西铭》[①]时说：“《西铭》之为书，推理以存义，扩前圣所未发，与孟子性善养气之论同功，岂墨氏之比哉？《西铭》明理一而分殊，墨氏则二本而无分。”[②]说明理一分殊的思维方式与墨氏二本无分的异趣。朱熹就学于李侗，李侗对朱熹说：“吾儒之学，所以异于异端者，理一分殊也。理不患其不一，所难者，分殊耳。”[③]李侗把“理一分殊”思维原则作为儒学与异端区分的标志。朱熹在《西铭》后有一段论述。“论曰：天地之间，理一而已。然‘乾道成男，坤道成女，二气交感，化生万物’，则其大小之分，亲疏之等，至于十百千万，而不能齐也。不有圣贤者出，孰能合其异而反其同哉。《西铭》之作，意盖如此。程子以为明理一而分殊，可谓一言以蔽之矣……一统而万殊，则虽天下一家、中国一人而不流于兼爱之弊；万殊而一贯，则虽亲疏异情、贵贱异等，而不梏于为我之私，此《西铭》之大指。”[④]譬如以乾为父，坤为母，男女构精，化生万物，有生之类，无物不然，这便是理一，而人物的诞生，各亲其亲子其子，千万不同，其分而殊。又譬如民吾同

---

① 《西铭》为《正蒙·乾称篇》一段文字。朱熹说张载“尝于学堂双牖，左书砭愚，右书订顽。伊川先生曰：‘是启争端，改曰东铭、西铭。’二铭虽同出于一时之作，然其词义之所指，气象之所及，浅深广狭，判然不同，是以程门专以西铭开示学者。”《西铭题解》，载《张子全书》，上海：商务印书馆，1935 年，第 1 页。

② 程颐：《答杨时论西铭书》，载《河南程氏文集》卷九，北京：中华书局，1981 年，第 609 页。

③ 黄宗羲、全祖望：《豫章学案》，载《宋元学案》卷三十九，北京：中华书局，1986 年，第 1291 页。

④ 《西铭》，载《张子全书》卷一，上海：商务印书馆，1935 年，第 8 页。

胞，长长幼幼为理一；然长长幼幼各不相同，是为分殊。孟子讲“亲亲而仁民，仁民而爱物”，为理一；其分不同，故所施不能无差等，为分殊。

理一分殊的“理”，无见于甲骨金文。《说文》：“理，治玉也。”治理玉石。“王乃使玉人理其璞而得宝焉，遂命曰：‘和氏之璧。’”①楚人和氏得玉璞于楚山中，献给楚厉王，玉人相之为石，刖和氏左足，厉王死后献给武王，玉人相之又曰石，刖其右足。和氏抱璞而哭于楚山之下三日三夜，文王使玉人治理其璞而得宝玉，这便是和氏璧。玉未经治理为璞。《广雅・释诂三》：“理，治也。”《广韵・止韵》：“理，料理。”《系辞下》：“理财正辞，禁民为非，曰义。”崔憬注：“夫财货，人所贪爱，不以义理之，则必有败也。”②人贪爱货财，见利忘义，必须以义治理，使其近于义。《字彙・玉部》：“理，正也。”为整理、修整。嵇康说：“劲刷理鬓，醇醴发颜，仅乃得之。”李善注：“《通俗文》曰：‘所以理发，谓之刷也。’”③强为之整理头发，才能厚醴发外形。由治理、整理，而医治。抱朴子说：“淳于能解颅以理脑，元化能刳腹以浣胃。”④淳于能解开头骨以医治脑病，元化能剖开肚子洗胃。疾病对人来说都是不好的事，因而引申惩治恶事恶人。《后汉书》载：“臣闻兴化致教，必由进善。康国宁人，莫大理恶。”⑤蔡茂指出，现在贵戚杀人不判死罪，伤人不依法论罪，刑戮弃而不用，罪恶便得不到惩治。理便有法纪之义。“先王寄理于竹帛，其道顺，故后世服。”（《韩非子・安危》）先王把法纪公布于竹帛，使后世遵守法纪。理亦指法官。《玉篇・玉部》：“理，治狱官也。”《管子・小匡》：“弦子旗为理。”尹知章注：“理，狱官。”法官执行法纪，都需要辨别善恶，区分、审辨。荀子讲：“相地而衰政，理道之远近而致贡。”杨倞注：“相，视也。衰，差也。”王念孙注：“《小雅・信南山传》：‘理，分地理也。’”⑥即审辨地的好坏而收税，区分路途的远近交送贡物。理也有申述、申辩的意思。《唐律疏议》载：“诸邀车驾及挝登闻鼓，若上表以身事自理诉而不实者，杖八十。”⑦故意增减情状，有所隐避诈妄者，从上书不实论处。

理的另一意义是纹理、条理、道理、准则、原理等。《广韵・止韵》：“理，文也。”荀子说：“形、体、色、理，以目异；声、音、清、浊、调、竽、奇声，以耳异。”理为纹理。荀子又说：“井井兮其有理也。严严兮其能敬己也。”杨倞注：“理，条理也。”⑧理为道理。《广雅・释诂三》：“理，道也。”《系辞》载：“易简而天下之理得矣。天下之理得，而成位乎其中矣。”韩康伯注：“天下之理莫不由于易简而各得

---

① 《和氏》，载《韩子浅解》，北京：中华书局，1960 年，第 99 页。
② 《系辞下》，载《周易集解纂疏》卷九，《丛书集成初编》，上海：商务印书馆，1936 年，第 422 页。
③ 《养生论》，载《嵇康集校注》卷三，北京：人民文学出版社，1962 年，第 145 页。
④ 《至理》，载《抱朴子内篇校释》卷五，北京：中华书局，1980 年，第 101 页。
⑤ 《蔡茂传》，载《后汉书》卷二十六，北京：中华书局，1965 年，第 907 页。
⑥ 《王制》，载《荀子简释》，北京：古籍出版社，1956 年，第 107 页。
⑦ 《斗讼》，《邀车驾挝鼓诉事》，载《唐律疏议》卷二十四，上海：商务印书馆，1929 年，第 9 页。
⑧ 《儒效》，载《荀子简释》，北京：古籍出版社，1956 年，第 88 页。

顺其分位也。"孔颖达疏:"正义曰:此则赞明圣人能行天地易简之化,则天下万事之理,并得其宜矣。"①理为道理、原则。在中国哲学中,程颐、朱熹理体论者,以理为天地万物终极的根源,是伦理道德的最高原则。

理一分殊的"一",有全满、相同、纯一、单独、统一、均平、协同、自身、本原等义。理一分殊的"分",见于甲骨金文。②《说文》:"分,别也。从八、从刀,刀以分别物也。"即把事物分开。《尚书》载:"庶绩咸熙,分北三苗。"孔安国传:"分北流之,不令相从。"③舜命令群臣之后,经三年考其功绩,经三考九年,黜陟幽明,明者升,暗者退之。三苗复不从教化,当黜,其群臣有善有恶,舜复分北流其三苗,善留恶去而分。分出、分派。"孔墨之后,儒分为八,墨离为三,取舍相反不同,而皆自谓真孔墨。"(《韩非子·显学》)分而在别。《玉篇·八部》:"分,隔也。"《系辞上》载:"方以类聚,物以群分,吉凶生矣。"韩康伯注:"方有类,物有群,则有同有异,有聚有分也。顺其所同则吉,乖其所趣则凶。"④方为同聚,物谓物色群党共在一处,而与他物相分别。若顺其所共则吉,乖戾所趣则凶。有同异,有聚分,便各有分担。《国语》载:"靡笄之役,韩献子将斩人,郤献子驾,将救之。至,则既斩之矣。郤献子请以徇。其仆曰:'子不将救之乎?'献子曰:'敢不分谤乎!'"韦昭注:"言欲与韩子分谤共非也。"⑤韩献子为司马,将斩人,郤献子以为罪在可赦,但既已斩人,郤献子欲与韩献子共同分担非谤之言。这种分担有一方给与他者的意蕴。《左传》载:"楚子使然丹简上国之兵于宗丘,且抚其民,分贫,振穷。"杜预注:"分,与也。振,救也。"⑥楚王派然丹在宗丘选拔检阅西部地区的武装,并安抚当地百姓,施舍贫贱,救济穷困。《玉篇·八部》:"分,施也,赋也,与也。"为分的意义。

另分也作份,如股份、成分、身份、部分、职分、缘分、情分以及度、分、量、原则等。徐灏《说文解字注笺·八部》:"分,分物谓之分,平声;言其所分曰分,去声。此方言轻重之分。"《左传》载:"昔我先王熊绎与吕伋、王孙牟、燮父、禽父并事康王,四国皆有分,我独无有。"杜预注:"四国,齐、晋、鲁、卫。分,珍宝之器。"⑦定公四年传,鲁、卫、晋三国之分,齐之分未闻而无有分。职分,《墨子·非乐上》载:"王公大人,蚤朝晏退,听狱治政,此其分事也。"王公大人职位分内的事。王公大人,也是其名分。《荀子》载:"中庸民不待政而化,分未定也,则有昭缪。"杨倞曰:"缪读为穆。"⑧父昭子穆。古代宗庙排列次序,祖庙在正中,后

① 《系辞上》,载《周易正义》卷七,《十三经注疏》,北京:中华书局,1980年,第76页。
② 《铁云藏龟》三八:四,《殷契粹编》一一九。金文《鬲攸从鼎》《大梁鼎》。
③ 《舜典》,载《尚书正义》卷三,《十三经注疏》,北京:中华书局,1980年,第132页。
④ 《系辞上》,载《周易正义》卷七,《十三经注疏》,北京:中华书局,1980年,第76页。
⑤ 《晋语五》,载《国语集解》卷十一,北京:中华书局,2002年,第381—382页。
⑥ 《昭公十四年》,载《春秋左传注》,北京:中华书局,1981年,第1365页。
⑦ 《昭公十二年》,载《春秋左传注》,北京:中华书局,1981年,第1339页。
⑧ 《王制》,载《荀子简释》,北京:古籍出版社,1956年,第99页。

代中父辈的庙在左，为昭，子辈的庙在右，为缪，以分别上下次序。在名分尚未确定之前，应象昭缪先出上下次序，不问其世族。“分均则不偏，势齐则不一，众齐则不使。”杨倞注：“分均，谓贵贱敌也。”[①]如果名分、身份相等，就无法统属了，权势相等就不能统一集中了，地位相等就谁也不能使用谁了，为名分等级次序辩护。名分等级次序，这是中国古代社会的制度，也是根本原则。荀子说：“况夫先王之道，仁义之统，《诗》《书》《礼》《乐》之分乎！”（《荀子·荣辱》）何况先王以仁义道德为统绪，以《诗》《书》《礼》《乐》为根本原则。名分、身份也是一种缘分、机遇、命运。白居易在《履道西门》中道：“豪华肥壮虽无分，饱暖安闲即有余。”虽然没有豪华肥壮的缘分和机遇，但吃饱穿暖还是过得去的。分既有分别、分开、分散、分解、分配等义，亦有身份、职分、缘分、情分、原则等义，具有多义性、广用性，也带来不确定性、混沌性。

理一分殊的“殊”，不见于甲骨金文。《说文》：“殊，死也。从歺，朱声。汉令曰：‘蛮夷长有罪，当殊之。’”段玉裁注：“凡汉诏云殊死者，皆谓死罪也。死罪者，首身分离，故曰殊死。”《庄子》载：“今世殊死者相枕也，桁杨者相推也，刑戮者相望也。”成玄英疏：“殊者，决定当死也。桁杨者，械也。夹脚及颈，皆名桁杨。六国之时及衰周之世，良由圣迹，黥劓五刑，遂使桁杨盈衢，殊死者相枕，残兀满路。相推相望，明其多也。”[②]殊死为断定要死，是为断绝。《广雅·释诂一》：“殊，断也。”又《释诂四》：“殊，绝也。”段玉裁《说文解字注·歺部》：“殊，一曰断也。各本无此四字，依《左传》释文补。断与死本无二义，许以字从歺，故以死为正义，凡物之断为别一义。”《左传》载：“武城人塞其前，断其后之木而弗殊。”杨伯峻注：“此谓砍伐树木而不使断绝。”[③]邾人在翼地筑城，取道离姑回去，武城人出兵挡住去路，又把退路两旁的树木加以砍伐而不使它断倒。邾军经此，武城人推倒树木，消灭邾军。《管子》载：“官而衣食之，殊身而后止，此之谓养疾。”尹知章注：“谓官给之衣食。殊，犹离也。疾离身而后止其养。”[④]离犹身首相离，异处。《玉篇·歺部》：“殊，《仓颉》云：‘殊，异也。’”《系辞下》载：“天下同归而殊途，一致而百虑。”孔颖达疏：“言天下万事终则同归于一，但初时殊异其涂路也。”[⑤]不同，有区别。《字汇·歺部》：“殊，别也。”《史记·太史公自序》载：“法家不别亲疏，不殊贵贱，一断于法。”不分别亲疏、贵贱，均依法处置。另，殊为特殊、特出。王充曰：“夫圣犹贤也，人之殊者谓之圣，则圣贤差小大之称，非绝殊之名也。”（《论衡·知实》）圣贤是人中特殊的、特出的人的称谓。圣人是超过一般的人。《后汉书》载：“母氏年殊七十，及弟棠等，远在绝域，不知死

---

① 《王制》，载《荀子简释》，北京：古籍出版社，1956年，第101—102页。

② 《在宥》，载《庄子集释》卷四下，北京：中华书局，1961年，第377页。

③ 《昭公二十三年》，载《春秋左传注》，北京：中华书局，1981年，第1441页。

④ 《入国》，载《管子校注》卷十八，北京：中华书局，2004年，第1034页。

⑤ 《系辞下》，载《周易正义》卷八，《十三经注疏》，北京：中华书局，1980年，第87页。

生。”李贤注：“殊，犹过也。”①古人以“人生七十古来稀”，超过七十更为长寿了。

理一天上来，分殊地中出。理一分殊是中国哲学思维的重要原理，它源远流长，丰厚多姿，构成“截然分析而必相对待”的分析系统，而非不重分析，而重“玄同”②。若无“名字”的分析，就难以构成中国哲学思维体系。理一分殊哲学思维方式敞开自我，既以生存世界、意义世界、可能世界为对象，在形相、无形相的融突和合中构成属人的世界的思想，又以反思思想的思想为对象，从思想自身及思想与思想之间矛盾话题，内在地实践变革，构成反思思想的思想，使哲学理论思维得以发展。

其一，治理的开出。自然、社会、人生各种现象复杂、多变，都需要治理，使无序转为有序。理的本义是治玉，治玉依据玉的纹理，使璞成为美玉。自然界经治理，而成宜居的环境，而成绿水青山的美境；社会经治国理政，而成安居乐业的地方；人际间经治理，而成有高尚伦理道德的君子；世界经治理，而成和平、发展、合作、共赢的命运共同体。一个国家只有经过治理，才能使政治、经济、文化、科技、制度、宗教、军事发挥正能量，走上正规道路，而和谐发展。治理自然、社会、人生，需要有一定的规章制度，惩恶扬善改造社会、人事，需要法纪，创造智能社会、智能人生，需要有一颗为人类谋幸福的心。人人若能讲仁爱、守诚信、崇正义、重民本、尚和合、求大同，社会、国家、世界就能成为真、善、美的人类命运共同体的世界。治理的开出和实施，亦要“观乎天文，以察时变；观乎人文，以化成天下”。“和氏璧”的遭遇，要察时变，自然、社会、人生的幸福和谐要有教化。

其二，理学的建构。宋元明清理学是在北宋所面临的国家、社会、人生诸多冲突和危机，与在化解其冲突和危机中智能创生的。思想家、哲学家在反思隋唐以来儒衰道盛、儒弱佛强中，强烈地唤起了儒学的生命智慧，在北宋“佑文”政策下兴起的新学风，冲破儒家经典文本的神圣光环，批判章句训诂之学，转为“六经注我”的义理之学。他们在融突和合儒、释、道三教的基础上，出入佛道，返归儒学，追究自然、社会、人生“所当然”与“所以然”，程颢称“吾学虽有所受，天理二字却是自家体贴出来”③。构建了以天理概念、范畴为核心话题的理学哲学思维体系，开理学崇尚理性的新学风、新思维。程颐评说：“周公没，圣人之道不行，孟轲死，圣人之学不传……先生（指程颢）出，倡圣学以示人，辨异端，辟邪说，开历古之沉迷，圣人之道得先生而后明，为功大矣。”④圣人之学的道统，孟子以后就断了，程颢接续道统，使圣人之学复明于世。二程理体学经杨时等

① 《梁竦传》，载《后汉书》卷三十四，北京：中华书局，1965 年，第 1173 页。

② 参见刘述先：《“理一分殊”的现代解释》，载《儒家思想与现代化》，北京：中国广播电视出版社，1992 年，第 522—523 页。

③ 《河南程氏外书》卷十二，载《二程集》，北京：中华书局，1981 年，第 424 页。

④ 《明道先生墓表》，载《河南程氏文集》卷一，《二程集》，北京：中华书局，1981 年，第 640 页。

"道南学派"的承传，至朱熹集理体学之大成。朱熹以理为核心话题，理具有形上学的存在价值。"未有天地之先，毕竟也只是理。有此理，便有此天地；若无此理，便亦无天地，无人无物，都无该载了！"①理是先天地、先人物，在天地之上的绝对存在者，是天地万物的终极根据。"且如万一山河大地都陷了，毕竟理却只在这里。"②理是度越山河大地、人物的绝对不灭的"净洁空阔的世界"。它是无形迹亦不会造作的精神世界。

其三，原则的协同。原则是人们在实践活动中言与行所依据的法则或根本标准。它是依据在实践中的客观实际需要而制定的规范人们言行活动的规则，是自然、社会、人生在其发展过程中一种本质的、必然的、稳定的联系的投射。因而，原则具有客体性，又寓于主体性之中。事物的本质往往隐藏在显露的现象背后，又往往处在共时性联系转变为历时性联系之中，但本质是构成事物诸多因素的内在联系，表现为各事物之间相互联系又区别的根本性质。原则的必然性，天地万物，多姿多彩，现象纷呈，在此之中有一种一而贯之的原理，在以其无形之手，指引着事物的发展变化，按一定的原理、原则运动，而不离一定的必然性轨道。原则只要具备一定的条件，就能循环往复起作用，普遍地实现出来。原则的本质性、必然性、稳定性的协同，原则的实施就更为完美。

其四，身份的面具。自古以降，任何社会均存在贫富贵贱的差别，生活于其中的人们亦随之扮演不同的角色，被戴上不同的面具，以表示不同的身份。这种不同身份，有的是自己不能左右的，如出身于高贵的家庭或富裕的家庭，如《红楼梦》中的贾宝玉；有的虽出身高贵或富裕，但后来败落了，而成为贫民，身份亦随之而变，面具亦变；有的虽出身贫贱，但依靠自己的勤奋，而富裕起来，人也变得高贵了，因为地位变了，于是面具亦换了。有人以此为时运、命运。命是有一定必然性的，如死生有命；运却具有偶然性，若能察时变，握缘分，便能否极泰来，改变身份。因此，人生在世，千变万化，永远处在"周虽旧邦，其命维新"之中，随时维新，才能永葆身份的青春。

其五，特殊的度越。特殊与普遍、殊相与共相、个性与共性往往相对而言。这种关系，在每领域、每事物以及运动过程中便会表现出来，体现事物的差异性、多样性。事物的特殊性、殊相、个性是事物之所以彼此相区别的标志，是认知事物之所以有不同作用的方法，是体认各种事物之所以有不同价值和意义的方式，是探求事物、事物与事物之间不协调、矛盾的化解方案，是寻找各种事物在不同形式的运动中所不显著的共相与共性，在寻求共相、共性中更能体认殊相、个性的价值。事物特殊性的本质，是引导、支配事物运动发展的主要作用因素。中国哲学理论思维要求度越特殊、殊相、个性，探索事物在运动过程中的普

---

① 黎靖德编，王星贤点校：《朱子语类》卷一，北京：中华书局，1986 年，第 1 页。
② 黎靖德编，王星贤点校：《朱子语类》卷一，北京：中华书局，1986 年，第 4 页。

遍性、共相、共性。在全球化、信息智能时代，全球互联、万物联通、合作共赢、命运同体，之所以可能，就在于事物运动中普遍地、共相地存在着共性。

当代呼唤理一分殊五层面内涵与时偕行，以适应人类生存世界、意义世界、可能世界在不断发展中的需要，这是理一分殊再生所面临的抉择。作为历史陈迹中的中国哲学的概念、范畴、命题，唯有苟日新、日日新，才能在共时性中发挥作用，在历时性中开出新生命。

## 二、共相与殊相

形形色色的哲学观，都是以自己殊相的理解去诠释人类生存和发展的价值，并彰显天地万物存在的根据的一种思维方式。理一分殊的思维方式有益于把握人的存在方式以及人与天地万物之间的关系。理一分殊纵向的源流、横向的超越，具有深刻性和合理性。《说文》载："一，惟初太极，道立于一，造分天地，化成万物。"这便是道一化万，或曰道一分殊。老子说："道生一，一生二，二生三，三生万物。"(《老子》第四十二章)由道一而二、三、万物的分殊思维形式。《系辞》载："易有太极，是生两仪，两仪生四象，四象生八卦。"朱熹注："太极者，其理也；两仪者，始为一画，以分阴阳；四象者，次为二画，以分大少(按即太阴太阳、少阴少阳)；八卦者，次为三画而三才之象始备。"太极为理、为道、为一，由两仪、四象、八卦，即由一分殊为八。周武王克殷，访问箕子，箕子以洪范陈之。洪范九畴，"初一曰五行，次二曰敬用五事，次三曰农用八政，次四曰协用五纪，次五曰建用皇极，次六曰乂用三德，次七曰明用稽疑，次八曰念用庶征，次九曰向用五福，威用六极。"①洪范分九个范畴，而每个范畴又分数个概念或实事，涉及政治、制度、农事、寿命、道德、伦理、信仰等各层面。由一而分殊为九，由九各分殊为多。作为治国理政之大法，是多方面的、多层次的。

春秋战国时，百家争鸣，孔子说："参乎，吾道一以贯之。"曾子曰："唯。"(《论语·里仁》)朱熹注曰："盖至诚无息者，道之体也，万殊之所以一本也；万物各得其所者，道之用也，一本之所以万殊也。以此观之，一以贯之之实可见矣。"②从道体而言，之所以分为万殊在于一本；从万物各得其所而言，一本而分殊为万。"若曰吾之所谓道者，虽有精粗、大小、内外、本末之殊，然其所以为道者，则一而已矣。"③万殊之不同，万物的形态、内外本末的形式分殊，其所以然如此则道一(理一)。庄子继承老子，他认为"厉与西施，恢诡谲怪，道通为一"(《庄子·齐物

---

① 《洪范》，载《尚书正义》卷十二，《十三经注疏》，北京：中华书局，1980年，第188页。

② 朱熹：《论语集注》卷二，载《朱子全书》第6册，上海：上海古籍出版社、合肥：安徽教育出版社，2002年，第95—96页。

③ 朱熹：《论语或问》卷四，载《朱子全书》第6册，上海：上海古籍出版社、合肥：安徽教育出版社，2002年，第688页。

论》）。厉丑西施美，成玄英注："夫纵横美恶，物见所以万殊；恢谲奇异，世情用之为颠倒。故有是非可不可，迷执其分。今以玄道观之，本来无二，是以妍丑之状万殊，自得之情惟一，故曰道通为一也。"①人物千差万别，万殊现象呈现于世，但以重玄之道来看，道通为一。韩非说："凡理者，方圆、短长、粗靡、坚脆之分也，故理定而后物可得道也。"（《韩非子·解老》）理体现为各种不同的、万殊的形态，万物万殊才可以被人说明其所以然的理，蕴含理一分殊之义。

秦汉隋唐时，《淮南子·天文训》载："道曰规，始于一，一而不生，故分而为阴阳，阴阳合和而万物生，故曰'一生二，二生三，三生万物'。"接着老子的道一分殊的思想，天地万物的化生是阴阳的和合。天地合阴阳之气，阴阳专精为四时，四时之散精为万物，即阴阳的聚和四时的散而分殊。陆贾说："天生万物，以地养之，圣人成之。功德参合，而道术生焉。故曰：张日月，列星辰，序四时，调阴阳，布气治性，次置五行，春生夏长，秋收冬藏。"②天地人互相参合，而一于道，所以分殊为日月、星辰、四时、阴阳等。《黄帝内经·素问》载："是明道也，此天地之阴阳也。夫数之可数者，人中之阴阳也；然所合，数之可得者也。夫阴阳者，数之可十，推之可百，数之可千，推之可万。"道一蕴含天、地、人中的阴阳。阴阳可数可推百万，可推即可分殊。《抱朴子》载："道也者，所以陶冶百氏，范铸二仪，胞胎万类，醞釀彝伦者也。"③道分万殊。陆贾是从宇宙论意义上的分殊；《素问》是从宇宙中存在五种不同气色影响人物的生化；葛洪从玄道，即玄一之道立论，陶冶百姓，经阴阳二仪，胞胎万殊。三者对道一分殊观点不同。王弼注老子《道德经》："万物万形，其归一也。何由致一，由于无也。由无乃一，一可谓无……既谓之一，犹乃至三。"④归一致道，道一、一生二，二生三，三生万物，万物万殊，"执一统众"。王弼接着老子讲，道是无，天下万物生于有，有生于无。"道生一"，经二、三，而生万殊的万物。"物皆各得此一以成。"隋代医学家杨上善接着《老子》《易传》思想讲，在《太素·知针石篇》中说："从道生一，谓之朴也。一分为二，谓天地也。从二生三，谓阴阳和气也。从三以生万物，分为九野、四时、日月乃至万物。"对道生一，由一而万物的化生过程做了系统的诠释，使道一万殊的思维形式逻辑转换为"理一万殊"的思维形式。

之所以讲道一分殊，是因为接着《老子》以道（无）为哲学理论思维的最高的、终极的根源。宋明时，构建了融突和合儒释道思维精华的新儒学的理学哲学理论思维体系。道一分殊的核心话题转变为理一分殊的核心话题。"理一分殊"话题首见于程颐《答杨时论〈西铭〉书》，但张载在《西铭》中没有讲"理一分

① 《齐物论》，载《庄子集释》卷一下，北京：中华书局，1961年，第70—71页。
② 《道基》，载《新语校注》卷上，北京：中华书局，1986年，第1—2页。
③ 《明本》，载《抱朴子内篇校释》卷十，北京：中华书局，1980年，第186页。
④ 《老子四十二章》，《老子道德经注》下篇，载《王弼集校释》，北京：中华书局，1980年，第117页。

殊”，这显然是程颐根据其理体学的观点对《西铭》思想的创造。《西铭》指出“民胞物与”思想，杨时误以为是墨子的兼爱思想，故评之有言体不及用之弊。二程思想经道南学派的传授，到朱熹集理体学之大成，其理也即道、太极，所以“道一分殊”顺理而为“理一分殊”。朱熹说：“伊川说得好，曰：‘理一分殊。’合天地万物而言，只是一个理；及在人，则又各自有一个理。”①接着程颐“理一分殊”话题对张载《西铭》做创造性的诠释。首先，朱熹将《西铭》与杨朱墨子加以分别，“言理一而不言分殊，则为墨氏兼爱，言分殊而不言理一，则为杨氏为我。所以言分殊，而见理一底自在那里；言理一，而分殊底亦在，不相夹杂。”②孟子曾批评杨墨为无君无父，而朱熹追究其错误的理论思维，是杨墨各执一偏，不能圆融理一与分殊，不理解理一分殊的相辅相成的关系。其次，以《西铭》通体是理一分殊。“《西铭》通体是一个理一分殊，一句是一个理一分殊。”“《西铭》要句句见理一分殊。”③有人说其间只有五六句是讲理一分殊。朱熹反驳说：“据某看时，‘乾称父，坤称母’，直至‘存吾顺事，没吾宁也’，句句皆是‘理一分殊’……逐句浑沦看，便是理一，当中横截断看，便见分殊。”④譬如“乾称父，坤称母”，便是理一而分殊；“予兹藐焉，混然中处”便是分殊而理一；“民吾同胞，物吾与也”，理一而分殊。从头至尾，句句是理一分殊。再次，理一分殊，“各自有等级差别”。《西铭》大纲是理一而分自尔殊。“自天地言之，其中固自有分别，自万殊观之，其中亦自有分别。不可认是一理了，只滚做一看，这里各自有等级差别。且如人之一家，自有等级之别。”⑤譬如“民吾同胞”，与自家兄弟同胞又自差别。有父、有母、有宗子、有家相等分别。杨时疑其为兼爱，是没有深晓《西铭》有其深意，不体悟有等级差别。也不能像谢艮斋那样，以“在上之人当理会理一，在下之人当理会分殊”⑥，这样就将理一分殊作两节看了。第四，理一分殊要从视域来看，“这有两种看：这是一直看下，更须横截看。若只恁地看，怕浅了。”⑦譬如说“乾称父，坤称母”，只下“称”字，便有分别。这个有直说底意思，也有横截说的意思。等而下之，以至为大君、为宗子、为大臣家相，若理为一，其分未尝不殊。朱熹从此四方面对《西铭》理一分殊作了系统深刻的、卓越的诠释，并结合仁义伦理道德，探赜仁义思维形式的仁的流出和义的各成物事。仁是发出来的，发出而不乱便是义。仁爱如爱亲、爱兄弟、爱亲戚、爱乡里、爱宗族，推而至爱天下国家，只是一个爱流出，其中有许多差等。既理一又分殊，两者融突和合。

后人曾对《西铭》逐句解释，而阐发“理一分殊”思想。张伯行在释“乾称父，

① 黎靖德编，王星贤点校：《朱子语类》卷一，北京：中华书局，1986年，第2页。
② 黎靖德编，王星贤点校：《朱子语类》卷九十八，北京：中华书局，1986年，第2521页。
③ 黎靖德编，王星贤点校：《朱子语类》卷九十八，北京：中华书局，1986年，第2522页。
④ 黎靖德编，王星贤点校：《朱子语类》卷九十八，北京：中华书局，1986年，第2522页。
⑤ 黎靖德编，王星贤点校：《朱子语类》卷九十八，北京：中华书局，1986年，第2524页。
⑥ 黎靖德编，王星贤点校：《朱子语类》卷九十八，北京：中华书局，1986年，第2528页。
⑦ 黎靖德编，王星贤点校：《朱子语类》卷九十八，北京：中华书局，1986年，第2525页。

坤称母，予兹藐焉，乃混然中处”说：“天下古今只有一理，而其分万殊。然理一分殊之道，人人皆得而尽之。”罗泽南解：“读《西铭》须晓得一个推字。逐句由自家之父母兄弟推到天地民物上去，便有个理一分殊在。”①下截说吾的父母，上截说天地，天地亦吾的父母，这就是一个理一分殊。罗泽南对“天地之塞，吾其体；天地之帅，吾其性”曰：“吾之体，与人之体，与万物之体，各一其体，分之殊也。究皆禀此天地之气，则理一矣。”②又曰：“‘民吾同胞，物吾与’，由分之殊者，推其理之一耳。民胞之中也有个理一分殊。”③曹端曾称赞朱熹对《西铭》理一分殊的阐发，他说：“《西铭》大意明理一分殊，文公注之，明且备矣。”④阐明、发扬理一分殊，突显其在中国哲学理论思维上的价值。

## 三、在与非在

自先秦到宋元明清，从道一分殊到理一分殊，构成了理一分殊流动的历史。理一分殊作为中国哲学理论思维道体的重要原理，它唯变所适地体现中国哲学的精神，展示中国哲学理论思维的特有方式。

苍苍太空，浩浩大地，既虚无飘缈，又万象杂陈。若以前者为无，则后者为有。黑格尔认为有（纯有）只是一种直接的单纯存在，无（纯无）是自身的单纯同一。他认为有与无都是毫无规定性的。在中国哲学理论思维系统中，有相当于存在，无相当于不存在。作为一种概念、范畴，不存在也是一种存在。无是体，有是用；无是理、道、太极，有是气、器、阴阳；前者是形而上者，是形而下者之所以存在的根源；后者是形而下者，是体现，表示前者的价值和功能。

“无”见于甲骨金文⑤。《说文》：“无，亡也。从亡，无声。”《玉篇·亡部》：“无，不有也。”无与有相对待。“有”见于甲骨金文⑥。《说文》：“有，不宜有也。《春秋传》曰：‘日月有食之。’从月又声。”林义光《文源》：“按：有非‘不宜有’之义。有，持有也。古从又持肉，不从月。”《玉篇·有部》：“有，不无也。”《正字通·月部》：“有，对无之称。”段玉裁《说文解字注》认为无是逃亡而今丧失不见而未有。《文源》认为无所见，便是无。这里段、林两解，都以感觉经验为判断有无的依据，其实无所见与所失，就无之概念、范畴来观并未消毁。徐灏在《说文解字注笺》中认为段玉裁的解释未达其本义，“本无其物，亦谓之无。”按全文的字形来观，有拥蔽无所见谓无的意思，亦有本无其物的意思，因而引申为虚无的

---

① 转引自林乐昌：《正蒙合校集释》下，北京：中华书局，2012年，第884—885页。
② 转引自林乐昌：《正蒙合校集释》下，北京：中华书局，2012年，第887页。
③ 转引自林乐昌：《正蒙合校集释》下，北京：中华书局，2012年，第888页。
④ 转引自林乐昌：《正蒙合校集释》下，北京：中华书局，2012年，第911页。
⑤ 《殷墟书契前编》七·三五·二。金文《盂鼎》《庚马盟书》。
⑥ 《殷墟粹编》一三，《殷墟文字甲编》1289。金文《盂鼎》《牆盘》。

无。《一切经音义》转引《声类》曰：“无，虚无也。”本不存在。有，是指有物体。《广雅·释诂》：“有，质也。”有物质。

在中国哲学理论思维逻辑结构中，理一是隐而不见的无，分殊的万象是可见的有。大千世界，天地人物终极的来源、根据是无抑或有？仁者见之为仁，智者见之为智，大体有这样几种形式。

天地何来，有无相生。感觉的东西瞬息万变，今是而昨非，但其理念不变，由此推出一个最基本的理念存在。在中国哲学理念中，有与无都是存在。古希腊人有一个信念：无中不能生有，世界都是有的变化。有就是有，无就是无。这与中国古代哲学思维却相反。老子说：“天下万物生于有，有生于无。”①河上公章句曰：“天下万物皆从天地生，天地有形位，故言生于有也。天地神明，蜎飞蠕动，皆从道生，道无形，故言生于无也。”②他将无释为道，道无形无名，所以说有生于无。王弼训释为“天下之物，皆以有为生。有之所始，以无为本。将欲全有，必反于无也。”③天下万物所以化生的逻辑过程是从有到无的过程，无是万物之所以化生的端始、元始、根源。老子对无的天地万物根源的发现，得自两方面启发：一是来自对客体事物的观察。“三十辐共一毂，当其无，有车之用；埏埴以为器，当其无，有器之用；凿户牖以为室，当其无，有室之用。”（《老子》第十一章）也来自自身日常生活的经验。二是从婴儿生产中得到启发，“谷神不死，是谓玄牝，玄牝之门，是谓天地根”（《老子》第六章）。冯友兰、任继愈都认为牝是一切动物母性生殖器，玄牝是象征幽深的、看不见的生产万物的生殖器，这是天地万物的根深、根据。裴頠对崇尚虚无、以无为本的思想进行批判。他“深患时俗放荡，不尊儒术”④。他们口谈浮虚，不遵礼法。于是他著《崇有》《贵无》二论，以矫虚诞之弊。主张天地万物的根源是有，而非无。他说：“夫至无者无以能生，故始生者自生也。自生而必体有，则有遗而生亏矣。生以有为已分，则虚无是有之所谓遗者也。故养既化之有，非无用之所能全也；理既有之众，非无为之所能循也……由此而观，济有者皆有也，虚无奚益于已有之群生哉。”⑤无不能生有，天地万物的始生，是自生，自生必有生的根源、依据，这便是“体有”。若以无生有，有受到损失，治理已经存在的群众，不是无为之所能做到的，成就有的均是有，虚无奚能助益群生。如果追究万物的有始无始，最终仍是有端始论。裴頠不求此，而讲始生者自生，自生的有就是其最终的根据。万有不能以无作为自己存在的根据。追究天地万物从哪里来的？或从无而来，或从有而来，构成具有中国哲学特色有无相生的思维形式。

---

① 《老子四十章》，载《老子新译》，上海：上海古籍出版社，1978 年，第 148 页。
② 《去用第四十》，载《老子道德经河上公章句》，北京：中华书局，1993 年，第 162 页。
③ 《四十章》，《老子道德经注》下，《王弼集校释》，北京：中华书局，1980 年，第 110 页。
④ 《裴頠传》，载《晋书》卷三十五，北京：中华书局，1974 年，第 1044 页。
⑤ 《裴頠传》，载《晋书》卷三十五，北京：中华书局，1974 年，第 1046—1047 页。

无形无名，有形有名。老子说："道，可道，非常道；名，可名，非常名。无名，天地之始；有名，万物之母。故常无，欲以观其妙，常有，欲以观其徼。此两者同出而异名。同谓之玄，玄之又玄，众妙之门。"（《老子》第一章）可言说的道，不是恒常的道；可说出的名，不是恒常的名。无名是天地的本始，有名是万物的根源，所以要从常无去体悟道的奥妙，从常有去体会道的端倪。无与有两者同一来源而名称不同，都是很幽深，幽深而幽深，这是一切变化的总门。恒常的道是度越了可见可说的道，恒常的名是度越了可称可说的名，所以其道其名非经验性、感觉性的有名有形，而是恒常性的无形无名。王弼解释说："凡有皆始于无，故未形无名之时，则为万物之始。及其有形有名之时，则长之、育之、亭之、毒之，为其母也。言道以无形无名始成万物，万物以始以成而不知其所以然，玄之又玄也。"①王弼接着老子讲，万物的原始，是无形无名的，是讲道以无形无名生成万物，及其有形有名而成物，便得到道的生长、养育，所以道是万物之母。"夫物之所以生，功之所以成，必生于无形，由乎无名。无形无名者，万物之宗也。"②无形无名，是万物所以生、所以成的所以然者，是万物的宗主；有形有名，是万物宗主的显现的各种形态的事物。如果说天地何来，有无相生，是天地万物所以生的终极根源、根据的话，那么无形无名、有形有名，是天地万物之所以生的根据和万物生成后所呈现、彰显的形态、形式，两者相辅相成。

在与不在，非无非有。在佛教般若空宗流行的情境下，僧肇认为诸多般若学说，并没有正确化解万物与宗极（本体）的关系，而是以离万物存在去追求超越的"宗极"。他在《不真空论》③中既批判了"六家七宗"中的本无、心无、即色三家思想，又回应了从何晏、王弼到裴頠、郭象的玄学有无、存在与不存在的话题。他认为论辩空无、物有的在与不在，必须确立一个"宗极"，即最高目标和本体。他说："夫至虚无生者，盖是般若玄鉴之妙趣，有物之宗极者也。"④以般若观照微妙的地方，是至虚无生的。无生是讲缘集诸法、非自非他、无生无灭，是物有的绝对虚无的存在。以此来观照般若学三家：心无家，其"得在于神静，失在物虚"。其得失既没有无心于万物，也没有万物未尝生的话题；本无家"情尚于无，多触言以宾无，故非有，有即无；非无，无亦无"。崇尚无，以无为本，把非有非无都说成无。僧肇认为般若空宗的本旨，不是以无为本来否定万有世界存在的价值。假如把非有说成绝无此有，非无说成绝无彼无，就不符本旨；即色家"明色不自色，故虽色而非色也"。僧肇认为各种现象无自性，都是虚假不真的。色即是空，不待因缘和合成物才讲空，无须否定色而求空。一切事物都由因缘和合而生起，不无而有；一切事物由因缘拆散而坏灭，不有而无。真有与真无不

① 《一章》，《老子道德经注》上篇，载《王弼集校释》，北京：中华书局，1980 年，第 1 页。
② 《老子指略》，载《王弼集校释》，北京：中华书局，1980 年，第 195 页。
③ 元康：《肇论疏》："诸法虚假，故曰不真，虚假不真，所以是空耳。"
④ 《不真空论》，《肇论》第二，载《大正藏》卷四十五。

待因缘和合而有与无,即存在与不存在,是常有、常无;待因缘和合与拆散的有与无,是假有、假无。就现象界而言,现象是存在的,非无;现象界是不真的,非有,非有非无,都是不真。《中观》云:"物无彼此。"一切事物存在从宗极上说,是无彼此之分的,彼此之分是人强名之的。

道教的成玄英在义疏老子《道德经》说:"妙本非有,应迹非无,非有非无,而无而有,有无不定,故言惚恍。"①本体道非无,即有,非有,即无。非无非有,即无即有。"言至道之为物也,不有而有,虽有不有,不无而无,虽无不无,有无不定,故言恍惚。"②就至道的道体而言,不有而本有,不无而本无;就至道所彰显的各种现象而言,虽有而不真有,虽无而不真无。有无不定,即有即无,即无即有。

有无内外,儒释虚实。张载曾"访诸释老,累年究极其说,知无所得,反而求之六经"③。入释、老,而又出释、老,辟释氏以心为法,以空为真;老子以无为为道。主张立气破空,立有破无。他说:"知虚空即气,则有无、隐显、神化、性命通一无二。"④虚空即气,气聚有形叫做有,不聚无形称无,都是气在变化运动中所呈现的不同形态,有无等,都通一于气,这是张载气体论哲学理论思维的贯彻。他认为"有无一,内外合"⑤。天地万物存在的终极根源是气,气有阴阳,屈伸相感无穷。"虽无穷,其实湛然;虽无数,其实一而已。阴阳之气,散则万殊,人莫知其一也;合则混然,人不见其殊。"⑥无穷无数,湛然为一气,其散万殊,不知其为一气的阴阳的分殊,其合便不知其分殊之万,开出气一分殊的新生面。朱熹与张载气一分殊异,而辟理一分殊之新境。朱熹反对老子有生于无,"《易》不言有无,老子言有生于无,便不是。"⑦有人问,佛教说空,老子说无,两者有何不同?朱熹回答说:"空是兼有无之名。道家说半截有,半截无。"佛教都是无,"大而万事万物,细而百骸九窍,一齐都归于无。终日吃饭,却道不曾咬着一粒米;满身著衣,却道不曾挂着一条丝"⑧。道家说无说有,只是有无两截看了。在有无、虚实话题上,儒佛有根本的区别。"儒释言性异处,只是释言空,儒言实;释言无,儒言有。"⑨以有无、虚实为儒释差分的标志。佛教所谓"敬以直内",只是

---

① 《老子义疏·第十四章》,载《中国哲学史教学资料汇编》(隋唐部分),北京:中华书局,1965年,第311页。
② 《老子义疏·第二十一章》,载《中国哲学史教学资料汇编》(隋唐部分),北京:中华书局,1965年,第312页。
③ 《张载传》,《宋史》卷四百二十七,载《张载集》附录,北京:中华书局,1978年,第385—386页。
④ 张载:《正蒙·太和篇》,载《张载集》,北京:中华书局,1978年,第8页。
⑤ 张载:《正蒙·乾称篇》,载《张载集》,北京:中华书局,1978年,第63页。
⑥ 张载:《正蒙·乾称篇》,载《张载集》,北京:中华书局,1978年,第66页。
⑦ 黎靖德编,王星贤点校:《朱子语类》卷一百二十五,北京:中华书局,1986年,第2998页。
⑧ 黎靖德编,王星贤点校:《朱子语类》卷一百二十六,北京:中华书局,1986年,第3012页。
⑨ 黎靖德编,王星贤点校:《朱子语类》卷一百二十六,北京:中华书局,1986年,第3015页。

空的，更无一物，却不会“方外”。圣人所谓“敬以直内”，则湛然、虚明，万理具足，方能“义以方外”。王廷相承张载的气体论，批评老子有与无的观点。他说：“道体不可言无，生有有无。天地未判，元气混涵，清虚无间，造化之元机也。有虚即有气，虚不离气，气不离虚，无所始，无所终之妙也。”①阴阳二气感化，群象显没，天地万物所由以生。有形的是气化，无形的亦是气，道寓于其中。

有无概念、范畴在中国哲学理论思维流动的历史中，具有不可或缺的重要价值。它贯通中国哲学始终，在各家各派学术论争中，不断换新颜。从中国哲学思维的源头上，儒道就开出两条路向。太卜掌三易之法，《周易》以乾卦为首卦，崇阴贵刚（男—阳爻），《归藏》以坤卦为首卦，崇阳贵柔（女—阴爻），而发为儒道两家。儒以承尧舜禹汤文武周公孔孟之道统，道以承黄老之道统。魏晋时，何晏、王弼祖述老庄，天地万物以无为本，立贵无派；裴頠祖述尧舜，立崇有派，并把佛教吸引来参与有无论争，而成时代思潮。有无之争既对待，又融合，在其流动发展过程中，有无从道体意义上纵横与道器、体用、本末、动静、一多、理物、常变、言意等概念、范畴相联通；从社会政治意义上，与有为与无为、名教与自然、内圣与外王、义内与方外等概念、范畴相交感，构成有无理论思维体系之网。或以道、理为体、本、一，或以无、有为体、本、一，构成道、理或无、有为“一”，器、用、末、物为分殊的多，而成“理一分殊”一种思维形式。

## 四、辨名与穷理

中国古人沿着追问“天地之上为何物”的思维理路，探求自然、社会、人生万象背后形而上之理，并以此形而上之理为度越形而下万殊之气的所以然者。理气概念、范畴在中国哲学理论思维流动历程中，汲取各个时代的思维精华，不断开出新生面、新气象、新意蕴，并成为宋明理学思潮的核心话题。

“理”不见于甲骨金文，甚至不见于《易经》《尚书》《论语》《老子》。其本意是治理玉器。《说文解字系传校勘记》引徐锴曰：“物之脉理惟玉最密，故从玉。”玉有脉理，依脉理而治，就为理。“气”见于甲骨金文②。均作气。《说文》：“气，云气也。象形。”段玉裁注：“象云起之貌。”气，繁体字作“氣”，《说文》：“气，馈客刍米也。从米，气声。《春秋传》曰：‘齐人来气诸侯。’”王鸣盛《蛾术编》：“案：气字隶变，以氣代气。”段玉裁注：“按：从食而氣为声，盖晚出俗字，在假氣为气之后。”高翔麟《经典异字释》：“气为古氣字，氣为古餼字。”气为古代赠送人的粮食或饲料。气为气体的通称。张载说：“所谓气也者，非待其蒸郁凝聚，接于目而后知之。”③犹冬天人呼出的气，遇冷而见白色的气体。是自然界冷热阴晴等现

① 王廷相：《慎言》卷一，载《王廷相集》，北京：中华书局，1989 年，第 751 页。
② 《殷墟书契前编》七·三六·二，《殷墟粹编》五二四。金文《大丰簋》《齐侯壶》《行气铭》。
③ 张载：《正蒙·神化篇》，载《张载集》，北京：中华书局，1978 年，第 16 页。

象。《左传》曰："天有六气……六气曰阴、阳、风、雨、晦、明也。"[①]六种气候的现象。《玉篇·气部》："气，候也。……又年有二十四气。"《黄帝内经·素问》载："五日谓之候，三候谓之气，六气谓之时，四时谓之岁，而各从其主治焉。"各随其五行的配合而分别当旺，五行随时间变化而递相承袭。中医理论中气指人体内流动着的富有营养、能使各器官正常发挥机能的精微的物质。气与血相待，气为阳，有动力；血为阴，为物质基础。又载："上焦开发，宣五谷味，熏肤、充身、泽毛，若雾露之溉，是谓气。"(《黄帝内经·灵枢》)五谷所化的精微的气，从上焦散布，熏蒸于皮肤，充养周身，滋润毛发，好像雾露一样溉养万物，这就叫做气。人之禀气充实而坚强，虚劣而缓弱。禀气充实，人的精神有气势。《左传》载："夫战，勇气也。一鼓作气，再而衰，三而竭。彼竭我盈，故克之。"[②]作战靠勇气，第一通鼓振作勇气，第二三通鼓就衰竭了。彼竭而我气势旺盛，所以能战胜。气势盛，而气力充足。《史记》载："夫去柳叶百步而射之，百发而百中之，不以善息，少焉气衰力倦，弓拨矢钩，一发不中者，百发尽息。"[③]离柳叶百步的远处而射，百发百中，到气力衰，有一发不中，以前射中的都废弃了。气不仅指人的气力，也指人的意气、意志、感情。《荀子·劝学》曰："有争气者，勿与辩也。"如果有人以意气从事，无理而争，则不与之辩论。亦指人的气象、气质。"今观儒臣自有一般气象，武臣自有一般气象，贵戚自有一般气象。不成生来便如此？只是习也……所以涵养气质，薰陶德性。"[④]各人的地位、名分不同，气质也不同，这是后天涵养、熏陶的结果。又指人的气数、命运。"问：'上古人多寿，后世不及古，何也？莫是气否？'曰：'气便是命也。'"[⑤]气的多元含义，在文学上是指作者的才性、气质，由此而形成作品的风格，或主张文以气为主，或主以意为主、气为辅。在哲学上或主"天地合气，万物自生"，"太虚不能无气，气不能不聚而为万物"的气体论者；或主理为形而上之道、生物之本，气为形而下之器、生物之具；或主浩然之气的主体精神。构成理与气逻辑思维关系，便形成理一分殊思维形式，亦形成气一分殊形式，以及心一分殊形式。

庖丁解牛，依乎天理。《庄子》载："庖丁为文惠君解牛，手之所触，肩之所倚，足之所履，膝之所踦，砉然响然，奏刀騞然，莫不中音，合于《桑林》之舞，乃中《经首》之会。文惠君曰：'嘻，善哉！技盖至此乎？'"(《庄子·养生主》)庖丁之刀已用了19年，所解牛有几千头，刀口与新磨刀一样锋利。这是因其依牛的天然的纹理解牛的缘故。"依乎天理，批大郤，导大窾，因其固然，技经肯綮之未尝，而况大軱乎！"成玄英疏："依天然之腠理，终不横截以伤牛。亦犹养生之妙

---

① 《昭公元年》，载《春秋左传注》，北京：中华书局，1981年，第1222页。
② 《庄公十年》，载《春秋左传注》，北京：中华书局，1981年，第183页。
③ 司马迁：《周本纪》，载《史记》卷四，上海：商务印书馆，1932年，第27页。
④ 《河南程氏遗书》卷十八，载《二程集》，北京：中华书局，1981年，第190页。
⑤ 《河南程氏遗书》卷十八，载《二程集》，北京：中华书局，1981年，第199页。

道，依自然之涯分，必不贪生以夭折也。"(《庄子·养生主》)技术之妙，游刃于空，体道之人，运至忘之妙智，游虚空之物境，境智相冥，至不一不异的境界。依乎天理为事物自身存在的具有一定指向的规则，而达万物之理。"万物有成理而不说，圣人者，原天地之美而达万物之理。"(《庄子·知北游》)人们只能依照天地万物固有的规则掌握它。此理，有自然而然的规则的意思。"去知与故，循天之理。"郭象注："天理自然，知故无为乎其间。"成玄英疏："内去心知，外忘事故，如混沌之无为，顺自然之妙理也。"①天理自然无为，不受内在、外在的心意和事故影响与支配，遵循自然之天理运动中的逻辑规则，人只能顺从天理，以天理为依归，这样便有忽视主体人的作用之缺陷，因此，荀子批评庄子"蔽于天而不知人"，可谓中肯。

物理可知，穷理尽性。管子也认为要依据事物的客观规则去做。他认为心在身体中居于君的地位，九窍各有职司，如百官的分职，"心处其道，九窍循理"(《管子·心术上》)。心君常能顺道，九窍所司，各循理而相应。物固有形，形固有名。"殊形异执，不与万物异理。"(《管子·心术上》)物形万殊，其理则一，犹理一分殊。这使理度越了具体事物的特称，而具有抽象的一般性的内涵。当理作为自然规则被思维反思时，规则的承担者是不可或缺的。管子认为这个承担者，应是阴阳二气。"是故阴阳者，天地之大理也。四时者，阴阳之大径也。"(《管子·四时》)阴阳间相互作用，体现了天地间运动的基本规则，四时为阴阳的运行。天地的大理以阴阳为生成。就此而言，承道家而又发展。管子又将理与礼、义等道德规范相联通，而与儒家相近。"义者，谓各处其宜也。礼者，因人之情，缘义之理，而为之节文者也。故礼者，谓有理也。理也者，明分以论义之意也。故礼出乎义，义出乎理，理因乎宜者也。"(《管子·心术上》)义是普遍适宜，礼是因人的亲疏、贵贱的情感而差分，而有礼仪的节文，体现了理的秩序、规则，以合符伦理道德的需要。

荀子以其智慧的理论思维，致广大的视域，概括先秦各家思想的得失，评价各家哲学的见蔽。他认为理是天地间事物的有序和规则。"疏观万物而知其情，参稽治乱而通其度，经纬天地而材官万物，制割大理而宇宙里矣。"杨倞注："里，当作理。"②通观万物而掌握其实际情况，考察社会治乱而通晓其限度，治理天地而利用万物，掌握自然和社会的全面道理，而使整个宇宙得到治理，达到治理自然、社会的自由。然而自然、社会现象是复杂多样的，既有共同的规则，亦有特殊的规则，百事异理，要学尽其理。自然、社会、人生之理是可知、可识的。"凡以知，人之性也；可以知，物之理也。以所以知人之性，求可以知物之理。"③人的本性具有认识能力，"物之理"即事物自身规则，是可以被认识的。

---

① 《刻意》，载《庄子集释》卷六上，北京：中华书局，1961年，第539—540页。
② 《解蔽》，载《荀子简释》，北京：古籍出版社，1956年，第296页。
③ 《解蔽》，载《荀子简释》，北京：古籍出版社，1956年，第304页。

人们以能认识事物的本性，去探求本可以被认识的事物规则，强调人类认知的能动性，物理是可知的，这是人的本性。可知的物之理如何穷尽。《说卦传》曰："观变于阴阳而立卦，发挥于刚柔而生爻，和顺于道德而理于义，穷理尽性以至于命。"李道平疏："立卦本于阴阳，故引下文立天之道曰阴阳以明之；爻有刚柔，故引下文立地之道曰柔与刚以明之。""坤为义。义者利之和；坤，顺也，故和顺于坤。乾为道为德，故道德谓乾，以坤顺乾，故曰和顺于道德。"虞翻注曰："以乾推坤，谓之穷理，以坤变乾，谓之尽性。性尽理穷，故至于命。"[①]虽解释《周易》卦爻的生立，意在发挥立天、立地、立人之道，外在的天道、地道与内在人道互相贯通，构成整体的三才之道。所谓理义，属于主体人道的道德观念，把道德与理义相联通，有和协顺成圣人之道以及治理人伦的理义。由内在的道德理义的推展，有两种趋势：一是从主体推致客体，穷究万物深奥道理，此理为事物的本性、性质。后来宋明理学家把穷理作为其重要的内容。二是向主体的深层推致，尽究主体所禀的性，指人的社会性的仁义道德等。

辨名析理，理事法界。先秦百家争鸣，思想相异，秦汉大一统，思想上要求统一。自然、社会、人生千头万绪，都需要进行辨别，以使名实相符。《吕氏春秋·离谓》载："故辨而不当理则伪，知而不当理则诈，诈伪之民，先王之所诛也。理也者，是非之宗也。"言论是表达意思的，言意相背离，国家就会乱，因此需要辨别清楚。辨别要以理为标准，辨别不符合理是伪的，即不真的；智不符合理为诈，即欺骗。理是辨别是非的根本。循理犹如执法，"胜理以治国则法立，法立则天下服矣。"[②]立法的前提在于理胜，无理也就无所谓立法，有法也不会遵守。因可"循名究理"，"审察名理"。《黄老帛书》载："审察名理冬(终)始，是胃(谓)厩(究)理。"能举曲直终始，便能循名究理，是指概念、范畴、推理等逻辑思维形式。只有遵循逻辑思维形式，才能获得正确认知。王衍认为"裴仆射善谈名理，混混有雅致"[③]。善名理、尚玄远是魏晋时尚。主旨是讲名分之理，必须名实相符。由"名分之理"随着品鉴人物才性时尚的兴起，便转向"辨名析理"。"若夫天地气化，盈虚损益，道之理也。法制正事，事之理也。礼教宜适，义之理也。人情枢机，情之理也。"刘昞注："以道化人，与时消息。以法理人，务在宪制。以理教之，进止得宜。观物之情，在于言语。"[④]质性平淡，心思详密，能通自然，为道理之家；质性警悟贯通，权术谋略机敏快捷，能应对烦乱多变的政务，为事理之家；天性素质和顺平隐，能论礼仪教化，明辨是非得失，为义理之家；质性机巧通达，推究事物实情本意，能适应性情的变化，为情理之家，这是辨名析理的彰

---

① 《说卦》，载《周易集解纂疏》卷十，《丛书集成初编》，上海：商务印书馆，1936 年，第 472—473 页。

② 《适音》，载《吕氏春秋校释》卷五，上海：学林出版社，1984 年，第 272 页。

③ 《言语》，载《世说新语笺疏》卷上，北京：中华书局，2015 年，第 92 页。

④ 《材理》，载《人物志》，北京：红旗出版社，1996 年，第 54 页。

显。刘邵形式上是辨别和评品人物抽象标准，实际上具有“因任而授官，循名而责实”的现实政治意义，提倡名实相符。王弼从名与实、一般与个别关系上发阐名理。“夫不能辩名，则不可与言理；不能定名，则不可与论实也……校实定名，以观绝圣，可无惑矣。”[①]只有辩名和定名，才能讲理与实；唯有订正其实与定名，才不会被迷惑。名、实、理三者中，实是辨名识理的基本条件，首先要明确名实的相符是否，才能析理。

隋唐时期，佛教、道教、儒教三教融突和合，共同创造了时代的哲学思潮。佛教无论在创宗立派、体系构建，还是在理论精密、思维创新等，都独占鳌头，特别在中国化过程中，具有特殊价值和意义。佛教各宗都善于对名相的分析。天台宗倡“三谛圆融”“一念三千”“无情有性”；唯识宗主万法唯识、百法八识；华严宗讲“无尽缘起”、六相、十玄门、四法界。华严宗以心性证悟的本体与现象、个别与一般、共相与殊相、整体与部分、三世与十世、广大与狭小、隐秘与显露等，既互相对待、分别，又相即相入、彼此相容、自在安立、圆融无碍。于是把世间总摄为四类，称四重法界。[②] 一为事法界。事即事物，法即诸法，界即分界。诸法各有自体，而分界又别，称法界。森罗万象的事物为因缘和合而生起，每一事物都包含着教义、理事、境智、行位、因果、依正、体用、人法、顺逆、感应等内容。相即相入，圆融无碍。二是理法界。诸法体性是理。指真如的法性、理性、实相、实际，这是事物共同体性。尽管有无尽的差分，但无穷的事法都是同一体性、法性、实相。三是理事无碍法界。理性与事物、体性与诸法，犹水即波、波即水，一而不二，一体相依。理无形相，全在相中。理事无碍，即理事相融：理遍于事门，事遍于理门，依理成事门，事能显理事，以理夺事门，事能隐理门，真理即事门，事法即理门、真理非事门、事法非法门。四是事事无碍法界。万事万物都处于相即相入、圆融无碍缘起之中。理如事门、事如理门、事含理事无碍门、通局无碍门、广狭无碍门、遍容无碍门、摄入无碍门、交涉无碍门、相在无碍门、普融无碍门。事事无碍法界既是四法界的归依，亦是修持的最高境界。

理气相依，共相殊相。宋明理学的构建，张载和二程为奠基者。二程从佛教华严宗四法界理论思维中激发出理为最高核心话题。《遗书》载：“问：‘某尝读《华严经》，第一真空绝相观，第二事理无碍观，第三事事无碍观，譬如境灯之类，包含万象，无有穷尽。此理如何？’曰：‘只为释氏要周遍，一言以蔽之，不过曰万理归于一理也。’”[③]程颐以“理事无碍法界”中把“一一事中，理皆全遍”的万理归于一理，倒过来，又把万理作为一理的显现，意蕴一理与万象的关系，似为理一分殊万象。二程把理与气联通，“有理则有气，有气则有数，鬼神者数也，

---

① 《老子指略》，载《王弼集校释》，北京：中华书局，1980年，第199页。

② 《华严法界玄境》卷一，《大正新编大藏经》卷四十五。

③ 《河南程氏遗书》卷十八，载《二程集》，北京：中华书局，1981年，第195页。

数者气之用也”①。形成理——气——数的逻辑结构系统。理为天地万物的根源、根据。理是度越于天地万物而存在的共相观念。“万物皆只是一个天理”，是独一无二的，圆满自足的。理本身无形体，假形器殊相而显现；理是天地万物必然的所以然；理为事物的规则，伦理道德的规范。朱熹发扬张载和二程哲学理论思维。他赋予气以凝聚、造作、絪缊的内涵，又把气作为理的挂搭处、附着处。但又与张载异，朱熹不同意以气为天地万物的形而上本源，这是把形而下当作形而上学了；也不同意万物散而为太虚之气，朱熹以万物散复归于理，而不是气。然王廷相、吴廷翰批评程朱理为天地万物根据的观念。吴廷翰说：“理即气之条理，用即气之妙用。”②气度越理，而成为形而上之气，理是形而上之气的妙用。颠倒程、朱的理气关系，即形而上下的颠倒。“盖一气之始，混沌而已。无气之名，又安有理之名乎？及其分而为两仪，为四象，为五行、四时、人物、男女、古今，以至于万变万化，秩序井然，各有条理，所谓脉络分明而已。”③一气的所分，万变万化，从阴阳两仪，到男女人物等，各有条理，是为气一分殊的意蕴。王夫之为气体学的集大成者，他说：“一气之中，二端既肇，摩之荡之而变化无穷。”④一气和合体中，阴阳二气开始发生，便产生互相摩擦冲突、互相动荡作用，而推动世界事物无穷变化。“然则万殊之生，因乎一气，二气之合，行于万殊。”⑤由一气而生万殊，即气一分殊的表述。

吴廷翰、王夫之等气体学派开出与程朱相对待气一分殊说，而程朱仍然坚持其理一分殊说，这是以理为终极的天地万物的根源和根据。尽管朱熹认为理与气相依不离，相分不杂，但从理上看，“有是理，便有是气，但理是本”⑥。“以本体言之，则有是理，然后有是气。”⑦本，本体，相当于本质、根据、为理；与本对言便为末，表现为气。从逻辑先后说：“但推上去时，却如理在先，气在后相似。”⑧“有此理，便有此气流行发育。”⑨从逻辑次序看，先者具有主导、主要的涵义，于是便导致谁生谁的问题。“太极生阴阳，理生气也。”⑩“有是理，后生是气。”⑪尽管理需通过气的造作成万物，然理却存在生物的潜能，即能指导、指引

① 《天地篇》，《河南程氏粹言》卷二，载《二程集》，北京：中华书局，1981年，第1227页。
② 吴廷翰：《吉斋漫录》卷上，载《吴廷翰集》，北京：中华书局，1984年，第8页。
③ 吴廷翰：《吉斋漫录》卷上，载《吴廷翰集》，北京：中华书局，1984年，第6—7页。
④ 王夫之：《张子正蒙注》卷一，载《船山全书》第12册，长沙：岳麓书社，1992年，第42页。
⑤ 王夫之：《张子正蒙注》卷一，载《船山全书》第12册，长沙：岳麓书社，1992年，第38页。
⑥ 黎靖德编，王星贤点校：《朱子语类》卷一，北京：中华书局，1986年，第2页。
⑦ 《孟子或问》卷三，载《朱子全书》第6册，上海：上海古籍出版社、合肥：安徽教育出版社，2002年，第934页。
⑧ 黎靖德编，王星贤点校：《朱子语类》卷一，北京：中华书局，1986年，第3页。
⑨ 黎靖德编，王星贤点校：《朱子语类》卷一，北京：中华书局，1986年，第1页。
⑩ 《太极图说·集说》，载《周子全书》卷一，上海：商务印书馆，1937年，第7页。
⑪ 黎靖德编，王星贤点校：《朱子语类》卷一，北京：中华书局，1986年，第2页。

气的造作生物，理在挂搭、附着、顿放气的时候，便起到了指导、指引的作用。“无此气，则此理如何顿放”[1]，“无是气，则是理亦无挂搭处”[2]。气是理的挂搭、顿放的承担者、载体，而不落入佛老空无的地位。理气融合而造作万物以后，理便寓于万物之中，万物与理的关系，犹如理一与万物的关系，这便是理一分殊，它“如月印万川”。朱熹说：“如水中月，须是有此水，方映得那天上月，若无此水，终无此月也。”[3]天上只有一个月亮，犹如理一，映在千千万万的江湖大海之中，千千万万个湖海之中，都有一个月亮，这个月亮与天上月亮全完一样，丝毫不差，即是天上月亮的全部，而不是分有部分。它不是通常所说的个别与一般、殊相与共相的关系，而是一与多的关系。此“一”不是实体，不是死物，而是虚体，是有生命的活物；实体有不可入性，虚体能海纳百川，死物生命停息，活物生生不息。理一，蕴涵阴阳二气，道一蕴涵天地人三才。正因为理一是活生生的，所以能不断分殊，分殊的万物可映出理一的本相、本质。无分殊的万物，理一就无能彰显，便失去其价值和存在意义。理一是净洁空阔的世界，是无限的虚体，有是有限的形相、无形相，是万物和现象。理一分殊的中国哲学理论思维元理，是理“一”与分殊“多”的相对相融、相分相合；是无与有的相待相辅、相别相依，是无限与有限的关系。黑格尔曾把无限分为“真无限”与“坏无限”，或称理性的无限与知性的无限。真无限是否定之否定，是某物与别物、有限与无限的融合，是一个至大无外的整体，是无限的自由原则，坏无限总有外在的有限物限制其自由。[4] 与其相对待，有真无限与坏无限之差分。真有限没有离开有限性范围而达到无限，坏有限是对有限的简单否定与扬弃。这就是理一分殊原理所导致的一多原理与有限无限原理。一为多而存在，多为一而存在；无限度越有限，有限包容无限。

自先秦道一分殊，而后宋明而有气一分殊、理一分殊，亦有心一分殊，呈现多样性形态，由其多样而显致广大而尽精微的中国哲学理论思维的深刻和严密，丰厚而精奥。在信息智能时代，既存在互联网、物联网、大数据、云计算构成联通世界以至太空的人类命运共同体的理一，又存在各国、各民族、各种族、各宗教和平、发展、合作、共赢的分殊。理一分殊元理具有普适性的理论价值和现实意义。

（基金项目：国家社会科学基金重大项目　17ZDA012）

（原载《社会科学战线》2020 年第 2 期，
作者单位：中国人民大学哲学院）

---

① 黎靖德编，王星贤点校：《朱子语类》卷四，北京：中华书局，1986 年，第 64 页。

② 黎靖德编，王星贤点校：《朱子语类》卷一，北京：中华书局，1986 年，第 3 页。

③ 黎靖德编，王星贤点校：《朱子语类》卷六十，北京：中华书局，1986 年，第 1430 页。

④ 参见张世英：《哲学导论》，载《张世英文集》第 6 册，北京：北京大学出版社，2016 年，第 57—58 页。

# 论古典儒学中“义”的观念

## ——以朱子论“义”为中心

陈 来

在钱穆的《朱子新学案》一书中,有专章“朱子论仁”,但无专章“朱子论义”。近年学者很关注朱子论礼,但仍少有关注论义者。本文即欲对此问题加以简述,以进一步加深对朱子学基本道德概念与经典诠释的理解。

“义”字,《说文解字·我部》的解说是:“己之威仪也。从我羊。”这一说法中,“我羊”是讲字形结构,“威仪”是强调原始字义。以义字字形(義)采用我羊,这是依据小篆。而威仪之说,有学者认为义(義)是仪(儀)的本字,其字形像人首插羽为饰,充作仪仗。在这个意义上,《说文解字》的“威仪”是指出义的字源意义,而非通用意义[①]。然而无论如何,《说文解字》用威仪解释“义”字意义的说法显然不能解释先秦古籍中“义”字作为道义、正义等价值概念的用法。

## 一、古代以“宜”释“义”的传统

先秦文献中对义的使用解说不少,其中属于文字学的解释是“义者,宜也”。以宜解义,虽然亦不能涵盖先秦文献对“义”的使用的诸意义[②],但此说出现甚早,亦颇流行。其较早者,见于《中庸》:

> 仁者,人也,亲亲为大;义者,宜也,尊贤为大;亲亲之杀,尊贤之等,礼所生也。

朱子注云:“杀,去声。人,指人身而言。具此生理,自然便有恻怛慈爱之意,深体味之可见。宜者,分别事理,各有所宜也。礼,则节文斯二者而已。”[③]朱子强调,“宜”是事理之宜乎如此者。

以宜解义,也见于其他先秦子书,如:

> 仁者,仁此者也;礼者,履此者也;义者,宜此者也;信者,信此者也。(《礼记·祭义》)

> 义者,谓各处其宜也。礼者,因人之情,缘义之理,而为之节文者也。

---

① 刘翔:《中国传统价值观诠释学》,上海:上海三联书店,1996年,第112—113页。

② 陈弱水指出过以宜训义的局限,参见陈弱水:《说“义”三则》,《公共意识与中国文化》,北京:新星出版社,2006年,第159页。

③ 朱熹:《四书章句集注》,北京:中华书局,2011年,第30页。

故礼者，谓有理也。理也者，明分以谕义之意也。故礼出乎义，义出乎理，理因乎宜者也。(《管子·心术上》)

义者，君臣上下之事，父子贵贱之差也，知交朋友之接也，亲疏内外之分也。臣事君宜，下怀上宜，子事父宜，贱敬贵宜，知交友朋之相助也宜，亲者内而疏者外宜。义者，谓其宜也，宜而为之，故曰："上义为之而有以为也。"(《韩非子·解老》)

义，宜也。爱，仁也。(《郭店楚墓竹简·语丛三》)[①]

《说文解字·宀部》曰："宜，所安也。"从"所安"来看，可知宜的本意为合适、适宜，引申为适当、应当。所以宜字本偏重于实然，而非直指当然，其当然义较轻。故以宜释义，使得义的价值意涵变得不太确定，这是此种训释在伦理学上的弱点。这一弱点对"义"的后来发展，起了不小的影响。由于以宜训义出现较早，几乎成为既成的标准解释，故后来者几乎都要照搬此说，或在引述此说的基础上，再加以申发。

从《中庸》的"仁者人也，亲亲为大；义者宜也，尊贤为大"可知，其"义者宜也"，应属声训。按：古时的声训是用音近或音同的词去说明被解释词的字义或来源。声训起源很早。如《易传》说："乾，健也；坤，顺也"(《说卦传》)，"夬，决也"，"晋，进也"(《彖传》)，如《论语·颜渊》"政者，正也"，《中庸》"仁者，人也"，《孟子·滕文公上》"庠者养也，校者教也，序者射也"，这些都是声训。义者宜也，也是如此。但声训有时是出于猜度，主要是利用音义关系阐明某种主张，未必反映了语言的历史事实。声训之法到汉代应用较广，汉末刘熙作《释名》一书，专门用声训解说词义。

西汉大儒董仲舒解说义字仍不离"宜"之：

故曰义在正我，不在正人，此其法也。夫我无之求诸人，我有之而诽诸人，人之所不能受也。其理逆矣，何可谓义？义者，谓宜在我者。宜在我者，而后可以称义。故言义者，合我与宜以为一言。以此操之，义之为言我也。(《春秋繁露·仁义法》)

这是以宜和我二义合一，来解释义字的意义，只是他强调义者在我，故他解释的宜，也是宜在我。这与朱子所讲的宜是事之宜、理之宜是不同的。

汉代以后，以宜解义还是较为多见的。《论语·学而》有子曰"信近于义"，皇侃疏：

信，不欺也；义，合宜也。[②]

邢昺疏：

人言不欺为信，于事合宜为义。[③]

---

① 荆门市博物馆编：《郭店楚墓竹简》，北京：文物出版社，1998年，第211页。

② 皇侃撰，高尚榘校点：《论语义疏》卷一，北京：中华书局，2013年，第18页。

③ 《论语注疏》卷一，北京：北京大学出版社，1999年，第11页。

《论语·先进》"由也为之，比及三年，可使有勇，且知方也"，邢昺疏：

注"方，义方"。正义曰：义，宜也。方，道也。言能教之使知合宜之道也。《左传》曰："爱子教之以义方。"①

《论语》二《疏》都是以合宜训义。邢昺《疏》讲宜是于事合宜，强调事之宜，这一点为朱子所继承。此前韩愈《原道》说"博爱之谓仁，行而宜之之谓义"②，也是以宜论义。可见这个传统的影响之大。

特别值得注意的是，上述董仲舒的说法表示，义的对象是我，而义的本质是"正"。这在先秦儒家已多有其例，如我以前指出过的③，《礼记·乐记》已经说过"仁以爱之，义以正之"，《礼记·丧服四制》也说"礼以治之，义以正之"，《荀子·赋》则说过"行义以正"。儒家以外，墨子更明确提出"义者正也"（《天志》），义者正也，表示义具有"正其不正以归于正"的"规范"意义。庄子"端正而不知以为义，相爱而不知以为仁"（《天地》），也透露出以爱为仁，以正为义的用法。可见，除了宜以训义之外，以正释义，在战国时期已经相当流行，并延续到汉代。相比起来，以宜训义，是一种训诂学的方式；而以正释义，是一种语用学的方式。

另外，除了义的定义外，义的特性在古代亦有论列，如《郭店楚墓竹简·五行》有"强，义之方；柔，仁之方"④之语，用刚强来刻画义的特性，与仁柔相对。《荀子·法行》"温润而泽，仁也；栗而理，知也；坚刚而不屈，义也"，明确以义为刚，以仁为柔。这一思想对汉以后的思想也有重要影响。《易传·系辞》"理财正辞，禁民为非，曰义"，也体现了此种刚的特性所体现的伦理性质，及其与"以正释义"的关联。汉代扬雄《法言·君子》更说到"君子于仁也柔，于义也刚"。我曾指出，郭店《五行》篇以亲爱论仁，以果敢论义，以恭敬论礼，其中对仁和礼的理解与春秋以来德行论基本相同，而以果敢论义，已表现出与春秋时代的不同⑤。这些与春秋不同的"义"的理解，正是对后世有重要影响的内容。

## 二、汉唐注疏以"裁断"论"义"

汉以后，在以"宜"解"义"外，出现了新的两种解释，即以"裁制"和"断决"解释"义"之意义。东汉开始的对义字的这两点解释，对朱子影响甚大。

先来看裁制之说。东汉末年的《释名》谓："义，宜也。裁制事物，使合宜也。"⑥这种定义影响甚为深远。《礼记·表记》中有"义，天下之制也"，但意义

① 《论语注疏》卷一一，北京：北京大学出版社，1999年，第155—156页。
② 韩愈：《原道》，刘真伦、岳珍校注：《韩愈文集汇校笺注》，北京：中华书局，2010年，第1页。
③ 陈来：《仁学本体论》，北京：生活·读书·新知三联书店，2014年，第133页。
④ 荆门市博物馆编：《郭店楚墓竹简》，第151页。
⑤ 陈来：《竹帛〈五行〉与简帛研究》，北京：生活·读书·新知三联书店，2009年，第159页。
⑥ 刘熙：《释名》卷四，《释言语第十二》，北京：中华书局，1985年，第52页。

不明确。《释名》此处以合宜解释义，来自先秦“义者宜也”的声训，而其裁制思想则可能受到《礼记》“义者，正也”、《易传·系辞》“理财正辞，禁民为非，曰义”的影响。所谓裁制，是指裁非正偏，管制规范。以“裁制”解说义字之义，始自《释名》。从对事的态度来看，前引邢疏“于事合宜为义”，强调了事的需要，但与《释名》的说法仍有不同。《释名》的讲法是从主体上说，人裁制事物，使事物各个得宜。而邢疏是说人做事要合乎宜然，重在客体方面。

与“裁制”义相通，汉代同时出现用“断决”释义字之义：

> 义者，宜也，断决得中也。（《白虎通德论·情性》）

《白虎通》用“断决”，《释名》用“裁制”，二义对后世解释“义”字，影响尤大，汉以后经学注疏中多用之。

应该指出，这两种解释也还是都结合了“宜”来作说明。如《论语·为政篇》北宋邢昺“正义曰”：

> 《白虎通》云：“五常者，何谓？仁、义、礼、智、信也。仁者不忍，好生爱人。义者宜也，断决得中也。礼者履也，履道成文。智者知也，或于事，见微知著。信者诚也，专一不移。故人生而应八卦之体，得五气以为常，仁、义、礼、智、信是也。”①

又如北宋孙奭《孟子注疏·题辞解》“正义曰”：

> 《释名》曰：“仁，忍也，好生恶杀，善恶含忍也。义，宜也，裁制事物使合宜也。”②

除了以上在注疏中直接引用《白虎通》和《释名》对义的界定外，还有不少文献包括注疏用“裁制”或类似的词语解释“义”。

《论语义疏》卷七皇疏“上好义，则民莫敢不服”云：

> 君上若裁断得宜，则民下皆服，义者，宜也。③

这是以裁断得宜为“义”，继承了《释名》的定义。

《论语义疏》卷一皇侃疏：

> 五常，谓仁义礼智信也。就五行而论，则木为仁，火为礼，金为义，水为信，土为智。人禀此五常而生，则备有仁、义、礼、智、信之性也。人有博爱之德谓之仁，有严断之德为义，有明辨尊卑敬让之德为礼，有言不虚妄之德为信，有照了之德为智。此五者是人性之恒，不可暂舍，故谓五常也。④

这是皇侃《疏》对马融“三纲五常”的解释，其以严断之德为义，承继了《白虎通》。

《孟子注疏》卷三上“正义”：

> 能合道义以养其气，即至大至刚之气也。盖裁制度宜之谓义，故义之

---

① 《论语注疏》卷二，第24—25页。“或于事”整理本注曰：“或”，今《白虎通》作“不惑”。

② 《孟子注疏》，北京：北京大学出版社，1999年，第5页。

③ 皇侃撰，高尚榘校点：《论语义疏》卷七，北京：中华书局，2013年，第329页。

④ 皇侃撰，高尚榘校点：《论语义疏》卷一，北京：中华书局，2013年，第42页。

用则刚；万物莫不由之谓道，故道之用则大。气至充塞盈满乎天地之间，是其刚足以配义，大足以配道矣。此浩然大气之意也。①

裁制度宜与裁断得宜相同。以义之用为刚，也应是汉儒的说法。

此种“裁制”的解释，在《论语》《孟子》注疏而外，其他文献亦然。如萧吉《五行大义》卷三“论五常”言“义者以合义为体，裁断以为用”，“金以义断，裁制万物”②，孔颖达疏《礼记·乐记》中说到“礼以裁制为义”，“义主断割，礼为节限”③，杜光庭《道德真经广圣义》卷三十言“裁制断割者，义也”④，“仁有偏爱之私，义有裁制之断”⑤。《太平广记》卷六十一：“此则裁制之义无所施，兼爱之慈无所措，昭灼之圣无所用，机谲之智无所行。天下混然，归乎大顺，此玄圣之大旨也。”⑥宋陈舜俞《都官集》卷六《说实》：“义者得宜之名也，裁制画一，义之实也。”⑦宋胡瑗《周易口义》“必得其义以裁制之，则各得其宜也”⑧，“以禁民之有非僻者，使皆合于义，而得其宜矣。然则所谓义者，盖裁制合宜之谓义也”。⑨ 司马光《古文孝经指解》：“政者正也，以正义裁制其情。”⑩这里提出的以正义裁制，还是有意义的。

同样，汉唐其他注疏中也多见以“断决”“断割”“断制”解释“义”的说法。孔颖达疏《礼记·中庸》“天命之谓性”及郑玄注时说“云‘金神则义’者，秋为金，金主严杀，义亦果敢断决也”⑪。事实上，《老子河上公章句》中对“上义为之”的解释就是“为义以断割也”。唐玄宗《御注道德真经》解“上义为之而有以为”时说：“义者裁非之义，谓为裁非之义，故曰为之。有以裁非断割，令得其宜，故云而有以为。”⑫宋元之际胡三省在《资治通鉴》注中也说“西方金位，主秋，色白，配义，义者以断决为本”。⑬

再来看“断制”之义：

---

① 《孟子注疏》卷三上，北京：北京大学出版社，1999年，第81页。
② 引自刘国忠《〈五行大义〉研究》附录五《五行大义》校文，沈阳：辽宁教育出版社，1999年，第225、226页。
③ 《礼记正义》卷三七，北京：北京大学出版社，1999年，第1094页。
④ 杜光庭：《道德真经广圣义》卷三十，引自《道德经集释》下册，北京：中国书店，2015年，第805页。
⑤ 杜光庭：《道德真经广圣义》卷三十，引自《道德经集释》下册，北京：中国书店，2015年，第801页。
⑥ 李昉等编：《太平广记》卷六一《女仙六·王妙想》，北京：中华书局，1961年，第377页。
⑦ 陈舜俞：《都官集》卷六，文渊阁《四库全书》本，第32页b。
⑧ 胡瑗：《周易口义》卷一，文渊阁《四库全书》本，第3页b。
⑨ 胡瑗：《周易口义》卷一二，文渊阁《四库全书》本，第12页a。
⑩ 司马光：《古文孝经指解》，清《通志堂经解》本，第19页b。
⑪ 《礼记正义》卷五二，第1423页。
⑫ 引自《道德经全集》第3册，北京：北京联合出版公司，2017年，第1252页。
⑬ 《唐纪》五十四，《资治通鉴》卷二三八，北京：中华书局，2013年，第6430页。

南北朝《无上秘要》卷六引《妙真经》说："仁义好施，以义制断。"①

北宋王昭禹说：

次席则以次列成文，黼纯则以断制为义，事之制也。道出而后有德，德出而后有事，故莞筵纷纯而加以缫席画纯，又加以次席黼纯，此出道之序也。②

南宋初的张行成也有类似说法：

意则蕴妙理而默喻，言则宣至理而导达，象则举大要以示典型，数则括庶物以穷名实，仁则覆冒而无边际，礼则会通而有仪物，义主断制，利在吊伐，智存术略，涉于机巧。③

事实上，朱子在《孟子集注》中也引用了宋人徐氏对孟子的训解：

徐氏曰："礼主于辞逊，故进以礼；义主于制断，故退以义。难进而易退者也，在我者有礼义而已，得之不得则有命存焉。"④

制断即断制，可见汉唐注疏中对义的解释影响了不少宋人的理解。

此外，《容斋随笔》："人物以义为名人物以义为保者，其别最多。仗正道曰义，义师、义战是也。众所尊戴者曰义，义帝是也。与众共之曰义，义仓、义社、义田、义学、义役、义井之类是也。至行过人曰义，义士、义侠、义姑、义夫、义妇之类是也。……禽畜之贤者，则有义犬、义乌、义鹰、义鹘。"⑤可惜的是，其中多是对作为形容词的义的使用作了分疏，而未对义字本身作解说。这里所说的"仗正道曰义"，其中所说的正道即是正义，具有伦理学的意义，与司马光"以正义裁制"接近，而《容斋随笔》列举的其他名词则不具有伦理学意义。可惜，宋明理学对"正道曰义"的思想没有阐述发挥，仅仅突出了"仁"的价值意义。"义"的价值对仁的重要补充被忽视了。

## 三、朱子以"宜"训义

北宋道学论义不多，周子《通书》曰："爱曰仁，宜曰义。"还是以宜解义。二程对义字的讨论也只是围绕《孟子》中"配义与道"之说论之。如程颢：

仲尼言仁，未尝兼义，独于《易》曰："立人之道曰仁与义。"而孟子言仁必以义配。盖仁者体也，义者用也，知义之为用而不外焉者，可以语道矣。世之所论于义者多外之，不然则混而无别，非知仁义之说

---

① 周作明点校：《王政品》，《无上秘要》卷六，北京：中华书局，2016 年，第 92 页。

② 王昭禹：《周礼详解》卷十九，文渊阁《四库全书》本，第 2 页 a。

③ 张行成：《皇极经世索隐》卷上，文渊阁《四库全书》本，第 24 页 a。

④ 朱熹：《孟子集注》卷九《万章章句上》，《四书章句集注》，北京：中华书局，2011 年，第 291 页。

⑤ 洪迈撰，穆公校点：《人物以义为名》，《容斋随笔》卷八，上海：上海古籍出版社，2014 年，第 43 页。

者也。[①]

这里只讲了仁义的体用关系，并没有论述仁义的性质。

又如程颐：

不动心有二：有造道而不动者，有以义制心而不动者。此义也，此不义也，义吾所当取，不义吾所当舍，此以义制心者也。义在我，由而行之，从容自中，非有所制也，此不动之异。[②]

这里提出的以义制心，表明伊川对义的理解是从作用上来讲的，意味义是制导心的力量，义的作用，一方面是选择，另一方面是制心不动。这后一方面的意义就有裁制的意思。

钱穆曾指出："朱子治学不废汉唐，治经不废注疏。"[③]朱子在《四书集注》中，正式的训解，皆采用"义者宜也"的古训。

如《孟子》开篇"王何必曰利，亦有仁义而已矣"，朱子注：

仁者，心之德、爱之理。义者，心之制、事之宜也。[④]

可见这代表了朱子对义的基本训释。其余如：孟子"义，人之正路也"，朱子注：

义者，宜也，乃天理之当行，无人欲之邪曲，故曰正路。[⑤]

朱子注"义，人路也"：

义者行事之宜，谓之人路，则可以见其为出入往来必由之道，而不可须臾舍矣。[⑥]

朱子注《论语》中义字：

义者，事之宜也。复，践言也。恭，致敬也。礼，节文也。[⑦]

义者，天理之所宜。利者，人情之所欲。[⑧]

好义，则事合宜。[⑨]

从经学注疏的方法上说，朱子是沿袭《论语注疏》《孟子注疏》的注释方法的。如"仁义"，朱子似以为不释自明，故朱子不解释仁、义二字为道德之名、道义之名或道德之总体，而是分别就字义而训解。这就可以看出其注释并非纯义理式的

---

① 程颢、程颐撰，朱熹编，潘富恩导读：《二程遗书》卷四，上海：上海古籍出版社，2000 年，第 125 页。

② 程颢、程颐撰，朱熹编，潘富恩导读：《二程遗书》卷二一下，上海：上海古籍出版社，2000 年，第 328—329 页。

③ 钱穆：《朱子新学案》第二册，北京：九州出版社，2011 年，第 47 页。

④ 朱熹：《孟子集注》卷一《梁惠王章句上》，《四书章句集注》，北京：中华书局，2011 年，第 187 页。

⑤ 朱熹：《孟子集注》卷七《离娄章句上》，《四书章句集注》，北京：中华书局，2011 年，第 263 页。

⑥ 朱熹：《孟子集注》卷一一《告子章句上》，《四书章句集注》，北京：中华书局，2011 年，第 312 页。

⑦ 朱熹：《论语集注》卷一《学而第一》，《四书章句集注》，北京：中华书局，2011 年，第 53、54 页。

⑧ 朱熹：《论语集注》卷二《里仁第四》，《四书章句集注》，北京：中华书局，2011 年，第 72 页。

⑨ 朱熹：《论语集注》卷七《子路第十三》，《四书章句集注》，北京：中华书局，2011 年，第 135 页。

说解，而是重视“训诂明”，以及在训诂明的基础上明义理。以《孟子》为例，义字除作字义、章义、文义的用法外，朱子注中涉及与“义”关联的词有义理、道义、礼义、公义、恩义，但朱子只是使用这类词语，不更作解释。而且这些连词的使用也不是解释原文中出现的义字，而是解释文义。其中有些词如理义、礼义见于《孟子》原文。此外，也有用裁制度宜解释其他文义的，如“道，义理也。揆，度也。法，制度也。道揆，谓以义理度量事物而制其宜”①。

从朱子的这些解释中还可见，古文宜字并非直就当然而言，但朱子所理解的宜，不是实然，而是应然。如说宜是“天理之当行”，说宜是“天理之所宜”。同时，此种解释应该说多是就“事之宜”而言的，而事之宜在朱子即是事之理，这是就宜的客观性意义而言的。

《语类》中亦多此种解释：

> 又曰：“《文言》上四句说天德之自然，下四句说人事之当然。元者，乃众善之长也；亨者，乃嘉之会也。嘉会，犹言一齐好也。会，犹齐也，言万物至此通畅茂盛，一齐皆好也。利者，义之和处也；贞者，乃事之桢干也。‘体仁足以长人’，以仁为体，而温厚慈爱之理由此发出也。体，犹所谓‘公而以人体之’之‘体’。嘉会者，嘉其所会也。一一以礼文节之，使之无不中节，乃嘉其所会也。‘利物足以和义’，义者，事之宜也；利物，则合乎事之宜矣。此句乃翻转，‘义’字愈明白，不利物则非义矣。贞固以贞为骨子，则坚定不可移易。”②

朱子已将义的理解区分为天德和人事两个方面。如果说《文言》上四句的“利者，义之和也”属于天德之自然，则这个意义上的义有其客观性，与在心上说的义有所不同。由于朱子对仁义礼智四德的理解是与《文言》的元亨利贞联结一体的，故朱子的思想重心，往往是在天德之自然的方面，即宇宙论的方面，而不是集中在人事之当然，即价值论上。所以朱子论义的思想是和他对四德的整个看法联系在一起的③。

按《易传・乾・文言》原文：

> 元者，善之长也；亨者，嘉之会也；利者，义之和也；贞者，事之干也。君子体仁足以长人，嘉会足以合礼，利物足以和义，贞固足以干事。君子行此四德者，故曰：乾，元、亨、利、贞。

这是把“义者宜也”和《文言传》“利物足以和义”联系起来解释，认为利物本身包含着合乎事之宜，不能利物也就不能合宜。这应该是在经典解释中对义字义理的延伸的诠释。

---

① 朱熹：《孟子集注》卷七《离娄章句上》，《四书章句集注》，北京：中华书局，2011 年，第 258 页。

② 黎靖德编，王星贤点校：《朱子语类》卷六，北京：中华书局，1986 年，第 110 页。

③ 参看陈来：《朱子思想中的四德论》，《哲学研究》，2011 年第 1 期；《朱子四德说续论》，《中华文史论丛》，2011 年第 4 期。

至于“利者，义之和也”，朱子认为：

“四德之元，犹五常之仁，偏言则一事，专言则包四者。”此段只于《易》“元者善之长”与《论语》言仁处看。若“天下之动，贞夫一者也”，则贞又包四者。“《周易》一书，只说一个利”，则利又大也。“元者，善之长也”，善之首也。“亨者，嘉之会也”，好底会聚也。义者，宜也，宜即义也；万物各得其所，义之合也。“干事”，事之骨也，犹言体物也。看此一段，须与《太极图》通看。四德之元安在甚处？《剥》之为卦在甚处？“乾天也”一段在甚处？方能通成一片。不然，则不贯通。少间看得如此了，犹未是受用处在。①

照这个解释，义就是宜，宜就是义，其意义要看诠释者的重点何在。如在这里，朱子的重点在宜，一切得宜即是义。用《太极图说》的话来说，各得其所便是宜，宜便是义。故各得其所即各得其宜，此即是义之和了。这个说法便超出义的伦理学意义，而进入宇宙论的范围了。

问“利物足以和义”。曰：“义便有分别。当其分别之时，觉得来不和。及其分别得各得其所，使物物皆利，却是和其义。”②

义而能和，此义后面讨论，这里要指出的是，义的涵义有分别之意，相比起来，仁的涵义不是分别，而是一体。

朱子的以宜训义，与先秦即汉唐注疏的以宜训义有何不同呢？我以为，不同就在于，《论语注疏》对义的训释皆是以事言，朱子则是以心言与以事言相结合，他以“宜”为以事言，而明确以“裁制”等为以心言。这是朱子与汉唐注疏家的根本不同。我们会在下节详细论述。

当然，朱子也会从其他角度论义的性质，如解孟子“义之实，从兄是也”：

仁主于爱，而爱莫切于事亲；义主于敬，而敬莫先于从兄。故仁义之道，其用至广，而其实不越于事亲从兄之间。③

义主于敬，近于孟子“敬长义也”的意思，这是顺就文本原文而作的说解。

## 四、朱子以“裁制”解义

虽然朱子在《四书集注》中主要以“义者宜也”的故训作为义字的训诂义，但在《朱子语类》中，朱子对义字作哲学思想的界定、把握时，则主要不是用宜来说明义字之义，而是用汉儒裁制、断决之说来阐发义之思想义。显示出朱子经典诠释中对先秦和汉唐的训诂义作了基本区分。同时可见，汉唐注疏中的训释为朱子的思想提供了重要的学术依据，换言之，对朱子义理之学产生了影响。此外，汉儒以刚柔论仁义的思想也对宋儒颇有影响。这些都显示了汉儒之学对宋

① 黎靖德编，王星贤点校：《朱子语类》卷六八，北京：中华书局，1986年，第1690页。
② 黎靖德编，王星贤点校：《朱子语类》卷六八，北京：中华书局，1986年，第1707页。
③ 朱熹：《孟子集注》卷七《离娄章句上》，《四书章句集注》，北京：中华书局，2011年，第268页。

儒的影响。自然，朱子以裁制断决说义，并非仅仅是对汉唐儒者的说法的沿袭，也是他经过哲学的反思、反复的体会而得以形成的。

上面提到朱子《孟子集注》中说“义者，心之制、事之宜也”，其中“事之宜”，是以宜训义。那么何谓“心之制”呢？此“制”即是“裁制”之意。事实上，《四书集注》在主要以宜训义之外，也用裁制释义，如解《孟子》“配义与道”：

> 义者，人心之裁制。道者，天理之自然。[1]

这两句话在后世《孟子》的诠释中影响甚大，也是《孟子集注》中朱子训释义字的代表性说法之一。也由此可见，“义者，心之制、事之宜也”，其中的“心之制”，便是心之裁制。在这里，宜字完全未出现。这就指出，义的解释不能只顺着先秦汉唐以宜解义的主流，只从事上去讲，还必须要从心上去讲。“事之宜”是从事上讲的，而“心之制”是从心上讲的。当然，这两句注是顺和原文配义之说而来，但也要看到，这两句也是比照仁字的解释“心之德，爱之理”而来，所以对于义字，朱子解释义字的真正特色不在事之宜，而在与仁字一样，都要从心上界定。仁义也好，其他德行也好，都要从心上去定义。与汉儒不同处在于，朱子强调义之裁制是“人心之裁制”。

朱子《周易本义》解释《坤·文言》“直其正也，方其义也”：

> 此以学而言之也。“正”，谓本体。“义”，谓裁制。敬则本体之守也。[2]

此处也明确训义为裁制。又如：

> 耳之德聪，目之德明，心之德仁，且将这意去思量体认。○将爱之理在自家心上自体认思量，便见得仁。○仁是个温和柔软底物事。老子说：“柔弱者，生之徒；坚强者，死之徒。”见得自是。看石头上如何种物事出！“蔼乎若春阳之温，泛乎若醴酒之醇。”此是形容仁底意思。○当来得于天者只是个仁，所以为心之全体。却自仁中分四界子：一界子上是仁之仁，一界子是仁之义，一界子是仁之礼，一界子是仁之智。一个物事，四脚撑在里面，唯仁兼统之。心里只有此四物，万物万事皆自此出。○天之春夏秋冬最分晓：春生，夏长，秋收，冬藏。虽分四时，然生意未尝不贯；纵雪霜之惨，亦是生意。○以“生”字说仁，生自是上一节事。当来天地生我底意，我而今须要自体认得。○试自看一个物坚硬如顽石，成甚物事！此便是不仁。○试自看温和柔软时如何，此所以“孝悌为仁之本”。若如顽石，更下种不得。俗说“硬心肠”，可以见。硬心肠，如何可以与他说话！○恻隐、羞恶、辞逊、是非，都是两意：恻是初头子，隐是痛；羞是羞己之恶，恶是恶人之恶；辞在我，逊在彼；是、非自分明。○才仁，便生出礼，所以仁配春，礼配

---

① 朱熹：《孟子集注》卷三《公孙丑章句上》，《四书章句集注》，北京：中华书局，2011年，第215页。

② 朱熹撰，柯誉整理：《周易本义》卷一，北京：中央编译出版社，2010年，第35页。

夏；义是裁制，到得智便了，所以配秋，配冬。①

这是说，义的本性是裁制，以四季而言，仁为春，礼为夏，义为秋，智为冬。根据朱子的解释，羞恶之心根于义，其中羞是羞自己的恶，恶是恶他人之恶。朱子还说过："其恻隐，便是仁之善；羞恶，便是义之善。"②朱子《孟子集注》中已经明确提出："羞，耻己之不善也。恶，憎人之不善也。"③据此，义是一个面对恶的德性。义的属性就是面对恶时，要清楚判别善恶、憎恶不善，然后果断去恶。这就是裁制之意。朱子说过："'克己复礼为仁'，善善恶恶为义。"④仁是善善，义是恶恶，此意最为重要，可惜朱子对此发挥强调不多。应该说，对义的这种认识在根本上是源于孟子把羞恶与义连接思想的影响。

问："'君子喻于义。'义者，天理之所宜，凡事只看道理之所宜为，不顾己私。利者，人情之所欲得，凡事只任私意，但取其便于己则为之，不复顾道理如何。"曰："义利也未消说得如此重。义利犹头尾然。义者，宜也。君子见得这事合当如此，却那事合当如彼，但裁处其宜而为之，则何不利之有。君子只理会义，下一截利处更不理会。小人只理会下一截利，更不理会上一截义。盖是君子之心虚明洞彻，见得义分明。小人只管计较利，虽丝毫底利，也自理会得。"⑤

学生的理解，从义利之别而言，义是天理之所宜，即遇事只看道理之所宜为，这里的宜为便是当为、应为。利是遇事只取便利自己。朱子认为，义者宜也，是说见得这事合当如此。朱子这里也是把宜解释为合当、应然。下一截就是结果，上一截是动机，小人只管结果是否有利。君子则在心上看道理如何，要见得义分明。以上是就义利之别的讨论，来看朱子对宜的理解，但朱子论义的思想未止于此。君子要见得义，还要"裁处其宜而为之"。这就把以宜解义，和裁制的解释结合在一起了。也就是说，义不仅是见事之当然之则，还是以此当然之则去裁处得当合宜，要如此去做。

朱子解释义字时，也常常把裁制和断决二义一并说出，可见汉唐注疏对他的影响：

问"圣人定之以中正仁义而主静"。曰："中正仁义皆谓发用处。正者，中之质；义者，仁之断。中则无过不及，随时以取中；正则当然之定理。仁则是恻隐慈爱之处，义是裁制断决之事。主静者，主正与义也。正义便是

① 黎靖德编，王星贤点校：《朱子语类》卷六，北京：中华书局，1986年，第115页。
② 黎靖德编，王星贤点校：《朱子语类》卷五，北京：中华书局，1986年，第93页。
③ 朱熹：《孟子集注》卷三《公孙丑章句上》，《四书章句集注》，北京：中华书局，2011年，第221页。
④ 黎靖德编，王星贤点校：《朱子语类》卷六，北京：中华书局，1986年，第120页。
⑤ 黎靖德编，王星贤点校：《朱子语类》卷二七，北京：中华书局，1986年，第702页。

利贞，中是亨，仁是元。”①

或问：“‘配义与道’，盖人之能养是气，本无形声可验。惟于事物当然之理上有所裁制，方始得见其行之勇，断之决。缘这道义与那气厮合出来，所以‘无是，馁也’。”曰：“更须仔细。是如此，其间但有一两字转换费力，便说意不出。”②

可见在朱子，裁制与断决的意义是相通的，都是与“行之勇、断之决”相关的。

朱子也会把断和割联系在一起使用论义：

问：“义者仁之质？”曰：“义有裁制割断意，是把定处，便发出许多仁来。如非礼勿视听言动，便是把定处；‘一日克己复礼，天下归仁’，便是流行处。”③

把定与流行成为一对宇宙论概念，以前很少受到注意。这里则主要关注其中把裁制与割断联结使用，来解说义的意义。义的宇宙论意义，我们在最后一节再做讨论。

义本是个割截裁制之物，惟施得宜则和，此所以为利。从前人说这一句都错。如东坡说道：“利所以为义之和。”他把义自做个惨杀之物看了，却道得利方和。利是《乾卦》一德，如何这一句却去说义！兼他全不识义，如他处说亦然。④

割截和割断意近，至于和与利的关系，下节还会讨论。值得指出，若把义仅仅理解为裁制的形式功能，用《河上公章句》的说法，这更多地是讲“为义”，那么也会在一定程度上减弱“义”的价值引导的作用。

## 五、朱子以“断制”论义

朱子更多用“断制”来解释义的价值特性。按北宋儒学已有此种解释的例子。如李觏：

温厚而广爱者命之曰仁，断决而从宜者命之曰义。⑤

现在来看《朱子语类》：

如慈爱底人少断制，断制之人多残忍。盖仁多，便遮了义；义多，便遮了那仁。⑥

李问：“世间有一种人，慈惠温厚，而于义不足，作事无断制，是如何？”

---

① 黎靖德编，王星贤点校：《朱子语类》卷九四，北京：中华书局，1986年，第2384—2385页。
② 黎靖德编，王星贤点校：《朱子语类》卷五二，北京：中华书局，1986年，第1258页。
③ 黎靖德编，王星贤点校：《朱子语类》卷六，北京：中华书局，1986年，第122页。
④ 黎靖德编，王星贤点校：《朱子语类》卷二二，北京：中华书局，1986年，第518页。
⑤ 李觏：《直讲李先生文集》卷二，《四部丛刊》影明成化本，第3页a—b。
⑥ 黎靖德编，王星贤点校：《朱子语类》卷四，北京：中华书局，1986年，第57页。

曰："人生得多般样，这个便全是气禀。……"①

断制二字应该是断决裁制的简化表达，强调面对恶要态度决然，除恶要断然施行。朱子每以断制与慈惠对言，可见其意。这种对义的指示，我们也可以称之为价值特性或价值意向。

朱子认为，能不能有断制，与人的性格性情有关，而性格来自气禀。如能断制来自金气禀受较多而致。

性有偏者。如得木气多者，仁较多；金气多者，义较多。②

却是汉儒解"天命之谓性"，云"木神仁，金神义"等语，却有意思，非苟言者。学者要体会亲切。③

朱子论义之断制：

程子曰："在物为理，处物为义。"道则是物我公共自然之理；义则吾心之能断制者，所用以处此理者也。④

义未有羞恶之心，只是个断制底心。惟是先有这物事在里面，但随所感触，便自是发出来。⑤

从这里可以看出我们在前面所说的，朱子是从心上来讲断制之义，所以强调义是"吾心之能断制者"，"只是个断制底心"。又如：

问："孟子以恻隐为仁之端，羞恶为义之端。周子曰：'爱曰仁，宜曰义。'然以其存于心者而言，则恻隐与爱固为仁心之发。然羞恶乃就耻不义上反说，而非直指义之端也。'宜'字乃是就事物上说。不知义在心上，其体段如何。"曰："义之在心，乃是决裂果断者也。"⑥

这里也可以看出，义在心上，义之在心，都重在从心上说义，这与宜在事上说不同。

朱子论义另一个特点，正如其论仁一样，是把义的讨论置于宇宙论框架之中，使义具有大化流行论的意义。如：

"仁"字须兼义礼智看，方看得出。仁者，仁之本体；礼者，仁之节文；义者，仁之断制；知者，仁之分别。犹春夏秋冬虽不同，而同出于春；春则生意之生也，夏则生意之长也，秋则生意之成，冬则生意之藏也。自四而两，两而一，则统之有宗，会之有元，故曰："五行一阴阳，阴阳一太极。"又曰："仁为四端之首，而智则能成始而成终；犹元为四德之长，然元不生于元而生于贞。盖天地之化，不翕聚则不能发散也。仁智交际之间，乃万化之机轴。

---

① 黎靖德编，王星贤点校：《朱子语类》卷一三，北京：中华书局，1986年，第238页。
② 黎靖德编，王星贤点校：《朱子语类》卷四，北京：中华书局，1986年，第75页。
③ 黎靖德编，王星贤点校：《朱子语类》卷五，北京：中华书局，1986年，第90页。
④ 黎靖德编，王星贤点校：《朱子语类》卷五二，北京：中华书局，1986年，第1256页。
⑤ 黎靖德编，王星贤点校：《朱子语类》卷五三，北京：中华书局，1986年，第1288页。
⑥ 黎靖德编，王星贤点校：《朱子语类》卷六，北京：中华书局，1986年，第122页。

此理循环不穷，吻合无间，故不贞则无以为元也。”又“贞而不固，则非贞。贞，如板筑之有干，不贞则无以为元”。①

于是，朱子论义，常常不能脱开对《文言》“利者义之和”的讨论：

“利者义之和。”义是个有界分断制底物事，疑于不和。然使物各得其分，不相侵越，乃所以为和也。②

问“利物足以和义”。曰：“义断是非，别曲直，近于不和。然是非曲直辨，则便是利，此乃是和处也。”③

义自是个断制底气象，有凛然不可犯处，似不和矣，其实却和。若臣而僭君，子而犯父，不安其分，便是不义；不义则不和矣。④

义是其间物来能应，事至能断者是。⑤

因为义有判分、断割之意，故一般认为义与和无关，而是与和相反的。但朱子坚持，义表面上似乎不和，其实是和。因为使事物各得其所、各得其宜、各得其分，正是为和创造了条件、奠定了基础。

问《文言》四德一段。曰：“‘元者善之长’以下四句，说天德之自然。‘君子体仁足以长人’以下四句，说人事之当然。元只是善之长，万物生理皆始于此，众善百行皆统于此，故于时为春，于人为仁。亨是嘉之会。此句自来说者多不明。嘉，美也；会，犹齐也。嘉会，众美之会，犹言齐好也。春天发生万物，未大故齐。到夏时，洪纤高下，各各畅茂。盖春方生育，至此乃无一物不畅茂。其在人，则‘礼仪三百，威仪三千’，事事物物，大大小小，一齐到恰好处，所谓动容周旋皆中礼，故于时为夏，于人为礼。利者，为义之和。万物至此，各遂其性，事理至此，无不得宜，故于时为秋，于人为义。贞者乃事之干。万物至此，收敛成实，事理至此，无不的正，故于时为冬，于人为智。此天德之自然。”⑥

这里对“利者义之和”的解释主要也是从得宜立论，认为各遂其性即是各个得宜，故可谓义之和。

朱子接着说：

“其在君子所当从事于此者，则必‘体仁乃足以长人，嘉会足以合礼，利物足以和义，贞固足以干事’。此四句倒用上面四个字，极有力。体者，以仁为体，仁为我之骨，我以之为体。仁皆从我发出，故无物不在所爱，所以能长人。‘嘉会足以合礼’者，言须是美其所会也。欲其所会之美，当美其

---

① 黎靖德编，王星贤点校：《朱子语类》卷六，北京：中华书局，1986年，第109页。
② 黎靖德编，王星贤点校：《朱子语类》卷六八，北京：中华书局，1986年，第1704页。
③ 黎靖德编，王星贤点校：《朱子语类》卷六八，北京：中华书局，1986年，第1704页。
④ 黎靖德编，王星贤点校：《朱子语类》卷二二，北京：中华书局，1986年，第520页。
⑤ 黎靖德编，王星贤点校：《朱子语类》卷一二，北京：中华书局，1986年，第216页。
⑥ 黎靖德编，王星贤点校：《朱子语类》卷六八，北京：中华书局，1986年，第1708页。

所会。盖其厚薄亲疏、尊卑小大相接之体，各有节文，无不中节，即所会皆美，所以能合于礼也。'利物足以和义'者，使物物各得其利，则义无不和。盖义是断制裁割底物，若似不和。然惟义能使事物各得其宜，不相妨害，自无乖戾，而各得其分之和，所以为义之和也。苏氏说'利者义之和'，却说义惨杀而不和，不可徒义，须着些利则和。如此，则义是一物，利又是一物；义是苦物，恐人嫌，须着些利令甜，此不知义之言也。义中自有利，使人而皆义，则不遗其亲，不后其君，自无不利，非和而何？'贞固足以干事。'贞，正也，知其正之所在，固守而不去，故足以为事之干。干事，言事之所依以立，盖正而能固，万事依此而立。在人则是智，至灵至明，是是非非，确然不可移易，不可欺瞒，所以能立事也。干，如板筑之有桢干。今人筑墙，必立一木于土中为骨，俗谓之'夜叉木'，无此则不可筑。横曰桢，直曰干。无是非之心，非知也。知得是是非非之正，紧固确守，不可移易，故曰'知'，周子则谓之'正'也。"①

这是说，物物各得其利便是义，便是义之和。义的价值特性是断制截割，但其作用能使事物各得其所宜。这就把义的特性和其作用作了区分。

朱子晚年的《玉山讲义》：

且道如何说个"仁义"二字底道理？大凡天之生物，各付一性，性非有物，只是一个道理之在我者耳。故性之所以为体，只是"仁义礼智信"五字，天下道理，不出于此。韩文公云"人之所以为性者五"，其说最为得之。……五者之中，所谓信者是个真实无妄底道理，如仁义礼智皆真实而无妄者也，故"信"字更不须说，只"仁义礼智"四字于中各有分别，不可不辨。盖仁则是个温和慈爱底道理，义则是个断制裁割底道理，礼则是个恭敬撙节底道理，智则是个分别是非底道理。凡此四者，具于人心，乃是性之本体。方其未发，漠然无形象之可见；及其发而为用，则仁者为恻隐，义者为羞恶，礼者为恭敬，智者为是非。随事发见，各有苗脉，不相淆乱，所谓情也。故孟子曰："恻隐之心，仁之端也；羞恶之心，义之端也；恭敬之心，礼之端也；是非之心，智之端也。"……然后就此四者之中，又自见得"仁义"两字是个大界限。如天地造化、四序流行，而其实不过于一阴一阳而已。于此见得分明，然后就此又自见得"仁"字是个生底意思，通贯周流于四者之中。仁，固仁之本体也；义，则仁之断制也；礼，则仁之节文也；智，则仁之分别也。正如春之生气，贯彻四时，春则生之生也，夏则生之长也，秋则生之收也，冬则生之藏也。故程子谓"四德之元犹五常之仁，偏言则一事，专言则包四者"，正谓此也。……其又兼言礼智，亦是如此。盖礼又是仁之著，智又是义之藏，而"仁"之一字，未尝不流行乎四者之中也。若论体用，亦有两

① 黎靖德编，王星贤点校：《朱子语类》卷六八，北京：中华书局，1986 年，第 1709 页。

说，盖以仁存于心而义形于外言之，则曰“仁，人心也；义，人路也”，而以仁义相为体用。若以仁对恻隐、义对羞恶而言，则就其一理之中，又以未发、已发相为体用。若认得熟、看得透，则玲珑穿穴，纵横颠倒，无处不通，而日用之间，行著习察，无不是著功夫处矣。①

本文第二节已经显示出，自战国秦汉以来，便常常把仁和义对举，标示出它们各自的价值特性与价值意向。朱子亦然，“仁则是个温和慈爱底道理，义则是个断制裁割底道理”，便是他代表性的说法②，并把四德的价值特性与价值意向归为性之本体，即性理。把义的分析用本体与其发用来展开，用已发未发的分析来说，义是断制截割的未发，断制截割是义的已发。所谓“××底道理”，就是××的理，在心性论上，就是指作为未发的本性的理。义是裁制断割的理，仁是温和慈爱的理，仁之发是温和慈爱，义之发是裁制断割。这是朱子哲学性情已发未发论的基本分析方法。以仁义礼智为性理包含了以四德为德性的思想。不过就论义而言，朱子更关注的似乎是义在由德性展开为德行过程中，义心的特点，即“义在心上”的特点。关于《玉山讲义》这里所涉及的四德说的宇宙论面向，我们会在最后一节一并论及。

朱子关于仁义价值特性的此类说法，也曾受到张九成子韶“仁义说”的影响：

某旧见张子韶有个文字论仁义之实云：“当其事亲之时，有以见其温然如春之意，便是仁；当其从兄之际，有以见其肃然如秋之意，便是义。”某尝对其说，“古人固有习而不察，如今却是略略地习，却加意去察；古人固有由之而不知，如今却是略略地由，却加意去知。”因笑云：“李先生见某说，忽然曰：‘公适间说得好，可更说一徧看。’”③

义是个毅然说话，如利刀着物。④

义如利刀相似，都割断了许多牵绊。⑤

义如利刀相似，胸中许多劳劳攘攘，到此一齐割断了。圣贤虽千言万语，千头万项，然一透都透。如孟子言义，伊川言敬，都彻上彻下。⑥

“义”字如一横剑相似，凡事物到前，便两分去。“君子义以为质”，“义

---

① 朱熹：《玉山讲义》，《晦庵先生朱文公文集》卷七四，朱杰人、严佐之、刘永翔主编：《朱子全书》第24册，上海：上海古籍出版社、合肥：安徽教育出版社，2010年，第3588—3590页。

② 在《朱子思想中的四德论》（《哲学研究》2011年第1期）一文中，我提出：“仁义作为价值概念，其本身带有价值的意味，意思、气象都是指价值概念含蕴和发显的价值气息，可见，人道四德的‘意思’，是指德的价值蕴含，是属于道德哲学的讨论。仁的‘意思’是慈爱温和，义的‘意思’是刚毅果断，如此等等。”

③ 黎靖德编，王星贤点校：《朱子语类》卷一二四，北京：中华书局，1986年，第2984—2985页。

④ 黎靖德编，王星贤点校：《朱子语类》卷六，北京：中华书局，1986年，第120页。

⑤ 黎靖德编，王星贤点校：《朱子语类》卷六，北京：中华书局，1986年，第120页。

⑥ 黎靖德编，王星贤点校：《朱子语类》卷六，北京：中华书局，1986年，第120页。

以为上”，“义不食也”，“义弗乘也”，“精义入神，以致用也”：是此义十分精熟，用便见也。①

这些说法，无论利刀、利刃、横剑，都是形容义字的割断义。都是从义的发用来讲的。

朱子甚至说：

生底意思是仁，杀底意思是义，发见会通是礼，收藏不测是智。②

按庞朴曾以杀论义，合乎朱子之说，而其论证方法是论述“宜”字本指一种祭祀之礼，此种祭祀礼是杀戮宰杀，以此证明义的原初意义与杀有关③。其实，先秦文献的以宜解义，其宜字都不是作为祭祀的宜祭。而且，从朱子的例子可以看出，“杀底意思”不是义字的字源意义，而是从东汉后起的解说中引申出来的思想义。正如生并不是仁字的原初义。所以我们并不能用后起的意义去推原字源的意义。

讲到这里，我们应该再回到第一节最后提及的竹简《五行》篇中论义的思想：

不直不肆，不肆不果，不果不简，不简不行，不行不义。(13章)④

中心辩然而正行之，直也。直而遂之，肆也。肆而不畏强圉，果也。不以小道害大道，简也。有大罪而大诛之，行也。贵贵其等尊贤，义也。(20章)⑤

不仅如此，又另用整整三章的篇幅申明简作为义的意义：“不简不行，不匿不辩于道。有大罪而大诛之，简也；有小罪而赦之，匿也。……”(22章)“简之为言，犹练也，大而晏者也。匿之为言，犹匿匿也，小而轸者也。简，义之方也；匿，仁之方也。强，义之方也；柔，仁之方也。……”(23章)“大而晏者，能有取焉。小而轸者，能有取焉。……”(24章)⑥

《五行》篇论义的讲法，比起先秦诸家用宜论义，在思想上更接近于汉以后对义的理解。其思想是，义是对善恶的清楚明辨(这就是辩然而直)；对恶要果敢断然去除(这就是果而不畏)；对罪的处置要坚持原则(这就是简行)。可见，从先秦以宜训义到汉代以裁断训义，中间有一个过渡的阶段，这就是竹简帛书《五行》篇所代表的对义的理解。可惜我们对这一点研究得还很不够。

---

① 黎靖德编，王星贤点校：《朱子语类》卷六，北京：中华书局，1986年，第120页。
② 黎靖德编，王星贤点校：《朱子语类》卷六，北京：中华书局，1986年，第107页。
③ 庞朴：《中国文化十一讲》，北京：中华书局，2008年，第108页。
④ 参见陈来：《竹帛〈五行〉与简帛研究》之“竹简《五行》分经解论：《五行》章句简注”一节，北京：生活·读书·新知三联书店，2009年，第113页。
⑤ 陈来：《竹帛〈五行〉与简帛研究》，北京：生活·读书·新知三联书店，2009年，第115页。
⑥ 陈来：《竹帛〈五行〉与简帛研究》，北京：生活·读书·新知三联书店，2009年，第115页。

## 六、朱子论"义"之刚柔阴阳体用

朱子论哲学概念的意义，常用"意思"的说法或方法，仁字的意思是如此，义字的意思也是如此。按：汉儒的说法，义属金，金气属刚，故朱子论义多强调其刚的意思，如说：

义属金，是天地自然有个清峻刚烈之气。所以人禀得，自然有裁制，便自然有羞恶之心。①

"义"字有刚断之意。其养民则惠，使民则义。"惠"字与"义"字相反，便见得子产之政不专在于宽。就"都鄙有章"处，看得见"义"字在子产上，不在民上。②

"大抵人之德性上，自有此四者意思：仁，便是个温和底意思；义，便是惨烈刚断底意思；礼，便是宣著发挥底意思；智，便是个收敛无痕迹底意思。性中有此四者，圣门却只以求仁为急者，缘仁却是四者之先。若常存得温厚底意思在这里，到宣著发挥时，便自然会宣著发挥；到刚断时，便自然会刚断；到收敛时，便自然会收敛。若将别个做主，便都对副不著了。此仁之所以包四者也。"问："仁即性，则'性'字可以言仁否？"曰："性是统言。性如人身，仁是左手，礼是右手，义是左脚，智是右脚。"蜚卿问："仁包得四者，谓手能包四支可乎？"曰："且是譬喻如此。手固不能包四支，然人言手足，亦须先手而后足；言左右，亦须先左而后右。"直卿问："此恐如五行之木，若不是先有个木，便亦自生下面四个不得。"曰："若无木便无火，无火便无土，无土便无金，无金便无水。"道夫问："向闻先生语学者：'五行不是相生，合下有时都有。'如何？"曰："此难说。若会得底，便自然不相悖，唤做一齐有也得，唤做相生也得。便虽不是相生，他气亦自相灌注。如人五脏，固不曾有先后，但其灌注时，自有次序。"久之，又曰："'仁'字如人酿酒：酒方微发时，带些温气，便是仁；到发得极热时，便是礼；到得熟时，便是义；到得成酒后，却只与水一般，便是智。又如一日之间，早间天气清明，便是仁；午间极热时，便是礼；晚下渐凉，便是义；到夜半全然收敛，无些形迹时，便是智。只如此看，甚分明。"③

"仁，便是个温和底意思；义，便是惨烈刚断底意思"，这个表述主要是指，义作为文字，有刚断的意思、涵意；义作为性理，具有如此刚断的性向。下面一段中讲的"说仁，便有慈爱底意思；说义，便有刚果底意思"也是一样。

天下未尝有性外之物。仁则为慈爱之类；义则为刚断之类；礼则为谦

① 黎靖德编，王星贤点校：《朱子语类》卷一七，北京：中华书局，1986年，第383页。
② 黎靖德编，王星贤点校：《朱子语类》卷二九，北京：中华书局，1986年，第731页。
③ 黎靖德编，王星贤点校：《朱子语类》卷六，北京：中华书局，1986年，第731页。

逊；智则为明辨；信便是真个有仁义礼智，不是假，谓之信。①

除了“刚断”，朱子也用“刚果”：

吉甫问：“仁义礼智，立名还有意义否。”曰：“说仁，便有慈爱底意思；说义，便有刚果底意思。声音气象，自然如此。”直卿云：“《六经》中专言仁者，包四端也；言仁义而不言礼智者，仁包礼，义包智。”②

照以上所说，义应属刚。而朱子又不认定全然如此。钱穆也认为，朱子论仁义刚柔可有两说，一曰仁刚义柔，又一则曰仁柔义刚③。朱子说：

以仁属阳，以义属阴。仁主发动而言，义主收敛而言。若扬子云：“于仁也柔，于义也刚。”又自是一义。便是这物事不可一定名之，看他用处如何。④

照这个讲法，仁义属刚属柔，并非一定之说，要看论说的角度。

朱子多处明确反对以义为刚、以仁为柔：

仁与义是柔软底，礼智是坚实底。仁义是头，礼智是尾。一似说春秋冬夏相似，仁义是阳底一截，礼智是阴底一截。（[渊]方子录云：仁义是发出来嫩底，礼智是坚硬底）。⑤

照这个说法，仁义都是柔软的，都是属阳的一截，在这个讲法中，就不能说义是属刚的。按朱子以春夏秋冬四季比四德，其序应当是仁礼义智，这样的话，仁礼应该是阳的一截，义智应当是阴的一截。可是这里朱子却以仁义为阳的一截，颇不可晓。

问仁义礼智体用之别。曰：“自阴阳上看下来，仁礼属阳，义智属阴；仁礼是用，义智是体。春夏是阳，秋冬是阴。只将仁义说，则“春作夏长”，仁也；“秋敛冬藏”，义也。⑥

照这里所说，则义不属阳，而是属阴，是体；相对而言，仁属于阳，是用。这与上一段所说义是阳的一截就不同了。而且这里区分了两种分析，一种是“自阴阳上看”，一种是“只将仁义说”。“自阴阳上看”，是把四德分为阴阳；“只将仁义说”，是把四季分为仁义。但朱子没有说明，何以仁礼是用、义智是体。这样看来，自阴阳上看，是把事物分为阴阳。只将仁义说，是把事物分为仁义。还有第三种，就是“仁义礼智说”，即把事物分为仁义礼智。朱子接着说：

若将仁义礼智说，则春，仁也；夏，礼也；秋，义也；冬，智也。仁礼是敷施出来底，义是肃杀果断底，智便是收藏底。如人肚脏有许多事，如何见

① 黎靖德编，王星贤点校：《朱子语类》卷二〇，北京：中华书局，1986 年，第 476 页。
② 黎靖德编，王星贤点校：《朱子语类》卷六，北京：中华书局，1986 年，第 105—106 页。
③ 钱穆：《朱子新学案》第二册，北京：九州出版社，2011 年，第 142 页。
④ 黎靖德编，王星贤点校：《朱子语类》卷六，北京：中华书局，1986 年，第 121 页。
⑤ 黎靖德编，王星贤点校：《朱子语类》卷六，北京：中华书局，1986 年，第 106 页。
⑥ 黎靖德编，王星贤点校：《朱子语类》卷六，北京：中华书局，1986 年，第 106 页。

> 得！其智愈大，其藏愈深。正如《易》中道："立天之道，曰阴与阳；立地之道，曰柔与刚；立人之道，曰仁与义。"解者多以仁为柔，以义为刚，非也。却是以仁为刚，义为柔。盖仁是个发出来了，便硬而强；义便是收敛向里底，外面见之便是柔。①

从哲学上说，性情已发未发的分析属于体用的内外分析，而这里讲的是总体流行的阶段分析，不论已发未发。比照春夏秋冬四季流行，四德中"义"对应、相当于秋之肃杀，同时和冬之收藏一样，属于收敛，外在表现为柔（而不是刚）。这样，朱子所说的三种分析模式就涉及仁义的阴阳、刚柔的划分。照后面一句的说法，发出来的是刚，收敛向里的是柔。但此种论断的理据何在？

汉代扬雄早就说"于仁也柔，于义也刚"，这个说法，一般容易被接受。但朱子认为这只是从用上讲的，如果从体上说，则仁刚而义柔。上面一段中的"解者"就是指袁机仲，为此他和袁机仲还作了反复的辩论。

朱子答袁机仲书：

> 盖天地之间，一气而已。分阴分阳，便是两物。故阳为仁而阴为义。然阴阳又各分为二，故阳之初为木，为春，为仁，阳之盛为火，为夏，为礼。阴之初为金，为秋，为义，阴之极为水，为冬，为智。②

又书曰：

> 盖尝论之，阳主进而阴主退，阳主息而阴主消。进而息者其气强，退而消者其气弱，此阴阳之所以为柔刚也。阳刚温厚，居东南主春夏，而以作长为事；阴柔严凝，居西北主秋冬，而以敛藏为事。作长为生，敛藏为杀，此刚柔之所以为仁义也。③
>
> 发生为仁，肃杀为义，三家之说皆无所牾。肃杀虽似乎刚，然实天地收敛退藏之气，自不妨其为阴柔也。④

朱子思想的理据来自汉代礼家之说。从阴阳两分来说，阴阳对应仁义，故仁阳义阴。这就说明了何以义属阴。从进退来讲，进而息者其气强，故阳为刚；退而消者其气弱，故阴为柔。于是，义为退而消者，所以属柔。这就是仁刚义柔说，此说主要不是就仁义的道德义而言的，而是就仁义的气化义而言的。后者应是从汉儒的卦气方位说而来。

> 仁礼属阳，义智属阴。袁机仲却说："义是刚底物，合属阳；仁是柔底物，合属阴。"殊不知舒畅发达，便是那刚底意思；收敛藏缩，便是那阴底意

---

① 黎靖德编，王星贤点校：《朱子语类》卷六，北京：中华书局，1986年，第106页。

② 朱熹：《答袁机仲别幅》，《晦庵先生朱文公文集》卷三八，朱杰人、严佐之、刘永翔主编：《朱子全书》第21册，上海：上海古籍出版社、合肥：安徽教育出版社，2010年，第1674页。

③ 朱熹：《答袁机仲别幅》，《晦庵先生朱文公文集》卷三八，朱杰人、严佐之、刘永翔主编：《朱子全书》第21册，上海：上海古籍出版社、合肥：安徽教育出版社，2010年，第1673页。

④ 朱熹：《答袁机仲》，《晦庵先生朱文公文集》卷三八，朱杰人、严佐之、刘永翔主编：《朱子全书》第21册，上海：上海古籍出版社、合肥：安徽教育出版社，2010年，第1670页。

思。他只念得"于仁也柔，于义也刚"两句，便如此说。殊不知正不如此。又云："以气之呼吸言之，则呼为阳，吸为阴，吸便是收敛底意。《乡饮酒义》云：'温厚之气盛于东南，此天地之仁气也；严凝之气盛于西北，此天地之义气也。'"①

袁机仲认为不仅义是刚，而且属阳，因为刚者必定属阳。朱子明确反对，他的理由还是说发畅为刚，收敛为阴。他引用《礼记·乡饮酒义》中义气的说法，即凝敛的气被说成义气，以此来证明义属阴。这一争论的哲学意义并不是伦理学的，而是宇宙论的。

以仁为发用，以义为定体，还可见于以下的语录：

"仁礼属阳，属健；义知属阴，属顺。"问："义则截然有定分，有收敛底意思，自是属阴顺。不知智如何解？"曰："智更是截然，更是收敛。如知得是，知得非，知得便了，更无作用，不似仁义礼三者有作用。智只是知得了，便交付恻隐、羞恶、辞逊三者。他那个更收敛得快。"②

义之严肃，即是仁底收敛。③

林子武问："龟山《语录》曰：'《西铭》理一而分殊。知其理一，所以为仁；知其分殊，所以为义。'"先生曰："仁，只是流出来底便是仁；各自成一个物事底便是义。仁只是那流行处，义是合当做处。仁只是发出来底；及至发出来有截然不可乱处，便是义。且如爱其亲，爱兄弟，爱亲戚，爱乡里，爱宗族，推而大之，以至于天下国家，只是这一个爱流出来；而爱之中便有许多等差。且如敬，只是这一个敬；便有许多合当敬底，如敬长、敬贤，便有许多分别。"又问礼。先生曰："以其事物之宜之谓义，义之有节文之谓礼。且如诸侯七庙，大夫五庙，士二，这个便是礼；礼里面便有义。所以说：'天命之谓性，率性之谓道，修道之谓教。'如《中庸集略》吕与叔所云：'自是合当恁地。'知得亲之当爱，子之当慈，这便是仁；至于各爱其亲，各慈其子，这便是义。这一个物事分不得。流出来底便是仁，仁打一动，便是义礼智信当来。不是要仁使时，仁来用；要义使时，义来用，只是这一个道理，流出去自然有许多分别。且如心、性、情，而今只略略动著，便有三个物事在那里，其实只是一个物。虚明而能应物者，便是心；应物有这个道理，便是性；会做出来底，便是情，这只一个物事。"④

仁是发出来、流出来的，义是发出来后截然分别了、确定的，这些理解与分梳，都是把仁义范畴普遍化为宇宙论的范畴，其讨论也就超出了伦理学的范围，而变为宇宙论的讨论了。由此可见，朱子对义的讨论，如其对仁的讨论一样，更多地

---

① 黎靖德编，王星贤点校：《朱子语类》卷六，北京：中华书局，1986年，第106页。
② 黎靖德编，王星贤点校：《朱子语类》卷六，北京：中华书局，1986年，第106—107页。
③ 黎靖德编，王星贤点校：《朱子语类》卷六，北京：中华书局，1986年，第121页。
④ 黎靖德编，王星贤点校：《朱子语类》卷九八，北京：中华书局，1986年，第2527页。

关注把义作为宇宙论范畴的理解和应用，把义作为生气流行有机过程的一个阶段，这跟朱子作为构建宇宙论体系的哲学家的关怀密切相关。

另两段也类似：

先生举《遗书》云："根本须先培壅然后可立趋向。"又云："学者须敬守此心，不可急迫，当栽培深厚，涵泳于其间，然后可以自得。今且要收敛此心，常提撕省察。且如坐间说时事，逐人说几件，若只管说，有甚是处！便截断了，提撕此心，令在此。凡遇事应物皆然。"问："当官事多，胶胶扰扰，奈何？"曰："他自胶扰，我何与焉？濂溪云：'定之以中正仁义而主静。'中与仁是发动处，正是当然定理处，义是截断处，常要主静。岂可只管放出不收敛！'截断'二字最紧要。"①

陈仲蔚因问："龟山说：'知其理一，所以为仁；知其分殊，所以为义。'仁便是体？义便是用否？"曰："仁只是流出来底，义是合当做底。如水，流动处是仁；流为江河，汇为池沼，便是义。如恻隐之心便是仁；爱父母，爱兄弟，爱乡党，爱朋友故旧，有许多等差，便是义。且如敬，只是一个敬；到敬君，敬长，敬贤，便有许多般样。礼也是如此。如天子七庙，诸侯五庙，这个便是礼；其或七或五之不同，便是义。礼是理之节文，义便是事之所宜处。吕与叔说'天命之谓性'云：'自斩而缌，丧服异等，而九族之情无所憾；自王公至皂隶，仪章异制，而上下之分莫敢争；自是天性合如此。'且如一堂有十房父子，到得父各慈其子，子各孝其父，而人不嫌者，自是合如此也。其慈，其孝，这便是仁；各亲其亲，各子其子，这便是义。这个物事分不得，流出来便是仁，仁打一动，义礼智便随在这里了。不是要仁使时，义却留在后面，少间放出来。其实只是一个道理，论著界分，便有许多分别。且如心性情虚明应物，知得这事合恁地，那事合恁地，这便是心；当这事感则这理应，当那事感则那理应，这便是性；出头露面来底便是情，其实只是一个物事。而今这里略略动，这三个便都在，子细看来，亦好则剧。"②

流动出来的是仁，流动的截断、定型和等差、分殊的是义。可见朱子论义处多是就宇宙论来讲，而不是专就伦理学来讲的。这与其整个四德论是一致的。

不仅如此，其中还涉及仁义的体用问题。他进一步申发此理：

先生答叔重疑问曰："仁体刚而用柔，义体柔而用刚。"广请曰："自太极之动言之，则仁为刚，而义为柔；自一物中阴阳言之，则仁之用柔，义之用刚。"曰："也是如此。仁便有个流动发越之意；然其用则慈柔；义便有个商量从宜之义，然其用则决裂。"③

这就指出，仁、义的刚柔，要看从体上说还是从用上说。朱子主张仁是体刚而用

---

① 黎靖德编，王星贤点校：《朱子语类》卷一一三，北京：中华书局，1986年，第2739—2740页。
② 黎靖德编，王星贤点校：《朱子语类》卷一一六，北京：中华书局，1986年，第2797页。
③ 黎靖德编，王星贤点校：《朱子语类》卷六，北京：中华书局，1986年，第121页。

柔,义是体柔而用刚。也就是说,在体上说,仁刚而义柔;在用上说,则仁柔而义刚。这个观点是明确的。综合来看,朱子以仁、义在天德之自然的意义为体,以仁、义在人事之当然的意义为用。即,说仁是柔和义是刚,是在用上说的,而用应该是就人事的当然而言的。至于说仁是刚和义是柔,则是就天德流行中不同特征而言的,是在体上说的。如论太极动静,就是属于就天德流行之统体而言的。这种体用论是指一个事物自身的体和用,仁有体有用,义也有体有用。

另一种说法是,体用是指两个事物之间的体和用关系。如在大化流行中,流动发越属用,收敛截断属于体,故仁是用、义是体。这两种体用是不同的。

朱子在此意义上说仁是用,义是体。如:

> "'圣人定之以中正仁义','正'字、'义'字却是体,'中''仁'却是发用处。"问:"义是如何?"曰:"义有个断制一定之体。"①

这也是说发动是仁,截断是义,仁是发用,义是定体。前面说的流行与把定之分,也是如此。

因此,朱子晚年之所以强调仁刚义柔,很大程度上是因为朱子以仁为体的本体宇宙论已经形成。义的刚柔阴阳,要在这一本体宇宙的架构内来定位,而不是仅仅从义的伦理价值功能来确认②。从这一点来看,义的肃杀截断义就远不是宜的意义所能替代的,其哲学意义和地位当然就超过了宜字及其意义。

以上是就朱子义字之说加以梳理。所论朱子之说,还不是朱子对义概念使用的全部,也不是朱子对经典中义字使用的全部理解。这如同我们研究朱子对仁字之说的处理一样。总结起来,义的哲学意义,先秦时代有以下几点:道德,道义,正义,善德,端正。而汉代以来,对"义"的道德要义的把握,其要点在坚守对道德原则的承诺,明辨是非善恶,果断裁非去恶,其根源是对先秦"以正释义"作了转进。受此影响,朱子很强调义是面对恶的德性,突出义是憎恶,是对不善的憎恶。朱子思想对义的哲学理解,一是继承了汉以来的论义的裁断要义,二是把义纳入仁德为首的四德论体系,三是扩展了义在仁体宇宙论中的意义。同时,也应该承认,从历史的发展来看,裁断义的出现和影响,往往没有突出义概念的价值意义和内涵,而是突出了义作为主体实践的裁度功能,即裁其偏歧,制之归正。朱子对义的理解使用受到汉以后经学词义训释的影响较大,这一方面使得义的价值意义没有得到明确化的发展,这是哲学家朱子受到训诂学影响的限制方面;当然,在仁体论的体系内,义不被作为首要价值来重视是必然的,这正如罗尔斯对基督教仁爱思想的批评一样。另一方面,义的裁断义又使朱子将

---

① 黎靖德编,王星贤点校:《朱子语类》卷九四,北京:中华书局,1986年,第2383页。
② 参看陈来:《仁学本体论》,北京:生活·读书·新知三联书店,2014年。

之引向宇宙论成为可能，发展了义在朱子宇宙论中的意义，充实了朱子宇宙论的结构图景。无论如何，这些问题是值得进一步深入研究的。

（原载《文史哲》2020 年第 6 期，
作者单位：清华大学国学研究院）

朱子学年鉴
（2020）

# 朱子学研究新视野

# 朱熹以理释仁的路径和意义

朱汉民

仁学是儒家的核心思想，故而也成为宋儒建构理学的核心范畴。在当代学者对儒家哲学和中国传统哲学的研究论著中，仁学一直是一个受到特别关注的研究对象，出现了许多有价值的成果。如陈来先生的近著《仁学本体论》，就是一部希望以仁学本体论的建构，响应当代哲学家李泽厚提出的“该中国哲学登场了”的重大期盼。可见，仁学问题在中国哲学领域的重要性。

作者本人正在从事《四书》学与中国思想史的研究，自然关注《四书》学核心思想的仁学在中国思想历史过程中的演变和发展，特别关注宋儒如何通过对《四书》的经典诠释，完成了“仁”本体化的哲学建构。本文重点探讨朱子的理释仁，考察他如何通过合经典诠释和本体诠释为一体的哲学路径，推动儒家仁学创造性发展的思想历程。

## 一、儒家经典诠释中的“礼—仁—理”

儒学的形成演变过程漫长，经历了一系列重大的变迁。但是，我们仍然可以将中国古代儒学发展过程做一个大的概括，将其简缩为三个基本的发展阶段：礼（周公）—仁（孔子）—理（朱熹）。三代先王及周公完成的礼乐制度是中国儒教文明的基础，孔子及其早期儒学创建的仁道精神则是儒学的成型，而宋儒及朱熹完成的天理论却是古典儒学的最高形态。

殷周之际，历史发生巨大变迁，周公通过“制礼作乐”而创造了礼乐制度文明，《六经》就是礼乐文明的经典文献。春秋战国时期“礼崩乐坏”，孔子以礼归仁而创造了仁义道德的精神文明，早期儒家诸子著作则是仁义道德的经典文献。从春秋战国到汉晋隋唐时期，记载上古典章制度的《六经》之学一直是经典体系的主体，而早期儒家的著作则只是诠释《六经》的传记之学。所以，汉唐时期儒学、儒教的思想文化被合称为“周孔之道”。“周公”创造的典章制度之“礼”才是主体，是能够设置“博士”的专门之学，而以孔子为代表的早期儒家学术的著作均只是诠释《六经》的传记之学。这样，在汉唐经学体系中，“仁”其实是依附“礼”的。“周孔之道”中“周”是主，“孔”是从。

唐宋之际，历史再次发生巨大变迁，表达“封建贵族”“士族门第”精神的礼教秩序不断受到冲击，以《六经》为代表的经学体系和学术教育制度受到普遍怀疑。代之而起的是“白衣秀才”身份的宋代士大夫群体的崛起，他们追求、突显一种文化主体性的仁义精神及其相关的义理之学，以早期儒家诸子之学为主体而创造了《四书》的新经学体系。两宋以后的儒学被合称为“孔孟之道”。“孔孟之道”的儒学核心思想已经从“礼仪”“文章”转移到“仁义”“心性”。“孔孟之道”其实是肯定儒家诸子之学已经成为儒家学术的主体，同时也是强调儒家诸子之学已经逐渐成为儒家文明的主体。

历史上的儒学先后曾被称为“周孔之教”“孔孟之道”，这两个不同称呼其实源于儒学在经历“礼—仁—理”的历史演变过程中思想重心的转移。早期儒家的“礼—仁”建构的结果，到汉唐时期形成了以建构国家礼乐制度为重心的“周孔之教”；而宋儒建构、完成的《四书》学思想体系，确立了“孔子—曾子—子思—孟子”的道统脉络，才形成了以仁义精神为重心的“孔孟之道”。而且，宋儒建构的《四书》学，不仅仅确立了仁义道德的“孔孟之道”是儒家文化的核心价值与学术重心，更加重要的是，朱熹将《四书》学纳入到天理论的哲学体系与信仰体系中去，从而将儒学史上“礼—仁—理”的历史演变与时间过程，化为一种以“天理”统摄“礼—仁”的逻辑体系与空间结构。

所以，宋学兴起是儒学史的一个重大演变和发展，在原典的《论语》《子思子》《孟子》的思想体系中，“仁”是其中的核心价值与学术重心；而在宋儒建构的《四书》学思想体系中，“理”终于成为整个新经典体系的核心价值与学术重心。本来，在早期儒家的思想体系中，“礼”与“仁”均是十分重要的核心范畴，而且两者又是相互规定和诠释的关系。但是，宋儒在诠释《四书》时，将孔孟著作中的礼、仁均以一个“理”来概括，最终以“理”来统摄礼、仁。我们发现，先秦诸子只是偶然讲到的“理”，宋儒则将其提升、发展为一个普遍的、形而上意义的核心范畴。早期儒家倡导仁、礼是作为人伦关系中的行为规范和准则，宋儒进一步将其抽象化、普遍化为“理”。一方面，宋儒将周公之礼抽象化、普遍化为“理”，朱熹在注解《论语·学而》“礼之用，和为贵”一章时说：“礼者，天理之节文，人事之仪则也。”“盖礼之为体虽严，而皆出于自然之理。”[①]宋儒反复强调，他们所说的“理”，其实就是在人类社会中体现为“制度品节之可见”“人事之仪则”的“礼”。另一方面，宋儒也将孔子之“仁”抽象化、普遍化为“理”，朱熹解《论语·颜渊》时说：“为仁者，所以全其心之德也。盖心之全德，莫非天理，而亦不能不坏于人欲。”[②]其实，宋儒诠释的《四书》伦理道德规范不仅仅是礼与仁，他们认为孔子提出的所有伦理道德均是“理”。朱熹将君臣、父子、夫妇、长幼、朋友的人伦之规范和准则，均看作是人伦日用不得不遵循的“理”。他在诠释《孟子》性善论时

---

① 朱熹：《论语集注》卷一《学而》，《朱子全书》第6册，上海：上海古籍出版社，2002年，第72页。

② 朱熹：《论语集注》卷六《颜渊》，《朱子全书》第6册，上海：上海古籍出版社，2002年，第167页。

说："以理言之，则仁义礼智之禀，岂物之所得而全哉？此人之性所以无不善，而为万物之灵也。"[①]可见，早期儒家提出来的仁、义、礼、智的行为规范和道德准则，宋儒统统归之于"理"。

在宋儒那里，"理"不仅仅是人文之理，同时还是自然之理，意义已经拓展到自然天地，成为既有普遍性又具必然性的形而上意义的范畴。朱熹在《大学或问》中提出，"理"不仅仅是人类社会，还是天地自然的普遍性、必然性法则，他说："至于天下之物，则必各有所以然之故，与其所当然之则，所谓理也。"[②]这样，"理"也因此成为日月星辰、山川草木、君臣父子、人伦日用等一切自然的、社会中事物的普遍本质与法则。为了说明统一的"理"和社会、自然中具体之理的关系，朱熹还提出"理一分殊"的思想。这样，他不仅将礼、仁的人文之理统一到"一理"之中，还将自然之理也统一到"一理"之中。朱熹在解《论语·里仁》"吾道一以贯之"时说："夫子之一理浑然而泛应曲当，譬则天地之至诚无息，而万物各得其所也。……盖至诚无息者，道之体也，万殊之所以一本也；万物各得其所者，道之用也，一本之所以万殊也。"[③]根据朱熹的"理一分殊"原理，主宰天地自然、人类社会的均是同一个"理"，所以称之为"理一"，而早期儒家倡导的仁、义、礼、智的行为规范和道德准则，却是"万殊"之理。同时，仁、义、礼、智的道德规范和行为准则还可以进一步分为更细致的"万殊"之理，如"礼"就包含着无数细致的具体节目。

由此可见，宋儒通过诠释《四书》而建构的新仁学，完成了以"理"为中心的知识、价值与信仰的重建。他们通过一系列哲学化的思辨，将"仁"作了形而上的提升，使原典儒学中作为人格精神的仁，重新获得了一种普遍的、永恒的宇宙意义，纳入到一个更加具有哲学性、系统性的天理论体系之中。所以，宋儒的《四书》学，已经大大不同于早期儒家诸子学的《论语》《大学》《中庸》《孟子》。如果说早期儒家的《四书》还是以"仁"为中心的价值体系的话，宋儒的《四书》学则已经建构了以"理"为中心的哲学体系和信仰体系。

## 二、以理释仁的本体诠释路径

宋儒《四书》学的建立，是儒学史的一个重大转型，同时也是中国思想史的一个重大转型。宋儒将"仁"纳入到以"理"为中心的思想系统，并将其提升

---

① 朱熹：《孟子集注》卷十一《告子章句上》，《朱子全书》第 6 册，上海：上海古籍出版社，2002 年，第 396 页。

② 朱熹：《四书或问·大学或问》上，《朱子全书》第 6 册，上海：上海古籍出版社，2002 年，第 512 页。

③ 朱熹：《论语集注》卷二《里仁》，《朱子全书》第 6 册，上海：上海古籍出版社，2002 年，第 96 页。

为一种普遍、永恒的宇宙精神，确实体现了一个重要的思想史事实：孔子提出的仁爱思想已经被宋儒理学化。如果说“礼”“仁”是原典儒学的核心范畴的话，那么，理学化仁学的建立，则代表了新儒学的一种新的学术形态和思想体系。

在早期儒学那里，“仁”主要是一种爱人情感和道德情操，而到了理学体系中，“仁”的意义逐渐发生了一系列重要变化。仁的意义变化，主要是通过以理释仁的本体论诠释路径而实现的。

其一，仁爱情感的理性化。

在儒家思想传统中，“仁”明显是一种“情”与“理”相结合的道德观念，也就是李泽厚先生经常讲到的“情理结构”[①]。早期儒家反复强调：一方面“仁”是一种“爱人”“恻隐”的情感，这一种情感是先天的、自然的；另一方面“仁”又是做人必须遵循的道理和原则，体现为人与人之间能够具有推己及人的情感推理，即一种推己及人的理性。在《四书》体系中，这一推己及人的情感推理的叫法不太一样。《论语》强调这一种推己及人的为仁之方是“忠恕之道”，《大学》称之为“絜矩之道”，而《孟子》则将其看作是直觉性的“恻隐之心”和推己及人。早期儒家主张以人人都有的情感来推导出自己做人的道德选择，在《四书》原典中，“仁”作为一种“情理结构”，往往是以“情”为本，“情”是“仁”的存在基础和主导因素。人为什么会有仁爱？仁爱的动力来自于哪里？早期儒家肯定仁爱主要是一种人与人相爱的自然情感，即孟子所说的“恻隐之心”。孔子为什么说孝悌是为仁之本？因为孝悌之爱的情感源于自己的血缘关系，这是一种最自然、最强烈、最真实的爱。可见，在早期儒家的仁爱“情理结构”中，作为仁爱的本源、主导因素是“情”而不是“理”。

但是，宋儒一旦将仁爱纳入到天理论的理学体系之中，“天理”就成为统摄仁义礼智的最高存在，从而改造了“仁”的“情理结构”，不是“情”而是“理”已经成为这一“情理结构”的存在基础和主导因素。朱熹在《论语集注》中这样解释仁：“仁者，爱之理，心之德也。”[②]既然仁是“爱之理”，“理”已经成为定义仁的主词，“情理结构”的存在基础和主导因素就是理而不是情。那么，一个人遵循仁道原则，其道德源泉、精神动力就是来自于对“天理”必须遵循的道德理性，而不是因为自己的内心情感、自然本性等因素。所以，朱熹强调：“为仁者，所以全其心之德也。盖心之全德，莫非天理，而亦不能不坏于人欲。故为仁者必有以胜私欲而复于礼，则事皆天理，而本心之德复全于我矣。”[③]一个人之所以服从仁道不是由于自己的内心情感、自然天性，而是因为他不得不遵循天理的理性原

① 李泽厚等：《什么是道德？》第二课，上海：华东师范大学出版社，2015年，第55页。

② 朱熹：《论语集注》卷一，《学而》，《朱子全书》第6册，上海：上海古籍出版社，2002年，第68页。

③ 朱熹：《论语集注》卷六，《颜渊》，《朱子全书》第6册，第155页。

则，即所谓“心之全德，莫非天理”，他不得不以“天理”作为自己的道德意志去战胜自己的感情欲望。所以，在朱熹新“仁学”的“情理结构”中，“理”作为依据和主导，贯穿、主宰了“情”。这是新仁学的一个重大变化。

其二，仁义之爱的普遍化。

在早期儒学中，“仁”完全是一种为人之道，而且首先是孝悌的爱亲之道。孔子及其早期儒家学者反复强调“仁者，人也”[①]，建立了一个人道论的仁学思想。儒家贵仁，“仁”一方面涉及人与人之间如何建立相亲相爱的亲密关系，另一方面又强调这一种亲密关系的建立依赖于个体人格的独立和自觉。所以，儒家人道论的仁学，体现出人之为人的三个主体人格的精神要素，即仁的情感、仁的理性、仁的意志。可见，“仁”完全是以父子兄弟的爱亲为出发点，通过主体人格精神的开展，进而广泛地建立一种亲密的社会关系。

宋儒虽然也强调主体人格精神的开展，但是他们并不把仁的情感、仁的理性、仁的意志局限于建立一种亲密的社会关系，而是将主体仁心作了极大的拓展，从仁民拓展到爱物，从人道推广到天道。所以，宋儒心目中的“仁”，不仅仅体现为人与人之间的相亲相爱，还体现为人与天地自然的一体不分，特别还体现为宇宙自然的生生不息。正如二程所说：“万物之生意最可观，此元者善之长也，斯所谓仁也。人与天地一物也，而人特自小之，何耶？”[②]程颢特别表彰张载《西铭》“意极完备，乃仁之体也”[③]，张载《西铭》表达的恰恰是仁道原则的普遍化，即所谓：“故天地之塞，吾其体；天地之帅，吾其性。民吾同胞，物吾与也。大君者，吾父母宗子；其大臣，宗子之家相也。尊高年，所以长其长；慈孤弱，所以幼吾幼。圣其合德，贤其秀也。凡天下疲癃残疾，茕独鳏寡，皆吾兄弟之颠连而无告者也。”[④]这是一种以亲情为基础、但是又完全超越了亲情的仁爱，已经从仁民拓展到爱物，从人道推广到天道。宋儒统合人道与天道，提升人道仁学的天道意义，将《四书》“仁者爱人”“恻隐之心”与《周易》的“天地之大德”的天道统一起来。这样，在宋儒的仁学体系中，仁爱精神已经超越人道，获得了一种普遍化的天道意义。

其三，仁道原则的形上化。

在先秦儒家那里，仁爱是一种生活日用的道德情感，仁义是一种人伦日用的道德要求，它们均是形而下的现象存在。《易传·系辞》有“形而上者谓之道，形而下者谓之器”。但是早期儒家只是将“天道”看作是“形而上者”，而将“仁”纳入到对“天地之大德”的仿效、追随，“仁爱”只不过是伟大天道的显现与功用（“显诸仁，藏诸用”），是“与天地相似”“周乎万物而道济天下”的一种具体表现。

---

① 朱熹：《礼记·中庸》。
② 程颐、程颢：《遗书》十一，《二程集》，北京：中华书局，2004年，第120页。
③ 程颐、程颢：《遗书》十一，《二程集》，北京：中华书局，2004年，第15页。
④ 张载：《正蒙·乾称篇》，《张载集》，北京：中华书局，1978年，第62页。

但是，宋儒大大提升了"仁道"的形上意义，他们不仅将仁爱情感理性化、仁义原则普遍化，而且进一步将仁道观念形上化。这样，宋儒强调作为"爱之理"的仁，不仅是从爱人的情感转化为爱人的理性，同时开始超越世俗而进入到形上意义的追求。特别是宋儒强调仁是"民胞物与"的精神境界，仁已经从一般的道德意义转化为形上意义的"仁之体"。程颢在一篇专门讨论仁学的文章中说道："学者须先识仁。仁者，浑然与物同体。……此道与物无对，大不足以名之，天地之用皆我之用。孟子言万物皆备于我，须反身而诚，乃为大乐。"①程颢所讲的"识仁"，就是指"仁之道""仁之理"，在宋儒的思想体系中，此"仁之道""仁之理"均是形而上者。

由此可见，宋儒强调仁是"民胞物与"的精神境界，仁已经从一般的道德意义转化为形上意义的"仁之体"。特别是朱熹的仁学有一个突出特点，就是以体用之辨诠释仁学。这一个作为统一天道和人道的形而上之"体"是什么？就是"理"，仁之理。他认为只有仁之理才可以体现为"天地生物之心"，因为只有"理"才是一种无形无象的形而上之体。作为一个宇宙间最普遍的"理"，它总是充盈于宇宙天地、万事万物、人生日用之中的。可见，以理释仁，使仁的理性提升为形而上的天理，最终完成了仁的本体论诠释。

## 三、天理论仁学的思想史意义

宋儒将原始儒学的"礼—仁"纳入到天理论体系，导致儒学的学术体系、思想体系均发生了重大变化，应该如何理解、评价这一思想改变？这里，我们主要是从儒学史演变发展的评价尺度，对宋儒的天理化仁学作一粗略探讨。

从总体而言，我们应该充分肯定，宋儒的天理化仁学在儒学史上有重要的积极意义，表达了儒学演变发展的重要思想提升与哲学建构。宋儒天理化仁学的最大贡献，就是强化、提升了儒家仁学的哲学意义。当然，儒学本来就不是一门具体的学科，而是全面涉及到中国人的精神世界、文化价值、生活方式、社会制度的文明体系，它广泛而深入地渗透到全体中国人和中国社会的信仰、道德、审美、政治、法律、经济、教育、习俗等各个方面。因此，儒学是涉及不同学科领域的全体大用之学，是集中代表中华文明、东亚文明知识体系的综合性学科。② 虽然儒学并不能够等同于哲学，但是哲学确是儒学的一个十分重要的知识维度、精神维度。因为儒学是一门全体大用之学，而深入探讨形而上之体与形而下之用关系的哲学化儒学，确实是一个非常重要的综合性思想维度。宋儒

① 程颐、程颢：《遗书》卷二上，《二程集》上，北京：中华书局，2004 年，第 16—17 页。

② 朱汉民：《儒学的多维视域·自序》，北京：东方出版社，2016 年，第 1 页。

推动了仁学的重要发展，使仁爱情感理性化、仁义原则普遍化、仁道观念形上化，最终推动了仁学的哲学化。从价值体系来说，仁、仁义并没有发生重要变化，但是宋儒已经将这一套价值体系奠定在坚实的形而上学的基础之上。宋儒建构的新儒学，是一种包括理气论、道器论、理一分殊论、心统性情论、格物致知论的哲学体系。应该说，宋儒将原始儒学的礼、仁，统统纳入到理学体系之中，大大提升了儒家的哲学意义。

其次，宋儒天理化仁学的重要贡献，就是强化、提升了儒家仁学的信仰功能。周公制礼作乐而创造礼乐文明，但是礼乐制度必须依据于天神、祖宗的宗教信仰；孔子以礼归仁而创造了道德文明，从而淡化了三代的宗教信仰，而强化了道德主体意识。但是，儒家礼乐文明不能够仅仅建立在这一道德主体意识的基础上，还必须依托在终极实体的信仰基础上。所以，两汉儒家通过回归上古三代的方式，建立一种对天道、天神信仰的文化体系，但是这一神秘化信仰逐渐受到具有理性精神的儒家士大夫的怀疑。所以，宋儒需要重建一种理性化的道德信仰，他们不仅将仁义与天理连接起来，而且将仁、理归结为一种最高意志、最终目的的"天理""天地之心"，以强化仁学的信仰功能，解决仁义道德的终极意义问题。所以，宋儒强调仁义不仅仅是一种处理自我与他人关系的道德原则，而是具有更加神圣的信仰意义。宋儒将"仁"看作是"天地之心"，他们论说天理、仁的目的性，如《朱子语类》载：

> 道夫言："向者先生教思量天地有心无心。近思之，切谓天地无心，仁便是天地之心。若使其有心，必有思虑，有营为。天地曷尝有思虑来。然其所以'四时行，百物生'者，盖以其会当如此便如此，不待思惟，此所以为天地之道。"……"如此则《易》所谓'复其见天地之心'，'正大而天地之情可见'，又如何？如公所说，只说得他无心处尔。若果无心，则须牛生出马，桃树上发李花，他又却自定。"①

朱熹认为"仁""天心"既是无心的，没有人格神的那种思虑营为；又是有心的，体现着宇宙精神"自定"的目的。此即如朱熹所说："天地之心不可道是不灵，但不如人恁地思虑。"②仁道经过这一种"天理""天地之心"的超验化提升，就具有更加神圣性的信仰意义。朱熹要求个人由外到内均要保持对"仁义"等天理的虔敬态度和信仰精神，保存"对越上帝"敬畏心理，即所谓"正其衣冠，尊其瞻视，潜心以居，对越上帝"。这显然是一种精神信仰的要求，这一种要求其实是强化了儒家仁学的信仰功能。

可见，宋儒以理释仁，使早期儒家仁学的意义发生了重大变化。宋儒不仅使儒家的价值意义能够奠定在坚实的形而上学的基础之上，同时还使得原来的

---

① 朱熹：《朱子语类》卷一，《朱子全书》第 14 册，上海：上海古籍出版社，2001 年，第 117 页。
② 朱熹：《朱子语类》卷一，《朱子全书》第 14 册，上海：上海古籍出版社，2001 年，第 116—117 页。

道德之仁具有了更加神圣的信仰意义。

（基金项目：国家社科基金重点项目："四书学与中国思想传统的重建和整合研究"(15AZD032))

（原载《中国文化》2020 年第 1 期，
作者单位：湖南大学岳麓书院）

# 朱熹解《论语》中的“君子”“小人”

乐爱国

《论语》讲“君子”“小人”，既有“以德言”，即“君子”指有德之人，“小人”指无德之人，又有“以位言”，即“君子”指居上位的统治者，“小人”指居下位的平民百姓。朱熹解《论语》中的“君子”“小人”，较以往更多地讲“以位言”。仅就《论语》中的“小人”而言，杨伯峻《论语译注》认为，《论语》讲“小人”有24次，其中指为无德之人20次，指为老百姓4次；[①]其实，汉唐时期儒家解《论语》中的“小人”为平民百姓，已达4处；而朱熹解为平民百姓，则多达7处（参看本文后表格）。但无论如何，他们都没有将《论语》“君子喻于义，小人喻于利”中的“君子”“小人”解为“以位言”，直至清代的刘宝楠、俞樾解《论语》中的“君子”“小人”，又较朱熹更多地讲“以位言”，尤其是将“君子喻于义，小人喻于利”中的“君子”“小人”解为“以位言”。研究这种解读的变化，无疑有助于当今的《论语》解读，甚至有益于对儒学的理解。

## 一、汉唐儒家解《论语》中的“君子”“小人”

汉唐时期儒家解《论语》中的“君子”“小人”，虽然大多是“以德言”，但也有“以位言”。仅就《论语》中的“小人”而言，将其中某些“小人”解读为平民百姓而非无德之人，至少可以追溯到汉初的孔安国。《论语·颜渊》载孔子曰：“君子之德风，小人之德草。草上之风，必偃。”孔安国注曰：“加草以风，无不仆者，犹民之化于上。”[②]孔安国还注《论语·阳货》“君子学道则爱人，小人学道则易使也”，说：“道，谓礼乐也。乐以和人，人和则易使。”[③]显然，这里都把“小人”解读为平民百姓，而不是指为无德之人。此外，对于孔子曰：“君子之德风，小人之德草。草上之风，必偃。”郑玄也注曰：“草上加之以风，无不□仆也。犹人（民）之化于上也。”[④]同一时期的赵岐注曰：“上之所欲，下以为俗。……以风加草，莫不偃伏也。”[⑤]这里把“君子”“小人”关系解读为上下关系，是“以位言”，而非“以

① 杨伯峻：《论语译注》，北京：中华书局，2015年，第317页。

② 阮元校刻：《十三经注疏》第5册，北京：中华书局，2009年，第5439页。

③ 阮元校刻：《十三经注疏》第5册，北京：中华书局，2009年，第5484页。

④ 王素：《唐写本论语郑氏注及其研究》，北京：文物出版社，1991年，第135页。

⑤ 阮元校刻：《十三经注疏》第5册，北京：中华书局，2009年，第5875页。

德言”。这样的解读，对后世影响很大。

南北朝皇侃《论语义疏》对孔安国注作了疏解，其中解“君子之德风，小人之德草”，曰：“君子，人君。小人，民下也。言人君所行，其德如风也；民下所行，其事如草。”①又解“君子学道则爱人，小人学道则易使也”，曰：“子游对所以弦歌化民者，欲使邑中君子学之则爱人，邑中小人学之则易使也。”②对孔安国注《论语》中的“小人”作了进一步疏解。此外，皇侃还在解《论语·里仁》“君子怀德，小人怀土；君子怀刑，小人怀惠”时，除了讲“小人不贵于德，唯安于乡土”“小人不安法，唯知安于惠也”之外，还引述当时一云：“君子者，人君也；小人者，民下也。上之化下，如风靡草。君若化民安德，则下民安其土，所以不迁也。”又一云：“人君若安于刑辟，则民下怀利惠也。”③可见，当时也有人认为该句中的“君子”“小人”是“以位言”，而非“以德言”。不过，皇侃并没有就这种解读明确表明赞同或是反对的看法。

北宋初邢昺《论语注疏》也对孔安国注作了疏解，其中解“君子之德风，小人之德草”，曰：“在上君子为政之德若风，在下小人从化之德如草。”④又认为“君子学道则爱人，小人学道则易使也”讲的是“治民之道”，意即：“若在位君子学礼乐，则爱养下人也；若在下小人学礼乐，则人和而易使也。”⑤此外，邢昺解《论语·阳货》“君子有勇而无义为乱，小人有勇而无义为盗”，曰：“君子指在位者，合宜为义。言在位之人，有勇而无义，则为乱逆；在下小人，有勇而无义，则为盗贼。”⑥这里的“君子”“小人”也是“以位言”，“君子”为“在位之人”，“小人”为“在下小人”。

需要指出的是，邢昺《论语注疏》认为，“君子怀德，小人怀土；君子怀刑，小人怀惠”讲的是“君子小人所安不同”，意即：“君子执德不移，是安于德也；小人安安而不能迁者，难于迁徙，是安于土也。……君子乐于法制齐民，是怀刑也；小人唯利是亲，安于恩惠，是怀惠也。”⑦显然认为这里的“君子”“小人”是“以德言”，没有吸取皇侃《论语义疏》所载“君子者，人君也；小人者，民下也”的说法。

从孔安国、皇侃《论语义疏》和邢昺《论语注疏》对于《论语》中“君子”“小人”的注疏可以看出，其中的“小人”大多指为无德之人，是“以德言”，但至少有“君子之德风，小人之德草”“君子学道则爱人，小人学道则易使也”两句中的“君子”“小人”，实际上是“以位言”。此外，还有人认为“君子怀德，小人怀土；君子怀刑，小人怀惠”和“君子有勇而无义为乱，小人有勇而无义为盗”中的“君子”“小

---

① 皇侃：《论语义疏》，北京：中华书局，2013年，第314页。
② 皇侃：《论语义疏》，北京：中华书局，2013年，第447页。
③ 皇侃：《论语义疏》，北京：中华书局，2013年，第88—89页。
④ 阮元校刻：《十三经注疏》第5册，北京：中华书局，2009年，第5440页。
⑤ 阮元校刻：《十三经注疏》第5册，北京：中华书局，2009年，第5484页。
⑥ 阮元校刻：《十三经注疏》第5册，北京：中华书局，2009年，第5488—5489页。
⑦ 阮元校刻：《十三经注疏》第5册，北京：中华书局，2009年，第5367页。

人”也是“以位言”。

## 二、朱熹《论语集注》的解读

宋代朱熹对于前人的《论语》解读，既有吸取也有批评。与邢昺《论语注疏》一样，朱熹《论语集注》也把“君子之德风，小人之德草”中的“君子”“小人”解“以位言”；[①]又解“君子学道则爱人，小人学道则易使也”，曰：“君子小人，以位言之。”[②]解“君子有勇而无义为乱，小人有勇而无义为盗”，曰：“君子为乱，小人为盗，皆以位而言者也。”[③]这里所谓“君子小人，以位言之”，就是把“君子”“小人”看作上下关系，看作统治者与百姓的差别，而不是有德之人与无德之人的差别。

但是，朱熹明确反对将“君子怀德，小人怀土；君子怀刑，小人怀惠”中的“小人”指为平民百姓。他的《论语集注》认为，该句意指“君子小人，趣向不同”，还引尹氏曰：“乐善恶不善，所以为君子；苟安务得，所以为小人。”[④]显然，他认为这里的“君子”“小人”是“以德言”。朱熹不赞同程颐将该句解为“在上者志存于德，则民安其土；在上者志存于严刑，则民思仁厚者而归之”，把该句中的“君子”“小人”解为“在上者”与平民百姓的差别，说：“凡言君子小人而相须者，则君民之谓也，如爱人与易使之类是也；言君子小人而相反者，则善恶之谓也，如周比和同之类是也。以相反为言，而上下章又且多义利之说，则固当为善恶之类矣。况以君民为说，则其怀惠之云，亦迂晦而不通矣。”[⑤]认为《论语》中“君子学道则爱人，小人学道则易使也”之类，其中的“君子”“小人”并不是对立的，而是“相须”的关系，讲的是君民关系，是“以位言”；而《论语·为政》“君子周而不比，小人比而不周”、《论语·子路》“君子和而不同，小人同而不和”之类，讲的是“君子”“小人”完全相反的善恶关系；“君子怀德，小人怀土；君子怀刑，小人怀惠”中的“君子”“小人”也并非君民关系，而是“以德言”。

重要的是，朱熹对《论语》的解读多有发明，特别是认为《子路》篇“小人哉，樊须也！上好礼，则民莫敢不敬；……”“言必信，行必果，硁硁然小人哉！抑亦可以为次矣”和《阳货》篇“色厉而内荏，譬诸小人，其犹穿窬之盗也与”“唯女子与小人为难养也，近之则不孙，远之则怨”四句中的“小人”并非指无德之人。

《论语·子路》讲“樊迟请学稼”，子曰：“小人哉，樊须也！”对此，皇侃《论语义疏》解曰：“小人是贪利者也。樊迟出后，孔子呼名骂之。君子喻于义，小人喻

---

① 朱熹：《四书章句集注》，北京：中华书局，2012 年，第 139 页。
② 朱熹：《四书章句集注》，北京：中华书局，2012 年，第 177 页。
③ 朱熹：《四书章句集注》，北京：中华书局，2012 年，第 183 页。
④ 朱熹：《四书章句集注》，北京：中华书局，2012 年，第 71 页。
⑤ 朱熹：《四书或问》，朱杰人等编：《朱子全书》第 6 册，上海：上海古籍出版社、合肥：安徽教育出版社，2010 年，第 685—686 页。

于利，樊迟在孔子之门，不请学仁义忠信之道，而学求利之术，故云‘小人’也。”①邢昺《论语注疏》解曰：“夫子与诸弟子言曰：‘小人哉，此樊须也！’谓其不学礼义而学农圃。故曰‘小人’也。”②显然，这里所谓“小人”，是孔子对樊须不学礼义的责骂。与此不同，朱熹引杨时所说：“樊迟学稼圃，葢欲为神农之言，非有利心也。……孟子曰：‘有大人之事，有小人之事。’稼圃，小民之事也，故曰：‘小人哉，樊须也！’”③并在他的《论语集注》中注曰：“小人，谓细民，孟子所谓小人之事者也。”④《孟子·滕文公上》讲“有大人之事，有小人之事”，汉代赵岐曰：“人道自有大人之事，谓人君行教化也；小人之事，谓农工商也。”⑤显然，这里所谓“小人”，指的是平民百姓。由此可知，杨时、朱熹将“小人哉，樊须也”中的“小人”指为平民百姓，即“小民”“细民”，而非指无德之人。

《论语·子路》说：“言必信，行必果，硁硁然小人哉！抑亦可以为次矣。”对此，皇侃《论语义疏》解曰：“小人为恶，坚执难化，今小人之士，必行信果，守志不回，如小人也。”⑥邢昺《论语注疏》解曰：“若人不能信以行义，而言必执信；行不能相时度宜，所欲行者，必果敢为之：硁硁然者，小人之貌也。言此二行，虽非君子所为，乃硁硁然小人耳。”⑦显然，这里所谓“小人”是指不讲道德的小人，与《孟子·离娄下》所言“大人者，言不必信，行不必果，惟义所在”中的“大人”相反。与此不同，朱熹引述程颢所说：“言不必信，行不必果，唯义所在，大人之事。言必信，行必果，硁硁然，小人之事。小人对大人为小，非为恶之小人也，故亦可以为士。”⑧据此，他的《论语集注》注曰：“小人，言其识量之浅狭也。此其本末皆无足观，然亦不害其为自守也。故圣人犹有取焉。”⑨可见，这里所谓“小人”，不是“为恶之小人”，并非无德之人，而是“识量之浅狭”者。当今李泽厚《论语今读》也认为“此‘小人’即‘普通老百姓’”。⑩

《论语·阳货》说：“色厉而内荏，譬诸小人，其犹穿窬之盗也与？”对此，孔安国注曰：“为人如此，犹小人之有盗心也。”皇侃《论语义疏》解曰：“此为色厉内荏作譬也。言其譬如小人为偷盗之时也。小人为盗，或穿人屋壁，或踰人垣

① 皇侃：《论语义疏》，北京：中华书局，2013 年，第 328 页。
② 阮元校刻：《十三经注疏》第 5 册，北京：中华书局，2009 年，第 5446 页。
③ 朱熹：《论孟精义》，朱杰人等编：《朱子全书》第 7 册，上海：上海古籍出版社、合肥：安徽教育出版社，2010 年，第 447 页。
④ 朱熹：《四书章句集注》，北京：中华书局，2012 年，第 143 页。
⑤ 阮元校刻：《十三经注疏》第 5 册，北京：中华书局，2009 年，第 5883 页。
⑥ 皇侃：《论语义疏》，北京：中华书局，2013 年，第 341 页。
⑦ 阮元校刻：《十三经注疏》第 5 册，北京：中华书局，2009 年，第 5448 页。
⑧ 朱熹：《论孟精义》，朱杰人等编：《朱子全书》第 7 册，上海：上海古籍出版社、合肥：安徽教育出版社，2010 年，第 461 页。
⑨ 朱熹：《四书章句集注》，北京：中华书局，2012 年，第 147 页。
⑩ 李泽厚：《论语今读》，北京：中华书局，2015 年，第 253 页。

墙。”[①]邢昺《论语注疏》解曰：“言外自矜厉，而内柔佞，为人如此，譬之犹小人，外虽持正，内常有穿壁窬墙窃盗之心也与。”[②]显然，这里所谓“小人”是指为恶之人。与此不同，朱熹注曰：“厉，威严也。荏，柔弱也。小人，细民也。……言其无实盗名，而常畏人知也。”[③]认为这里所谓“小人”指的是平民百姓。然而，这一解读后世多有讨论。元代陈天祥《四书辨疑》说：“解小人为细民，其意以为色厉内荏穿窬之盗已是邪恶小人，中间不可再言小人，以此为疑，故改小人为细民也。盖不察小人为作，非止一端，或谄或谗，或奸或盗，或显为强暴，或暗作私邪，或心狠而外柔，或色厉而内荏，推而辨之，何所不有？……以色厉内荏之人，譬之于诸般小人，惟其为穿窬之盗者，可以为比也。”[④]认为该句所谓“小人”就是指无德之人。胡炳文《四书通》则为朱熹辩护，引述王回曰：“此有为之言。曰‘譬诸小人’，则指当时之大人也。”并指出：“《易·泰卦》以内健外顺为君子之道；《否卦》以内柔外刚为小人之道。此则厉者，外为刚之容；荏者，内蕴柔之恶者也。”[⑤]后来，日本德川时代(1603—1867)的伊藤仁斋《论语古义》注该句，说：“小人，细民也。……此为在位者言。”[⑥]伊藤仁斋对朱熹《论语集注》多有批评，但却赞同朱熹将该句所谓“小人”指为“细民”，指为平民百姓。李泽厚《论语今读》也将这里的“小人”指为老百姓。[⑦]

《论语·阳货》说：“唯女子与小人为难养也，近之则不孙，远之则怨。”对此，皇侃《论语义疏》解曰：“君子之人，人愈近愈敬，而女子小人，近之则其诚狎而为不逊从也。”[⑧]邢昺《论语注疏》解曰：“此章言女子与小人皆无正性，难畜养。所以难养者，以其亲近之则多不孙顺，疏远之则好生怨恨。”[⑨]显然，这里所谓“小人”以及“女子”与君子相对立。与此不同，朱熹《论语集注》解曰：“此小人，亦谓仆隶下人也。君子之于臣妾，庄以莅之，慈以畜之，则无二者之患矣。”[⑩]可见，朱熹把“唯女子与小人为难养也”中的“小人”指为“仆隶下人”，“女子与小人”则指的是“臣妾”，并非指无德之人。朱熹还说：“若为恶之小人，则君子远之，惟恐

---

① 皇侃：《论语义疏》，北京：中华书局，2013年，第458页。
② 阮元校刻：《十三经注疏》第5册，北京：中华书局，2009年，第5486页。
③ 朱熹：《四书章句集注》，北京：中华书局，2012年，第180页。
④ 陈天祥：《四书辨疑》，《景印文渊阁四库全书》第202册，台北：台湾商务印书馆，1986年，第443页。
⑤ 胡炳文：《四书通》，《景印文渊阁四库全书》第203册，台北：台湾商务印书馆，1986年，第353页。
⑥ 松平赖宽：《论语征集览》，上海：上海古籍出版社，2017年，第1290页。
⑦ 李泽厚：《论语今读》，北京：中华书局，2015年，第331页。
⑧ 皇侃：《论语义疏》，北京：中华书局，2013年，第472页。
⑨ 阮元校刻：《十三经注疏》第5册，北京：中华书局，2009年，第5489页。
⑩ 朱熹：《四书章句集注》，北京：中华书局，2012年，第183页。

不严，怨亦非所恤矣。”①

相比于汉唐时期对于《论语》的解读，朱熹较多地把其中的“小人”解读为平民百姓，而非无德之人，尤其是不把“小人哉，樊须也”“唯女子与小人为难养也”中的“小人”看作无德之人，较以往的解读多有创新。还需指出的是，他在解“小人哉，樊须也”“色厉而内荏，譬诸小人”时，最早把其中“小人”解读为“细民”，并在解“君子学道则爱人，小人学道则易使也”“君子有勇而无义为乱，小人有勇而无义为盗”时，认为这里所谓“君子”“小人”，是“以位言之”。这样的解读方式，在很大程度上为后来的《论语》解读所采纳。

## 三、对“君子喻于义，小人喻于利”的解读

论及《论语》中的“君子”“小人”，必定要讨论《论语·里仁》所言“君子喻于义，小人喻于利”。对此，南北朝时期皇侃《论语义疏》疏曰：“君子所晓于仁义，小人所晓于财利。故范宁曰：‘弃货利而晓仁义，则为君子；晓货利而弃仁义，则为小人也。’”②北宋邢昺《论语注疏》疏曰：“此章明君子小人所晓不同也。……君子则晓于仁义，小人则晓于财利。”③从字面上看，这似乎是将利与义对立起来。

朱熹《论语集注》注“君子喻于义，小人喻于利”，曰：“喻，犹晓也。义者，天理之所宜。利者，人情之所欲。程子曰：‘君子之于义，犹小人之于利也。唯其深喻，是以笃好。’杨氏曰：‘君子有舍生而取义者，以利言之，则人之所欲无甚于生，所恶无甚于死，孰肯舍生而取义哉？其所喻者义而已，不知利之为利故也，小人反是。’”④在这里，朱熹把“君子喻于义，小人喻于利”中的“义”“利”解读为“义者，天理之所宜；利者，人情之所欲”，并且与孟子所言“生，亦我所欲也；义，亦我所欲也。二者不可得兼，舍生而取义者也”相对应，就是要说明义与利都是“我所欲也”，都是人所不可或缺的，而不是相互对立的；同时又进一步说明君子好义，小人好利；君子可以舍生而取义，小人与此相反。也就是说，“君子喻于义，小人喻于利”只是指君子好义、小人好利，并非指义与利的相互对立。

朱熹《论语或问》说：“曰：然则所谓君子小人之所喻者，各为一事耶？将一事之中具此两端，而各随其人之所见也？曰：是皆有之，但君子深通于此，而小人酷晓于彼耳。曰：对义言之，则利为不善，对害言之，则利非不善矣。君子之所为，固非欲其不利，何独以喻利为小人乎？曰：胡氏言之悉矣。胡氏曰：义固

① 朱熹：《四书或问》，朱杰人等编：《朱子全书》第6册，上海：上海古籍出版社、合肥：安徽教育出版社，2010年，第889页。

② 皇侃：《论语义疏》，北京：中华书局，2013年，第91页。

③ 阮元校刻：《十三经注疏》第5册，北京：中华书局，2009年，第5367页。

④ 朱熹：《四书章句集注》，北京：中华书局，2012年，第73页。

所以利也，《易》所谓‘利者义之和’者是也。然自利为之，则反致不夺不厌之害；自义为之，则蒙就义之利而远于利之害矣。”①在朱熹看来，义与利既是不同之事，又是同一事之两端。他还说：“‘君子喻于义，小人喻于利’，只是一事上。君子于此一事只见得是义，小人只见得是利。且如有白金遗道中，君子过之，曰：‘此他人物，不可妄取。’小人过之，则便以为利而取之矣。”②认为“君子喻于义，小人喻于利”只是君子与小人对于同一件事的不同做法，君子讲的是义，小人讲的是利，而义与利并非对立的两事。换言之，君子与小人虽然是对立的，但是不能因为君子讲义，小人讲利，就把义与利对立起来。尤其是，朱熹还把对“君子喻于义，小人喻于利”的解读与《易传》“利者，义之和”结合起来，讲“义固所以利”，讲义与利的统一，认为“自义为之”而有利，“自利为之”反致害。也就是说，君子不是不要利，而是不要不义之利，因此，在君子那里，义与利并不是对立的；与此相反，小人则只要利而不要义，将义与利对立起来。

问题是，如果“君子喻于义，小人喻于利”中的义与利不是对立的，那末，为什么朱熹还要讲“君子之于义，犹小人之于利”，讲君子舍生取义，小人与此相反？

朱熹《孟子集注》注“未有仁而遗其亲者也，未有义而后其君者也”，曰：“此言仁义未尝不利。……仁义根于人心之固有，天理之公也。利心生于物我之相形，人欲之私也。循天理，则不求利而自无不利；徇人欲，则求利未得而害已随之。……程子曰：‘君子未尝不欲利，但专以利为心则有害。惟仁义则不求利而未尝不利也。当是之时，天下之人惟利是求，而不复知有仁义，故孟子言仁义而不言利，所以拔本塞源而救其弊，此圣贤之心也。’”③这里既讲“仁义未尝不利”，“循天理，则不求利而自无不利”，又讲不可有“利心”，“专以利为心则有害”。也就是说，虽然义与利不是对立的，但仁义之心为天理之公，利心为人欲之私，二者又是对立的。或者就“君子喻于义，小人喻于利”而言，君子与小人的差异在于：君子将义与利统一起来，讲仁义而未尝不利，小人将义与利对立起来，专以利为心则有害。为此，朱熹还说：“利最难言。利不是不好。但圣人方要言，恐人一向去趋利，方不言，不应是教人去就害。”④“利亦不是不好底物事，才专说利，便废义。”⑤既认为义与利不是对立的，又认为不可“一向去趋利”，“专说利”。因而也就不难理解朱熹《论语集注》注“君子喻于义，小人喻于利”，既有义与利不相对立之意，又要讲“君子之于义，犹小人之于利”，讲君子舍生取

---

① 朱熹：《四书或问》，朱杰人等编：《朱子全书》第6册，上海：上海古籍出版社、合肥：安徽教育出版社，2010年，第694页。
② 黎靖德编，王星贤点校：《朱子语类》，北京：中华书局，1986年，第702页。
③ 朱熹：《四书章句集注》，北京：中华书局，2012年，第201—202页。
④ 黎靖德编，王星贤点校：《朱子语类》，北京：中华书局，1986年，第949页。
⑤ 黎靖德编，王星贤点校：《朱子语类》，北京：中华书局，1986年，第950页。

义，小人与此相反，把“君子喻于义，小人喻于利”解为“以德言”，而不是“以位言”。

## 四、清儒的解读

作为清代《论语》学之集大成者，刘宝楠《论语正义》对于《论语》中“君子”“小人”的解读，与以往最大的差异之一，是把“君子喻于义，小人喻于利”中的“君子”“小人”解读为“以位言”。其论据主要有三：①

其一，包慎言《温故录》根据郑玄笺《毛诗》“如贾三倍，君子是识”而言“贾物而有三倍之利者，小人所宜知也。君子知之，非其宜也。孔子曰：‘君子喻于义，小人喻于利。’”②案：“如郑氏说，则《论语》此章，盖为卿大夫之专利者而发，君子、小人以位言。”

其二，董仲舒所言：“夫皇皇求利，惟恐匮乏者，庶人之意也；皇皇求仁义，常恐不能化民者，卿大夫之意也。”

其三，焦循所言：“卿士大夫，君子也；庶人，小人也。贵贱以礼义分，故君子、小人以贵贱言，即以能礼义不能礼义言。能礼义，故喻于义；不能礼义，故喻于利。‘无恒产而有恒心者，惟士为能’，君子喻于义也。‘若民则无恒产，因无恒心’，小人喻于利也。惟小人喻于利，则治小人者必因民之所利而利之，故《易》以君子孚于小人为利。……儒者知义利之辨，而舍利不言，可以守己，而不可以治天下，天下不能皆为君子，则舍利不可以治天下之小人。小人利而后可义，君子以利天下为义。是故利在己，虽义亦利也；利在天下，即利即义也。孔子言此，正欲君子之治小人者，知小人喻于利。”

此外，对于《论语·雍也》“女为君子儒，无为小人儒”，孔安国注曰：“君子为儒，将以明道；小人为儒，则矜其名。”③朱熹《论语集注》注引：“程子曰：‘君子儒为己，小人儒为人。’”④把“女为君子儒，无为小人儒”与《论语》“古之学者为己，今之学者为人”联系起来。又据《朱子语类》载，问：“‘女为君子儒，无为小人儒’。君子于学，只欲得于己；小人于学，只欲见知于人。”曰：“今只就面前看，便见。君子儒小人儒，同为此学者也。若不就己分上做工夫，只要说得去，以此欺人，便是小人儒。”⑤显然，历代都认为该句中的“君子”“小人”是“以德言”。与

---

① 刘宝楠：《论语正义》，北京：中华书局，1990年，第154页。

② 郑玄笺：“贾物而有三倍之利者，小人所宜知也。君子反知之，非其宜也。今妇人休其蚕桑织纴之职，而与朝廷之事，其为非宜，亦犹是也。孔子曰：‘君子喻于义，小人喻于利。’”[（汉）郑玄、（唐）孔颖达：《毛诗正义》，（清）阮元校刻《十三经注疏》，第1册，第1245页]

③ 阮元校刻：《十三经注疏》第5册，北京：中华书局，2009年，第5383页。

④ 朱熹：《四书章句集注》，北京：中华书局，2012年，第88页。

⑤ 黎靖德编，王星贤点校：《朱子语类》，北京：中华书局，1986年，第804页。

此不同，刘宝楠《论语正义》注曰："君子儒，能识大而可大受；小人儒，则但务卑近而已。君子、小人以广狭异，不以邪正分。"①就是认为该句中的"君子""小人"是"以位言"。

除对"君子喻于义，小人喻于利""女为君子儒，无为小人儒"中"君子""小人"的解读有明显差异外，刘宝楠《论语正义》对于"色厉而内荏，譬诸小人，其犹穿窬之盗也与"的解读，赞同孔安国所注："为人如此，犹小人之有盗心也。"②而这一解读则完全不同于朱熹《论语集注》注该句所言"小人，细民也"。而且对于"君子有勇而无义为乱，小人有勇而无义为盗"的解读，刘宝楠《论语正义》引《礼记・聘义》所言："勇敢强有力者，天下无事则用之于礼义，天下有事则用之于战胜。用之于战胜则无敌，用之于礼义则顺治。外无敌，内顺治，此之谓盛德。故圣王之贵勇敢强有力如此也。勇敢强有力，而不用之于礼义战胜，而用之于争斗，则谓之乱人。刑罚行于国，所诛者乱人也。"③这与朱熹《论语集注》将该句中的"君子""小人"解读为"皆以位而言者也"也大相径庭。

当然，对于《论语》中"小人"的解读，刘宝楠《论语正义》与朱熹《论语集注》有不少大同小异之处。他们都认为"君子怀德，小人怀土；君子怀刑，小人怀惠"中的"君子""小人"是"以德言"。正如朱熹认为该句意指"君子小人，趣向不同"，刘宝楠注曰："君子己立立人，己达达人，思成己将以成物，所思念在德也。""小人惟身家之是图，饥寒之是恤，故无恒产，因无恒心，所思念在土也。""'怀刑'，则日儆于礼法，而不致有匪僻之行，此君子所以为君子也。小人罔不畏法，故以刑齐民，不能使民耻也。"④

如上所述，朱熹解"小人哉，樊须也"，曰："小人，谓细民，孟子所谓小人之事者也。"刘宝楠则说："《书・无逸》云：'知稼穑艰难，则知小人之依。'又云：'旧为小人，爰暨小人。'是小人即老农、老圃之称。《孟子・滕文公》篇'有大人之事，有小人之事'，与此同也。"⑤这与朱熹《论语集注》是一致的，都是"以位言"。又比如，朱熹解"言必信，行必果，硁硁然小人哉"，曰："小人，言其识量之浅狭也。"刘宝楠则说："'言必信，行必果'，谓不度于义，而但守小忠小信之节也。《孟子・离娄篇》：'孟子曰："大人者，言不必信，行不必果，唯义所在。"'明大人言行皆视乎义。义所在，则言必信，行必果；义所不在，则言不必信，行不必果。反是者为小人。"⑥再比如，朱熹把"唯女子与小人为难养也"中的"小人"指为"仆隶下人"，并非指无德之人。刘宝楠《论语正义》则说："此为有家国者戒也。"并认

① 刘宝楠：《论语正义》，北京：中华书局，1990 年，第 228 页。
② 刘宝楠：《论语正义》，北京：中华书局，1990 年，第 692 页。
③ 刘宝楠：《论语正义》，北京：中华书局，1990 年，第 707 页。
④ 刘宝楠：《论语正义》，北京：中华书局，1990 年，第 148 页。
⑤ 刘宝楠：《论语正义》，北京：中华书局，1990 年，第 524 页。
⑥ 刘宝楠：《论语正义》，北京：中华书局，1990 年，第 539 页。

为该句中的“小人”指的是“‘乡原’、‘鄙夫’之属”，[1]指的是平民百姓。显然，刘宝楠的这些解读与朱熹《论语集注》大同小异，都是“以位言”。

## 五、余　论

根据以上所述可以看出，《论语》中的“君子”“小人”，哪些是“以德言”，哪些是“以位言”，历来有着不同意见。仅就《论语》中的“小人”而言，可以把历代《论语》解读中将某些“小人”的说法解为“以位言”的大致状况列一表格：

**表1　历代《论语》解读把“小人”解为“以位言”的部分内容**

| 《论语》 | 孔安国注 | 皇侃《论语义疏》 | 邢昺《论语注疏》 | 朱熹《论语集注》 | 刘宝楠《论语正义》 |
|---|---|---|---|---|---|
| 君子怀德，小人怀土；君子怀刑，小人怀惠。（《里仁》） | | √ | | | |
| 君子喻于义，小人喻于利。（《里仁》） | | | | | √ |
| 女为君子儒，无为小人儒。（《雍也》） | | | | | √ |
| 君子之德风，小人之德草。草上之风，必偃。（《颜渊》） | √ | √ | √ | √ | √ |
| 小人哉，樊须也！上好礼，则民莫敢不敬；……（《子路》） | | | | √ | √ |
| 言必信，行必果，硁硁然小人哉！抑亦可以为次矣。（《子路》） | | | | √ | √ |
| 君子学道则爱人；小人学道则易使也。（《阳货》） | √ | √ | √ | √ | √ |
| 色厉而内荏，譬诸小人，其犹穿窬之盗也与？（《阳货》） | | | | √ | |
| 君子有勇而无义为乱，小人有勇而无义为盗。（《阳货》） | | | √ | √ | |
| 唯女子与小人为难养也，近之则不孙，远之则怨。（《阳货》） | | | | √ | √ |

由此可见，历代《论语》解读将其中一些“小人”解为平民百姓而非无德之人，以朱熹《论语集注》以及刘宝楠《论语正义》为最多。需要指出的是，继朱熹之后，日本德川时代的伊藤仁斋《论语古义》和荻生徂徕《论语征》走得更远，把

---

① 刘宝楠：《论语正义》，北京：中华书局，1990年，第709页。

《论语》中的“君子”“小人”大多解读为“以位言”。

如上所述，朱熹明确认为“君子怀德，小人怀土；君子怀刑，小人怀惠”“君子周而不比，小人比而不周”“君子和而不同，小人同而不和”之类中的“君子”“小人”是“以德言”。与此不同，荻生徂徕注“君子怀德，小人怀土；君子怀刑，小人怀惠”曰：“君子小人，以位言。……君上怀贤，则民安其土，其心不在政刑故也。”①注“君子周而不比，小人比而不周”曰：“君子者，在上之德，其心在安民，故公；小人者，细民之称，其心在营己，故私。”②又注“君子和而不同，小人同而不和”认为“和”如羹，“同”如“以水济水”，指的是事物之间的两种关系，无关乎何晏所谓“君子心”或朱熹所谓“无乖戾之心”。③

除此之外，荻生徂徕《论语征》还注“君子喻于义，小人喻于利”曰：“君子者，在上之人也。……小人者，细民也。”④伊藤仁斋《论语古义》注“女为君子儒，无为小人儒”曰：“君子小人以位言。”荻生徂徕注曰：“君子之事者，谓出谋发虑，使其国治民安也；小人之事者，谓徒务笾豆之末，以供有司之役也。”⑤荻生徂徕还注“小人之过也必文”曰：“小人本谓细民也。”⑥显然，在荻生徂徕《论语征》中，《论语》中所谓“君子”“小人”大多被解读为“以位言”。

尤其是，荻生徂徕《论语征》后来又传入中国，对清代学者注释《论语》有一定影响。刘宝楠《论语正义》对荻生徂徕《论语征》有所引述，其中认为“君子喻于义，小人喻于利”中的“君子”“小人”以位言，认为“女为君子儒，无为小人儒”中的“君子”“小人”不以邪正分，可能受此影响。清末俞樾对荻生徂徕《论语征》多有研究，称之“议论通达，多可采者”⑦。他的《群经平议》说：“古书言君子小人，大都以位而言，……汉世师说如此。后儒专以人品言君子小人，非古义矣。”并注“君子喻于义，小人喻于利”曰：“《汉书·杨恽传》引董生之言曰：‘明明求仁义，常恐不能化民者，卿大夫之意也；明明求财利，常恐困乏者，庶人之事也。’数语乃此章之塙解。《尔雅·释训》：‘明明，察也。’‘明明求仁义’，即所谓‘喻于义’也；‘明明求财利’，即所谓‘喻于利’也。此殆七十子相传之绪论而董子述之耳。”⑧又注“君子怀德，小人怀土；君子怀刑，小人怀惠”曰：“君子谓在上者，小人谓民也。”⑨注“女为君子儒，无为小人儒”曰：“以人品分君子小人，则君子有儒，小人无儒矣。非古义也。君子儒、小人儒，疑当时有此名目。所谓小人儒

---

① 松平赖宽：《论语征集览》，上海：上海古籍出版社，2017 年，第 312 页。
② 松平赖宽：《论语征集览》，上海：上海古籍出版社，2017 年，第 141 页。
③ 松平赖宽：《论语征集览》，上海：上海古籍出版社，2017 年，第 1027—1029 页。
④ 松平赖宽：《论语征集览》，上海：上海古籍出版社，2017 年，第 325 页。
⑤ 松平赖宽：《论语征集览》，上海：上海古籍出版社，2017 年，第 457 页。
⑥ 松平赖宽：《论语征集览》，上海：上海古籍出版社，2017 年，第 1376 页。
⑦ 俞樾：《春在堂随笔》，沈阳：辽宁教育出版社，2001 年，第 4 页。
⑧ 俞樾：《群经平议》，《续修四库全书》第 178 册，上海：上海古籍出版社，1995 年，第 491 页。
⑨ 俞樾：《群经平议》，《续修四库全书》第 178 册，上海：上海古籍出版社，1995 年，第 490 页。

者，犹云‘先进于礼乐，野人也’；所谓君子儒者，犹云‘后进于礼乐，君子也’。古人之辞，凡都邑之士谓之君子。……都人谓之君子，故野人谓之小人。孔子责子路曰：‘野哉，由也！’责樊迟曰：‘小人哉，樊须也！’一责其野，一责其小人，语异而意同。”①

应当说，历代《论语》解读将其中一些“君子”“小人”解为“以位言”，将“小人”解为平民百姓而非无德之人，是随着时代的不同而发生变化。汉唐时期被认为是小人的德行，随着社会的开放，人与人的交流范围的扩大，社会在道德上的自由度和宽容度也不断增大，到了宋代，越来越多地被社会大众所接受，以致清末俞樾认为“古书言君子小人，大都以位而言”，“以人品分君子小人，非古义也”。因此，历代《论语》解读中的这种变化，对于当今的《论语》解读也会有很多的启示。尤其是朱熹《论语集注》解读“樊迟请学稼”而将“小人哉，樊须也”中的“小人”解为“细民”，将“唯女子与小人为难养也”中的“小人”解为“仆隶下人”以及刘宝楠《论语正义》将“君子喻于义，小人喻于利”中的“君子”“小人”解为“以位言”，将“小人”解为“庶人”，对于当今的《论语》解读多有启示。

杨伯峻《论语译注》解“樊迟请学稼”孔子所言“小人哉，樊须也”，依然将“小人”解为无德之人；②钱穆《论语新解》也作同样解读。③ 直到 2015 年李泽厚《论语今读》才通过引述刘宝楠《论语正义》的解读，明确认为，该句所谓“小人”即老百姓，非道德贬义。④ 事实上，自朱熹《论语集注》解“小人哉，樊须也”，已经说过“小人，谓细民，孟子所谓小人之事者也”，并为后人所接受。

对于“唯女子与小人为难养也”，杨伯峻《论语译注》说：“只有女子和小人是难得同他们共处的。”⑤并没有对这里的“小人”作出进一步解读。钱穆《论语新解》解该章说：“此章女子小人指家中仆妾言。”⑥与朱熹将该句中的“小人”解为“仆隶下人”是一致的。李泽厚《论语今读》则采纳朱熹注，并将孔子所言解读为：“只有妻妾和仆从难以对付：亲近了，不谦逊；疏远了，又埋怨。”⑦

对于“君子喻于义，小人喻于利”，杨伯峻《论语译注》注为：“君子懂得的是义，小人懂得的是利。”但又说：“这里的‘君子’是指在位者，还是指有德者，还是两者兼指，孔子原意不得而知。”并且不赞同俞樾以《汉书·杨恽传》引董仲舒所言“明明求仁义，常恐不能化民者，卿大夫之意也；明明求财利，常恐困乏者，庶人之事也”解读“君子喻于义，小人喻于利”。⑧ 钱穆《论语新解》则注为：“君子

① 俞樾：《群经平议》，《续修四库全书》第 178 册，上海：上海古籍出版社，1995 年，第 493 页。
② 杨伯峻：《论语译注》，北京：中华书局，2015 年，第 194 页。
③ 钱穆：《论语新解》，北京：生活·读书·新知三联书店，2002 年，第 331 页。
④ 李泽厚：《论语今读》，北京：中华书局，2015 年，第 242 页。
⑤ 杨伯峻：《论语译注》，北京：中华书局，2015 年，第 276 页。
⑥ 钱穆：《论语新解》，北京：生活·读书·新知三联书店，2002 年，第 464 页。
⑦ 李泽厚：《论语今读》，北京：中华书局，2015 年，第 339 页。
⑧ 杨伯峻：《论语译注》，北京：中华书局，2015 年，第 56 页。

于事必辨其是非，小人于事必计其利害。”同样也不赞同俞樾所谓“此章君子小人以位言”以及引《汉书·杨恽传》董仲舒之言而作出的解读。[①] 李泽厚《论语今读》明确采纳焦循所言：“‘若民则无恒产，因无恒心’，小人喻于利也。惟小人喻于利，则治小人者必因民之所利而利之。”[②]把“小人喻于利”中的“小人”指为老百姓。

此外，李泽厚《论语今读》把“君子怀德，小人怀土；君子怀刑，小人怀惠”中的“君子”“小人”解为“国君、官吏和一般老百姓”，并说：“此处不宜用道德高下来解君子、小人。”“此节与‘君子喻于义，小人喻于利’同一意思。”[③]显然，这一解读与皇侃《论语义疏》所载“君子者，人君也；小人者，民下”的说法是一致的。

由此可见，朱熹《论语集注》以及刘宝楠《论语正义》对于《论语》中的“君子”“小人”解读，尤其是将其解为“以位言”的变化，依然为当今的《论语》解读提供了重要的思想资源，并可以由此形成对于儒学的新的理解。而且，正是在这种对《论语》中“君子”“小人”的解读的变化中，儒学能够从古至今得到与时俱进的不断发展。

（原载《江南大学学报（人文社会科学版）》2020 年第 3 期，
作者单位：厦门大学哲学系）

---

① 钱穆：《论语新解》，北京：生活·读书·新知三联书店，2002 年，第 100 页。
② 李泽厚：《论语今读》，北京：中华书局，2015 年，第 80 页。
③ 李泽厚：《论语今读》，北京：中华书局，2015 年，第 75—76 页。

# 程朱理学的话语型塑

## ——以《论孟精义》为中心

何　俊

无论宋明理学如何分系与评定，程朱理学奠定了宋明理学的话语构型，而且这套“话语的定型是在朱熹手上完成的”。① 然而，这套话语构型是如何建构的？它由哪些具有逻辑关系的核心区块构成？以及建构这套话语意欲表达什么？近十余年来，围绕这些问题展开的研究取得了很多成果，如陈来主编的《早期道学话语的形成与演变》，此外更集中反映在随着经学史视角的切入而拓展的宋代《四书》学研究中，②因为理学话语最终是从《四书》经学中脱胎出来的。当然，研究纵有推进，却难以穷尽。事实上，上述问题也仍有未发之覆。朱熹的《论孟精义》是型塑程朱理学的标志，但没有得到深入的专题性研究。虽然后来有成熟的《四书章句集注》，但《论孟精义》更足以见证型塑过程中的思想丰富性与复杂性。朱熹尝有一个非常真实而亲切的表达：

> 读《论语》，须将《精义》看。先看一段，次看第二段。将两段比较，孰得孰失，孰是孰非。又将第三段比较如前。又总一章之说而尽比较之。其间须有一说合圣人之意，或有两说，有三说，有四、五说皆是，又就其中比较疏密。如此，便是格物。及看得此一章透彻，则知便至。或自未有见识，只得就这里挨。③

故本文试以《论孟精义》为中心，从文本、语言、身体、仁义、存养、辩学诸视角逐一考察，以期对程朱理学的话语型塑获得深细的认识。

### 一、文　本

朱熹终其一生，无论就自己的思想形成和展开，还是就理学的传播，他都始

---

① 见陈来主编：《早期道学话语的形成与演变》，合肥：安徽教育出版社，2007 年，第 7 页。源于现代批评理论的话语，在指意上是较宽泛的，陈来此书将它限定于学术陈述本身，本文也主要在后者的意义上使用。另参何俊：《道学话语的分析与解读》，《哲学研究》，2008 年第 4 期。

② 此各举专论、文献、考据一种为例，朱汉民、肖永明：《宋代〈四书〉学与理学》，北京：中华书局，2009 年；顾宏义：《宋代〈四书〉文献论考》，上海：上海古籍出版社，2014 年；申淑华：《〈四书章句集注〉引文考证》，北京：中华书局，2019 年。

③ 《朱子语类》卷一九，《朱子全书》第 14 册，上海：上海古籍出版社、合肥：安徽教育出版社，2002 年，第 660 页。

终致力于知识基础的铺设，这个知识基础最重要的就是文本。从大的角度讲，朱熹的学术思想历程可以分两个阶段，前一个阶段是他接续二程理学，确立思想体系的阶段，最终的标志性文本是成于1173年44岁的《伊洛渊源录》与1175年46岁的《近思录》；后一个阶段是他思想展开与成熟的阶段，相应的文本建设则是遍注儒家五经，而最重要的当然是《四书章句集注》（其中《论孟集注》初成于48岁），历经多次大的修改，直至临终仍作最后的完善。《四书章句集注》不仅是宋明理学的思想标志，而且更使儒家的经典发生了重大的拓展，《四书五经》从此成为儒学的经典基础。《四书章句集注》虽然完稿于临终，但它的雏形却来自朱熹1172年43岁思想形成初期的文本《论孟精义》（其基础更在1163年34岁时的《论语要义》与《论语训蒙口义》）。《论孟精义》既是朱熹思想形成的标志，又是其接续二程思想的表征；更为重要的是，它与《伊洛渊源录》《近思录》相比，后者近似于梳理新道统与新思想的教材性质的文本，[①]而《论孟精义》却是新思想直接接续孔孟，从而使儒学实现创造性转化的文本。概言之，程朱理学实由《论孟精义》而获得建构，并最终成熟于《四书章句集注》。

关于《论孟精义》的成书过程，朱熹先后有《论孟精义序》与《书论孟要义序后》作了清楚说明；而此书在朱熹的整个《四书》学的权重以及关系，今人也有详尽梳理，[②]此不必赘述。这里只从文本的角度来分析此书对于程朱理学的话语建构所具有的意义与作用。

宋儒从汉唐经学中摆脱出来，以分析的批判的方式重新面对经典，从中抉发出新的思想以回应时代的问题。在这个过程中，他们也意识到了后来合称为《四书》的文本更适合他们思想的表达，或更有益于他们的关怀，其中尤以《论语》与《孟子》为重。程颐曰：

> 学者当以《论语》《孟子》为本。《论语》《孟子》既治，则《六经》可不治而明矣。[③]

这里已明确指出《论语》《孟子》对于《六经》的优先性与根本性。为什么呢？除了《论语》《孟子》本身所具有的完满性，即朱熹所讲的"《论语》之言无所不包，……（《孟子》）七篇之指无所不究"[④]以外，另一个重要的原因是《论语》《孟

---

① 《伊洛渊源录》《近思录》与《论孟精义》的另一个重要不同，是朱熹对周敦颐的安顿。《论孟精义》如朱熹在《自序》中所讲的"以备观省"，更近于他自己思想的认同整理，从而完成程朱理学的型塑，而《伊洛渊源录》《近思录》则是在程朱理学确定以后，对理学道统与理论体系的建构，相关讨论请参见何俊：《南宋儒学建构》，上海：上海人民出版社，2004年，第117—125、159—166页。

② 参见朱汉民、肖永明：《宋代〈四书〉学与理学》，北京：中华书局，2009年，第216—226页；顾宏义：《宋代〈四书〉文献论考》，上海：上海古籍出版社，2014年，第81—89页。

③ 《论孟精义纲领》，《朱子全书》第7册，第16页。伊川此语引自《程氏遗书》卷二十五，《二程集》，北京：中华书局，2009年，第322页。本文聚焦于《论孟精义》，故下引此书，概不作材料溯源，引文考证可参申淑华：《〈四书章句集注〉引文考证》。

④ 《论孟精义》，《朱子全书》第7册，第11页。

子》对时人更具有接受意义上的作用。人们直接研读《六经》，虽然理论上也可以领会经典的旨义，如果足以用心的话。但现实中往往会发生困难，产生疑问，而能够帮助人们解疑的权威当然无过于孔、孟，而孔、孟既已不在，《论语》《孟子》便成为最可依靠的了。故接着前引的话，朱熹连续引程颐的几段话，将这番论证呈现得极为清楚。程颐曰：

1. 读书者当观圣人所以作经之意，与圣人所以用心，圣人之所以至于圣人，而吾之所以未至者，所以未得者。句句而求之，昼诵而味之，中夜而思之，平其心，易其气，阙其疑，则圣人之意可见矣。

2. 或问："圣人之经旨如何能穷得?"曰："以义理去推索可也。学者先读《语》《孟》，如尺寸权衡相似，以此去量度事物，自然见得长短轻重。某常语学者，必先看《语》《孟》。今人虽善问，未必如当时人，借使如当时人，圣人所答不过如此，今看《语》《孟》之书，亦与见孔、孟何异?"

3. 或问："学者如何可以有得?"曰："但将圣人语言玩味，久则自有所得。将《论语》中诸弟子问处便作自己问，圣人答处便作今日耳闻，自然有得。虽孔、孟复生，不过以此教人。若能于《语》《孟》中深求玩味，将来涵养成甚生气质。"

4. 又曰："须先晓其文义，然后可以求其意，未有不晓文义而见意者也。学者一部《论》《孟》，见圣人所以与弟子许多议论，而无所得，是不易得也，读书虽多，亦奚以为?"

上述引文的标号与下划线，以及分段，系笔者所加，为了顺便说明一下《论孟精义》与后来的《论孟集注》的异同。上述引文是《论孟精义纲领》中所引程颐读《论语》《孟子》法的前面四则，对勘《论孟集注》前的《读论语孟子法》，有两点不同。一是《读论语孟子法》在引文上作了进一步的精选，上引划线部分是被保留的。《论孟集注》本是《论孟精义》的完善本，作此精选自然在情理之中。事实上，《论孟精义纲领》被《读论语孟子法》删去了许多段。重要的是第二个不同，上引的前后秩序 1、2、3、4，在《读论语孟子法》中，2 被后移到第 8 条，即倒数第 2 条，而 4 则前移为第 2 条。众所周知，作为升级版的文本，《论孟集注》与《论孟精义》在形式上最大的不同，一是《论孟精义》除了张载外，其余皆是程门师生，而《论语集注》虽以程门为主，但广及汉唐与宋代各家，堪称《集注》；二是《论孟精义》所引完全是宋儒说经的新表达形式，而《论孟集注》则加入了汉唐经学传统的字义训诂，这正是上引之 4 在《读论语孟子法》中被前移为第 2 条的原因，这表证了朱熹在经学上实已超越宋代，融汉宋经学为一体。这个问题虽不在本文议题之中，但对于后文分析《论孟精义》有所助益，故先予表出。

这里仍回到主题。除了文本的力量外，《论语》《孟子》得以为本的另一个更重要支撑是文本背后的人。读书的根本目的原本就是"当观圣人所以作经之意，与圣人所以用心，圣人之所以至于圣人"，而孔、孟既已不在，自然唯有读《论语》《孟子》才能见得孔、孟,《论孟精义纲领》首先引录的便是程颢有关此一方面的语录,概之为"论孔、孟气象"。理学家好言"气象",此二字系形容,难以界说,但究其涵义无外于一物之状态及其性质,以之形容人,则当近似于指人所呈现的境界及其精神。因此,当二程高标《语》《孟》时,不只是文本,更在呈现于文本中的人,此即程颐所谓:"凡看《论语》,非是只要理会语言,要识得圣人气象。"①程颢则明确表示:"读其言便可以知其人,不知其人,是不知言也。"②

《语》《孟》与《六经》的关系确定以后,新的问题便是如何理解《语》《孟》。程颐曰:"读《论》《孟》而不知道,所谓虽多亦奚以为。"而且,程颐更进一步指出:"传录言语,得其言未得其心,必有害。"③汉唐且不论,即便入宋以来,至二程同时代,释传《语》《孟》于今而知的便各不下十余种,甚至不乏佛门中人,④不可谓不多,但二程显然以为这些著述是未能见"道"的。故程颐曰:

圣学不传久矣。吾生百世之后,志将明斯道,兴斯文于既绝。⑤

事实上,程颐坦承,二程兄弟也因此而引起士林惊疑,程颐曰:"自予兄弟倡明道学,世方惊疑。"⑥"惊疑"二字极为传神。"惊"并无大碍,久之便转为平常,"疑"却是一种理性态度,必以理性的学术才足以释之,而这正是朱熹始于《论孟精义》的事业。在《论孟精义自序》中,朱熹曰:

《论》《孟》之书,学者所以求道之至要,古今为之说者,盖已百有余家。然自秦汉以来,儒者类皆不足以与闻斯道之传,其溺于卑近者,既得其言而不得其意,其骛于高远者,则又支离踳驳,或乃并其言而失之,学者益以病焉。宋兴百年,河洛之间有二程先生者出,然后斯道之传有继。其于孔子、孟氏之心,盖异世而同符也,故其所以发明二书之说,言虽近而索之无穷,指虽远而操之有要。使夫读者非徒可以得其言,而又可以得其意;非徒可以得其意,而又可以并其所以进于此者而得之。其所以兴起斯文,开悟后学,可谓至矣。间尝蒐辑条疏,以附本章之次,既又取夫学之有同于先生者,与其有得于先生者,若横渠张公,若范氏、二吕氏、谢氏、游氏、杨氏、侯氏、尹氏,凡九家之说,以附益之,名曰《论孟精义》,以备观省,而同志之士有欲从事于此者,亦不隐焉。

很清楚,朱熹将二程直承孔、孟,不仅使二程越出同时代人,而且超迈秦汉以来的所有儒者。二程之所以获此高评,总体上是因为二程承先启后,"斯道之传有继","兴起斯文,开悟后学";具体而言,则是精神上与孔孟异世而同符,文

---

① 《论孟精义》,《朱子全书》第7册,第20页。
② 《论孟精义》,《朱子全书》第7册,第15页。
③ 《论孟精义》,《朱子全书》第7册,第17页。
④ 详见顾宏义:《宋代〈四书〉文献论考》下编《宋代〈四书〉文献考证》之"论语类"与"孟子类"。
⑤ 《程氏文集》卷十一,《祭刘质夫文》,《二程集》,第643页。
⑥ 《程氏文集》卷十一,《祭李端伯文》,《二程集》,第643页。

本上既充分又精准地阐扬《语》《孟》，使读者既得其言，更得其意，最终“可以并其所以进于此者而得之”。这个“其所以进于此者”，就是二程理学所揭明的隐于事物中的“理”。

显然，这样的肯定不可能是无依据的，《论孟精义》就是表证。朱熹的工作是细致而用心的，他将二程的论说附于《语》《孟》各章，又取张载及程门弟子共九家之说附于其后，从而使得二程学派的思想井然有序地绑定于《语》《孟》，从而成为新的经典文本。这个方法可以说是对程颐研读经典的重要方法“类聚观之”的调整使用。《孟子精义》卷三“孟子曰人皆有不忍人之心”章下载程颢的问答：

> 问仁。曰：“此在诸公自思之，将圣贤所言仁处，类聚观之，体认出来。”①

这个“类聚观之”，原本是将经典文本的相关论述加以归类，西方《圣经》文本的串珠本，以及学术著作中的术语索引，都有所相似，其长处是有益于核心概念的完整理解，但短处容易急迫而忽视整个文本的研读。朱熹对此有明确自觉，他在《论孟精义》成书后给张栻的信中曾因张栻喜用此法而指出：

> 类聚孔孟言仁处，以求夫仁之说，程子为人之意，可谓深切。然专一如此用功，却恐不免长欲速好径之心、滋入耳出口之蔽，亦不可不察也。②

但在《论孟精义》中，如上所述，朱熹对类聚观之加以调整，将二程理学各家的论说类聚于相关的经典本文，由此，二程理学关于《语》《孟》的释传就不再是散乱的，而是围绕着经典而呈现的。因此，“蒐辑条疏，以附本章之次”的文本形式，当然仍可以就其形式而视为经学旧传统中的注疏合一，以及各种集注、集传、集说体，但朱熹限定于程门对《语》《孟》的传释，事实上就已成为由经学而转出的理学对《语》《孟》作为新经典文本的固定，使之限定为表达理学的唯一正确的文本。

尤有意味的是，将二程上接孔、孟，“独得夫千载不传之绪”，朱熹似乎还不满意，他在《论孟精义自序》中更委婉地将二程进一步比拟于孔子。朱熹曰：

> 若张公之于(二程)先生，论其所至，窃意其犹伯夷、伊尹之于孔子；而一时及门之士，考其言行，则又未知其孰可以为孔氏之颜、曾也。

程门弟子中谁为颜回、曾参，③当然是个问题，但终究不是大问题，正如程颐所谓“颜子陋巷自乐，以有孔子在焉”。顺着朱熹的思路，真正要问的是，若二程是孔子，则谁是孟子？因为“孟子有功于圣门，不可胜言”，“圣人之学，非子

---

① 《论孟精义》，《朱子全书》第 7 册，第 687 页。

② 《朱文公文集》卷三十一，《答张敬夫》，《朱子全书》第 21 册，第 1335 页。陈来对此有细述，参见陈来：《早期道学话语的形成与演变》，第 204—207 页。

③ 《四书》学反映出来的朱熹对程门弟子的看法，参见申淑华：《〈四书章句集注〉引文考证》，第 4—7 页。

思、孟轲，则几乎熄矣”①；二程以后，若无“孟子”，理学也“几乎熄矣”。在《孟子精义》卷八《离娄章句下》“孟子曰君子之泽”章，朱熹引了程颐、杨时、尹焞的论说，程颐给出解释，杨时是进一步作论证，而尹焞仿佛只是照搬程说，尹焞曰：

> 臣闻之师程颐曰：孔子流泽，至孟子时未及五世，其泽犹在夫人也。孟子推尊孔子，而不敢比其泽，故曰：“予未得为孔子徒也，但能私善乎人而已。”②

《朱子语类》卷十九载：

> 问：“《精义》中，尹氏说多与二程同，何也？”曰：“二程说得已明，尹氏只说出。”③

如只是重复说出，则又何必引录？实际上，“恐自二程外，惟和靖之说为简当”④，而且尹焞的“只说出”也恐怕不只是重复，还是有程颐没有说出的话，如上引“闻之师程颐曰”中，“孟子推尊孔子，而不敢比其泽”中的“不敢”二字。孟子自然不敢自比孔子。然仿此句，以论二程理学在两宋的境遇，则也可以说，“朱熹推尊二程，而不敢比其泽”；而且，孔子经曾子、子思至孟子凡三传，二程四传为朱熹，程颐讲“其流泽三四世不已，五世而后斩”⑤，境遇何其相似。不难推出，朱熹编纂《论孟精义》，推尊二程为孔子时，便已自比孟子。二十多年后，朱熹于不经意间表达了这一自比。《朱子语类》载：

> 象山死，先生率门人往寺中哭之。既罢，良久，曰：“可惜死了告子。”⑥

综上所述，《论孟精义》的完成，形式上是经典传释，实际上更是程朱理学的基础奠定，它将程朱理学上接孔孟、梳理自身、程朱一体的三项指义集合于文本之中。

## 二、语　　言

对于一个话语构型来说，文本是显像，语言则是微像。上一节曾指出，朱熹将“须先晓其文义，然后可以求其意，未有文义不晓而见意者也”，在《论孟集注》的《读论语孟子法》中提升到第 2 条，并且贯彻在《论孟集注》中，使之成为《论孟精义》的升级版。照理说，有了升级版，而且朱熹也确实以升级版为自己毕生最重要的事业，作为初级版的《论孟精义》就不必在乎了；况且正如前引《论孟精义

---

① 《论孟精义》，《朱子全书》第 7 册，第 643 页。
② 《论孟精义》，《朱子全书》第 7 册，第 738 页。
③ 《朱子全书》第 14 册，第 661 页。
④ 《朱子全书》第 14 册，第 661 页。
⑤ 《论孟精义》，《朱子全书》第 7 册，第 738 页。
⑥ 《朱子语类》，《朱子全书》第 18 册，第 3889 页。

自序》中所言，此书原本是朱熹整顿自己思想时"以备观省"，只是"同志之士有欲从事于此者，亦不隐焉"。那么，为什么朱熹后来对《论孟精义》仍然很看重呢？四库馆臣曰：

朱子初集是书(《论孟精义》)，盖本程氏之学以发挥经旨。其后采撮菁华，撰成《集注》。中间异同、疑似，当加剖析者，又别著之于《或问》。似此书乃已弃之糟粕。然考诸《语录》，乃谓："读《论语》须将《精义》看。"又谓："《语孟集义》中所载诸先生语，须是熟读。一一记于心下，时时将来玩味，久久自然理会得。"又似不以《集注》废此书者。①

前引朱熹自称"以备观省"，虽然是自谦之语，但也是部分事实。《论孟精义》(1172 年)原是在《论语要义》(1163 年)基础上完成的，前后近十年。《要义》是朱熹由禅返儒的标志，而《精义》是他整合二程理学的标志，换言之，从《论语要义》到《论孟精义》确实是朱熹自己思想型塑时期"以备观省"的真实过程。值得注意的是，在完成《论语要义》后，朱熹马上又补撰了《论语训蒙口义》。在《论语训蒙口义序》中，朱熹曰：

予既叙次《论语要义》，以备览观，暇日又为儿辈读之。大抵诸老先生之为说，本非为童子设也，故其训诂略而义理详。初学者读之，经之文句未能自通，又当遍诵诸说，问其指意，茫然迷眩，殆非启蒙之要。因为删录，以成此编。本之注疏，以通其训诂；参之《释文》，以正其音读。②

虽然朱熹以此通训诂、正音读"便于童子之习而已，故名之曰《训蒙口义》"，但他深知这又是基础，故在《论孟精义纲领》中才会强调，"须先晓其文义，然后可以求其意，未有文义不晓而见意者也"。然而，颇有意趣的是，尽管朱熹高度意识到训诂是义理的前提，彼此存在高低层级，似乎没有冲突，而且后来的《四书章句集注》就是合训诂与义理为一体，为什么他在《论语要义》与《论语训蒙口义》成书后的近十年思想型塑过程中，只致力于单纯的《论孟精义》撰写呢？而且，即便后来撰写《四书章句集注》，他还要将"其余议论，别为《四书或问》一篇"③，为什么朱熹很在乎这些"议论"？

朱熹在《论孟精义自序》中就他限定程门及其同志(实仅张载一人)"蒐辑条疏"的问题，自设问答作了一个详尽的说明：

或曰：然则凡说之行于世而不列于此者，皆无取已乎？曰：不然也。(1) 汉魏诸儒正音读，通训诂，考制度，辨名物，其功博矣。学者苟不先涉其流，则亦何以用力于此？(2) 而近世二三名家，与夫所谓学于先生之门人者，其考证推说亦或时有补于文义之间。学者有得于此而后观焉，则亦

---

① 《论孟精义提要》，《四库全书总目提要》卷三十五，石家庄：河北人民出版社，2000 年，第 929 页。

② 《朱文公文集》卷七十五，《朱子全书》第 24 册，第 3614 页。

③ 《朱文公续集》卷二，《答蔡季通》，《朱子全书》第 25 册，第 4680 页。

何适而无得哉？特所以求夫圣贤之意者，则在此而不在彼尔。(3) 若夫外自讬于程氏，而窃其近似之言，以文异端之说者，则诚不可以入于学者之心。然以其荒幻浮夸足以欺世也，而流俗颇已乡之矣，其为害岂浅浅哉？顾其语言气象之间，则实有不难辩者。学者诚用力于此书而有得焉，则于其言虽欲读之，亦且有所不暇矣。[①]

笔者所标示的三条说明，(3)所涉及的异端杂学辩析问题，且待最后一节讨论，这里专论前两条。

先看第一条说明。"汉魏诸儒正音读，通训诂，考制度，辩名物，其功博矣"，因此朱熹声明学者必先弄明白这些，才足以用力于义理。不过，又必须记得，这虽是前提，但毕竟是"童子之习"，为"启蒙之要"，而《论孟精义》则是专以义理为务的。《论孟精义纲领》辑录程颐语曰：

凡看文字，须先晓其文义，然后可以求其意。

读《论》《孟》而不知道，所谓虽多亦奚以为。

传录言语，得其言未得其心，必有害。[②]

"晓其文义""得其言"固然是前提，但"求其意""得其心"终是根本，"知道"才是研读经典的目的。这就明确表明，在朱熹看来，经典传释实际上存在着两套语言系统，汉魏诸儒使用的是"正音读、通训诂、考制度、辩名物"的语言系统，即清儒所谓的经学之汉学的语言，程门使用的是义理条疏的语言系统，即清儒所谓的经学之宋学的语言；而且从朱熹自设问答的(2)(3)，可知朱熹以为这套宋学的语言系统是宋儒通用的，并非程门独有，只是彼此在思想内容的阐发上存在分歧。对于思想型塑中的朱熹来说，毫无疑问，宋学的语言系统是重中之重；而且即便是两者并用了，经由宋学的语言系统所展开的"议论"也仍然是不可轻弃的。《论孟精义》的体例之所以单方向强化《论语要义》，没有合《论语要义》与《论语训蒙口义》为一体；在升级精华版的《四书章句集注》成书以后，《论孟精义》仍需重视，而且"其余议论别为《或问》"，原因尽在此。

然则，接踵而至的问题是，为什么汉学的语言系统只具有"晓其文义""得其言"的语义学功能，而只有宋学的语言系统才拥有"求其意""得其心""知道"的意义学功能呢？西方哲学在由近代认识论向现代存在论的发展中，存在着重要的"语言学转向"，虽然汉宋学的转移不必强作类比，但却不妨借镜于彼，以解开上述的困惑。在西方近代认识论的语境中，语言被单纯认为是表象的工具，关注语言的静态结构就可以把握语言所要传达的观念与思想。但在转向现代时，静态的语言结构让位于实际生活的发生，语言与实际动态的生活相联系，这一语言学转向直接催生出现代存在论，虽然语言学转向有现象学意义上与分析哲

① 《论孟精义》，《朱子全书》第 7 册，第 12 页。
② 《论孟精义》，《朱子全书》第 7 册，第 17 页。

学意义上的区别[①]。在朱熹看来，汉学的正音读、通训诂、考制度、辩名物，正是类同于近代认识论中的语义学，只足以对经典作静态解读，“晓其文义”“得其言”，虽重要却是童蒙之学，而只有宋学的义理条疏则近于现代现象学的意义理论，能够实现“求其意”“得其心”“知道”的追求。

何以见得呢？朱熹辑录程颐所谓“读书者当观圣人所以作经之意，与圣人所以用心，圣人之所以至于圣人”，可以说是一个总的表达，而他具体的释传举例则将这样的认识彰显得极为清楚。程颐曰：

> 传录言语，得其言未得其心，必有害。虽孔门亦有是患。(1) 如言昭公知礼，巫马期告时，孔子正可不答其问，必更有语言，具巫马期欲反命之意，孔子方言“苟有过，人必知之”。盖孔子答，巫马期亦知之，陈司败亦知之矣。(2) 又如言伯夷、柳下惠皆古圣人也，若不言“清”“和”，便以夷、惠为圣人，岂不有害？(3) 又如孟子言“放勋曰”，只当言“尧曰”，传者乘放勋为尧号，乃称“放勋曰”。(4) 又如言“闻斯行之”，若不因公西赤有问，及仲由为比，便信此一句，岂不有害？(5) 又如孟子，齐王欲“养弟子以万钟”，此事欲国人矜式。孟子何不可处？但时子以利诱孟子，孟子故曰：“如使予欲富，辞十万而受万，是为欲富乎？”若观其文，只似孟子不肯为国人矜式，须知不可以利诱之意。(6)“舜不告而娶”，须识得舜意。若使舜便不告而娶，固不可。以其父顽，过时不为娶，尧去治之，尧命瞽使舜娶，舜虽不告，尧固告之矣。尧之告之也，以君治之而已。(7) 今之官府，治人之私者亦多。然而象欲以杀舜为事，尧奚为不治？盖象之杀舜无可见之迹，发人隐慝而治之，非尧也。[②]

笔者不嫌其烦，照引这段长文，并加以标示，实因朱熹在悬为示范引导的《论孟精义纲领》中辑录这段文字，表明很重要。事实上，程颐这样举例，朱熹这样照引，当时人熟读经典，自然能知晓其所指，今人对经典并不熟知，仅看这段文字，仍不免一头雾水，不明所以。此处限于篇幅，也不宜逐一说明，只能概而言之。程颐所举七例，旨在表明，如果就文本文义进行解读，即便音读、字义、制度、名物都确定无误，仍然只能“得其言未得其心”，甚至作出“必有害”的误读。这些举例不仅彰显了宋学与汉学两种解经语言在功能上的区别，而且更为重要的是，它们实际上也示范了程颐应用宋学的解经语言实现“求其意”“得其心”“知道”的基本方法与路径，即必须将经典文本与历史中的生存实际相结合，切身体会甚至不免想象重构经典文本中没有记录下来的东西，这些东西对当时人而言是不言而喻的，而对后人理解时却变得至关重要。

---

① 参见杨大春：《语言·身体·他者：当代法国哲学的三大主题》，北京：生活·读书·新知三联书店，2007年，第47—65页。

② 《论孟精义》，《朱子全书》第7册，第17—18页。

现在再看第二条说明。“近世二三名家，与夫所谓学于先生之门人者，其考证推说亦或时有补于文义之间”；事实上，五年以后的《论孟集注》就呈现出了极大的开放性，除《论孟精义》所辑录者外，自汉魏以降至当时，直接间接征引者达几十家，虽荆公新学、三苏蜀学也不排斥[①]，那么《论孟精义》为什么只限于二程以及张载与程门诸弟子呢？朱熹的回答是：

学者有得于此而后观焉，则亦何适而无得哉？特所以求夫圣贤之意者，则在此而不在彼尔。

换言之，《论孟精义》的选择范围限定于二程理学，实乃朱熹思想上的认定。不过，这只是上一节讨论文本所揭示的问题，可作上节的一个补充。而与本节主题有直接关系的是，由朱熹的说明，似乎可以追问，二程对《论》《孟》的解读已充分而精准，与孔、孟之心契合无间，为什么不将范围仅限于二程呢？

前引程颐所举七例表明，在二程理学的经典解读中，客观地对待经典给定的文本是不够的，必须要结合文本的人物及其实际的活动，如此才能使得文本所呈现的死的“语言”，转换成文本中讲话的那个人的活的“言语”。经过了这样的转换以后，对经典的理解就变成了读者与作者跨越时空的对话，经典文本的意义就延伸到解读者的当下生活之中，从而影响当下的生活。可以设想，这个过程自然是艰难的，故“自秦汉以来，儒者类皆不足以与闻斯道之传”，直到宋兴百年才有二程出，与孔、孟心契。唯其不易，故虽孔、孟弟子未必完全理解孔、孟，二程门人也未必完全理解二程，更难完全理解二程对孔、孟的理解。对此，朱熹显然有真切认识，故曰：

读书考义理，似是而非者难辨。且如《精义》中，惟程先生说得确当。至其门人，非惟不尽得夫子之意，虽程子之意，亦多失之。

既如此，不是更应限于二程的解说吗？朱熹的看法却又不然，他接着讲：

今读《语》《孟》，不可便道《精义》都不是，都废了。须借它做阶梯去寻求，将来自见道理。知得它是非，方是自己所得处。[②]

至此似乎终于明白，《论孟精义》为什么既要排斥程门外的，又不能限于二程。在朱熹看来，把握经典的义理，既不能太宽泛，以免陷于支蔓，甚至迷于歧路，又不能专限于权威，以免自我逼仄，丧失独立思考。对经典的义理探求，需要二程这样的圣人来接绪前圣，开悟后学，同时又需要圣人门下的贤人参与到对经典的共同研读讨论中，甚至不惜形成某种争辩（argument）。事实上，就朱熹而言，正与孟子一样，终其一生的思想历程，便是充满争辩的。也许这是思想巨子们的共同特征。《孟子精义》卷五《滕文公章句上》“滕文公问为国”章条录张载与人对话：

---

① 见申淑华：《〈四书章句集注〉引文考证》，第2—4页。

② 《朱子语类》卷十九，《朱子全书》第14册，第660页。

或谓："并议不可轻示人，恐致笑及有议论。"先生谓："有笑有议论，则方有益也。"①

这一对话不仅是其思想开放性的生动显现，而且也充分表征"有笑有议论"的语言或言语本身就构成了理学的存在。

要言之，朱熹建构程朱理学的话语构型，在语言上虽最终呈现为《四书章句集注》的汉学与宋学两套语言的整合，但更视宋学语言的彰显为重要与必要，《论孟精义》充分表征了这一点，《四书或问》也是如此。《论孟精义》中理学传释经典的语言替代了或补充了经学汉学的风格，它使得经典由死的文本转换成活的言语，从而与理学家发生沟通，并且通过共同议论而促成思想的生成。语言或言语在程朱理学这里，已然不再只是反映思想的工具，而毋宁就是理学乃至理学家的生活本身。在此意义上，朱熹对《论孟精义》的看重、对《四书或问》的不弃，并不在于其所表达的思想的正确，而在于它们是思想探求过程的记录，也是理学家追步圣贤生活过程的记录，人们可以"借它做阶梯去寻求，将来自见道理"。

## 三、身　　体

《论孟精义》虽然是一个言语编织成（woven）的文本，但却充满着人的形象。这不仅是因为全部言语客观上都具有着真实的言语主体，更是因为整个文本自始就把鲜活的人的形象放在了首位，即《论孟精义纲领》首论"孔孟气象"，进而强调要由知言而见人，程颢曰：

读其言便可以知其人，不知其人，是不知言也。

并且最终落在自己的身上，即程颐所谓"切己"：

凡看《论》《孟》且须熟读玩味，须将圣人语言切己，不可只作一场话说。人只看得此二书切己，终身尽多也。②

然则，《论孟精义》中所呈现的人，又究竟是怎样的人呢？笼统地讲，他们自然是圣贤，或是希望成圣成贤的人。但圣贤又是怎样的人呢？请先看程颢几段描述：

1. 仲尼，元气也。颜子，春生也。孟子并秋杀尽见。

2. 仲尼，天地也。颜子，和风庆云也。孟子，泰山岩岩之气象也。仲尼无迹。颜子微有迹。孟子其迹著。

3. 孔子尽是明快人。颜子尽岂弟。孟子尽雄辩。

4. 孔子为宰则为宰，为陪臣则为陪臣，皆能发明大道。孟子必得宾师

① 《论孟精义》，《朱子全书》第 7 册，第 702 页。
② 《论孟精义》，《朱子全书》第 7 册，第 16—17 页。

之位，然后能明其道，犹之有许大形象，然后为泰山，有许多水，然后为海，以此未及孔子。

5. 子厚（张载）谨严，才谨严便有迫切气象，无宽舒之气。孟子却宽舒，只是中间有些英气，才有英气，便有圭角。英气甚害事。如颜子便浑厚不同，颜子去圣人只毫发之间。孟子大贤，亚圣之次也。

6. 或曰："英气见于甚处？"曰：但以孔子之言比之便可见。且如冰与水精非不光，比之玉，自是有温润含蓄气象，无许多光耀也。"①

上引六条，1、2 比诸自然，3、4、5 似见性格，6 可谓涵养，虽然难以进一步概括，但有一点却是断然可言的，他们都是明显具有感性特征的人。

然而众所周知，程朱理学之为"理学"，正在于"理"的高标，以及理性精神的培植与主导，前节见之于语言分析所揭明的论辩精神亦是表证之一，而"穷天理灭人欲"的宣称更给人以理学完全荡去感性的印象，因此《论孟精义》所呈现的充满感性特征的圣贤形象便不得不"深求玩味"了。

为了便于分析的展开，这里同样不妨借镜于西方哲学。西方哲学在由近代向现代，以及后现代的演化中，主体问题经历了从普遍理性主体观向个体生存主体观，再到主体终结论的演变。其中，与主体问题密切相关的身体问题成为引导这一演变的重要主题。在笛卡尔主导下的近代哲学中，"我思故我在"所表证的普遍理性主体观使得身心二元结构中"心"获得高扬，理性支配着主体；而身体问题的突出，使得感性得以恢复与张扬，从而促使形而上学的普遍理性主体观解体，近代哲学转向现代哲学，个体生存主体观取而代之；沿着这一方向，感性的张扬进一步实现身体对心灵的造反，走向欲望主体的确立。②

以此参照，似乎可以看到中国哲学自始便处于个体生存主体观，只是儒家时时警惕其向欲望主体的下坠，而致力于建构起普遍理性主体观，使之融入个体生存主体观中，最后达至"极高明而道中庸"的境界。儒家的这种努力同时受到左右的挑战，墨子倡导兼爱，近乎超越个体生存主体观，杨朱誓言为我，追求固化个体生存主体观，故孟子以辟杨墨为己任。至程朱理学，则是将孔孟的事业由经验的层面提升到理性的层面，理学始成为其思想形态，而杨墨亦转由佛老呈以更为精致的思想。

这样的概述看似简单直白，但虽不中亦不远。《孟子·梁惠王章句上》有著名论乐的"孟子见梁惠王王立于沼上"章，《论孟精义》引录杨时曰：

梁王顾鸿雁麋鹿以问孟子，孟子因以为贤者而后乐此，至其论文王、夏桀之所以异，则独乐不可也。世之君子，其贤者乎，则必语王以忧民而勿为台沼苑囿之观，是拂其欲也；其佞者乎，则必语王以自乐而广其侈心，是纵

① 《论孟精义》，《朱子全书》第 7 册，第 15—16 页。

② 参见杨大春：《语言·身体·他者：当代法国哲学的三大主题》（中篇），北京：生活·读书·新知三联书店，2007 年，第 127—246 页。

其欲也。二者皆非能引君以当道。①

追求感官之乐并不是问题,实为正常,只是"独乐不可"。所谓的"贤者""佞者",都是失却正常,偏执一端。

感官之乐如此,广义的利益追求也是如此。程颐曰:

君子未尝不欲利,孟子言何必曰利者,盖只以利为心,则有害在,如上下交征利而国危,便是有害。未有仁而遗其亲,未有义而后其君,便是利。仁义未尝不利。

义利之辩是儒学最核心的主题之一。孟子见梁惠王,王问"将有以利吾国",孟子直截回答"王何必曰利?亦有仁义而已矣"。这引起后人以为儒学耻以言利,或根本上是拒绝言利的。程颐这段释传则将这个问题讲得很清楚。"君子未尝不欲利",只是深知"以利为心"的弊病,故而强调仁义,因为言仁义而利自在其中,"仁义未尝不利"。程颐更引《易》与孔子的话予以申说:

《益》之上九曰:"莫益之,或击之,立心勿恒,凶。"盖利者众人之所同欲也,专欲益己,其害大矣。欲之甚,则昏蔽而忘义理;求之极,则侵夺而致怨仇。夫子曰:"放于利而行,多怨。"孟子谓先利则不夺不厌,诚哉是言也。大凡人之存心,不可专利。上九以刚而求益之极,众人之所共恶,于是莫有益之,而或攻击之矣。故圣人戒之曰:立心勿恒,乃凶之道也。谓当速改也。②

"利者众人之所同欲也",因此,虽圣贤与人同。这便从根本上确立了作为个体生存的主体性。

事实上,程朱理学对于这种个体生存主体性的确认,有着非常感性的表达,即孟子所讲的"守身"。孟子曰:

事,孰为大?事亲为大;守,孰为大?守身为大。不失其身而能事其亲者,吾闻之矣;失其身而能事其亲者,吾未之闻也。孰不为事?事亲,事之本也;孰不为守?守身,守之本也。③

此条下,《论孟精义》辑录了二程各自的长段阐发,这里取其简明,仅引程颐的阐释:

或问:"守身如何?"伊川先生曰:"守身守之本,既不能守身,更说甚道义。"曰:"人说命者多不守身,何也?"曰:"便是不知命。孟子曰:'知命者不立岩墙之下。'"或曰:"不说命者又不敢有为。"曰:"非特不敢为,又有多少畏恐,然二者皆不知命也。"④

---

① 《论孟精义》,《朱子全书》第7册,第651页。
② 《论孟精义》,《朱子全书》第7册,第649—650页。
③ 《孟子·离娄章句上》"孟子曰事孰为大"章。
④ 《论孟精义》,《朱子全书》第7册,第722页。

因为问题的涉及，致使程颐将“守身”从具体的准则提到了与“知命”相关联的理论高度。孔子曰：“不知命，无以为君子也。”①命象征着天道对人的规定性，即《中庸》所谓：“天命之谓性。”程颢阐发得更清楚：

> 盖上天之载，无声无臭，其体则谓之易，其理则谓之道，其用则谓之神，其命于人则谓之性，率性则谓之道，修道则谓之教，孟子去其中又发挥出浩然之气，可谓尽矣。②

知命即等同于与性、教、神、道、易相贯通；而以杨时的话，则更体现程朱理学的精神，“天理即所谓命”③。依上引程颐的阐述，不守身就等于不知命，故身体在理学中的重要性便非常清楚了。可以说，身体的存在是程朱理学一切思想观念的前提。

既然如此，那么以天理为最高准则的理学究竟又是如何处理天理与身体感受性之间的紧张的呢？杨时曰：

> 圣人作处惟求一个是底道理，若果是，虽纣之政有所不革，果非，虽文、武之政有所不因，圣人何所容心，因时乘理，天下安利而已。④

细加体味，程朱理学所高悬的理，并非是形而上的普遍抽象原理，也不是圣人的玄想发明，而只是因时利导，能使“天下安利”的“一个是底道理”。理终究基于感性的生命存在，理并不与感性生命发生紧张，而只是与追求一己之私的感性生命相冲突。

这里，理学的确存在着抽空个体存在主体性的理论危险，因为一己之私的欲望如何界定具有弹性。但理学也从三方面致力排除这种危险。其一，理学所抽去的个体存在主体性，在理论上确切地讲，即是上述呈现为欲望的一己之私，并不是个体存在主体性的全部。当然，这在理论上存在着如何界定的问题。这在理学来说，实是一个核心问题，与对人的认定相关，此待下节专门讨论，这里暂时不论。

其二就是本节所论，个体存在主体性是理学整个论述的前提，也是最后的诉求，更贯彻于身体存在的整个过程中，理学家津津乐道于“活泼泼地”就是最显著的表征。因此，无论如何悬示天理对于个体感性生命的超越性与约束性，天理最终要分殊在个体感性生命中，并呈现出来。孟子曰：

> 存乎人者，莫良于眸子。眸子不能掩其恶。胸中正，则眸子瞭焉；胸中不正，则眸子眊焉。听其言也，观其眸子，人焉廋哉？⑤

《论孟精义》于此条分别辑录：

---

① 《论语·尧曰》。
② 《论孟精义》，《朱子全书》第7册，第672页。
③ 《论孟精义》，《朱子全书》第7册，第664页。
④ 《论孟精义》，《朱子全书》第7册，第658页。
⑤ 《孟子·离娄章句上》“孟子曰存乎人者”章。

伊川曰："心有所存，眸子先发见。"尹讲："存乎中必形于外，不可匿也。"①

故可以断言，理学根本上是否定将个体感性生命空洞化的，理始终不离且基于感性的生命存在。

其三，也是最重要的，理学高标天理，作为一个普遍性的理念，以此来剔除个体存在主体性中的一己之私，对于每个人都是有规范性的，但必须看到，正如在孔、孟那里的义利之辩一样，在理学这里，这更是一个政治哲学的概念，指向的是权力主体的一己之私，此由前引孟子答梁惠王问已足以知；而当明白这一点时，又足以反过来彰显理学对身体的理解与态度。

孟子与梁惠王论政治，首论义利之辩，再论众独之乐，三论王道之始。前二论已见上述，这里续观理学对孟子王道之始的阐述。孟子的王道之始由孔子先富后教之论而来，《论语·子路》载：

子适卫，冉有仆。子曰："庶矣哉！"

冉有曰："既庶矣，又何加焉？"曰："富之。"

曰："既富矣，又何加焉？"曰："教之。"

《论孟精义》此条辑程门五弟子言，节录如下：

范曰："此治民之序，自尧舜以来，未有不由之者也。禹平水土以居民，所以庶之也；稷播百谷，所以富之也；契敷五教，所以教之也。"

谢曰："庶而不富，则救死而恐不赡，奚暇治礼义哉？"

杨曰："既庶矣，当使之养生送死无憾，然后可驱而之善，此不易之道也。"

侯曰："既庶既富矣，逸居而无教，则近于禽兽。"

尹曰："衣食足而后知荣辱，故富而后教之。"②

而关于孟子的王道之始，程颐曰：

孟子论王道便实，徒善不足以为政，徒法不能以自行，便先从养生上说将去，既庶既富，然后以饱食暖衣而无教为不可，故教之也。③

可见，人的生命的现实存在是理学坚不动摇的前提，"饱食暖衣"既为正当，"富而后教"才足以成立。天理王道，决非是与个体感性生命相对立的东西，而恰恰是基于个体感性生命的。程颢曰：

得天理之正，极人伦之至者，尧、舜之道也。……王道如砥，本乎人情，出乎礼义，若履大路而行，无复回曲。

诚然，"本乎人情"，基于个体感性生命，在经过"出乎礼义"后，个体生存的

---

① 《论孟精义》，《朱子全书》第7册，第721页。

② 《论孟精义》，《朱子全书》第7册，第451—452页。

③ 《论孟精义》，《朱子全书》第7册，第651页。

主体性会被公共化，但不能据此就轻易认为个体生存的主体性就被完全抽空了。从“本乎人情”到“出乎礼义”之间，既有程颐所讲的“礼者因人情者也，人情之所宜，即义也”的理论认定①，现实过程中也还存在着进行公与私鉴别的阀门，即程颢所谓“察见天理，不用私意也”。② 上引程颢“王道如砥，本乎人情”之语，便是在与下引的话作比较时讲的：

用其私心，依仁义之偏者，霸者之事也。……霸者崎岖反侧于曲径之中，而卒不可与入尧、舜之道。③

统观孟子与梁惠王论政治的前三项，义利之辩、众独之乐、王道之始，也都可以看到，其中贯彻着公与私的鉴定。事实上，这也是能否真正解释经典的关键。《孟子·公孙丑章句上》“公孙丑问曰夫子加齐之卿相”章有“行一不义，杀一不辜，而得天下，皆不为也”的名言，可谓对个体生命最高的礼赞，但并不能据此而迂腐地以为凡仁者便不为杀伐之事。《论孟精义》此条下载：

（程颐）先生在经筵日，有二同列论武侯事业，以为武侯战伐所丧亦多，非杀一不辜而得天下不为之事。先生谓：“二公语过矣，杀一不辜而得天下不为，谓杀不辜以私己，武侯以天子之命讨天下之贼，则何害？”④

如果考虑到人是社会性的存在这一不可改变的前置因素，个体生命的存在需要获得公共安全的保障，那么，程朱理学“本乎人情，出乎礼义”的天理，与其说是对个体生存主体性的抹杀，毋宁说更是对个体生存主体性的维护。

最后请再举程颐被贬放涪州编管途中一事，以见理学家对人，乃至对人的形象所抱持的敬意。杨时曰：

翟霖送伊川先生西迁，道宿僧舍，坐处背塑像，先生令转椅勿背。霖问曰：“岂不以其徒敬之，故亦当敬耶？”伊川曰：“但具人形貌，便不当慢。”因赏此语曰：“孔子云：‘始作俑者，其无后乎！为其象人而用之者也。’盖象人而用之，其流必至于用人。君子无所不用其敬，见似人者不忽，于人可知矣。若于似人者而生慢易之心，其流必至于轻忽人。”⑤

## 四、仁　　义

上节述及，二程“本乎人情，出乎礼义”的理，存在着抽空个体生存主体性的危险，而理学致力于排除这一危险的核心工作，就是对人的认定，亦即理学的仁

① 《论孟精义》，《朱子全书》第7册，第701页。
② 《论孟精义》，《朱子全书》第7册，第683页。
③ 《论孟精义》，《朱子全书》第7册，第653页。
④ 《论孟精义》，《朱子全书》第7册，第679页。
⑤ 《论孟精义》，《朱子全书》第7册，第652页。

说。关于二程到朱熹的仁说，前贤多有论述，近则以陈来最为重要。[①] 其中，据分析朱熹以前的，陈来采二程、谢良佐、杨时、吕大临与游酢，以及胡宏诸家说，以说明朱熹据二程的立场，统合与整理程门诸子，尤其是谢、杨，以及湖湘学，从而确立朱熹为核心的程朱理学；而分析朱熹仁说的文本主要是三个，即 1171 年因张栻完成《洙泗言仁录》后的彼此讨论书信，次年（即《论孟精义》成书这年）朱熹为出自自己出生成长地尤溪的友人石子重写的《克斋记》，以及同年稍后写的更重要的《仁说》，以观朱熹在与湖湘学的思想论辩中走向确立。从三个文本与《论孟精义》的编撰时间，便可断言，三个文本的思想基础都在《论孟精义》，而程门统合的工作更在其中，故就程朱理学的型塑而言，这里以《论孟精义》再作补充，或更足以彰显，同时亦可进一步看到程朱理学对人的确认。

朱熹于《仁说》开篇曰：

> 天地以生物为心者也，而人物之生，又各得夫天地之心以为心者也。故语心之德，虽其总摄贯通无所不备，然一言以蔽之，则曰仁而已矣。
>
> 盖天地之心，其德有四，曰元亨利贞，而元无不统。其运行焉，则为春夏秋冬之序，而春生之气无所不通。故人之为心，其德亦有四，曰仁义礼智，而仁无不包。其发用焉，则为爱恭宜别之情，而恻隐之心无所不贯。[②]

这段话从本体论的高度阐述了人心及其性质与特征，可以认为是朱熹关于仁说的总论。首先，人之为心的自然基础在天地。其次，天地之心的根本是生物，具体为四德，统之于元；人心之德亦有四，统之于仁。这里，仁作了狭义（四德之一）与广义（统包四德）之分。最后，人心之四德显现为具体的感情，即爱恭宜别。但在这段概述中，“天地以生物为心”很明确，而人“得夫天地之心以为心”，故也应该是“生物”，而不是仁，正如天地之心不是元一样。末尾一句“而恻隐之心无所不贯”，则似乎明示天地之生物心，在人即是恻隐心。

论恻隐之心的经典文本是《孟子·公孙丑章句上》“孟子曰人皆有不忍人之心”章，且摘录数则朱熹所蒐辑的程门议论以为比较。

> 伊川曰：“心生道也，有是心，斯具是形以生。恻隐之心，人之生道也，虽桀、跖不能无是以生，但戕贼之以灭天耳。始则不知爱物，俄而至于忍，安之以至于杀，充之以至于好杀，岂人理也哉！”又曰：“恻，恻然。隐，如物之隐应也。此仁之端绪。”
>
> 明道先生见谢显道记闻甚博，谓之曰：“贤却记得许多，可谓玩物丧志。”显道不觉身汗面赤。先生曰：“只此便是恻隐之心。”
>
> 明道曰：“惟四者有端，而信无端，只有不信，更无信。如东西南北，已

---

① 见前揭《朱熹的〈论说〉与宋代道学话语的演变》，《早期道学话语的形成与演变》，合肥：安徽教育出版社，2007 年，第 182—228 页。

② 《朱文公文集》卷六十七，《朱子全书》第 23 册，第 3279 页。

有定体，更不可言信。"

程颐的论说首讲心为生道，此心具是形以生，又以恻隐为仁之端绪。程颢与谢良佐的对话，则以切身体会以喻恻隐之心正是身心对外在刺激的一种反映；后一段是解释有四端而不可言信。二程的论说，除了元包天地生物心之四德、仁包人心四德没有明确论及外，其余皆为上引朱熹《仁说》所概括。

游曰："恻者心之感于物也，隐者心之痛于中也。物之体伤于彼，而吾之心感应于此，仁之体显矣。"

游酢的议论更进一步明确，恻隐是人对外物的感觉所引起的痛觉，这种痛觉自然不完全是生理，而是包括了痛惜等心理在内的反应；前引程颐所述的不知爱物、忍、安之、杀、好杀，便是指人的这种感受性的丧失及其延伸的不同层次的结果。朱熹的"恻隐之心无所不贯"，完全可以理解为是对程、游师徒议论的综合。

谢曰："格物穷理，须是识得天理始得。所谓天理者，自然底道理，无毫发杜撰。今人乍见孺子将入于井，皆有怵惕恻隐之心。方乍见时，其心怵惕，所谓天理也。要誉于乡党朋友，内交于孺子父母兄弟，恶其声而然，即人欲也。天理与人欲相对，有一分人欲，即灭却一分天理，存一分天理，即胜得一分人欲，人欲才肆，天理灭矣。"①

这里明确指出，理学的天理就是人的恻隐心的自然展开，而恻隐心的丧失，即程颐指出的反向展开也是存在于人的自然性中的，此即为人欲。如此，程朱理学核心理论的型塑过程已看得极为清楚。与此同时，程朱理学"存天理、灭人欲"的标示，其本义也得其正解。

基于上述的仁说总论，有两个具体的分论，它们既是总论的延伸问题，也可以认为是总论的支撑问题。第一个分论就是如何知仁。依总论，人心就是恻隐心，发用是爱恭宜别之情，在两者之间是仁义礼智；仁包四德，故关键是仁，而仁对应的是爱；仁抽象，爱具体，因此仁与爱便产生互相界定的问题。程门论仁，至朱熹时，已产生许多分歧，在《答张敬夫》信中，朱熹曰：

大抵二先生之前，学者全不知有仁字，凡圣贤说仁处，不过只作爱字看了。自二先生以来，学者始知理会仁字，不敢只作爱说。②

程颢的原话是：

孟子曰："恻隐之心，仁也。"后人遂以爱为仁，恻隐固是爱也。爱自是情，仁自是性，岂可专以爱为仁。孟子言恻隐为仁，盖为前已言恻隐之心，仁之端也；既曰仁之端，则不可便谓之仁。

恻隐则属爱，乃情也，非性也。③

---

① 《论孟精义》，《朱子全书》第7册，第687—689页。
② 《朱文公文集》卷三十一，《答张敬夫》，《朱子全书》第21册，第1335页。
③ 《论孟精义》，《朱子全书》第7册，第687页。

仁是性,爱是情,恻隐也是情。由此,似又可推知,情与心又是相关联的概念,心为体,情为心之发用。仁作为性,实质上是对心之发用的一种价值规定,即善。故在二程看来,孟子言人性善是极为重要的。

或问:"人性本明,因何得有蔽?"伊川先生曰:"此须索理会也。孟子言人性善是也,虽荀、扬亦不知性。孟子所以独出诸儒者,以能明性也。①

只是性及其善的规定被标举出来后,仁之性反过来与发为恻隐、爱之情的心形成对应,仁性为体,而心为发用。谢良佐曰:

性,本体也。目视耳听,手举足运,见于作用者,心也。②

既如此,作为理论的探究,自然要专心于讨论本体的仁性了。然而其结果,则如朱熹指出,撇开情来论性,弊病丛生。朱熹曰:

然其流复不免有弊者,盖专务说仁,而于操存涵养之功,不免有所忽略,故无复优柔厌饫之味、克己复礼之实,不但"其蔽也愚"而已。而又一向离了爱字悬空揣摸,既无真实见处,故其为说,恍惚惊怪,弊病百端,殆反不若全不知有仁字,而只作爱字看却之为愈也。

从大的方面讲,弊病有两类,一是专务说仁,务虚不务实,全不落在个体生命的践行上;二是务虚流于悬空揣摸,议论恍惚惊怪。因此,朱熹强调,与其如此,不如回过头来,依旧从情之发用上来体会仁之性。朱熹曰:

若且欲晓得其仁之名义,则又不若且将爱字推求;若见得仁之所以爱,而爱之所以不能尽仁,则仁之名义意思了然在目矣。

可以说,朱熹"将爱字推求"仁,正是坚持了二程门下道南一脉的路径。

或问:"何以知仁?"杨(时)氏曰:孟子以恻隐之心为仁之端,平居但以此体究,久之自见。且孺子将入于井,而人见之者必有恻隐之心。疾痛非在己也,而为之疾痛何耶?曰:出于自然,不可已也。曰:安得自然如此。若体究此理,知其所从来,则仁之道不远矣。

杨时不仅只是这样就着经典解释来阐述,而且在现实中也能据事作出这样的阐述。在引了上面这段问答后,朱熹接着更引述了下面这则杨时的故事:

薛宗博请诸职事会茶,曰:"礼岂出于人心,如此事本非意之所欲,但不得已耳。老子曰:'礼者忠信之薄。'荀子曰:'礼起圣人之伪。'真个是。"因问之曰:"所以召茶者何谓?"薛曰:"前后例如此,近日以事多,与此等稍疏阔,心中打不过,须一请之。"曰:"只为前后例合如此,心中自打不过,岂自外来?如云辞逊之心礼之端,亦只心有所不安,故当辞逊,只此是礼,非伪为也。"③

此外,朱熹的以爱推仁是在答张栻书信中提出,盖回应张栻主张谢良佐的

① 《论孟精义》,《朱子全书》第7册,第700页。
② 《论孟精义》,《朱子全书》第7册,第645页。
③ 《论孟精义》,《朱子全书》第7册,第689—690页。

以觉言仁，张栻后来又针对朱熹的以爱推仁，主张程颐的以公论仁。[①] 其实，谢良佐的以觉言仁虽直接来自程颢，但强调感应也是程颐的根本思想，而且他赋予感应以亨通的价值判定。程颐释《咸》卦：

咸，感也。不曰感者，咸有皆义，男女交相感也。物之相感，莫如男女，而少复甚焉。凡君臣上下，以至万物，皆有相感之道。物之相感，则有亨通之理。君臣能相感，则君臣之道通；上下能相感，则上下之志通；以至父子、夫妇、亲戚、朋友，皆情意相感，则和顺而亨通。事物皆然，故感有亨之理也。[②]

朱熹当然很知道程颐的观点，而且他还引过程颐讲的“天地间只是个感应”。[③] 至于以公论仁，同样是二程共同的观点，程颢曰：

仁者，公也，人此者也。[④]

而程颐则曰：

仁道难名，惟公近之，非以公便为仁。[⑤]

很明确，公实与觉、爱一样，只是理解仁，或践行仁的路径，本身不是仁。相比较而言，朱熹的以爱推仁既得二程本意，也最能说明仁。[⑥]

第二个分论是如何求仁。前引朱熹《答张敬夫》指出程门后学流为悬空虚说，无复克己复礼之实，故在朱熹看来，知仁固然重要，但最终须落在求仁上。在为石子重写的《克斋记》中，朱熹曰：

性情之德无所不备，而一言足以尽其妙，曰“仁”而已。所以求仁者，盖亦多术，而一言足以举其要，曰“克己复礼”而已。[⑦]

程颐曰：

礼者因人情者也，人情之所宜则义也。[⑧]

故论仁，必须接着义讲。孟子的一大贡献，在二程看来，就是将仁义合在一起讲。程颢曰：

孟子有功于圣门，不可胜言。仲尼只说一个仁字，孟子开口便说仁义；

---

① 参见陈来：《早期道学话语的形成与演变》，第207—211页。

② 《周易程氏传》卷三，《二程集》，第854—855页。

③ 《朱子语类》，《朱子全书》第16册，第2163页。

④ 《论孟精义》，《朱子全书》第7册，第773页。

⑤ 《程氏遗书》卷三，《二程集》，第63页。

⑥ 二程言语多为具体而发，且间多比喻或体会，彼此有所不同，诚为正常，要在类聚观省，操存涵养，得其言而不执于言，进而得其心。朱熹撰《伊川先生年谱》，专于谱后附言二程接人之分别，又记程颐对张绎所讲：“我昔状明道先生之行，我之道盖与明道同。异时欲知我者，求之于此文可也。”（《程氏遗书》附录，《二程集》，第346页）无疑表明当时他已注意到二程门下出现各取片言只语以离析程学的问题。虽然哲学家对于自己的思想缺乏自明是可能的，但后人如果弃而不顾，强说分别，并进而以此判教，恐亦过甚矣。

⑦ 《朱文公文集》卷七十七，《朱子全书》第24册，第3709页。

⑧ 《论孟精义》，《朱子全书》第7册，第701页。

仲尼只说一个志，孟子便说许多养气出来，只此二字，其功甚多。[①]

由于义与克己复礼相关联，形之以外在的践行，因此在认识上往往容易忘记义是心的四德之一，内属于仁之性体。程颢曰：

仲尼言仁，未尝兼义，独于《易》曰："立人之道曰仁与义。"而孟子言仁必以义配，盖仁者体也，义者用也，知义之为用而不外焉者，可以语道矣。世之所论于义者多外之，不然，则混而无别，非知仁义之说者也。[②]

程颐又将义与敬、理、养气结合着说：

或问："必有事焉当用敬否？"曰："敬只是涵养一事，必有事焉，须当集义。只知用敬，不知集义，却是都无事也。"又问："义莫是中理否？"曰："中理在事，义在心内，苟不主义，浩然之气从何而生？理只是发而见于外者。"[③]

与敬的关系，义是敬的主脑，离开义的敬其实是无所事事。与理的关系，义是存于人之心内的原则，理只是这种原则形之于事。与养气的关系，浩然之气因义而生。故诚如孟子所曰："仁，人心也；义，人路也。"[④]只是克己复礼与内心之义的把握都很难，常常于不自觉中破坏与沦陷，初似无害，久则成患。《论语·八佾》载：

三家者以《雍》辟。子曰："'相维辟公，天子穆穆'，奚取于三家之堂？"

伊川曰：周公之功固大矣，然皆臣子之分所当为，鲁安得独用天子礼乐？成王之赐，伯禽之受，皆非也。其因袭之弊，遂使季氏僭八佾，三家僭《雍》彻，故仲尼于此著之。[⑤]

明道曰：介甫说鲁用天子礼乐，云"周公有人臣所不能为之功，故得用人臣所不得用之礼乐"。此乃大段不知事君。大凡人臣身上岂有过分之事，凡有所为，皆是臣职所当为之事也。介甫平居事亲最孝，观其言如此，其事亲之际想亦洋洋自得以为孝有余也。

在程朱看来，这个"义"字，"惟是孟子知之"。[⑥]

## 五、存　　养

恻隐之心内具仁义礼智四德，仁统包之而为性体。由仁而义而礼而智，此为性体的展开，犹如花蕾之绽放，仁义礼智各为其花瓣，信在其中。至于人的情

---

① 《论孟精义》,《朱子全书》第 7 册，第 643 页。
② 《论孟精义》,《朱子全书》第 7 册，第 649 页。
③ 《论孟精义》,《朱子全书》第 7 册，第 677 页。
④ 《孟子·告子章句上》。
⑤ 《论孟精义》,《朱子全书》第 7 册，第 100 页。
⑥ 《论孟精义》,《朱子全书》第 7 册，第 723—724 页。

感与行为，则是性体的发用。只是性体的展开，须随心的感发，只有正心而发，性体才能充实而光辉；而作为个体生存着的人，无时无刻不感受着色、香、味、名、利、生、死的挑战，故在仁义揭明以后，“存其心，养其性”①的存养便是程朱理学接续着的核心议题。朱熹在《论孟精义自序》中也说得很清楚，存养就是孔孟儒学的根本，“《论语》之言无所不包，而其所以示人者，莫非操存涵养之要；七篇之指无所不究，而其所以示人者，类多体验充扩之功”。所谓“操存涵养”与“体验充扩”，则是“仲尼无迹”与“孟子其迹著”的区别，无迹难见，迹著易踪，故《论语》实比《孟子》难读；程朱理学至朱熹而构型彰显，也是这个道理。

存心与养性是一事之两面，密切关联，但又不可错误理解两者的关系。

> 问：“仁与心何异？”伊川曰：“心是所生，仁是就事言。”曰：“若是则仁是心之用否？”曰：“固是。若说仁者心之用则不可。心譬如身，四端如四支，四支固是心所用，只可谓身之四支，如四端固具于心，然亦未可便谓之心之用。”②

心动，则仁起，就此而言，可说仁是心之用；但心与性都是独立的存在，其实是心体与性体。程颐着意区分“心是所生，仁是就事言”，意在强调心是内的，仁则须见之于人的行为，正如“克己复礼为仁”，克己在内心，而复礼便见之于外。不过，这只是为了区别心与性，性根本是心内具之德，虽见之于外，却实无内外。程颢曰：

> 苟以外物为外，牵己而从之，是以己性为有内外也。且以性为随物于外，则当其在外时，何者为在内？是有意于绝外诱，而不知性之无内外也。③

要言之，程颐的分别或足以提醒，心体与性体在发用时，会存在着逻辑上的先后与感发上的隐显，存心的工夫便显得更为紧要，近乎可以理解成养性的前提。

存心，最形象的描述莫过于孟子讲的“不动心”。④ 心体原本是感应性的生物存在，本身没有取向，只是感于外物。朱熹曰：

> 人心本是湛然虚明，事物之来，随感而应，自然见得高下轻重。事过便当依前恁地虚，方得。⑤

因此，不动心似乎没有那么难，所以孟子又讲，“是不难，告子先我不动心”。但这其实又是理想的状态，在实际的境遇中，人心的发用总不免或多或少受某种意向性的影响，故朱熹又曰：

---

① 《孟子·尽心章句上》。
② 《论孟精义》，《朱子全书》第7册，第780—781页。
③ 《论孟精义》，《朱子全书》第7册，第740页。
④ 《孟子·公孙丑章句上》。
⑤ 《朱子语类》卷十六，《朱子全书》第14册，第538页。

心是大底，意是小底。心要恁地做，却被意从后牵将去。且如心爱做个好事，又被一个意道不须恁地做也得。且如心要孝，又有不孝底意思牵了。①

而且不动心的原因也有所不同，需要区别。程颐曰：

不动心有二：有造道而不动者，有以义制心而不动者。此义也，此不义也，义吾所当取，不义吾所当舍，此以义制心者也。义在我，由而行之，从容自中，非有所制也，此不动之异。②

以义制心而不动是基于义，造道而不动是基于信，义是四德之一，信虽不属四德，却随四德而在，故可知存心与养性的关系，即心体的觉发虽似先于性体的自觉，但存心又依赖于养性。换言之，存心与养性其实是互为前提。

程颐上述的区分，当然在孟子那里也已指出。孟子分别举北宫黝与孟施舍为例，说明两种不同的不动心，并进而以为北宫黝似子夏、孟施舍似曾子，而"孟施舍之守气，又不如曾子之守约"。但二程的分析显然更进一层，彰显了理学的特征。

北宫黝要之以必为，孟施舍推之以不惧，北宫黝或未能无惧，故黝不如施舍之守约也。子夏信道，曾子明理，故二子各有所似。

北宫黝之勇，气亦不知守也。孟施舍之勇，知守气而不知守约也。曾子之所谓勇乃守约，守约乃义也，与孟子之勇同。

以上是程颢语。程颐又曰：

勇一也，而用不同，有勇于气者，有勇于义者。君子勇于义，小人勇于气。③

孟子的举例虽已指出"守气"与"守约"，但终还是在经验的层面，而二程却追至"信道"与"明理"，守气与守约的核心区别在于背后是否有理据，而这个存于事的理据又是与性体之义贯通的。这样的阐明，一方面使不动气的现象之所以有了清楚的说明，另一方面据于这样的说明作出的两种不动气的高下之分，表明理学视理性的判识高于信仰的执守，只有基于明理守约的笃志力行才是理学需追求的，是真正的"勇于义"，否则终究是"勇于气"而已。

有了义与气这一区分，存心之要无疑就在仁义的把握，使仁义之性体充塞于心体，亦可谓"得于心"，或心得于正，存心与养性在这里已完全是合二为一的事情。在如何"得于心"的问题上，孟子提到了比自己更早达到"不动心"境界的告子的一个路径，即"不得于言，勿求于心；不得于心，勿求于气"。孟子对此作了分辩，曰：

不得于心，勿求于气，可；不得于言，勿求于心，不可。夫志，气之帅也；

---

① 《朱子语类》卷十六，《朱子全书》第 14 册，第 533 页。
② 《论孟精义》，《朱子全书》第 7 册，第 668—669 页。
③ 《论孟精义》，《朱子全书》第 7 册，第 669 页。

气，体之充也，夫志至焉，气次焉；故曰："持其志，无暴其气。"

这段论述提出的"言"与"气"，直接引发了孟子后续的"我知言，我善养吾浩然之气"的自我论定，加之这里提到的"志"，知言、养气、持志便成为存养的重要方法，从而引发了程门广泛的议论。《孟子精义》于此条作了大量引录，①这里姑且引《朱子语类》中的一段，因其清晰简明，足以呈现朱熹对理学精神的精微阐释。朱熹曰：

"不得于言，勿求于心。不得于心，勿求于气。""不得"犹曰失也，谓言有所不知者则不可求之于心，心有不得其正者则不可求之于气。孟子谓言有所不能知，正以心有所不明，故"不得于言，勿求于心，不可"。其不得于心者，固当求之心。然气不得所养，亦反能动其心，故"不得于心，勿求于气"，虽可而未尽也。盖知言只是知理。告子既不务知言，亦不务养气，但只硬把定中间个心，要他不动。孟子则是能知言，又能养气，自然心不动。盖"知言"本也，"养气"助也。三者恰如行军，知言则其先锋，知虚识实者。心恰如主帅，气则卒徒也。孟子则前有引导，后有推动，自然无恐惧纷扰，而有以自胜。告子则前后无引助，只恁孤立硬做去，所以与孟子不动心异也。②

据此而知，告子的不动心只是"硬把定中间个心，要他不动"，既不是基于对理的认识上，又得不到气的支持，这样的"不动心"如孟子所言，"未尝知义"，故决非孟子的不动心，自然也不是程朱理学所要的。

如果仔细比较，知言与养气在孟子那里近乎同等权重，但在程朱这里，知言要比养气更显得重要。程颐曰：

心通乎道，故能辨是非，如持权衡以较轻重，孟子所谓知言是也。揆之以道，则是非了然，不待精思而后见也。学者当以道为本，心不通于道，而较古人之是非，犹不持权衡而较轻重，竭其目力，劳其心智，虽使时中，亦古人所谓亿则屡中，君子不贵也。

孟子养气一言，诸君宜潜心玩索，须是实识得方可。勿忘勿助长，只是养气之法，如不识，怎生养？有物始言养，无物又养个什么？浩然之气，须见得一个物。③

朱熹在前引话后，也接着强调了这点：

"不得于言"以下，但作如此看，则此一章血脉贯通，而于知言养气，蔽淫邪遁之辞方为有下落也。至于集义工夫，乃在知言之后。不能知言，则亦不能集义。

强调知言先于并重于养气，可以充分反映程朱理学虽然把存养作为求仁的

---

① 《论孟精义》，《朱子全书》第7册，第669—686页。

② 《朱子语类》卷五十二，《朱子全书》第15册，第1701—1702页。

③ 《论孟精义》，《朱子全书》第7册，第671—672页。

重要工夫，而且非常强调个体的努力，但并没有将这个工夫限于不可通约的个体经验，而是基于义理的认识上，从而使得存养具有普遍性的知识基础。概言之，明理知言，辨别是非，是存养的根本。这一确认也正是程朱理学之为理学的精神所在。

知言，在辨学中更能说明，故下节再述。这里讨论养气与持志。所谓志，便是心有所向，亦即孟子讲的“得于心”。朱熹曰：

志，只是心之所向，而今欲做一件事，这便是志。持其志，便是养心，不是持志外别有个养心。①

有得于心，心有所向，气随之而动，才进而得养浩然之气。程颐曰：

志，气之帅。若论浩然之气，则何者为志？志为之主，乃能生浩然之气。志至焉，气次焉，自有先后。

从气随志动，到浩然之气，当然是一个过程，既非自然而必然的进程，更非轻易能实现，这便需要养气。故程颐又曰：

持其志，无暴其气，内外交相养也。②

持志为养心，在内；养气见于形，在外。志虽然是气之帅，但程颐讲“内外交相养”，养气不完全是被动的，它能反过来影响到养心，因此从气随志动到浩然之气的过程，“无暴其气”实为养气的一个技术关键。朱熹曰：

志最紧要，气亦不可缓，故曰“志至焉，气次焉”，“持其志，毋暴其气”，是两边做工夫。③

当然，除了反作用以外，养气的意义还在于两点：其一，由于气形于身，见于外，只有养气才足以最终使个体的生命存在由精神的自善成为实践的主体。《孟子精义》中录程颐答问：

“或曰养心，或曰养气，何也？”曰：“养心则勿害而已，养气则志有所帅也。”④

其二，个体的生命存在原本就是一团血气，只有养气才足以使之获得提炼，成为浩然之气。《朱子语类》载：

问“血气”之“气”与“浩然之气”不同。曰：“气便只是这个气，所谓‘体之充也’便是。

然而，浩然之气与血气虽同为气，但体状与性质却有大不同。程颢曰：

浩然之气，天地之正气，大则无所不在，刚则无所屈，以直顺理而养，则充塞于天地之间，配义与道，气皆主于义而无不在道，一置私意，则馁矣。

---

① 《朱子语类》卷五十二，《朱子全书》第 15 册，第 1705 页。
② 《论孟精义》，《朱子全书》第 7 册，第 670 页。
③ 《朱子语类》卷五十二，《朱子全书》第 15 册，第 1705 页。
④ 《论孟精义》，《朱子全书》第 7 册，第 672 页。

是集义所生，事事有理而在义也，非自外袭而取之也。[①]

这不仅明确描述了浩然之气的体状与性质，而且也阐明了养浩然之气的根本方法，即“配义与道”。程颐曰：

配义与道，谓以义理养成此气合义与道。方其未养，则气自是气，义自是义，及其养成浩然之气，气与义合矣。[②]

这个“配义与道”，最为关键的“是集义所生，非义袭而取之也”[③]，即是由内心之义德的自觉，从而明白循理而行，不是为了迎合外在的种种标准而去做所谓合乎义的事情。

最后再回头略说持志，亦即养心。程颢曰：

圣贤千言万语，只是欲人将已放之心，约之使反复入身来，自能寻向上去，下学而上达也。[④]

程颐更进一步解释了“放”字，并以轻重而申说之：

放心谓心本善而流于不善，是放也。

心至重，鸡犬至轻，鸡犬放则知求之，心放则不知求，岂爱其至轻而忘其至重哉？弗思而已矣。今世之人乐其所不当乐，不乐其所当乐，慕其所不当慕，不慕其所当慕，皆由不思轻重之分也。[⑤]

个体的生命为血气所充，心感于外，易流而不返，故持志养心之要在“收放心”。只是，心之所以放流而不返，自然是外物不断在刺激与满足人的欲望，故孟子有“养心莫善于寡欲”说。[⑥] 然如何能够做到呢？程颐曰：

养心莫善于寡欲，欲皆自外来，公，欲亦寡矣。

这是要以公心节私欲，只是人的许多欲望最初尚不到公与私的地步。故朱熹曰：

且如秀才要读书，要读这一件，又要读那一件，又要学写字，又要学作诗，这心一齐都出外去。所以伊川教人，直是都不去他处用其心，也不要人学写字，也不要人学作文章。这不是僻，道理是合如此。人只有一个心，如何分做许多去？若只管去闲处用了心，到得合用处，于这本来底都不得力。[⑦]

由此便知，“寡欲”不可望文生义地等同为节欲，甚而禁欲，它其实还是持志的方法问题。志为心之所向，寡欲是为了志一，这是存心的关键。因此，程颐更

① 《论孟精义》，《朱子全书》第 7 册，第 673 页。
② 《论孟精义》，《朱子全书》第 7 册，第 674 页。
③ 《论孟精义》，《朱子全书》第 7 册，第 676 页。
④ 《论孟精义》，《朱子全书》第 7 册，第 781 页。
⑤ 《论孟精义》，《朱子全书》第 7 册，第 781 页。
⑥ 《孟子·尽心章句下》。
⑦ 《朱子语类》卷五十二，《朱子全书》第 16 册，第 1997 页。

主张正面地树立起目标，而不是从反面来寡欲，因为他有切身的体会，心之所向终究是要存于心之所乐的。谢良佐曰：

尝问伊川先生："养心莫善于寡欲，此一句如何？"先生曰："此一句浅近，不如理义之悦我心，犹刍豢之悦我口，最亲切有滋味。"[①]

## 六、辩　　学[②]

孟子"好辩"[③]，似与孔子"温良恭俭让"[④]大不同。前文尝引程颢比较孔孟之气象，可为表证。其实，二程兄弟亦有相似处，只是别具形态。程颢尝对程颐曰：

异日能使人尊严师道者，吾弟也。若接引后学，随人材而成就之，则予不得让焉。[⑤]

程颢能够"随人材而成就之"，必浑厚附就，否则门人不敢亲近；但太亲近了，往往失其敬意，自然更难"尊严师道"，故有程颐门人立雪之严厉，这是以行代言。朱熹以孟子自任，好辩有过之而无不及。此不待细言举证，只需看《四书或问》自设问答，便足以为表证。

好辩与否，虽与性格不无关系，但更有不得已处。这不只是像韩愈所讲的"物不得其平则鸣"[⑥]，而更是因为人的性体所具四端的智之端，就是要明辨是非的。言是认知的表证，言有不明不清，或有分歧，自然要作分辨。换言之，辩是深具于人之性体的要求。因此，朱熹强调孟子虽然是知言与养气并举，但知言在先，是更具重要性的前提。《朱子语类》载：

知言，知理也。

知言，然后能养气。

孟子说养气，先说知言。先知得许多说话，是非邪正都无疑处，方能养此气也。

知言养气，虽是两事，其实相关，正如致知、格物、正心、诚意之类。若知言，便见得是非邪正。义理昭然，则浩然之气自生。[⑦]

这几则语录，可谓层层推进，甚至推到极处，以为"义理昭然，则浩然之气自

---

① 《论孟精义》，《朱子全书》第7册，第778页。

② 辩与辨二字用法似略不同，辩字多作言语相析，如孟子好辩；辨字似有剔去之意，如朱熹《杂学辨》。但二字似又相通，辩导致辨，或辨即在辩之中。故笔者行文所及，不作细分，概作辩字，而引文照录。参《辞海》字条。

③ 《孟子·滕文公章句下》。

④ 《论语·学而》。

⑤ 《程氏遗书附录·伊川先生年谱》，《二程集》，第346页。

⑥ 《送孟东野序》，《韩昌黎愈文集校注》，上海：上海古籍出版社，1987年，第233页。

⑦ 《朱子语类》卷五十二，《朱子全书》第15册，第1708页。

生”，颇有弱化养气，视之为知言的自然衍生。可见好辩决不是简单的个性问题。

此外，依孟子的自辩，“好辩”还有另一种“不得已也”。他从尧、舜讲起，经文、武、周公而至孔子，指出各时代都是不同的挑战，圣人们回应各自的挑战，任务与方式各不相同，而自己所处的当下，又是新的挑战，必须面对，这是他的“不得已”。孟子曰：

圣王不作，诸侯放恣，处士横议，杨朱、墨翟之言盈天下。天下之言，不归杨则归墨。杨氏为我，是无君也；墨氏兼爱，是无父也。无父无君，是禽兽也。……杨墨之道不息，孔子之道不著，是邪说诬民，充塞仁义也。仁义充塞，则率兽食人，人将相食。吾为此惧，闲先圣之道，距杨墨，放淫辞，邪说者不得作。……岂好辩哉？予不得已也。

换言之，好辩除了性格、认知外，还具有担当之义。程朱对此是完全认同的。程颐曰：

仲尼圣人，其道大，当定、哀之时，人莫不尊之。后弟子各以其所学行，异端遂起，至孟子时，不得不辨也。①

而朱熹编撰《论孟精义》，除了自己“以备观省”外，诚如《自序》所言，也是因为二程以后，程门离散，所述相异，更有“自托于程氏，而窃其近似之言，以文异端之说者”，甚而“以其荒幻浮夸足以欺世也，而流俗颇已乡之”，故须“明圣传之统，成众说之长，折流俗之谬”。

当然，辩学重在知言，如何知言是辩学的关键。孟子曰：

诐辞知其所蔽，淫辞知其所陷，邪辞知其所离，遁辞知其所穷。②

程颢以为，孟子对这四种存在问题的言语有清楚的认识，而且知其所以然，故“孟子知言，即知道也”。程颢进而解释：

诐辞偏蔽，淫辞陷溺深，邪辞信其说至于耽惑，遁辞生于不正，穷著便遁，……此四者杨墨兼有。③

诐是片面，淫是过头，邪是不正，遁是躲闪，这样的言语现象分别表证着言说者对理的认识存在着片面、夸大、陷于歧路，以及理的亏欠。请举杨墨例具体见之。程颐曰：

孟子言墨子爱其兄之子犹邻之子，《墨子》书中何尝有如此等言，但孟子拔本塞源，知其流必至于此。大凡儒者学道，差之毫厘，缪以千里。杨子本是学义，墨子本是学仁，但所学者稍偏，故其流遂至于无父无君。孟子欲正其本，故推至此。④

---

① 《论孟精义》，《朱子全书》第 7 册，第 712 页。
② 《孟子·公孙丑章句上》。
③ 《论孟精义》，《朱子全书》第 7 册，第 679 页。
④ 《论孟精义》，《朱子全书》第 7 册，第 711 页。

杨时对此又有更具体的阐释，其曰：

每读《孟子》，观其论墨子苟利天下虽摩顶放踵为之，未尝不悯其为人也。原其心，岂有它哉？盖亦施不欲狭济不欲寡而已。此与世之横目自营者，固不可同日议也。而孟子力攻之，至比禽兽，孟子岂责人已甚乎？盖君子所以施诸身措之天下，各欲当其可而已。①

概言之，诐淫邪遁的言语之病，实质是对义理的认识发生偏差，而这种偏差的共同问题未当其可，即不能恰如其分。因此尽管墨子兼爱，“苟利天下虽摩顶放踵为之”，看似崇高，却偏离人的心性之正，在墨子还未必显其危害，但由源而流，势必成灾。这里，也佐证了程朱理学的持论必基于个体生存的主体性。

只是，“各欲当其可”，决不是容易的事。注意到了偏差或过分，自然是好事，但着意于求中，中也足以成为一种执念，最终成为障碍。程颐曰：

子莫见杨墨过不及，遂于过不及二者之间执之，却不知有当摩顶放踵利天下时，有当拔一毛利天下不为时，执中而不通变，与执一无异。

总之，知言以辩学，言语只有恰如其分，才不流于诐淫邪遁；而这四种毛病虽提醒了认识与言语的主体，但并不是诱导人为执中而执中，以至执中而不通变，否则实与诐淫邪遁一样流于弊病。

相对于孟子指出的诐淫邪遁，在知言的问题上，二程以为理学所面临的辩学更为困难。程颢曰：

杨墨之害甚于申韩，佛老之害甚于杨墨。杨氏为我疑于仁，墨氏兼爱疑于义，申韩则浅陋易见，故孟子只辟杨墨，为其惑世之甚也。佛老其言近理，又非杨墨之比，此所以害尤甚。杨墨之害，亦经孟子辟之，所以廓如也。②

“杨子本是学义，墨子本是学仁”，都是儒者同道，只是各执一偏，而成毛病。佛老完全不同，他们在哲学的根本观念上与儒家就不同，而言语反而相近，似是而非，更容易迷惑人，为害尤甚。

比如心性问题。佛家自然也讲心性，而且稍不细究，确实与儒家很近似。程颢曰：

告子云生之谓性则可，凡天地所生之物，须是谓之性。皆谓之性则可，于中却须分别牛之性马之性。是他便只道一般，如释氏说蠢动含灵皆有佛性，如此则不可。③

告子与孟子在性上的争辩是告子以生为性，而否定孟子主张的性善。性善与否，这当然是一种哲学预设，自可另当别论，但告子与孟子的分歧是显见的。佛家从言语上看，却是主张性善的，即所谓“蠢动含灵皆有佛性”，似乎与孟子性

---

① 《论孟精义》，《朱子全书》第7册，第744页。
② 《论孟精义》，《朱子全书》第7册，第711页。
③ 《论孟精义》，《朱子全书》第7册，第767页。

善论一样,但其实"蠢动含灵"大大溢出人的范围,这便与孟子性善论有着巨大的区别。

由于佛家把佛性落于整个"蠢动含灵",因此对于"蠢动含灵"的大多数,便以生死的恐怖以利诱之,而又期望最终能识心见性,其实是上下间断,中间没有儒家讲的存养。佛家有出家的路径,但这根本上无法成为大多数人的道路。可以说,佛与儒在路径上的分歧也是泾渭分明的,但"尽心知性"的话却很相似。程颢曰:

释氏本怖死生为利,岂是公道?惟务上达而无下学,然则其上达处,岂有是也?元不相连属,但有间断,非道也。孟子曰:"尽其心者,知其性也。"彼所谓识心见性是也,若存心养性一段事则无矣。彼固曰出家独善,便于道体自不足。质夫曰:"尽心知性,佛亦有至此者;存心养性,佛本不至此。"明道曰:"尽心知性,不假存养,其唯圣人乎?"①

除了心性问题,"觉"也是一个显见的例子。佛家与儒家都讲觉,若不分辨,就很容易混同。程颢曰:

伊尹曰:"天之生斯民也,使先知觉后知,使先觉觉后觉。予天民之先觉者也,予将以斯道觉斯民也。"释氏之云觉,甚底是觉斯道?甚底是觉斯民?②

这是就"觉"的内涵作分辨。佛家的"觉"在勘破、在超离凡尘,而儒家的"觉"在觉民、觉道,这个道是存于人世的道。此外,在方法上,佛家的"觉"与儒家的"觉"也截然不同。

或问伊川:"释氏有一宿觉、言下觉之说,如何?"曰:"何必浮图,孟子尝言觉字矣。曰:'以先知觉后知,以先觉觉后觉。'知是知此事,觉是觉于理。古人云:'共君一夜话,胜读十年书。'若于言下即悟,何啻读十年书。"又曰:"君子之学,则使先知觉后知,先觉觉后觉,而老子以为非以明民将以愚之,其亦自贼其性与!"③

佛家的"觉"是极具神秘性的,而儒家的"觉"是基于读书明事理的。至于道家,则完全是走向反智的方向了。依孟子四端说,智是性体之一,故反智无异于"自贼其性"。

当然,朱熹在型塑程朱理学话语的过程中,更迫切的辩学任务还不在佛老,而更是同时代的"贵显名誉之士"④,其中也包括了前引《论孟精义自序》中所提到的"自托于程氏,而窃其近似之言,以文异端之说者"。在编撰《论语要义》《论语训蒙口义》与《论孟精义》之间,即1166年(37岁)时,朱熹就专门针对苏轼

① 《论孟精义》,《朱子全书》第7册,第791页。
② 《论孟精义》,《朱子全书》第7册,第753页。
③ 《论孟精义》,《朱子全书》第7册,第753页。
④ 何镐《杂学辨跋》,《朱文公文集》卷七十二,《朱子全书》第24册,第3495页。

《易传》、苏辙《老子解》、张九成《中庸解》，以及吕大临《大学解》[①]撰《杂学辨》，进行辩驳；后十年，又针对一册不知何人所编的杂书，“意其或出于吾党，而于鄙意不能无所疑也，惧其流传久远，上累师门”，又撰《记疑》，以作辩正。朱熹的具体辩驳这里不作引述，仅据其诸辨小序，撮其指要而言之。

苏氏兄弟自是高才，苏轼“会作文，识句法，解文释义必有长处”[②]，但朱熹以为他对于《易》中没有弄明白处，却每欲臆言之，而又恐人指出毛病，就总是先讲不可解，又进而解之，“务为闪倏滉漾不可捕捉之形，使读者茫然，虽欲攻之而无所措其辨”。[③] 究其实，还是对性命之理有所不明。苏辙尤其“自许甚高”，以为当世无一人能合儒释道而言之，朱熹以为“其可谓无忌惮者与”，他的病不在于对佛的误解，而在于“学儒之失而流于异端”[④]。至于张九成与吕大临，张九成是杨时弟子，但逃儒归释，而自以为“世出、世间，两无遗恨矣”[⑤]，其实是阳儒阴释；“吕氏之先与二程夫子游，故其家学最为近正，然未能不惑于浮屠、老子之说，故其末流不能无出入之弊”[⑥]。朱熹的具体辨析都围绕着上揭各问题而进行。如果细读《杂学辨》《记疑》，不出前述知言中所示诸病，以及认识上的失中与失正之病，而言语之病的根源在于认识之病。

因此，程朱理学之辩学，最终指向在于识中与明白正意。对识中问题，二程几无异语。

明道曰：“学问，闻之知之者，皆不为得，得者须默识心通。”[⑦]

伊川曰：“中字最难识，须是默识心通。”[⑧]

如何做到“默识心通”，二程也是持论无异。

明道曰：“学者须敬守此心，不可急迫，当栽培深厚，涵泳其间，然后可以自得。若急迫求之，只是私己，终不足以达道。”

伊川曰：“解义理，若一向靠书册，何由得？居之安，资之深，不惟自失，兼亦误人。”[⑨]

二程于此似更强调体会，但不可据此以为二程主张不读书。程颐所谓“若一向靠书册”，正表明他是针对着拘执于书册的毛病而作此强调。不过，由此也足以表证理学终究以个体生命的主体性为基础，并以此生命的自觉与充扩为目

---

① 《杂学辨》题“吕氏《大学解》”，吕氏有大临、希哲、本中诸种说法，此取顾宏义考证，《宋代〈四书〉文献论考》，第 427 页。

② 《朱子语类》，《朱子全书》第 16 册，第 2232 页。

③ 《杂学辨·苏氏易解》，《朱文公文集》卷七十二，《朱子全书》第 24 册，第 3460 页。

④ 《杂学辨·苏黄门老子解》，《朱文公文集》卷七十二，《朱子全书》第 24 册，第 3469 页。

⑤ 《杂学辨·张无垢中庸解》，《朱文公文集》卷七十二，《朱子全书》第 24 册，第 3473 页。

⑥ 《杂学辨·吕氏大学解》，《朱文公文集》卷七十二，《朱子全书》第 24 册，第 3492 页。

⑦ 《论孟精义》，《朱子全书》第 7 册，第 733 页。

⑧ 《论孟精义》，《朱子全书》第 7 册，第 810 页。

⑨ 《论孟精义》，《朱子全书》第 7 册，第 733 页。

标。至于如何在辩学中明白正意，朱熹有一个非常亲切的说法：

某旧时看文字极难，诸家说尽用记。且如《毛诗》，那时未似如今说得如此条畅。古今诸家说，盖用记取，闲时将起思量。这一家说得那字是，那字不是；那一家说得那字不是，那字是；那家说得全是，那家说得全非；所以是者是如何，所以非者是如何。只管思量，少间这正当道理，自然光明灿烂在心目间，如指诸掌。①

至此，辩学由对他者的辩驳而返归自身，从而使得他者构成了程朱理学话语形态的相关环节。他者理论虽然是后现代哲学的重要主题，但它的由来却也可以溯源于近代早期哲学。② 这里自然无意于转移主题，由辩学的讨论转向存于其中的他者问题，而仅限于指出，当以他者问题的哲学视角来审视程朱理学的型塑过程，无可置疑地看到，程朱理学在接续孔孟传统的同时，也非常自觉地接续了孟子在辟杨墨的辩学中所呈现的他者问题。对于整个理学来说，完全异端化的佛道是他者，而对于朱熹来说，他者却呈现出多样性，至《论孟精义》的完成时是如此，此后也是如此。多样性的他者事实上构成了程朱理学话语构型中的重要区块，这不仅见诸程朱本人，而且已完全成为理学群体共有的普遍意识。何镐（1128—1175）的《杂学辨跋》从孟子辟杨墨讲起，将理学处理他者问题的历史原因、现实关系，以及为什么要专门针对“贵显名誉之士”而辩学，阐述得很清楚，并最终揭明了针对他者的辩学对于理学自身的意义。何镐曰：

新安朱元晦以孟子之心为心，大惧吾道之不明也，弗顾流俗之讥议，尝即其书破其疵缪，针其膏肓，使读者晓然知异端为非而圣言之为正也。学者苟能因其说而求至当之归，则诸家之失不逃乎心目之间，非特足以悟疑辨惑，亦由是可以造道焉。③

## 七、结　　语

作为主体的生命，人的一切展开无外于言与行。人活在自己的言语中，言语进而转成文本；人又呈现在自己的活动中，而活动是人基于自我认定的展开，并在展开中辩别不同的主体，作出取舍。《论孟精义》作为朱熹型塑程朱理学的初始文本，即以上述诸要素完成了程朱理学的话语型塑，而表征于文本、语言、身体、仁义、存养、辩学诸方面。

在经学的传统中，经典即为正典（canon），当正典形成闭合后，经典就不再具有变动的可能性。程朱理学不仅完成了《四书》的新经典建构，并以之彻底促

---

① 《朱子语类》卷一百二十一，《朱子全书》第 18 册，第 3814—3815 页。

② 参见杨大春：《语言·身体·他者：当代法国哲学的三大主题》（下篇），北京：生活·读书·新知三联书店，2007 年，第 247—354 页。

③ 《朱文公文集》卷七十二，《朱子全书》第 24 册，第 3496 页。

成了经典系统的开放与扩大,而且通过类聚的方式,将自己的传释绑定在经典上,从而完成了自己的释经作品(commentary)的正典化,为整个理学奠定了重要的文本基础。与此同时,程朱理学在传释经典的过程中,成功实现了语言学的转向,使汉学的注释性语言转向宋学的议论性言语。这种具有分析的论辩的言语,使得哲学性质的理学得以从静止的尊崇的经学中脱胎而出。更具意义的是,在经典扩大、语言转向的过程中,言语的主体获得高度彰显与自觉,并以身体为标识而成为整个程朱理学的中心。程朱理学没有抽空身体的个体生存主体性,从而使主体抽象成为形而上学的普遍性存在;尽管普遍性的主体性是程朱理学的追求目标,但这一目标的实现是通过将这样的主体性赋予个体的身体存在,从而保证了个体生存主体性既是理学的起点,也是归宿。这一确认也构成了程朱理学的政治哲学的基础。基于个体生存主体性,程朱理学进一步对主体性的内涵作仁义的细致阐明,以及如何充扩仁义的存养讨论,形成了基于孔孟儒学的传统,又更具理学自身特色的思想系统与论说风格。程朱理学的整个话语型塑不是在自我封闭的语境下完成的,而是在开放的思想世界与生活世界中展开的,因而辩学不仅使他者的言说得以呈现在理学的话语中,而且更构成了理学话语构型中的重要环节。

可以断言,到朱熹这里,程朱理学虽然形式上仍在经学的旧知识形态中进行着自己的哲学创造,但所型塑而成的话语构型已基本上摆脱了经学,使理学成长为新的学术思想形态,正如陆九渊所说,“惟本朝理学,远过汉唐”。① 事实上,经过元代的消化,至有明一代,整个经学式微,而理学光大。故黄宗羲又讲:

有明事功文章,皆不及前代,独于理学,前代之所不及也。②

以至于顾炎武发出严厉批评:

今之所谓理学,禅学也。不取之《五经》,而但资之《语录》,校诸帖括之文而尤易也。③

并对宋学进行研判取舍,下开清学。④ 此自然是后话,却足以表证理学对经学的摆脱。

(原载《学术界》2020年第6期,
作者单位:复旦大学哲学学院)

---

① 《陆九渊集》卷一,《与李省幹》(二),北京:中华书局,1980年,第14页。
② 《明儒学案发凡》,《明儒学案》,北京:中华书局,2008年,第15页。
③ 《亭林文集》卷三,《与施愚山书》,《顾炎武全集》第21册,上海:上海古籍出版社,2011年,第109页。
④ 参见何俊:《顾炎武对宋学的取舍》,《哲学研究》,2017年第10期。

# 禅宗与朱熹理学的离合

## ——以朱熹对禅宗的理解为视角

李承贵

隋唐以降，禅宗成了中国佛教的代表，这意味着宋明时期的中国知识人不能不受禅宗影响。有记载称朱熹准备科举考试期间，书包里仅有一本"宗杲语录"——"年十八，从刘屏山游，山意其留心举业，搜之箧中。惟《大慧语录》一帙而已"①。不过，随着见识的增长，朱熹逐渐发现禅宗不是他心中所爱："某遂将那禅来权倚阁起，意中道禅亦自在，且将圣人书来读。读来读去，一日复一日，觉得圣贤言语渐渐有味。却回头看释氏之说，渐渐破绽罅漏百出！"②更要命的是，这种心灵情趣的转移，后来演变为文化优劣的比较，对禅宗的批评代替了对禅宗的好奇与欣赏。那么，朱熹对禅宗做过怎样的批评呢？本文选择部分案例加以考察，以展示朱熹批评禅宗之情形，进而判断禅宗与朱熹理学之关系。

## 一、对禅宗语言的理解

禅宗语言是禅宗之所以为禅宗的重要标志之一，而对多数禅宗语言研究者而言，禅宗语言无论在语言艺术，还是在佛旨传递，抑或在佛教中国化等方面，都具有特殊的价值。那么，理学集大成者朱熹对禅宗语言有怎样的认识呢？朱熹说："至于禅者之言，则其始也，盖亦出于晋宋清谈论议之余习，而稍务反求静养以默证之，或能颇出神怪，以衒流俗而已，如一叶五花之谶，只履西归之说，虽未必实有是事，然亦可见当时所尚者，止于如此也。其后传之既久，聪明才智之士或颇出于其间而自觉其陋，于是更出己意，益求前人之所不及者，以阴佐之，而尽讳其怪幻鄙俚之谈。于是其说一旦超然，真若出乎道德性命之上，而惑之者，遂以为果非尧舜周孔之所能及矣。然其虚夸诡谲之情，险巧儇浮之态，展转相高日以益甚，则又反不若其初清虚静默之说犹为彼善于此也。"③朱熹的意思是，禅宗早期，其语言虽然"出神怪、衒流俗"，但还有朴实、可爱的一面，依然可

① 《居士分灯录》卷下，《新纂大藏卍续藏经》第86册，河北省佛教协会印行，2006年，第609页。

② 朱熹：《朱子语类》卷一百四十，载《朱子全书》第17册，上海：上海古籍出版社、合肥：安徽教育出版社，2002年，第3438页。

③ 朱熹：《释氏论下》，《晦庵先生朱文公别集》卷八，载《朱子全书》第25册，上海：上海古籍出版社、合肥：安徽教育出版社，2002年，第4992页。

以接受，所谓“至达摩以来，始一切扫除。然其初答问，亦只分明说”[①]。但在以后的发展过程中，由于某些高僧觉其语言粗陋，便着手改造、修饰，将其怪幻鄙俚之特点发展到极致，以求超越圣人道德性命之说。不过物极必反，其虚夸诡谲之情、险巧儇浮之态反而变本加厉，与其早年的“清虚静默”之朴实风格越来越远。因而不能不予以批评。朱熹说：“到其后又穷，故一向说无头话，如‘干矢橛’、‘柏树子’之类，只是胡鹘突人。既曰不得无语，又曰不得有语，道也不是，不道也不是；如此，则使之东亦不可，西亦不可。置此心于危急之地，悟者为禅，不悟者为颠。虽为禅，亦是蹉了蹊径，置此心于别处，和一身皆不管，故喜怒任意。然细观之，只是于精神上发用。”[②]所谓“干矢橛”“柏树子”都是禅师传授佛法的公案。禅师在接引参禅学徒时所作的问答，往往贯穿一些具有特殊启迪作用的行为举止，这种接引参禅学徒的实践，大都可资后人作为判定迷悟之准绳，好比古代官府之文书成例，所以谓之公案。比如，“问：‘如何是祖师西来意？’师云：‘庭前柏树子。’曰：‘和尚莫将境示人？’师云：‘我不将境示人。’曰：‘如何是祖师西来意？’师曰：‘庭前柏树子。’”[③]在这个公案中，赵州启发求学者眼前即是，以切断他们另求佛法之念，亦即以超越“人”“境”相对等分解的觉性，领悟公案要旨，感受达摩真风。但朱熹似乎未能明其意。朱熹认为，所谓“公案”，在形式上是矛盾的，讲也不是，不讲也不是，往东不可，往西也不可，好比胡鹘那样凶猛袭击人，弄得问道之人手足无措、目瞪口呆。应该说，朱熹对禅宗语言的特点之把握还是比较准确的，特别是对禅宗那种惊怂的言道方式特别敏感——“他又爱说一般最险绝底话，如引取人到千仞之崖边，猛推一推下去。人于此猛省得，便了。”[④]禅宗通常是趁你不注意的时候提出一个“不着边际”的问题，突然要求你立即回答，就好比将人引到万丈悬崖，突然猛推一把，使人猝不及防、惊心动魄。所以在朱熹眼中，禅宗语言在形式上虽然精致、灵巧，有光彩，能蛊惑人心，但其内容粗陋、诡谲、支离、轻浮，所以谓之“无头之语”。

不难看出，朱熹对禅宗语言基本上是持否定态度的。但是，一种语言形式的产生和特点的形成，无不有其特殊的历史文化背景，禅宗语言尤其如此。朱熹显然没有注意到这方面的问题，没有对禅宗语言发生的历史文化背景展开深入的思考。作为一种特殊语言形式的禅宗语言，其艺术性也有其特殊之处，是需要给予肯定、并认真欣赏的，朱熹显然没有兴致去欣赏禅宗语言的艺术性。

---

① 朱熹：《释氏》，《朱子语类》卷一百二十六，载《朱子全书》第18册，上海：上海古籍出版社、合肥：安徽教育出版社，2002年，第3949页。

② 朱熹：《释氏》，《朱子语类》卷一百二十六，载《朱子全书》第18册，上海：上海古籍出版社、合肥：安徽教育出版社，2002年，第3949页。

③ 普济著，苏渊雷点校：《五灯会元》卷四，北京：中华书局，1990年，第202页。

④ 朱熹：《释氏》，《朱子语类》卷一百二十六，载《朱子全书》第18册，上海：上海古籍出版社、合肥：安徽教育出版社，2002年，第3950页。

禅宗语言是佛教语言的重大变化，其中国特色十分鲜明，也就是说，禅宗语言的出现，在很大程度上反映了佛教中国化的过程，也是佛教中国化的结果，朱熹显然也没有从这个角度去思考禅宗在佛教中国化演变脉络中的特殊地位。因此，如果从朱熹对禅宗语言的批评看禅宗与朱熹理学的关系，禅宗在朱熹理学中的位置是比较尴尬的。

## 二、对禅宗义理的理解

事实上，禅宗义理是在佛教义理基础上发展起来的，只是有些义理在禅宗这里更具特色。禅宗义理富厚深幽，朱子所及禅宗义理非常有限，这里仅以朱子所及较多的“作用见性”考察朱熹理解禅宗义理的情形。

> 王怒而问曰：“何者是佛？”提曰：“见性是佛。”王曰：“师见性否？”提曰：“我见佛性。”王曰：“性在何处？”提曰：“性在作用。”王曰：“是何作用，我今不见？”提曰：“今见作用，王自不见。”王曰：“于我有否？”提曰：“王若作用，无有不是；王若不用，体亦难见。”王曰：“若当用时，几处出现？”提曰：“若出现时，当有其八。”王曰：“其八出现，当为我说。”波罗提即说偈曰：“在胎为身，处世名人，在眼曰见，在耳曰闻，在鼻辨香，在口谈论，在手执捉，在足运奔。遍现俱该沙界，收摄在一微尘；识者知是佛性，不识唤作精魂。”①

对佛教而言，成佛是根本的追求。可是，“佛在何处”？答案是“见性是佛”；而“性在何处”？答案是“性在作用”。既然“见性是佛”，而“性在作用”，意味着“在作用处可成佛”；而“作用”的具体表现是“在胎为身，处世名人，在眼曰见，在耳曰闻，在鼻辨香，在口谈论，在手执捉，在足运奔”等八种相状。那么，朱熹是怎样理解的呢？其一，“作用见性”即“形下为性”。朱熹说：“他合下便错了。他只是说生处，精神魂魄，凡动用处是也。正如禅家说：‘如何是佛？’曰：‘见性成佛。’‘如何是性？’曰：‘作用是性。’盖谓目之视、耳之听、手之捉执、足之运奔，皆性也。说来说去，只说得个形而下者。”②在朱熹看来，告子以“生”为“性”，就是以“气”为“性”，而“气”属“形下”，所以是以“形下”为“性”；禅宗“作用见性”，而其“作用”为“目之视、耳之听、手之捉执、足之运奔”等，因而与告子一样，都是以“形下”为“性”。其二，“作用见性”即“知觉为性”。朱熹说：“心只是该得这理。佛氏元不曾识得这理一节，便认知觉运动做性。如视、听、言、貌，圣人则视有视之理，听有听之理，言有言之理，动有动之理，思有思之理，如箕子所谓‘明、聪、

---

① 《景德传灯录》卷三，《大正藏》第 51 卷，河北省佛教协会印行，2006 年，第 218 页。

② 朱熹：《孟子九》，《朱子语类》卷五十九，载《朱子全书》第 16 册，上海：上海古籍出版社、合肥：安徽教育出版社，2002 年，第 1875—1876 页。

从、恭、睿’是也。佛氏则只认那能视、能听、能言、能思、能动底，便是性。”①朱熹认为，在“心”与“理”之间，“心”是主观性存在，“理”是客观性存在，所以“心”可以认识、把握“理”，但不能代替“理”。“性”是“理”故非主观性，是“作用”或“现象”的根据。因此，“作用见性”意味着“知觉运动”是“理”，意味着“知觉运动”与“所以知觉运动”混淆为一，即将现象与现象的根据混为一谈。其三，“作用见性”即“无情为性”。朱熹说：“释氏云：‘作用是性。’或问：‘如何是作用？’云：‘在眼曰见，在耳曰闻，在鼻辨香，在口谈论，在手执捉，在足运奔，遍现俱该沙界，收摄在一微尘。’此是说其与禽兽同者耳。人之异于禽兽，是‘父子有亲，君臣有义，夫妇有别，长幼有序，朋友有信’。释氏元不曾存得。”②在朱熹看来，既然“作用”也为动物所能，也就是认同动物的“知觉运动”是“性”，而“性”在儒家系统中，是父子有亲、君臣有义、夫妇有别、长幼有序、朋友有信等伦理纲常，如此一来，“作用见性”必致“无情者有性”。那么，朱熹对于“作用见性”的理解是否合乎本义呢？

佛教中国化过程，也是佛教基本义理不断被调整和发展的过程，而其基本趋势是：修行简约化、成佛便捷化，这种精神必在佛教心性论中有所体现。禅宗心性论则是这一趋势的典型代表，所谓“明心见性”“见性成佛”等。“作用见性”集中表现了禅宗对于成佛便捷的诉求。这应该成为理解“作用见性”的内在逻辑。因此，强调无处不佛性，无时不佛性，从而提醒僧众觉悟佛性不难，成佛也不难，因而不能借口缺乏悟性以推脱提升自己的修行。从结构上看，“作用见性”属于由“用”见“体”模式，即在“作用”或发用流行处见“性”，也就意味着佛性不能停留于口舌上，而应在僧众的行为中得到体现，佛性实践化。从价值诉求上看，“作用见性”即要求“作用”处有佛性，也就是对僧众言行举止的要求，从而表现为对僧众言行的规范，无论怎样“作用”，佛念念在心，这就是所谓“青青翠竹，尽是法身；郁郁黄花，无非般若”。因此，朱熹将“作用见性”理解为“形下为性”“知觉为性”“无情为性”而予以批评，是与其本义有距离的。朱熹以儒学立场进行分析、判断，又极度放大此命题的负作用，自然会影响其准确把握此命题的意涵。牟宗三说：“朱子不了解禅家‘作用是性’之义，将此诡辞之指点语视作实然之陈述，以告子‘生之谓性’之义说之，此说皆非。”③这个评论确有参考价值。

---

① 朱熹：《释氏》，《朱子语类》卷一百二十六，载《朱子全书》第18册，上海：上海古籍出版社、合肥：安徽教育出版社，2002年，第3939页。

② 朱熹：《孟子七》，《朱子语类》卷五十七，载《朱子全书》第15册，上海：上海古籍出版社、合肥：安徽教育出版社，2002年，第1839页。

③ 牟宗三：《心体与性体》中册，上海：上海古籍出版社，1999年，第150页。

## 三、对禅宗伦理的理解

禅宗伦理就是佛教伦理，但在朱熹看来，禅宗伦理是佛教伦理的否定。朱熹为什么有这样的理解呢？这里选择几个案例考察。首先，无礼害道。即认为禅宗伦理无视礼仪、伤害伦理。朱熹说："若如禅者所见，只看得个主人翁便了，其动而不中理者都不管矣。且如父子天性也，父被他人无礼，子须当去救，他却不然。子若有救之之心，便是被爱牵动了心，便是昏了主人翁处。若如此惺惺，成甚道理！向曾览《四家录》，有些说话极好笑，亦可骇！说若父母为人所杀，无一举心动念，方始名为'初发心菩萨'。他所以叫'主人翁惺惺着'，正要如此。'惺惺'字则同，所作工夫则异，岂可同日而语！"①目睹"父母"被无礼，甚至被杀害，作为子孙的禅僧竟然丝毫不举心动念，还美其名曰"初发心菩萨"。所谓"初发心菩萨"，本意是指初发心时便成正觉，知一切法真实之性，具足慧身不由他悟。而依朱熹的判断，禅宗的主张是，即便父母被人无礼，儿子亦可袖手旁观，足见禅家伦理之虚伪，根本没有资格谈什么"初发心菩萨"了，反而是"乱礼害道"。其次，无缘之爱。朱熹说："禅家以父子兄弟相亲爱处为有缘之慈。如虎狼与我非类，我却有爱及他，如以身饲虎，便是无缘之慈，以此为真慈。"②在朱熹看来，佛教之"慈"分两种，一是有缘之"慈"，一为无缘之"慈"，而以无缘之"慈"为真慈。因而从根本上说，佛教之"慈"是不需要缘由的。朱熹说："释氏说'无缘慈'，记得甚处说'融性起无缘之大慈'。盖佛氏之所谓'慈'并无缘由，只是无所不爱。若如爱亲之爱，渠便以为有缘，故父母弃而不养，而遇虎之饥饿，则舍身以食之，此何义理耶？"③所谓"无缘大慈"，是指虽是无缘众生，但是也发大慈心，以种种方便令种善根而救渡之。而朱熹理解为"抛弃血亲之爱"，因而是对建立在血亲基础上儒家伦理的根本颠覆，所以无义理可言。再次，举止无常。朱熹说："释氏只知坐底是，行底是。如坐，交胫坐也得，叠足坐也得，邪坐也得，正坐也得。将见喜所不当喜，怒所不当怒，为所不当为。他只是直冲去，更不理会理。吾儒必要理会坐之理当如尸，立之理当如斋，如头容便要直。所以释氏无理。"④朱熹认为，佛家只在意"坐""行"动作本身，怎么舒服怎么坐，所以正坐也行、斜坐也行、交胫坐也行、叠足坐也行，根本就不考虑同坐对象和周

---

① 朱熹：《释氏》，《朱子语类》卷一百二十六，载《朱子全书》第18册，上海：上海古籍出版社、合肥：安徽教育出版社，2002年，第3938页。

② 朱熹：《释氏》，《朱子语类》卷一百二十六，载《朱子全书》第18册，上海：上海古籍出版社、合肥：安徽教育出版社，2002年，第3953页。

③ 朱熹：《释氏》，《朱子语类》卷一百二十六，载《朱子全书》第18册，上海：上海古籍出版社、合肥：安徽教育出版社，2002年，第3953页。

④ 朱熹：《释氏》，《朱子语类》卷一百二十六，载《朱子全书》第18册，上海：上海古籍出版社、合肥：安徽教育出版社，2002年，第3490页。

围环境；而且，遇见不当喜之事，僧徒却以之为喜，遇见不当怒之人，僧徒却以之为怒，遇不当为之事，僧徒却欣然而为之，根本就不考虑所以喜之理、所以怒之理、所以为之理。因而朱熹得出结论说，庄老之学固然绝仁弃义，但毕竟未绝，佛教固然有背伦理之操作，但尚有慈悲，而禅宗彻头彻尾将道德伦理扫荡除尽，朱熹说："禅学最害道，庄老于义理绝灭犹未尽，佛则人伦已坏。至禅，则又从头将许多义理扫灭无余。以此言之，禅最为害之深者。"①对朱熹而言，禅宗在言行举止上的无拘无束、放荡不羁，不仅是对儒家伦理的冲击，亦是对佛教伦理的荡涤。那么，朱熹对禅宗伦理的理解是否合乎实际呢？

朱子言禅宗"若父母为人所杀，无一举心动念"，言禅宗"弃父母而不养"，言禅宗"坐立无常"，等等。可以说，朱熹的这些理解和批评都是有失偏颇的。《楞伽经》云："佛告大慧：云何五无间业？所谓杀父母及害罗汉，破坏众僧，恶心出佛身血。大慧，云何众生母，谓爱更受生，贪喜俱，如缘母立。无明为父，生入处聚落。断二根本，名害父母。彼诸使不现，如鼠毒发，诸法究竟断彼，名害罗汉。云何破僧，谓异相诸阴和合积聚，究竟断彼，名为破僧。大慧，不觉外自共相，自心现量七识身，以三解脱无漏恶想，究竟断彼七种识佛，名为恶心出佛身血。若男子女人行此无间事者，名五无间，亦名无间等。"②所谓"五无间业"，是指杀父、杀母、杀阿罗汉、破和合僧、恶心出佛身血。此五种行为能招感无间地狱（五无间狱）之苦果，故以名之。按佛祖的旨意，杀害父母，必须下地狱受惩罚。但这里所谓"母"是指"内在的爱心引发情欲和贪著喜爱的感觉"，所谓"父"是指"内在的一念无明"，因而禅宗所谓"杀父母"，是断"贪痴""无明"二根本。而且，所谓"逢佛杀佛、逢罗汉杀罗汉、逢父母杀父母"，是禅宗境界的特殊表达，因为一般说来，没有人能做到"逢父母杀父母"，如果连见到父母都能起其杀心，还有什么困难不能克服呢？还有什么境界不能达到呢？所以"逢父母杀父母"纯粹是一种诡辞。既然佛祖断定杀父母者下地狱，既然禅宗所谓"杀父母"只是断"贪痴""无明"二根，既然禅宗"杀父母"是表达最高境界的诡辞，那么，禅宗"杀父母"绝不是世俗意义上的杀父母。《四家录》为马祖道一、百丈怀海、黄檗希运、临济义玄等四高僧语录汇编，其中的思想应该与《楞伽经》一脉相承。因而所谓"逢父母杀父母"，绝不是朱子所理解"无礼害道"。《楞严经》云："若有男子，乐持五戒，我于彼前，现优婆塞身，而为说法，令其成就。若有女人，内政立身，以修家国，我于彼前，现女主身，及国夫人命妇大家而为说法，令其成就。"③这是说，那些遵守戒律、践行伦理的人，不分男女、老幼，都会获得奖励，所以不能简单地将禅宗言行举止斥为"坐立无常、放荡不羁"。《维摩诘经》云：

---

① 朱熹：《释氏》，《朱子语类》卷一百二十六，载《朱子全书》第18册，上海：上海古籍出版社、合肥：安徽教育出版社，2002年，第3492页。

② 释普明校：《楞伽经》，上海：上海古籍出版社，2017年，第131—132页。

③ 李富华释译：《楞严经》，台北：台湾佛光文化事业有限公司，1998年，第170页。

"从痴有爱，则我病生。以一切众生病，是故我病。若一切众生得不病者，则我病灭。所以者何？菩萨为众生而入生死，有生死，则有病。若众生得离病者，则菩萨无复病。比如长者，唯有一子，其子得病，父母亦病；若子病愈，父母亦愈。菩萨如是，于诸众生，爱之若子。众生病。则菩萨病；众生病愈，菩萨亦愈。又言疾何所起因？菩萨疾者，以大悲起。"[①]这是说，菩萨与众生一体，众生乐，菩萨乐；众生苦，菩萨苦，与天下人同苦共痛，而父母与子女同苦共痛，何来"弃父母而不养"？可见，禅宗伦理既具有超越性，又不否定血亲之爱。如此说来，朱熹关于禅宗伦理的理解和批评，表明朱熹未能对禅宗相关思想的传承脉络有清晰的认识，亦未能对禅宗经文中义理意蕴有准确的理解。事实上，自佛教而禅宗，无论其形式如何变化，其根深蒂固的悲天悯人的大爱精神从未丧失。《坛经》云："譬如雨水，不从天有，元是龙能兴致，令一切众生、一切草木，有情无情，悉皆蒙润。"[②]这就是"使有一物失所便是吾慈有未尽处"的大爱！这就是普度众生的胸怀！既然宇宙万物无不为其所爱，怎么可能会有伤害自己父母的念想呢？因此，既然对禅宗伦理的理解和批评如此片面，朱熹理学怎么可能为禅宗伦理留有空间呢？

## 四、对禅宗工夫的理解

禅宗工夫是禅宗的重要组成部分，与对禅宗语言、义理、伦理主要持批评态度不同，朱熹对禅宗工夫表现出更多的欣赏与肯定。首先看对"坐禅"或静坐的理解。所谓"坐禅"，梵语 dhyana，音译"禅那"，简称"禅"，意谓思维修或静虑。进而言之，外于一切善恶境界心念不起，名为"坐"，内见自性不动名为"禅"，因此，所谓"坐禅"就是趺坐而修禅，是佛教修持的主要方法之一。"坐禅"贵在"明心见性"，以明心见性为修道的大前提，坐禅不见性，纵得坐禅百千劫，亦与外道坐禅无异。慧能大师云："此法门中，一切无碍。外于一切境界上，念不起为坐，见本性不乱为禅。"[③]可见，坐禅是见性的工夫，而非静修的工夫。那么，朱熹是怎样理解"坐禅"的呢？朱熹说："禅只是一个呆守法，如'麻三斤'、'干矢橛'。他道理初不在这上，只是教他麻了心，只思量这一路，专一积久，忽有见处，便是悟。大要只是把定一心，不令散乱，久后光明自发。"[④]在朱熹看来，"坐禅"就是头脑迟钝地静修，专一沉着，定心不乱，久而忽然大悟；而且，由于"坐禅"所悟非"天地正学"，所以是枉费工夫："只惜他所学非所学，枉了工夫！若吾儒边人下

---

① 赖永海释译：《维摩诘经》，台北：台湾佛光文化事业有限公司，1997 年，第 124 页。
② 郭朋校释：《坛经校释》，北京：中华书局，1997 年，第 54 页。
③ 郭朋校释：《坛经校释》，北京：中华书局，1997 年，第 37 页。
④ 朱熹：《释氏》，《朱子语类》卷一百二十六，载《朱子全书》第 18 册，上海：上海古籍出版社、合肥：安徽教育出版社，2002 年，第 3950 页。

得这工夫，是甚次第！如今学者有二病：好高，欲速。这都是志向好底如此。一则是所学者失其旨，二则是所学者多端，所以纷纷扰扰，终于无所归止。”①但朱熹对坐禅工夫仍然是很佩服的。朱熹说：“看他（释氏之徒）下工夫，直是自日至夜，无一念走作别处去。学者一时一日之间是多少闲杂念虑，如何得似他！”②所以他也教导学生“静坐”。他说：“人若逐日无事，有现成饭吃用，半日静坐，半日读书，如此一二年，何患不进？”③当然，这并不意味着禅宗静坐与儒家静坐无差别。他说：“明道教人静坐，盖为时诸人相从，只在学中，无甚外事，故教之如此。今若无事，固是只得静坐，若特地将静坐做一件功夫，则却是释子坐禅矣！但只著一敬字，通贯动静，则于二者之间自无间断处，不须如此分别也。”④差别就在于儒家静坐有“敬”的工夫，而禅宗静坐没有“敬”的工夫。因而朱熹称自己所主张的“静坐”不是要“断绝思虑”，而是要收敛此心、莫令走作，所以不能归为禅宗入定。其次看对“顿悟”的理解。“顿悟”是指顿然领悟，是相对于渐悟法门而言的，也就是六祖惠能提倡的“明心见性”法门。它通过正确的修行方法，迅速地领悟佛法要领，从而指导正确的实践而获得成就。朱熹是怎样理解“顿悟”的呢？一是“顿悟”没有次第。朱熹说：“尝窃病近世学者不知圣门实学之根本次第，而溺于老、佛之说，无致知之功，无力行之实，而常妄意天地万物、人伦日用之外别有一物空虚玄妙，不可测度，其心悬然，惟侥幸于一见此物，以为极致。”⑤二是“顿悟”不可依靠。学生时举问朱熹：“释氏有‘豁然顿悟’之说，不知使得否？不知倚靠得否？”朱熹的回答是：“某也曾见丛林中有言‘顿悟’者，后来看这人也只寻常。如陆子静门人，初见他时，常云有所悟，后来所为却更颠倒错乱。看来所谓‘豁然顿悟者’者，乃是当时略有所见，觉得果是净洁快活。然稍久则却渐渐淡去了，何尝倚靠得？”⑥三是“顿悟”省去了读书求索。朱熹说：“夫读书不求文义，玩索都无意见，此正近年释氏所谓看话头者。”⑦既然禅宗顿悟“删了次第”“不可依靠”“省去了读书求索”，从而无助于求学问道，那

---

① 朱熹：《释氏》，《朱子语类》卷一百二十六，载《朱子全书》第18册，上海：上海古籍出版社、合肥：安徽教育出版社，2002年，第3937页。

② 朱熹：《释氏》，《朱子语类》卷一百二十六，载《朱子全书》第18册，上海：上海古籍出版社、合肥：安徽教育出版社，2002年，第3937页。

③ 朱熹：《朱子十三》，《朱子语类》卷一百二十六，载《朱子全书》第18册，上海：上海古籍出版社、合肥：安徽教育出版社，2002年，第3647页。

④ 朱熹：《答张元德》，《晦庵先生朱文公文集》卷六十二，载《朱子全书》第23册，上海：上海古籍出版社、合肥：安徽教育出版社，2002年，第2988页。

⑤ 朱熹：《晦庵先生朱文公文集》卷四十六，载《朱子全书》第22册，上海：上海古籍出版社、合肥：安徽教育出版社，2002年，第2118页。

⑥ 朱熹：《朱子语类》卷一百四十，载《朱子全书》第18册，上海：上海古籍出版社、合肥：安徽教育出版社，2002年，第3619页。

⑦ 朱熹：《答许生》，《晦庵先生朱文公文集》卷六十，载《朱子全书》第23册，上海：上海古籍出版社、合肥：安徽教育出版社，2002年，第2876页。

还要它干什么呢？

虽然朱熹对禅宗工夫有所肯定，但基本上还是持批评态度的。朱熹的批评是否合乎情理？朱熹认为"坐禅"内容是空寂无物，自然更无儒家圣人之道，但"坐禅"修行是为了成佛，所以朱熹的批评属于"强物就我"。朱熹认为"坐禅"的方式呆板、神秘、荒诞，但"坐禅"是一套独特的工夫，甚至是修行成佛的最佳方式。就"顿悟"言，朱熹认为，若从认识事物方法上说，"顿悟"是不可靠的，因为对事物的认识都有步骤和过程，"顿悟"取消了"渐悟"是不符合认识规律的；由于"顿悟"不以儒家圣人之道为内容，因而是浪费时间和精力，而且"顿悟"诱导僧众不努力、不用功、不读书，这对僧众的成长也是不利的。可见，朱熹虽然部分地肯定了禅宗工夫，但基本上还是持批评态度的。不过，"坐禅"是禅宗修行的工夫，要求做到心念不起、自性不动，从而"除邪积善"以成佛；而"顿悟"则是禅宗悟道的工夫，主要通过灵感来完成，具有突发性、诱发性、偶然性、豁然开朗等特点。因此，朱熹简单地将"坐禅"理解为"呆守法"，将"顿悟"理解为"空虚玄妙"，既未能理解其在成佛中的重要作用，更没有从心理学、精神学层面去理解其在塑造人格方面的意义。因此，朱熹虽然也不排斥"顿悟"，但更倾情"渐悟"。

## 五、延伸的思考

如上四个维度的考察表明，朱熹对禅宗语言、义理、伦理和工夫都是持批评和否定态度的。而朱熹对禅宗的批评和否定表现出这样几个特点：一是以儒学为绝对参照。朱熹批评禅宗语言，因为禅宗语言既不规范，也不严肃，这与儒家对言说的要求完全相悖。孔子提倡言说要做到："以义为质，礼以行之，孙以出之，信以成之。"（《论语·卫灵公》）必须遵循规范："人而无信，不知其可也。大车无輗，小车无軏，其何以行之哉？"（《论语·为政》）孟子好辩，但讲究遵守规则："离娄之明，公输子之巧，不以规矩，不能成方圆。"（《孟子·离娄上》）与此比较，禅宗语言似乎就不那么在乎规矩了。朱熹批评禅宗"作用见性"，因为儒家的"性"是"理"，是仁、义、礼、智、信诸般道德，而"作用见性"意味着视、听、言、动是"性"，意味着嬉、笑、怒、骂是"性"，如此必然导致对儒家"理"的否定。朱熹批评禅宗伦理，因为儒家伦理重视纲常、推崇血亲、讲究秩序，而禅宗伦理将这些全都否弃了。朱熹批评"坐禅"，乃是因为与儒家的"静坐"比较，不仅没有"天地正学"，而且缺失了"敬"的工夫；朱熹批评"顿悟"，乃是因为与儒家求学问道方式完全相悖，儒学为学秩序是格物致知，由此及彼、由表及里，强调对知识把握的渐进性。可见，朱熹对禅宗的批评与否定完全是以儒学为参照的。二是以禅宗的"极端表现"为批评对象。朱熹批评禅宗语言，抓住其玄妙性、突兀性、模糊性等"缺点"，从而否定整个禅宗语言的作用和意义；朱熹批评禅宗义理，抓住"作用见性"之"作用"二字大做文章，将其实体化、广泛化，再将"由用显性"理解为由形下取代形上、由庸常取代神圣，进而导致对“性”“理”至上性的否定；朱熹批评禅宗伦理，则是盯住禅宗伦理中的“偏激现象”方面，所谓“伤害父母而不顾”，所谓“坐立无常”，并将这些“偏激现象”的负面效应加以放大，危言耸听地宣告禅宗已将一切伦理扫荡无遗，从而否定禅宗伦理存在的价值；朱熹批评禅宗工夫，将“坐禅”的空寂特性加以放大，指其为“呆守法”，又将“顿悟”的神秘特性加以放大，指其不能成为获得知识的正确方法。可见，朱熹批评禅宗具有明显的选择性，即都是针对语言、义理、伦理、工夫等方面的“极端现象”而开火的。以儒学为参照，那些被认定与儒学相悖的内容，自然被挡在朱熹理学之外；以禅宗“极端现象”为批评对象，以偏概全，且夸大消极面的危害，从而不能全面、正确认识禅宗、学习禅宗。二程曾说：“使其道不合于先王，固不愿学也；如其合于先王，则求之‘六经’足矣，奚必佛？”①这样就从认知坐标和方法两个方面构筑起阻碍禅宗进入朱熹理学的藩篱。因而就这个角度言，禅宗与朱子理学的关系呈现的是“离相”。

但对致力建构博大精深体系的朱熹而言，完全对禅宗视而不见既是不可能的，也是不应该的。事实上，对于能为其所用的元素，朱熹都是来者不拒的。在禅宗语言方面，朱熹不仅明确指出禅宗语言出自老庄：“老子先唱说，后来佛氏又做得脱洒广阔，然考其语多本庄列。”②是在老庄语言基础上改造而来：“凡彼言之精者，皆窃取庄列之说以为之。”③而且对心、太极、理、性等范畴的论述，也常常不自觉地表现为禅宗语言的形式，比如朱熹说：“凡物有心而其中必虚，如饮食中鸡心、猪心之属，切开可见，人心亦然。只这些虚处便包藏许多道理，弥纶天地，赅括古今，推广得来，盖天盖地，莫不由此，此所以为人心之妙欤！”④不过，这种论述在禅宗那里似曾相识——“心量广大，犹如虚空，即若无际空。虚空能含日月星辰、大地山河，一切草木、恶人善人、恶法善法、天堂地狱，尽在空中，世人性空，亦复如是。”⑤而禅宗“语录体”普遍为宋代儒者所效仿，朱子自然不能例外，《朱子语类》即是杰出代表。因此，虽然朱熹对禅宗语言的理解存在片面之处，而且基本上持批评态度，但并没有完全排斥禅宗的语言形式。在禅宗义理方面，朱熹也有吸收。就心物关系言，朱熹说：“盖天下万事，本于一心，

---

① 刘巍译：《河南程氏遗书》卷四，载《二程集》第1册，北京：中华书局，1981年，第69页。

② 朱熹：《释氏》，《朱子语类》卷一百二十六，载《朱子全书》第18册，上海：上海古籍出版社、合肥：安徽教育出版社，2002年，第3929页。

③ 朱熹：《释氏论下》，《晦庵先生朱文公文别集》卷八，载《朱子全书》第25册，上海：上海古籍出版社、合肥：安徽教育出版社，2002年，第4992页。

④ 朱熹：《释氏论下》，《晦庵先生朱文公文别集》卷八，载《朱子全书》第25册，上海：上海古籍出版社、合肥：安徽教育出版社，2002年，第4991页。

⑤ 郭朋校释：《坛经校释》，北京：中华书局，1997年，第49页。

而仁者，此心之存之谓也。”[①]即认为世界万物无不在心中。但禅宗已有同样的观念：“外无一物而能建立，皆是本心生万种法。”[②]朱熹说：“心虽是一物，却虚，故能包含万理。”[③]禅宗则有：“故知一切万法，尽在自心中，何不从于自心顿现真如本性。”[④]可见，朱熹对禅宗心物关系观念也是有吸收的。概言之，在朱熹，无物不在心中，在禅宗，心外无一物；在朱熹，心包万理，在禅宗，万法尽在心中。就“性悟性迷”言，朱熹说：“人性本善，只为嗜欲所迷，利害所逐，一齐昏了。”[⑤]禅宗则有：“人性本净，为妄念故，盖复真如，离妄念，本性净。”[⑥]可见，朱熹在“性悟性迷”观念上与禅宗也是基本一致的。朱熹在禅宗工夫面前表现得更为热情开放。朱熹说：“僧家尊宿得道，便入深山中，草衣木食，养数十年。及其出来，是甚次第！自然光明俊伟！世上人所以只得叉手看他自动。”[⑦]又说：“重处不在怒与过上，只在不迁、不贰上。今不必问过之大小，怒之深浅。只不迁、不贰，是甚力量！便见工夫。佛家所谓‘放下屠刀，立地成佛’，若有过能不贰，直是难。”[⑧]可见，朱熹对禅宗工夫的确是发自内心的钦佩。从这个意义上看，禅宗与朱熹理学的关系又表现出一定程度的亲近性，所呈现的是一种“合相”。

特别需要关注的是，朱熹对禅宗消极面解析与批评所具有的学术价值。朱熹揭示了禅宗语言的反逻辑、反定义特征，指出其含糊性、无规定性对学术表达造成的伤害，从而提示学者警惕禅宗语言的陷阱。[⑨] 朱熹对“作用见性”的解析和批评，深刻觉悟到这一命题内含的张力，认识到“形上”因为过度依赖“形下”

---

① 朱熹：《送张仲隆序》，《朱文公文集》卷七十五，载《朱子全书》第 24 册，上海：上海古籍出版社、合肥：安徽教育出版社，2002 年，第 3623 页。

② 《坛经》付嘱品第十，载赖永海主编：《佛道要籍》，北京：中国青年出版社，2000 年，第 200 页。

③ 朱熹：《性理二》，《朱子语类》卷五，载《朱子全书》第 14 册，上海：上海古籍出版社、合肥：安徽教育出版社，2002 年，第 223 页。

④ 郭朋校释：《坛经校释》，北京：中华书局，1997 年，第 58 页。

⑤ 朱熹：《朱子语类》卷八，载《朱子全书》第 14 册，上海：上海古籍出版社、合肥：安徽教育出版社，2002 年，第 280 页。

⑥ 郭朋校释：《坛经校释》，北京：中华书局，1997 年，第 36 页。

⑦ 朱熹：《释氏》，《朱子语类》卷一百二十六，载《朱子全书》第 18 册，上海：上海古籍出版社、合肥：安徽教育出版社，2002 年，第 3939 页。

⑧ 朱熹：《论语十二》，《朱子语类》卷三十，载《朱子全书》第 15 册，上海：上海古籍出版社、合肥：安徽教育出版社，2002 年，第 1090 页。

⑨ 这就是冯友兰先生所指出的：“佛家和道家都用负的方法……负的方法，试图消除区别，告诉我们它的对象不是什么。”但中国哲学必须做出调整，将正的方法引入，他说：“逻辑分析方法正和这种负的方法相反，所以可以叫做正的方法……正的方法，则试图作出区别，告诉我们它的对象是什么。对于中国人来说，传入佛家的负的方法，并无关紧要，因为道家早已有负的方法，当然佛家的确加强了它。可是，正的方法的传入，就真正是极其重要的大事了。它给予中国人一个新的思想方法，使其整个思想为之一变。”参见冯友兰：《三松堂全集》第 6 卷，郑州：河南人民出版社，2001 年，第 277 页。就这个意义上看，朱熹的判断是敏锐而正确的。

而走向瓦解的可能性，从而警示佛教界正确处理体用关系的必要性。朱熹对禅宗伦理的解析和批评，敏锐地意识到禅宗伦理的消极偏向，将基本人伦物理完全悬置，视伦理为累赘、为约束，言行举止正滑向不可控的状态，伦理被颠覆的风险越来越大。朱熹对禅宗工夫虽然有所肯定，并做了选择性吸收，但他显然意识到禅宗工夫潜在的危险性，除去"空寂无理"之外，更令他忧虑的是演变为目无章法、肆无忌惮之放荡，"无工夫便是工夫"成为时尚，直至走向虚妄。因此，就朱熹理学而言，朱熹对禅宗的吸收是经过认真思考和过滤的（尽管这种思考与过滤为认识水平所限），那些能进入并在朱熹理学中存活下去的元素，是因为朱熹颁发了"通行许可证"。而朱熹理解和批评禅宗的实践之特殊而重大的学术意义在于：对佛教、禅宗而言，应该以朱熹的批评为训，理性地传播、发展佛教；对儒学而言，应该以朱熹的批评为参照，对禅宗必须择优汰劣；对中国哲学而言，则需要在语言、义理、伦理、工夫等方面以禅宗为镜子，取长补短，有效地推动中国哲学的发展与完善。因此说，朱熹对禅宗理解和批评的实践，无论是对佛教还是对儒学，抑或对中国哲学，都具有特殊的学术价值。

（本文系国家社会科学基金重点项目（15AZD031）、教育部人文社会科学重点研究基地重大项目（16JJD720012）成果。）

（原载《社会科学战线》2020 年第 10 期，
作者单位：南京大学哲学系）

# “传衍”与“道统”

## ——《四书大全》中黄榦学术之考察

陈逢源

## 一、前　　言

明成祖于永乐十二年(1414)命翰林学士胡广等编纂《四书大全》，建构以朱学为宗的四书“官学”体系，《明史·选举志》言“四书主朱子《集注》”，“永乐间，颁《四书五经大全》，废注疏不用”①，四书成为明儒学术的基础，朱学成为明代思想的核心，实是朱熹生前未及见，也无法想象之事，相对于晚年遭受庆元党禁，朝廷视为伪党之魁，人生困难艰辛，莫此为甚，却仍有弟子无惧严令，跟随学习。朱熹学术的传承，固然出于朱熹一生汇聚北宋以来学术成果引领思考；另一方面也是门人以道相尚逐渐形成气候，然而全祖望于《宋元学案·沧洲诸儒学案》案语云：

> 朱门授受，遍于南方，李敬子、张元德、廖槎溪、李果斋皆宿老也，其余亦多下中之士，存之以附青云耳。李、张诸子之书，吾不得而见之矣。述《沧洲诸儒学案》。②

沧洲诸儒列于朱学之末，地位可有可无，朱学之成立与弟子传播四书义理深有关联，然而以理学角度分析，却未能得见沧洲诸儒成就。由此一思想转折，相较之下，《四书大全》建构诠释体系，从朱熹到形成朱学，门人意见极具指引价值，朱熹门人不仅于各地方传布四书义理，延续学脉，更深化义理内涵，使朱门成为宋元之交最具影响力的学术团体。只是朱熹一生讲学，收召弟子众多，他的学说整理起来并不容易，近人陈荣捷整理戴铣《朱子实纪》，宋端仪《考亭渊源录》，韩国李滉《宋季元明理学通录》，朱彝尊《经义考》，张伯行改订之明人朱衡《道南源委》，万斯同《儒林宗派》，黄宗羲、黄百家续编、全祖望修补《宋元学案》，王梓材、冯云濠编《宋元学案补遗》，日人田中兼二《朱门弟子师事年考》等材料，撰成《朱子门人》，汇总结果，共计六百二十九人，可称门人者四百六十七人，加上未及门而私淑者二十一人，合计四百八十八人，不知名而未考见者，当更倍于此数。并举长沙一夕有七十余人请教，而今所见湖南学人仅十五人，以此之例，

---

① 张廷玉等：《选举二》，《明史》卷七十，北京：中华书局，1974年，第1694页。

② 黄宗羲原著，全祖望补修：《沧洲诸儒学案》，《宋元学案》卷六十九，台北：华世出版社，1987年，第2258页。

朱熹弟子总数，可达数千，数目之大，孔子之后实所罕见，甚至与明代阳明门人相比，也有五与三之比[①]，人数之盛，反映朱熹重视讲学，乐于接引后学的情况；另一方面，由于门人慨然承传，山林乡野之间，讲授不辍，也才有朱熹学术传布于天下的结果[②]，此乃清楚可见之事。日人市来津由彦更以朱熹初传门人于学禁当中保有朱熹资料，延续思想，初传、再传门人成为政府官员，提升社会地位，三传、四传则逐渐开展学术影响，扩展于不同地域与社会层面当中，形塑“朱熹门人集团”影响力。[③] 只是朱熹学术具有进程，不同阶段说法有异，弟子人数既众，体会各有不同，朱熹学术复杂与歧出，造成后人理解的困难，这来自朱熹本身，也来自门人集团。因此明代《四书大全》补缀阙失，从纷杂讲论中，确立一种诠释模式，运用“以朱证朱”的诠释方式，还原朱熹的思考，并兼取门人语录，从朱熹与弟子讲论中寻求用意所在，成为四书诠释的主轴。师门建构说解体系的形成，尤其以黄榦最为重要，黄榦既是朱熹门人，又是朱熹女婿，他捍卫师说，传布朱学，成为“朱熹门人集团”的领袖人物。《四书大全》引录黄榦说法，《大学》有 2 条、《中庸》有 3 条、《孟子》有 12 条、《论语》有 148 条，总共 165 条。这些成为了解朱熹之后四书义理深化最重要的材料。《四书大全》建构朱熹、门人、元儒相承的经说体系，黄榦的四书诠释方向，正是深入门人集团当中最重要的参考资料，也是了解朱熹学术的第一手观察资料，既可得见朱熹之后朱门诠释四书的成果，也可补强明儒四书学传衍失落的环节，甚至可以了解东亚儒学底蕴所在，大有助于四书学术发展的观察。是以列举分析，撮举检讨，期以了解黄榦思考朱熹学术的方向与成果。

## 二、朱熹与黄榦

黄榦字直卿，生于宋高宗绍兴二十二年(1152)，卒于宋宁宗嘉定十四年(1221)，福州人，学者称勉斋先生。黄榦自幼聪颖，其父黄瑀去世后，淳熙二年(1175)往见刘清之求学，清之奇其器，引荐于朱熹，淳熙三年(1176)成为朱熹门人。刘清之与朱熹原就友好，淳熙二年(1175)朱熹与陆九渊鹅湖之会，刘清之正是参与讲会四方人士之一[④]，对于朱熹学术进路熟悉也欣赏，引导黄榦求学可以视为鹅湖之会的余波，也是对于儒学究竟的肯认，检视朱熹《刘子澄(清之)一》云：

---

① 参见陈荣捷：《朱门之特色及其意义》，《朱子门人》，台北：台湾学生书局，1982 年，第 9、11 页。

② 参见方彦寿：《朱熹书院与门人考·序言》，上海：华东师范大学出版社，2000 年，第 3 页。

③ 市来津由彦：《朱熹门人集团形成の研究》，东京：创文社，2002 年，第 6 页。

④ 束景年：《朱熹年谱长编》，上海：华东师范大学出版社，2001 年，第 529—530 页。四方人士包括浙吕一方、闽朱一方、赣陆一方，以及江西当地士人，刘清之即为当地士人。

> 偶到城中，黄子来相寻，具言近况，为慰……黄子又说“颇欲多所论白”，此恐徒取草野倨侮之讥，而匆匆晷刻之间，势必不容详细反复，则是无故遍触众事之机，纷冗错杂，而终无感寤之理，不若略举大体切于上心者，专指而极言之，幸而开纳，固为莫大之幸。万一未即听从，亦足以为之兆，异日犹可寻绎其端绪而终其说也。它则非闲人远书可以一二指陈者，在明者熟虑而徐应之，毋为匆匆，以致后日之悔也。黄子又说“见问人材”之意，此等事，度非吾辈事力所及，正不须太遽也。①

黄子即为黄榦，朱熹提醒刘清之正君心内容，以及奏事策略，关切之情，溢于言表，显见两人交谊。黄榦代传刘清之讯息，让朱熹颇为欣喜，黄榦信念坚定，求学用功，也让朱熹有学得传人的欣慰，《勉斋先生黄文肃公年谱》载两段文字，可以了解朱熹与黄榦初遇情形，云：

> 先生尝言：初见文公，年二十五岁。文公令人邀去一所在看文字，乃是临溪一小屋，在大樟树下，四顾全无人声。屋中旧只有一村老翁，日间寄他做三顿饭，村翁出去作息，则做了一日饭而后去。夜间，村翁往田中，其寥寥可知。某自拜先生后，夜不设床。记得旧有大椅子，倦时跳上去坐，略睡一瞌，又起看文字，如是者三两月。或夜间只坐到天晓，孤灯独坐，听屋头风声，令人耸然。那时岂有如今这样书册，都是去寻聶，费多少力。而今人讨得见成好书读，更不去读。②

求见朱熹之辛苦，闭门读书之认真，反映了黄榦勤恳用功、勇于有立的特质，以及任重道远的志向，以道相尚，成为村舍溪畔师生共同信念。其间黄榦前往金华，短暂从学吕祖谦，期以兼取两家之长，朱熹有意安排黄榦开阔眼界，有学问切磋之益。张栻去世后，朱熹更将传道之任寄托于黄榦身上，云：“南轩云亡，吾道益孤，朋友亦难得，十分可指拟者，所望于贤者不轻，千万勉旃。”③可见其对于黄榦的重视，从而以次女妻之，并且馆于紫阳书堂，《勉斋先生黄文肃公年谱》载潘柄之言：“文公语公以道德性命之旨，言下领悟，遂厌科举之业，慨然有志于道，深观默养，殆几十年。文公喜其用意清苦，遂妻以女。时文公声名已盛，公卿名家莫不攀慕，争欲以子弟求昏。公家清贫，门户衰冷，文公独属于公者，以吾道所在，欲有托也。”④时为淳熙九年(1182)，正是朱熹将《大学章句》《中庸章句》《论语集注》《孟子集注》合为《四书章句集注》刊于婺州，经学始有四

---

① 朱熹著，陈俊民校编：《刘子澄(清之)一》，《别集》卷三，《朱子文集》(第10册)，台北：德富文教基金会，2000年，第5158页。

② 郑元肃录，陈义和编：《勉斋先生黄文肃公年谱》，吴洪泽、尹波主编：《宋人年谱丛刊》，成都：四川大学出版社，2002年，第7195—7196页。

③ 朱熹著，陈俊民校编：《答黄直卿》，《续集》卷一，《朱子文集》(第10册)，第4891页。

④ 郑元肃录，陈义和编：《勉斋先生黄文肃公年谱》，吴洪泽、尹波主编：《宋人年谱丛刊》，第7197页。

书之名①，日后表彰朱熹四书，成为黄榦一生学术信念所在，其撰《圣贤道统传授总叙说》云：

及至周子则以诚为本，以欲为戒，此又周子继孔孟不传之绪者也。至二程子，则曰："涵养须用敬，进学则在致知。"又曰："非明则动无所之，非动则明无所用，而为四箴以著克己之义焉。"此二程得于周子者也。先师文公之学见之四书，而其要则尤以《大学》为入道之序，盖持敬也，诚意、正心、修身而见于齐家、治国、平天下，外有以极其规模之大，而内有以尽其节目之详。此又先师之得其统于二程者也。圣贤相传，垂世立教，灿然明白，若天之垂象，昭昭然而不可易也。虽其详略之不同，愈讲而愈明也，学者之所当遵承而固守也，违乎是则差也。故尝撮其要旨而明之。居敬以立其本，穷理以致其知，克己以灭其私，存诚以致其实，以是四者而存诸心，则千圣万贤所以传道而教人者，不越乎此矣。②

朱熹撰《中庸章句序》始揭"道统"之传，用以彰显"学"高于"政"，以立其教③，黄榦统合《中庸章句序》"道统"与"道学"两阶段，以"道统"代表朱熹学术成就，朱熹表彰道学的主张，成为继承圣贤重要的成果，黄榦"道统"绾合内圣与外王，才是后世道统观念的来源。④ 事实上，更正确的说法应是黄榦绾合朱熹、四书、道统三者一体之概念⑤，成为后世理解儒学，了解学脉，推尊朱学的缘由，儒者要有志承传统的情怀，也要有兴发义理以引领后世的思考，必须于过往与未来卓然成立，慨然承担。朱熹承二程而落实于四书，不仅是重构经典文本，确立儒学工夫，更使儒学内涵豁然明朗，因道统而尊四书，因四书以尊朱熹，以朱熹而承道统，正是黄榦一生用力之所在，儒学从而有文本、有历史、有情怀，而归

---

① 束景年：《朱熹年谱长编》，第 731 页。

② 黄榦：《圣贤道统传授总叙说》，《勉斋集》卷三，《景印文渊阁四库全书》（第 1168 册），台北：台湾商务印书馆，1986 年，第 38 页。

③ 朱熹：《中庸章句序》，《四书章句集注》，台北：长安出版社，1991 年，第 14 页。张亨：《朱子的志业——建立道统意义之探讨》（《台大中文学报》1992 年第 5 期）检索《朱子文集》，认为"道统"一词最早出现于淳熙六年（1179），朱熹知南康军撰《知南康榜文》，又牒云："濂溪先生虞部周公，心传道统，为世先觉。"祝平次：《评余英时先生的〈朱熹的历史世界：宋代士大夫政治文化的研究〉》（《成大中文学报》2007 年第 19 期），则根据日人高畑常信的考证，"道统"一词出于张栻的学生陈概，时间则为乾道八年（1172）。说法各有不同，但核其内涵，以见学脉，出自朱熹则无疑义。[王柏：《跋道统录》，《鲁斋集》卷十一，《景印文渊阁四库全书》（第 1186 册），台北：台湾商务印书馆，1986 年，第 166 页]"'道统'之名不见于古，而起于近世，故朱子之序《中庸》，拳拳乎道统之不传，所以忧患天下后世也深矣！"可得而证矣。参见陈逢源：《历史意识与义理诠释——以朱熹〈四书章句集注〉中"道统"观为例》，《杭州师范大学学报（社会科学版）》，2017 年第 3 期。

④ 余英时：《朱熹的历史世界——宋代士大夫政治文化的研究》，台北：允晨文化实业公司，2003 年，第 43 页。

⑤ 参见陈逢源：《"治统"与"道统"——朱熹道统观之渊源考察》，《"融铸"与"进程"：朱熹〈四书章句集注〉之历史思维》，台北：政大出版社，2013 年，第 66 页。

之于圣贤相传之系谱当中，形塑立身处世的原则，展现宏大而具进程的儒学规模。黄榦更撮举“居敬以立其本，穷理以致其知，克己以灭其私，存诚以致其实”四项自我要求，作为操持修养方向，而最终归之“敬”的工夫，黄榦撰《敬说》以明其义，云：

> 古人论为学之方多矣，自程子始专以敬为言。近世朱、张二先生复申其说，至于为箴以自警。朱先生于《大学》之书，首言小学之学，惟敬足以补其缺，裒集程门之语，如所谓“主一无适”“常惺惺法”“整齐严肃，收敛身心，不容一物者”以明之，其说详且密矣。然为学而必主于敬，与主敬之必有其义诸说，既各不同，而其说亦未易晓，是以学者虽知主敬之切于为学，而莫有能用功于敬者，则亦其说之有未明也……惟夫虚灵知觉既不能不囿于气，而又不能不动于欲也，则将为气所昏，为欲所乱，而理之体用亦随之而昏且乱矣！此敬之说所由以立也。虚灵知觉，我所有也，吾惟慢怠而无以检之，则为气所昏，为欲所乱矣，惕然悚然，常若鬼神师父之临其上，常若深渊薄冰之处其下，则虚灵知觉者自不容于昏且乱矣。故尝闻之先师曰：“敬字之说，惟畏近之，诚能以所谓畏者验之，则不昏不乱可见矣。”曰：“然则诸说之不同，何也？”曰：“惺惺者，不昏之谓也；主于一而不容一物扰乱之谓也；整齐严肃，则制于外以养其中也，是皆可以体夫敬之意矣。然而不昏不乱者，必先敬而后能如此；制于外以养其中者，必如此而后能敬。以之体敬之义，必欲真见夫所谓敬者，惟畏为近之也。盖畏即敬也，能畏则能整齐严肃，整齐严肃则能敬，能敬则不昏不乱矣。”此朱先生不得不取夫诸说以明夫敬，而又以畏字为最近也。①

以敬对治于气之昏杂，确立理之纯粹，确保心之虚灵，“敬”成为儒学最重要修养工夫，而“畏”之一字，最能彰显敬之内涵，既是对二程以来说法的厘清，也是对师说肯认的思考。《敬说》乃是援朱熹说法而深化的结果，相对于过往对于心体、性体有无之辨，天道性命之间，由天而及人，由心及性的检讨，甚至包括理、气先后之间，黄榦直揭“敬”以立操持方式，视域改变，诠释因而转向，从理学形上学转向儒学伦理学，从原本理念的辨证，回归于工夫的掌握，以及德目的坚持，方式简洁明快，心无昏乱，性无偏蔽，不仅贴近于心体，而且直接可以操持，更适合学者入手。理学辨析精微的趋向，也随黄榦严毅苦学的性格而有所转变。敬之为德，乃是立学术根本，儒学整饬严谨，不会张皇奇异，无须迷离光影，而是足以立身、可以处世的日用之学。黄榦以四书兼具体用，以敬为操持方法，确立朱熹传道方向，更以数年之力完成《朝奉大夫文华阁待制赠宝谟阁直学士通议大夫谥文朱先生行状》，给予朱熹最后之历史论定。② 以从学心得，尊仰所

---

① 黄榦：《敬说》，《勉斋集》卷三，《景印文渊阁四库全书》（第1168册），第41—42页。

② 郑丞良：《百年论定——试论黄榦〈朱子行状〉的书写与朱熹历史形象的形塑》，《汉学研究》，2012年第2期。

在，尽情宣露，叙述朱熹一生之行止，直指学术究竟，不仅一改行状书写惯例，更突破以往隐讳含蓄的习惯，直言时政得失，内容翔实，难以具引，但归纳其中，以政而及学，由学而及道，云：

先生平居惓惓，无一念不在于国。闻时政之阙失，则戚然有不豫之色，语及国势之未振，则感慨以至泣下。然谨难进之礼，则一官之拜，必抗章而力辞；厉易退之节，则一理不合，必奉身而亟去。其事君也，不贬道以求售，其爱民也，不徇俗以苟安。故其与世动辄龃龉，自筮仕以至属纩，五十年间，历事四朝，仕于外者仅九考，立于朝者四十日，道之难行也如此。然绍道统、立人极，为万世宗师，则不以用舍为加损也……虽达而行道，不能施之一时，然退而明道，足以传之万代。谓圣贤道统之传，散在方册，圣经之旨不明，则道统之传始晦，于是竭其精力，以研穷圣贤之经训，于《大学》《中庸》则补其阙遗，别其次第，纲领条目，粲然复明；于《论语》《孟子》，则深原当时答问之意，使读而味之者，如亲见圣贤而面命之；于《易》与《诗》，则求其本义，攻其末失，深得古人遗意于数千载之上。凡数经者，见之传注，其关于天命之微，人心之奥，入德之门，造道之域者，既已极深研几，探赜索隐，发其旨趣而无遗矣，至于一字未安，一词未备，亦必沉潜反覆，或达旦不寐，或累日不倦，必求至当而后已……窃闻道之正统，待人而后传，自周以来，任传道之责，得统之正者，不过数人，而能使斯道章章较著者，一二人而止耳。由孔子而后，曾子、子思继其微，至孟子而始著。由孟子而后，周、程、张子继其绝，至先生而始著，盖千有余年之间，孔孟之徒，所以推明是道者，既已煨烬残阙，离析穿凿，而微言几绝矣。周、程、张子崛起于斯文湮塞之余，人心蠹坏之后，扶持植立，厥功伟然，未及百年，踳驳尤甚，先生出而自周以来圣贤相传之道，一旦豁然，如大明中天，昭晰呈露，则摭其言行，又可略欤？辄采同志之议，敬述世系、爵里、出处、言论，与夫学问、道德、行业，人之所共知者，而又私窃以道统之著者终之，以俟知德者考焉。①

行状详于学术与世局，乃是为回应伪学之禁，还朱熹以公道；申明四书等经说成就，以立世教之规模，乃是言朱熹道统的贡献。黄榦标举儒学最为核心之典范，情怀所在，虽距离朱熹殁已二十余年，但未改其绍继之志以及表彰之心。朱熹一生投入于学术，成就乃在于斯，但黄榦从时政、学术、道统三方面，证明朱熹学术有体有用，虽不能达而行道，但退而明道，反而足以传于后世，地位不仅于学术而已，而是上可以承圣贤之统，中可以立世局之教，下可以为万世楷模，建立“绍道统、立人极，为万世宗师”的儒学事业。黄榦完成之后，同门之间，反复商讨，以求定稿，面对许多质疑，善言必从，但也有所坚持，云：“先生之用舍去

① 黄榦：《朝奉大夫文华阁待制赠宝谟阁直学士通议大夫谥文朱先生行状》，《勉斋集》卷三十六，《景印文渊阁四库全书》（第1168册），第423—428页。

就，实关世道之隆替，后学之楷式，年月必记，所以著世变，辞受必书，所以明世教，先生之行，又岂可以常人比、常体论哉？”“知不知不足为先生损益，然使圣贤之道不明，异端之说滋炽，则愚之所惧而不容于不辨也。故尝太息而为之言曰：‘是未易以口舌争百年论定，然后知愚言之为可信。’遂书其语，以俟后之君子。”①为确立朱熹“百年论定”之历史定位，其任之重，表彰之力，构思之辛苦，由此可见。黄榦回报朱熹也是一生以之②，文集中屡屡期勉朋友，护全朱熹学术，云：

自先师梦奠以来，举世伥伥，既莫知其所归，向来从游之士，识见之偏，义利之交战，而又自以无闻为耻，言论纷然，诳惑斯世，又有后生好怪之徒，敢于立言，无复忌惮，盖不待七十子尽殁而大义已乖矣。由是私窃惧焉，故愿得强毅有立，趋死不顾利害之人，相与出力而维持之。

朱先生一生辛苦，尽取洙泗濂洛之学，为之解剥而发明之，如日月之经天也。学者志气卑狭守章句者，不知存养之为切；谈存养者，不知玩索之不可缓，各守一偏，于先生之道卒无得焉，甚哉！大义之将乖，微言之将绝也。足下与明父当任此责，使先生之道将微而复振，莫大之幸也。③

朱熹之后，学术相歧，让人深以为忧。黄榦维护朱熹学术，以求周全无蔽。朱熹学术得以传续，地位得以肯认，出于黄榦努力的结果，实无疑问，全祖望称黄榦为“嘉定而后，足以光其师传，为有体有用之儒者”，更甚者是“朱子之门人孰如勉斋？顾门户异同，从不出勉斋之口。抑且当勉斋之存，使人不敢竞门户，则必欲排陆以申朱者，非真有得于朱可知。”④黄榦引领学脉，昂然挺立，避免偏失，争是非而非争门户，气度与志怀，由此可见。黄震《黄氏日抄》卷四十云：

乾、淳之盛，晦庵、南轩、东莱称三先生，独晦庵先生得年最高，讲学最久，尤为集大成。晦庵既没，门人……独勉斋先生强毅自立，足任负荷。如辅汉卿疑恶亦不可不谓性；如李公晦疑喜怒哀乐由声色臭味者为人心，由仁义礼智者为道心；如林正卿疑《大易》本为垂教，而伏羲、文王特借之以卜筮；如真公刊《近思》后，语先《近思》而后《四书》，先生皆一一辨明，不少恕。甚至晦庵谓《春秋》止是直书，勉斋则谓其间亦有晓然若出于微意者；晦庵

---

① 黄榦：《朝奉大夫文华阁待制赠宝谟阁直学士通议大夫谥文朱先生行状》，《勉斋集》卷三十六，《景印文渊阁四库全书》(第1168册)，第428—429页。

② 黄榦：《祭晦庵朱先生文》，《勉斋集》卷三十九，《景印文渊阁四库全书》(第1168册)，第476页。云：“丙申之春，师门始登。诲语谆谆，情犹父兄。春山朝荣，秋堂夜清。或执经于坐隅，或散策于林坰；或谈笑而春容，或切至而叮咛。始受室于潭溪，复问舍于星亭。庶依归以终老，指河山以为盟。胡睽离之未几，忽梦奠乎两楹。奉疾革之贻书，对使者而涕零，亟奔走以来归，乃独睹乎丹旌。怅此生之畴依，魂欲绝而复醒。念属托之至重，岂绵力之能胜。想音容而奉遗书，敢不蚤夜以服膺。惟力策乎驽钝，庶无愧于英灵。”

③ 黄榦：《复饶伯舆(鲁饶州余干人)》，《勉斋集》卷十七，《景印文渊阁四库全书》(第1168册)，第181、186—187页。

④ 黄宗羲原著，全祖望补修：《勉斋学案》，《宋元学案》卷六十三，第2020、2037页。

论《近思》先太极说，勉斋则谓名《近思》反若远思者；晦庵解“人不知而不愠”，惟成德者能之，勉斋提云，是君子然后能不愠，非不愠然后为君子；晦庵解“敏于事而慎于言”，以慎为不敢尽其所有余，勉斋提慎字本无不敢尽之意，特以言易肆，故当谨耳。凡其于晦庵没后，讲学精审不苟如此，岂惟确守其师之说而已哉！若其见之行事，则如宰临川、新淦推行实政，守安庆、汉阳慷慨事功，又皆卓卓在人耳目，然则晦庵于门人弟子中，独授之屋，妻之女，奏之官，亲倚独切，夫岂无见而然哉！勉斋之文，宏肆畅达，髣髴晦翁，晦翁不为讲义，而勉斋讲义三十二章，皆足发明斯道，其诲学者尝曰：“人不知理义，则无以自别于物，周旋斯出，自少至老，不过情欲利害之间，甚至三纲沦、九法斁，亦将何所不至。”其言哀痛至此，其为天下后世虑也亦远矣！勉斋之生，虽在诸儒后，故以居乾、淳三先生之次，明晦庵之传在焉！①

黄震纵观南宋学术发展，言之颇详，称许黄榦勇于承担，强毅自立，不仅捍卫朱熹学术，避免门人扭曲诠释，对于朱熹说法，也努力调和弥补，以求经旨妥帖，思索之辛苦，传学之用心，成为朱熹学术传衍最重要人物。② 陈荣捷《元代之朱子学》云：“北方之新儒学与南方之新儒学，俱辐辏于朱子。更为精简言之，亦即辐辏于黄榦所传之朱子之学。”③此外，近人考察明儒学术传承，往往溯及朱熹，许多正是经由黄榦传学的结果④，凡此皆可得其证明。黄榦坚定为学，学术淳厚，个性严毅，工夫以敬为宗，文本标举四书，开展朱学全幅格局，论其成就，有体有用，卓有事功⑤，但始终以光大朱熹学术为念，从而理学辨析转入义理的思索，四书成为后人立学基础，经典成为学者关注焦点，才有《四书大全》综整四书诠释的成果。

---

① 黄震：《黄氏日抄》卷四十，《景印文渊阁四库全书》（第 708 册），台北：台湾商务印书馆，1986 年，第 180—181 页。

② 方彦寿：《勉斋先生黄榦门人考》（《闽江学院学报》2015 年第 6 期）整理书院与仕宦历程，黄榦所收弟子有 64 人。

③ 陈荣捷：《元代之朱子学》，《朱学论集》，台北：台湾学生书局，1988 年，第 302 页。

④ 参见王奕然：《朱熹门人考述及其思想研究——以黄榦、陈淳及蔡氏父子为论述核心》，台北：台湾师范大学国文系博士论文，2013 年，第 5—8 页。整理明儒学术系谱，往往出于朱熹，如“朱熹—詹体仁—真德秀—汤千、汤中”“朱熹—辅广—余端臣—王文贯—黄震”“朱熹—辅广—韩翼甫—陈普”“朱熹—蔡渊—陈淳—叶采”“朱熹—黄榦—何基—王柏—金履祥—许谦”“朱熹—黄榦—饶鲁—程若庸—吴澄”“朱熹—詹体仁—真德秀—王埜—王应麟—胡三省、戴表元、袁桷”“朱熹—辅广—刘敬堂—熊禾”“朱熹—滕珙—滕铅—黄智孙—陈栎”“朱熹—黄榦、董铢—董琮、董梦程—董鼎—董真卿”“朱熹—程端蒙—董梦程—胡方平、许月卿—胡一桂、程若庸—董真卿”“朱熹—黄榦—董梦程—胡方平—胡一桂”“朱熹—黄榦—何基—王柏—金履祥—柳贯—宋濂”“朱熹—黄榦—陈安宓—陈址幼—陈真晟—周瑛”等总共十四组，然有六组实自黄榦而出。

⑤ 参见郑丞良：《道学、政治与人际网络：试探南宋嘉定时期黄榦的仕宦经历与挫折》，《史学汇刊》，2016 年第 35 期。

## 三、由文理以见义理

明儒以《四书大全》综纳宋元儒学成果，确立四书诠释体系，主要包含三大系统材料：一是朱熹传衍系统，包括门人及其所传弟子等，主要是对于朱熹说解整理与确认；二是彼此分立，各自诠释的经说系统，包括双峰、北山等不同学派的相歧说法；三是新安诸儒系统，以乡贤前辈号召，标举回归朱熹的整理工作，朱学由传延而至分歧，又由分歧而至统整，在门人推衍之下，历经延续、发展、确认不同阶段，最终建立以朱熹为核心的诠释系统①。朱熹与门人集团之间，黄榦说法正是确认义理方向的重要的环节。黄榦以四书为朱熹学术核心，心力所在，指引后学深究经旨，以见朱熹之思考，以见圣学之规模，经旨文义的厘清，从架构到脉络，从语脉到内涵，深加思索。《大学》"知止而后有定"，朱注云："止者，所当止之地，即至善之所在也。"《四书大全》引黄榦云：

> 大学之道，在于明德、新民，明德、新民之功，在于至善，至善之理，又在于必至而不迁。故此一节，但以止为言，曰知、曰得，止之两端；定者，知所止之验；虑者，得所止之始；曰静、曰安，则原于知而终于有得，有必至不迁之意矣。②

相对朱熹强调"止"乃至善之所在，止有目的、目标之意，黄榦将"止"与前文"明德""新民"连缀，与后文"定、静、安、虑、得"联系，确立前后语脉贯通一气，唯有"知止""明德""新民"才有方向所在，而"必至不迁"又较朱熹说法更加强调坚持固守之意，止不仅是目标而已，更有追寻极致之意，工夫修养的意义更为明朗，经旨与修养联结，正是在经典一字一句中揣摩得出，从"知止"而见工夫，也成为王艮"淮南格物"说法的根源。③ 标举经文宗旨，成为黄榦表彰四书义理最核心的方式，《读中庸法》引朱熹"《中庸》一篇，某妄以己意分其章句，是书岂可以章句求哉？然学者之于经，未有不得于辞而能通其意者"，强调必须从章句而入，也要从章句而出。《四书大全》引黄榦云：

> 《中庸》之书，《章句》《或问》言之悉矣，学者未有不晓其文而能通其义者也。然此书之作，脉络相通，首尾相应，子思子之所述，非若《语》《孟》问答之言，章殊而指异也，苟徒章分句析，而不得一篇之大旨，则亦无以得子思著书之意矣。程子以为始言一理，中散为万事，末复合为一理，朱子以诚

① 陈逢源：《从〈四书集注〉到〈四书大全〉——朱熹后学之学术系谱考察》，《成大中文学报》，2015 年第 49 期。

② 胡广等纂修：《大学章句大全》，《四书大全》，济南：山东友谊书社，1989 年，第 41—42 页。

③ 王艮：《王心斋全集》卷三，台北：广文书局，1987 年，第 1 页。"语录下"云："格物之物即物有本末之物；'其本乱而末治者否矣，其所厚者薄，而其所薄者厚，未之有也。'此格物也。故即继之曰'此谓知本，此谓知之至也。'不用增一字解释，本义自足。"王艮为阳明弟子，但"淮南格物"说回归于经文训诂，说法不同，由"知止"到"知至"，遂有支持诠释的理据。

之一字，为此篇之枢纽，示人切矣。①

黄榦既标举朱熹学术贡献，又申明《中庸》一篇宗旨，指出《中庸》一篇要有特殊的读法，必须由合而分，又由分而合，掌握其枢纽，才能得其心法。由"文"以通"义"正是黄榦学术要义所在，也是宣示义理回归本文的重要方向，留意宗旨，以立脉络，建立正确读法，成为黄榦诠释四书的重要成果，一如《读中庸法》云："又曰《中庸》初学者，未当理会。"《四书大全》引黄榦云：

> 《中庸》自是难看，石氏所集诸家说，尤杂乱未易晓，须是胸中有权衡尺度，方始看得分明。今骤取而读之，精神已先为所乱，却不若子细将《章句》研究，令十分通晓，俟首尾该贯后，却取而观之可也。②

这既是指明正确读法，也表彰朱熹《中庸章句》价值。黄榦推崇朱熹，表彰四书，当然也就必须在朱熹说法当中，斟酌权衡，以求义理周延，《论语·学而》"学而时习之"，朱注："学之为言效也。"《四书大全》引黄榦云：

> 《集注》言"学"，而《或问》以"知"与"能"并言，何也？曰：人之效学于人，有此二者。先觉之人，于天下之理，该洽贯通，而吾懵然未有所知也，于是日听其议论，而向之未知者，始有所知矣。先觉之人，于天下之事，躬行实践，而吾怅然未有所能也，于是日观其作为，而向之未能者始能矣。大抵读书穷理，要当尽圣贤之意，备事物之情，非吾好为是详复也，理当然也。世之学者，意念苟且，思虑轻浅，得其一隅，便以为是，则其为疏率也，亦甚矣。学者观于此，亦足以得养心穷理之要矣。曰：若是，则学之为言，固无所不学也，今《集注》于此，乃以为人性皆善，必学而后能明善而复其初，何也？曰：学问之道，固多端矣，然其归在于全其本性之善而已，明善，谓明天下之理，复其初，则复其本然之善也。于《论语》之首章，首举是以为言，其提纲挈领，而示人之意深矣。③

相较于何晏《论语集解》："学者以时诵习，诵习以时，学无废业，所以为说怿。"④以"诵习"、以"业"来解释"学"，朱熹以"效"之为言，乃是将"学"之内涵扩大为"知"与"行"两部分，孔子以《诗》《书》、礼、乐教，确实应该包括知识与能力的提升。至于朱熹《论语集注》言"效"、言"学"，《论语或问》则是以"知"与"能"言"学"，两者说法不同，黄榦指出"效"正是包括"知"与"能"两者，说法并不冲突，甚至更将理学"复性"的诉求，融入其中，"效"之一字，于是有"后觉"向"先觉"学习，学人向圣贤学习的意义，从而"学"之所得，最终目标乃是"明天下之理""复其本然之善"，以此确立儒学核心要义。这不仅扩大了以往训诂之理解，

---

① 胡广等纂修：《读中庸法》，《四书大全》，第 319 页。
② 胡广等纂修：《读中庸法》，《四书大全》，第 321 页。
③ 胡广等纂修：《学而篇》，《论语集注大全》卷一，《四书大全》，第 783—784 页。
④ 何晏集解，邢昺疏：《学而篇》，《论语注疏》卷一，台北：艺文印书馆，1985 年，第 5 页。

也代表了朱熹综纳的思考、孔门学术的样态、理学核心的诉求、四书整体的内涵，朱熹以“效”言“学”得其确诂。黄榦指出朱熹一字之解，提纲挈领，揭示道学全幅精神，义理之分判，说解之精密，由此可见。而对于朱注“然德之所以成，亦曰学之正、习之熟、说之深而不已焉”，《四书大全》引黄榦云：

学而至于成德，又岂有他道哉！其所自来者，亦不过是而已，非体之之实，孰能知之。①

从而将《论语》首章“学而时习之，不亦说乎”目的所在，归之于“成德”，德必须回归于个人操持体验，只有通过身体实践，才能真实感受，道德不是讲论而已，而是务求实践有得，如何成德，正是黄榦着力所在，《论语·学而》“君子务本”章，朱注：“仁者，爱之理，心之德也。”《四书大全》引黄榦云：

人之一心，虚灵洞彻，所具之理，乃所谓德也。于虚灵洞彻之中，有理存焉。此心之德也，乃所谓仁也，义、礼、智，亦心之德，而独归之仁，何也？义、理、智者，德之一端，而仁者，德之全体，以仁能包四者，故心德之名，独仁足以当之也。故仁之为德，偏言之，则与义、礼、智相对，而所主惟一事；专言之，则不及义、礼、智，而四者无不包也。②

朱注“仁者，爱之理，心之德也”，乃是历经诸多辨证得来③，黄榦不仅梳理“心”“德”“理”之间的关系，更将仁、义、礼、智四者之间的关系进行更细致的说明，仁既可以兼举包括义、礼、智，又可以与义、礼、智并列。黄榦用“偏言之”与“专言之”来说明“仁”既具全体，又具分殊的特殊内涵，仁之难解在于范畴有宽有窄，必须从前后语脉综合判断。黄榦揭示由文理以见义理的方式，也再次确定了仁乃心德的诠释说法，此于《论语·学而》“巧言令色”章，朱注引程子曰：“知巧言令色之非仁，则知仁矣。”《四书大全》引黄榦云：

苟知心驰于外，务以悦人者之非仁，则反而求之，心存于内，而无私当理者，即仁也。④

正是循朱熹“仁者，爱之理，心之德”诠释的结果，唯有求之于内，于心见理，心无私意为仁，所谓“务以悦人者”之非是，才可以了解为何巧言令色之非仁，黄榦循朱熹说法遂有分判依据。同样道理，《论语·八佾》“人而不仁”章，朱注引游氏曰：“人而不仁，则人心亡矣。”《四书大全》引黄榦云：

仁者，心之德，心之全德即仁也，游氏云“人心亡矣”，于仁之义最亲切。⑤

---

① 胡广等纂修：《学而篇》，《论语集注大全》卷一，《四书大全》，第 792 页。

② 胡广等纂修：《学而篇》，《论语集注大全》卷一，《四书大全》，第 795 页。

③ 参见陈逢源：《从“中和”到“仁说”——朱熹〈四书章句集注〉“爱之理，心之德”之义理进程考察》，《东吴中文学报》，2015 年第 29 期。

④ 胡广等纂修：《学而篇》，《论语集注大全》卷一，《四书大全》，第 802 页。

⑤ 胡广等纂修：《八佾篇》，《论语集注大全》卷三，《四书大全》，第 795 页。

朱熹言心之德为仁，乃是就其内涵而言，但黄榦循此扩大解释，能够充扩发挥，心之全德即是仁，以“全”来彰显理之充盈、德之饱满，因此当人而不仁，也就是“人心亡矣”，以此强调人不可无仁，无仁则心不在矣，对于仁之重视，并不从知觉理气，而是回归于心德，反复致辩。《论语·里仁》“仁者安仁”章，朱注引谢氏曰：“仁者，心无内外远近精粗之间……”《四书大全》引黄榦云：

安仁、利仁，则所存者天理，故安于义命所当然，而物欲不能以累其心，所以处约乐之久，而不为之动也。①

言其效用，仁者天理充盈，所以安于义命，不论是“约”，还是“乐”，皆能不动心。《论语·里仁》“苟志于仁矣”章，朱注：“志者，心之所之也。其心诚在于仁，则必无为恶之事矣。”《四书大全》引黄榦云：

人心不可两用，志于此必遗于彼，所患者，无其志耳。夫仁者，此心之全德，诚志于仁，则必先存此心天理之公，而去其人欲之私，恶念何自而生乎！②

此言其原则，心体存天理之公，消去人欲之私，恶念无从而生。天理之公，心体全德，成为黄榦诠释仁的重点，也是标举其义理的核心观念。此一见解甚至认为是师门心法所在，《论语·公冶长》“焉用佞”章，朱注：“仁道至大，非全体而不息者，不足以当之。”《四书大全》引黄榦云：

“当理而无私心”，朱子据所闻于师者而言，此章即己之所见而言，全体二字，已足以该当理无私心之义，加以不息二字，又五字未尽之旨，盖亦因其所已闻，而发其所独得，故子文文子章，虽引师说，而《或问》乃曰：仁者，心之德，而天之理也。自非至诚尽性，通贯全体，无少间息，不足以名之，则亦引前章之说，以释后章之旨，亦足以见前说之义，为详且密也。③

所谓“当理而无私心”见于《延平答问》“辛巳二月二十四日书”④，朱熹并引于《论语·公冶长》“令尹子文三仕为令尹”章⑤。黄榦既申明朱熹说法来源，以示师门宗旨，又指出朱熹创发之处，诠释更为精进，朱注体例安排，必须前后详参以见其旨，“当理而无私心”乃是负面表述，强调工夫义；“全体不息”是本体义，彰显天理充盈、刚健不息的心体样态，更能符合仁道至大内涵，“全体”乃是黄榦延续朱熹《仁说》重要的体会。《论语·颜渊》“颜渊问仁”章，朱注：“为仁者，所以全其心之德也。”《四书大全》引黄榦云：

心之全德，莫非天理，则言仁而礼在其中，事皆天理，而心德复全，则言

---

① 胡广等纂修：《里仁篇》，《论语集注大全》卷四，《四书大全》，第 991 页。

② 胡广等纂修：《里仁篇》，《论语集注大全》卷四，《四书大全》，第 994 页。

③ 胡广等纂修：《公冶长篇》，《论语集注大全》卷五，《四书大全》，第 1049 页。

④ 李侗、朱熹：《延平答问》，朱杰人等主编：《朱子全书》（第 13 册），上海：上海古籍出版社，2002 年，第 328 页。

⑤ 朱熹：《公冶长篇》，《论语集注》卷三，《四书章句集注》，第 80 页。

礼而仁在其中，皆以天理为言。则仁即礼，礼即仁，安有复礼而非仁者哉？其曰事皆天理者，以视、听、言、动之属乎事也，复归于礼，则事皆合乎天理矣。①

从“克己复礼”而及于“仁”，乃是天理贯串的结果，从道理层面而言，心之全德乃是天理充盈，而从修养之后的结果而论，克己复礼，心德复全，自然仁德见矣，《论语·里仁》“人之过也”章，朱注：“愚按：此亦但言人虽有过，犹可即此而知其厚薄，非谓必俟其有过，而后贤否可知也。”《四书大全》引黄榦云：

人虽有过，不可以其过而忽之，于此而观其类，乃可以得其用心之微也。或谓与仁同功，其仁未可知，与仁同过，然后其仁可知，记礼者之意，亦可取乎？曰：如此，则是必欲得其人之过而观之，然后知其仁，恐非圣人之意也。②

朱熹于乾道四年(1168)撰《观过说》，对于湖湘察识工夫深入反省③，才有乾道五年(1169)中和新说的成果，黄榦特加说明，以示朱熹学术进程。《论语·微子》“殷有三仁焉”章，朱注：“三人之行不同，而同出于至诚恻怛之意，故不咈乎爱之理，而有以全其心之德也。”《四书大全》引黄榦云：

《或问》言仁与《集注》不同者，先师言仁之义，则固以心之德、爱之理为主矣，言人之所以至于仁，则以为无私心而皆当理也。《或问》之言，指三子之所以至于仁而言也，《集注》之言，正指仁之义而言也，然其曰“不咈乎爱之理，而有以全其心之德”，曰“全”、曰“不咈”，则《或问》之意，亦在其中矣，读者默而识之可也。④

朱熹说“仁”，有言其义，也有言进程，说法不同。言其进程，来自李侗启发，出于道南心法，至于“心之德，爱之理”的说法，则是从张栻湖湘学术转入所获得的共识，朱熹从中和之辨，进而及于仁说检讨，最终义理熔铸于一。⑤朱熹《四书章句集注》保留一生学术进程，说解之严谨，思考之精彩，由此可见。读者可以相互参酌，以求了解，黄榦从不同说法当中，证明其中义理一贯，并无歧出，从文理以见义理之安排，可以得见朱熹思索方向⑥，从天道性命，回归于心体掌握，

---

① 胡广等纂修：《颜渊篇》，《论语集注大全》卷十二，《四书大全》，第1528页。

② 胡广等纂修：《里仁篇》，《论语集注大全》卷四，《四书大全》，第1005页。

③ 朱熹著，陈俊民校编：《观过说》卷六十七，《朱子文集》(第7册)，第3381—3382页。云：“因人之过而观所偏，则亦可以知仁，非以为必如此而后可以知仁也。若谓‘观己过’，窃尝试之，尤觉未稳。盖必俟有过而后观，则过恶已形，观之无及，久乃悔咎。乃是反为心害，而非所以养心。若曰：‘不俟有过，而预观平日所偏’，则此心廓然，本无一事，却不直下栽培涵养，乃豫求偏处，而注心观之，圣人平日教人养心求仁之术，似亦不如此之支离也。”

④ 胡广等纂修：《微子篇》，《论语集注大全》卷十八，《四书大全》，第1931—1932页。

⑤ 参见陈逢源：《从“中和”到“仁说”——朱熹〈四书章句集注〉“爱之理，心之德”之义理进程考察》，《东吴中文学报》，2015年第29期。

⑥ 参见陈逢源：《从体证到建构：朱熹〈四书章句集注〉的撰作历程》，《朱熹与四书章句集注》，台北：里仁书局，2006年，第105—116页。

可以了解朱熹义理所归，仁体之掌握，成为黄榦诠释的重点。



## 四、由工夫以见道统

四书出于圣贤心法，对于圣人所传之内容，反复致意，进而及于工夫法门的思考，此一工作于朱熹之后乃持续进行。对于孔门之教，黄榦尤其注意，《论语·为政》"七十而从心所欲，不逾矩"章，朱注："愚谓圣人生知安行，固无积累之渐，然其心未尝自谓已至此也。"《四书大全》引黄榦云：

> 十年而后一进者，亦圣人之心，至此而自信耳。学虽已至，而未敢自信，必反复参验，见其必然而无疑，然后有以自信。此尤足以见圣人之所以为圣人也。苟惟谓圣人谦辞以勉人，则皆架空之虚辞耳，故《集注》虽以勉人为辞，而终以独觉其进为说。①

对于圣人是生知安行，还是积累之渐，造成说解之困难，朱熹采取含蓄态度，既保有天纵之圣的主张，又有心知其进的说法。黄榦据此深入分析，所谓十年一进是指圣人反复参验，终有自信的结果，不仅化解了诠释的矛盾，也强化了修养意义。此一见解，也反映于圣人观察，《论语·述而》"我非生而知之者"章，朱注引尹氏曰："孔子以生知之圣，每云好学者，非惟勉人也。"《四书大全》引黄榦云：

> 圣人虽生知义理，然其为道，广大无穷，故未尝有自足之心，亦必博学审问，参之古人，不能自已，此其所以为圣人也。②

强调好学乃是圣人所以为圣最重要的原因，提醒后人必须时时而进，用心所在，不仅是确认注解体例，厘清原则而已，更在于思索儒学的内涵以及修养工夫的价值。黄榦也延续朱熹对于孔门分系之思考③，对于孔门弟子多有观察，《论语·子张》朱注："此篇皆记弟子之言。"《四书大全》引黄榦云：

> 此篇所记，不过五人，曰子张、子夏、子游、曾子、子贡，皆孔门之高弟，盖《论语》一书，记孔门师弟子之答问，于其篇帙将终，而特次门人高弟之所言，自为一篇，亦以其学识有足以明孔子之道也。④

以孔门求圣人心法，来自《论语》编次原有的脉络，事实上，在子张、子夏、子游、曾子、子贡之外，孔门当中以颜渊为首。《论语·雍也》"哀公问弟子孰为好学"章，朱注："颜子克己之功至于如此。"《四书大全》引黄榦云：

---

① 胡广等纂修：《为政篇》，《论语集注大全》卷二，《四书大全》，第 870—871 页。

② 胡广等纂修：《述而篇》，《论语集注大全》卷七，《四书大全》，第 1249 页。

③ 参见陈逢源：《朱熹〈论语集注〉孔门系谱分析——以子夏、子贡、颜渊、曾子为考察范围》，《第九届中国经学国际学术研讨会》，彰化：明道大学国学研究所暨中国文学系，2015 年，第 1—27 页。

④ 胡广等纂修：《子张篇》，《论语集注大全》卷十九，《四书大全》，第 1967 页。

存养之深，省察之明，克治之力，持守之坚，故其未怒之初，鉴空衡平；既怒之后，冰消雾释；方过之萌，瑕纇莫逃；既知之后，根株悉拔。此所以为学好为，而《集注》以为克己之功也。[①]

“不迁怒”“不贰过”何以为好学，必须要有进一步的说明，朱熹以此章与《论语·颜渊》“克己复礼为仁”章合读，证明颜渊持守工夫，以及最终达致的成果。黄榦更进一步以“存养”“省察”“克治”“持守”来解释“克”，而以心体之清朗来说明不迁怒、不贰过的状态，因此学之所在，必须厘清，朱注：“今人乃谓圣本生知，非学可至，而所以为学者，不过记诵文辞之间，其亦异乎颜子之学矣。”《四书大全》引黄榦云：

论颜子之天资，则只是明与刚；论颜子之用功，则只是敬与义。惟其明且敬也，故几才动处便觉；惟其刚且义也，故才觉便与一刀两段。既明矣，又持之以敬；既刚矣，又辅之以义，天资学力两极，则血气岂能轻为之动，念虑岂能再使之差，此所以谓之不远复也，所以谓之有不善未尝不知，知之未尝复行也。不远是觉得早，复是斩断得猛烈。[②]

黄榦不仅深化了朱熹说法，也阐明了圣人心法的内涵，颜渊天资与学力交养，所以心体澄朗，心思明快，才能血气不轻动，念虑不偏差，也才有不迁怒、不贰过的成果。可见唯有落实修养工夫，才能避免血气牵动，《论语·雍也》“贤哉回也”章，朱注：“愚按程子之言，引而不发，盖欲学者深思而自得之。”《四书大全》引黄榦云：

颜乐之说，《集注》以为从事于博文约礼。《或问》以为无少私欲，天理浑然。二说不同，何也？《或问》博文约礼，颜子所以用其力于前，天理浑然，颜子所以收其功于后。博文则知之明，约礼则守之固。凡事物当然之理，既无不洞晓，而穷通得丧，与凡可忧可戚之事，举不足以累其心，此其所以无少私欲，天理浑然，盖有不期乐而自乐者矣。[③]

北宋诸儒寻求孔、颜乐处，对于学术生命趋向具有开新的意义[④]，颜渊所乐何事，道德充具美感，乃是宋儒关注议题，也是圣贤气象具体展现[⑤]，朱熹保留两种说法，也就成为诠释必须调和之处，《或问》说法接近北宋诸儒的见解，《集注》则是倾向于操持涵养工夫。黄榦弥合其中分歧，“博文约礼”与“天理浑然”并非对立概念，而是工夫与成效的关系，“博文”则知之明，“约礼”则守之固，洞晓事物当然之理，也就可以达到无累于心，天理浑然的境界，诠释工夫之内涵，

---

① 胡广等纂修：《雍也篇》，《论语集注大全》卷六，《四书大全》，第1114—1115页。
② 胡广等纂修：《颜渊篇》，《论语集注大全》卷六，《四书大全》，第1121页。
③ 胡广等纂修：《雍也篇》，《论语集注大全》卷六，《四书大全》，第1143页。
④ 参见牟宗三：《心体与性体》(一)，台北：台湾学生书局，1996年，第13页。
⑤ 参见杨儒宾：《孔颜乐处与曾点情趣——〈论语〉的人格世界》，《从〈五经〉到〈新五经〉》，台北：台大出版中心，2013年，第100—111页。

厘清朱熹用意所在，成为黄榦诠释的重点，甚至调整朱熹文意训诂。《论语·雍也》“君子博学于文”章，朱注：“约，要也；畔，背也。”《四书大全》引黄榦云：

曰博文、约礼，语两言之，以博对约，则约当为要。然约之谓为要之，已觉不顺，若谓约我为要我，则尤非文理，故或以约为束，文义顺矣。又非博约相对之义，尝思之，博谓泛而取之，以极其广；约谓反而束之，以极其要，则于文义庶皆得之。①

黄榦重视经旨文理，朱注以“要”言“约”，黄榦以“束”字补充，由“束”才能达其“要”，释义更妥帖，君子修养工夫也更为清楚。《论语·学而》“吾日三省吾身”章，朱注：“其自治诚切如此，可谓得为学之本矣。”《四书大全》引黄榦云：

为人谋，则必欲实尽其心，交朋友，则必欲实践其言，讲学于师，则必欲实用其力。盖曾子天资醇厚，志学恳笃，其于《大学》既推明诚意之旨，而传之子思，又断以诚身之义，至其自省，又皆一本乎诚。盖不极乎诚，则凡所作为，无非苟简灭裂，是岂足以尽人事之当然，而合天理之本然也哉！②

对于曾子“三省吾身”，朱熹以“诚切”来说明其用心，诠释曾子自省之功，而黄榦则以“实”解“诚”，并且联系于《大学》“诚意”，以及传之子思诚身之义，其用意并不仅止于曾子修养而已，而是关乎圣门所传心法，因此对于细节分析尤密。《论语·学而》“贤贤易色”章，朱注：“四者皆人伦之大者，而行之必尽其诚，学求如是而已。”《四书大全》引黄榦云：

子夏此语，与曾子三省，是皆心存乎诚，求造其极者也。然子夏务实行而抑文学；曾子务实行而兼传习。则曾子之用功愈密，而用心愈弘，是则子夏之所不能及矣。③

子夏与曾子同样切身修养，朱熹以“必尽其诚”来说明其内涵。然而黄榦分析两人稍有差别，子夏专意于实行，主从之间，不免贬抑学术，曾子兼而及之，因此学行俱进，用功愈密，用心愈弘，正足以标示孔门之传真正内涵，不仅补充朱熹所未言之事，而所谓之“学”，黄榦以“文学”来说明赓续而进的工夫，也适足以证明以文理见义理的学术进路。《论语·泰伯》“君子所贵乎道者三”章，朱注引程子曰：“动容貌，举一身而言也。周旋中礼，暴慢斯远矣。正颜色，则不妄，斯近信矣。出辞气，正由中出，斯远鄙倍。”《四书大全》引黄榦云：

曾子之意，则但欲其在外之无不正，而《集注》之意，则以为未有不正其内，而能正其外者也。况夫暴慢也、信也、鄙倍也，皆心术之形见者也。不正其内，安能使其外之无不正乎！有诸中必形诸外，制于外，必养其中，则心可正，理可明，敬可存，诚可固，修身之要，孰有急于此乎，此曾子将死之

① 胡广等纂修：《雍也篇》，《论语集注大全》卷六，《四书大全》，第1178页。
② 胡广等纂修：《学而篇》，《论语集注大全》卷一，《四书大全》，第805—806页。
③ 胡广等纂修：《学而篇》，《论语集注大全》卷一，《四书大全》，第818页。

善言，不独可为孟敬子之师法而已。[①]

以经文而言，乃是纯就外在行貌的要求，然而朱熹却是留意内外本末问题，外由内而发，心正则理明，因此回归于修养方式，必须穷其根本，黄榦强调朱熹诠释不仅深入，而且也更能彰显儒学核心要义所在，从而直言："鲁则质厚而已，未尝不明，未尝不诚实，未尝粗俗……安得不传道耶。"[②]以曾子传道统，乃是分析孔门心法之传的结果。

甚至其他弟子，如检讨子夏，《论语·子张》"大德不逾闲"章，朱注："大德小德，犹言大节小节。"《四书大全》引黄榦云：

> 子夏此语，信有病矣。然大德小德，皆不逾者，上也。大德尽善，而小德未纯者，乃其次也。若夫拘拘于小廉曲谨，而临大节则颠倒错乱者，无足观也矣。子夏之言，岂有激而云乎？此又学者不可不察。[③]

相对于朱熹说法，黄榦批评更为直接，子夏言语过激，并不深密周延，因此特别提醒，应予斟酌。《论语·子张》"子夏门人小子"章，朱注引程子曰："君子教人有序，先传以小者近者，而后教以大者远者……"《四书大全》引黄榦云：

> 形而上，谓超乎事物之表，专指事物之理言也。洒扫应对，事虽至粗，其所以然者，便是至精之理。其曰"理无大小者"，非以洒扫应对为小，形而上者为大也。盖不但至大之事，方有形而上之理，虽至小之事，亦有之，故曰"理无小大"。
>
> 精究义理，极其微妙，以至于入神。神者，理之妙而不可测者也。所精之义，至于入神，义理之至精者，程子引《易》中此语，与洒扫应对言，洒扫应对所以然者，即至精之义也。
>
> 然，犹云如此也。其如此者，洒扫应对之节文，所以如此者，谓有此理，而后其节文之著见者如此也。
>
> 洒扫应对虽至小，亦由天理之全体，而著见于事物之节文，圣人之所以为圣人者，初不外乎此理，特其事事物物，皆由此理，而不勉不思，从容自中耳。
>
> 所引程子四段，首言理无大小，以见事有大小，而理则一也。次言道无精粗，以见学有精粗，而道则一也。又次言是其然，必有所以然，所以发明上二段，所以无大小，无精粗之意，又次言便可到圣人事，则亦以其所以然，而无大小精粗者为之也，亦足以见其编次之意，至精而不苟矣。[④]

洒扫应对如何精义入神，乃是朱熹思索儒学工夫的重要过程，也是确立从

---

① 胡广等纂修：《泰伯篇》，《论语集注大全》卷八，《四书大全》，第 1299—1300 页。
② 胡广等纂修：《先进篇》，《论语集注大全》卷十一，《四书大全》，第 1491 页。
③ 胡广等纂修：《子张篇》，《论语集注大全》卷十九，《四书大全》，第 1985 页。
④ 胡广等纂修：《子张篇》，《论语集注大全》卷十九，《四书大全》，第 1989—1993 页。

学李侗的关键[①]，朱熹日后与门人讲论往往提及此一经历，所引数条意见，黄榦说明理之贯通，由末见本，由分殊以见理一，有此梳理，才有日用之间落实工夫之可能，儒学道大，其用无穷。黄榦此说大有助于厘清朱熹思考方向，义理之精彩，遂能揭示而出。[②] 此一细节来自黄榦对修养工夫的关注，对于孔子指引门人弟子特加留意，以子路为例，《论语·述而》“暴虎冯河”章，朱注：“惧谓敬其事，成谓成其谋。”《四书大全》引黄榦云：

> 临事而敬惧，则有持重谨畏之心；好谋而图成，则有周悉万全之计。敬其事，则无忽心；无惰气，临事必能戒惧，非怯懦而恐惧也。成其谋，则不妄动，不亟取，于事必有一定之谋，既成而不惩于素，自无侥幸速成之弊也。无非抑其血气之勇，而教之以义理之勇。[③]

黄榦不仅说解字义，更留意义理诠释的细腻，相对于理、气、心、性形上讨论，更重视工夫的落实，因此强调立身处世，必须持重戒惧，事事谨慎，而归于“敬”之操持，用意在于抑制血气之勇，变化气质有更为清楚的方向。《论语·子路》“何如斯可谓之士矣”章，朱注引胡氏曰：“切切，恳到也；偲偲，详勉也……”《四书大全》引黄榦云：

> 所谓士者，淘泳于《诗》《书》《礼》《义》之泽，必有温良和厚之气，此士之正也。至于发强刚毅，则亦随事而著见耳。子路负行行之气，而不能以自克，则切偲怡怡之意常少，故夫子箴之。[④]

以孔门之教，陶冶于《诗》《书》、礼、义，士人应有温良和厚气质，《论语·宪问》“子路问君子”章，朱注：“修己以敬，夫子之言至矣，尽矣。”《四书大全》引黄榦云：

> 非谓修己以敬之外，又有充积之功也。修己以敬，而可谓君子，则是充积之盛，在其中矣。特言其功效之远，则指夫自其充积之盛者而出耳。修己以安人，犹曰修己以敬而可以安人也，修己以安百姓，犹曰修己以敬，而可以安百姓也。子路疑修己以敬之一言不足以尽君子，故夫子指其效验之大者而言，以见决非君子不足以当之也。[⑤]

---

① 参见陈逢源：《“闻之师曰”——朱熹与李侗》，《孔孟月刊》，2014 年第 5、6 期。

② 参见黎靖德编：《朱子语类》卷四十九，台北：文津出版社，1986 年，第 1211 页。云：“一日夜坐，闻子规声。先生曰：‘旧为同安簿时，下乡宿僧寺中，衾薄不能寐。是时正思量“子夏之门人小子”章，闻子规声甚切。（文蔚录云：“思量此章，理会不得。横解竖解，更解不行，又被杜鹃叫不住声。”）今才闻子规啼，便记得是时。’（当时不能问。泳续检寻《集注》此章，乃是程子诸说，多是明精粗本末，分虽殊而理则一；似若无本末，无小大。独明道说‘君子教人有序’等句分晓。乃是有本末小大，在学者则须由下学乃能上达，惟圣人合下始终皆备耳。此是一大统会，当时必大有所省，所恨愚暗不足以发师诲耳。胡泳）”胡泳当时未能厘清，深以为憾，黄榦提出说明，适足弥补朱熹所未及言之处。

③ 胡广等纂修：《述而篇》，《论语集注大全》卷七，《四书大全》，第 1225 页。

④ 胡广等纂修：《子路篇》，《论语集注大全》卷十三，《四书大全》，第 1655 页。

⑤ 胡广等纂修：《宪问篇》，《论语集注大全》卷十四，《四书大全》，第 1744—1745 页。

"敬"之为功，乃是孔门指引心法，更是朱熹传学重点，成为黄榦深加留意的德目，工夫在本与末、小与大之间，因此申明"孔门高弟重本务实之意可法也"，以此标准，批评子张有好高之病，而强调"仁之为德，根于人心，惟求之至近，而修其在内者为足"。①至于曾点一节，《论语·先进》"子路、曾晳、冉有、公西华侍坐"章，朱注引程子曰："曾点狂者也，未必能为圣人之事，而能知夫子之志。"《四书大全》引黄榦云：

资禀高，则不局于卑；志量大，则不溺于小；见识明，则异说不能惑；趋向正，则外诱不能移，此点之学，所以人不能及也。人品不同，则学之志亦异，人为技艺之学者，有一见而超然解悟，有终日矻矻而竟无所得者，亦无怪点之独得也。若颜子，则其资禀志量，见识趋向，当无异乎点，而深厚沉潜，淳厚中正，必有过于点者，故其见虽同，而其得则异于点也。点之子参，其见不及乎晳，而其学则近于回，以其用力之笃，则遂与回等，而非点所及也。曰："晳之不及乎回、参，而卒未免为狂者之归，何也？"曰："天下之理，固根于人心，而未尝不形见于事物，为学之方，固当存养乎德性，而亦不可不省察乎实行，夫是以精粗不遗，而表里相应，内外交养，动静如一，然后可以为圣学之全功也。点之志则大，质则高，识则明，趣则远，然深厚沉潜淳实中正之意有不足焉，则见高而遗卑，见大而略小，见识有余，而行不足，趋向虽正，而行则违，此所以不及乎回、参也。虽然，自回、参而论之，点诚有未至，自学者论之，点之所见，岂可忽哉！规规翦翦于文义之间，事为之末，而胸中无所见焉，恐未易以狂语点也。"②

相较于过往学者对于曾点的艳羡赞叹，认为曾点与圣人之志同，有尧舜气象，黄榦的分析更为深入，评论也更为中肯。孔门弟子各具资禀志量，与子路、冉有、公西华相比，曾点志趣高远，胸次悠然，自然得到孔子的认可，然而与颜渊、曾子二人相较，则少了深厚沉潜，有失中正，未达究竟。孔门学术是精粗不遗、表里相应、内外交养之道，因此能够传孔门之学的是颜渊与曾子，有此心法确认，置于理、气之间，才有分判的原则。《孟子·告子上》引"《诗》曰：'天生蒸民，有物有则。民之秉夷，好是懿德。'"朱注引张子曰："形而后有气质之性。"《四书大全》引黄榦云：

学者知理之无不善，则当加存养之功；知气质之有善、有不善，则当施矫揉之力。③

确立孔门心法作用，得见修养工夫的意义，由"学"以定"道"，由"道"而定"统"，最终才能确认儒学传道系谱，《孟子·尽心下》"由孔子而来，至于今百有余岁"章，朱注引"有宋元丰八年，河南程颢伯淳卒"，《四书大全》转引黄榦云：

---

① 胡广等纂修：《子张篇》，《论语集注大全》卷十九，《四书大全》，第1198、1199页。

② 胡广等纂修：《先进篇》，《论语集注大全》卷十一，《四书大全》，第1491页。

③ 胡广等纂修：《告子上》，《孟子集注大全》卷十一，《四书大全》，第2746页。

> 由孔子而后，曾子、子思继其微，至孟子而始著。由孟子而后，周、程、张子继其绝，至朱子而始著。朱子出而自周以来圣贤相传之道，一旦豁然如大明中天，昭晰呈露，然则《集注》所谓百世而下，必有神会而心得之者，而朱子亦当自见其有不得辞者矣。①

朱熹表彰周、程、张子以继孔孟之传，周、程、张子可以入于道统之中，黄榦以朱熹四书之功，可以直承北宋伊洛之学，成就可以入道统之列。"道统"成为指引后儒接续而起的"符号"，召唤学者慨然承担，一代一代赓续为之，既是朱熹揭示之功，也是黄榦援以强化的结果。儒学精微，其用日深，饶有情怀，黄榦表彰朱熹传道地位，深化四书义理内涵，也建构了明儒学术全幅的想象。

## 五、结　　论

《四书大全》征引黄榦文字，集中于《论语》部分，尤其以孔门传学内容分析为多，对于日用操持之间的留意，以及深化道统之传的思考，一方面来自黄榦表彰朱熹学术的学识与志怀；另一方面，明儒似乎也有意将孔门之传与朱门之传建立诠释上的联结，以此证彼，形塑朱熹学术地位，朱熹治学之勤勉，对于四书用力之深，黄榦亲有所见，云：

> 先师之用意于《集注》一书，愚尝亲睹之，一字未安，一语未顺，覃思静虑，更易不置。一日二日而不已，夜坐或至三四更。如此章（按：《论语·卫灵公》"谁毁谁誉"章）乃亲见其更改之劳。坐对至四鼓，先师曰："此心已孤，且休矣。"退而就寝，目未交睫，复见小史持板牌以见示，则是退而犹未寐也。未几而天明矣。用心之苦如此，而学者顾以易心读之，安能得圣贤之意哉！追念往事，著之于此，以为世戒。②

朱熹谦虚谨慎，固不殆言，追求完美的态度，成为黄榦学术尊仰所在，《四书大全》引录黄榦之言，借以确立朱熹道统地位，留下朱熹修改的线索，有助于理解诠释转折的过程。《论语·八佾》"《关雎》乐而不淫"章，《四书大全》引黄榦云："先生晚年再改削《集注》，止于此章。"③《论语·子张》"博学而笃志"章，《四书大全》引黄榦云："《集注》初本谓'心不外驰，而事皆有益'。"④今本则是"心不外驰，而所存自熟"，事在外，心在内，朱熹显然更重视操持，以求释义纯粹。这些细节的记录，大有助于了解朱熹的思考进程。黄榦第一手之观察资料，深切细密的阐释，强化道统与朱熹学术联结，不仅确立朱门集团学术之方向，也成为后世四书学发展的基础。狄伯瑞（William Theodore de Bary）以东亚文明视角，

---

① 胡广等纂修：《尽心下》，《孟子集注大全》卷十四，《四书大全》，第 3041 页。
② 郑元肃录，陈义和编：《勉斋先生黄文肃公年谱》，第 7197—7198 页。
③ 胡广等纂修：《八佾篇》，《论语集注大全》卷三，《四书大全》，第 969 页。
④ 胡广等纂修：《子张篇》，《论语集注大全》卷十九，《四书大全》，第 1976 页。

认为四书是教育的公分母，前近代东亚共享一种类似的思想与道德形态，是以共同内省(inlook)所建立出来的以人为中心的共同展望(outlook)[①]。此一成果来自朱熹努力，固不待言，而黄榦居功厥伟，则有待深入发掘，笔者撮举观察，心得如下：

一、自宋以下，朱熹学术得以传续，黄榦坚定为学，深具信念，《四书大全》建构朱熹、门人、元儒相承的经说体系，引录黄榦说法总共165条，延续朱熹思考，深化四书义理，不仅是深入门人集团的关键，也是了解朱熹之后四书义理发展的重要材料。

二、黄榦绾合朱熹、四书、道统，三者一体的概念，成为后世理解儒学，推尊朱学的缘由，因四书以尊朱熹、以朱熹而承道统，正是黄榦一生用力所在，最终将“敬”之工夫归于圣贤相传系谱当中，形塑立身处世原则，儒学从而有文本、有历史、有情怀。

三、黄榦发展从文理以见义理之思考，掌握仁体成为诠释重点。朱熹《四书章句集注》保留其一生学术进程，只是细节之间，有待梳理，从天道性命，回归于心体掌握，黄榦从不同说法当中，证明其中义理一贯，并无歧出，更能了解朱熹义理之所归。

四、黄榦延续了朱熹对于孔门学术系谱的思考，对于孔门之教，尤其注意，进而及于工夫的思考，由“学”以定“道”，由“道”而定“统”，从理学形上学转向儒学伦理学，由原本形上的辨证，回归于工夫的掌握以及德目的坚持，理学辨析精微的趋向，也随黄榦严毅苦学性格有所转变。

五、《四书大全》征引黄榦文字，集中于《论语》部分，尤其以孔门传学内容分析为多，建立孔门之传，也确立朱门之传的诠释逻辑，朱熹表彰周、程、张子以继绝学，黄榦以朱熹四书之功，直承北宋伊洛之传，道学薪火相传，在于学者有以继之的使命与情怀。

《四书大全》乃是明儒学术基础之所在，朱学来自朱门集团传播的结果，分歧当中，定其脉络，黄榦学术具有指引作用。从《四书大全》征引当中，最终回归工夫落实与道统的强化，可以得见对于朱熹学术的观察以及依循朱熹学术思考的成果，深具学术发展意义。只是本文撮举分析，尚未全面，管见所及，殊无自信，尚祈博雅君子有以教之。

（原载《孔学堂》2020年第2期，
作者单位：台湾政治大学中文系）

① 参见狄伯瑞著，何兆武、何冰译：《东亚文明：五个阶段的对话》，南京：江苏人民出版社，2011年，第57页。

# 中国哲学的认知与悟道

## ——以朱子格物致知为中心

朱人求

中国哲学的认知传统与中国哲学的悟道之旅总是紧密地结合在一起，朱子的格物致知理论最能体现中国哲学的认知与悟道的统一。朱子集宋代儒学之大成，格物致知乃朱子思想之基础与核心。有学者认为，朱子的格物致知论有似于西方的知识论传统①。其实，在朱子的思想世界里，格物致知并非西方意义上的知识论，而是一种通向"悟道"的工夫论，是为学的起点，为道的起点，成圣的起点，也是朱子理学建构的起点，朱子理学的"第一义"。通过格物所得到的道理，朱子称之为"实理"，它不是悬空的，而是落实在具体事物之中的道理，是确定、切己、实行之理。格物致知最终所达到的事物之表里精粗、吾心之全体大用的认知，本身就是一种彻悟性的认知，即达到对最高天理的心领神会——进入悟道的境界。格物致知工夫所展现的认识论本质上是一种工夫认识论②，它以工夫为认识的起点，以悟道为归宿，所获得的知识是指导工夫实践的知识，重视知行合一，以行为目的，指向行为的是非善恶，与西方哲学中的真理认识论有着本质的区别。

### 一、格物致知是《大学》第一义

**何为"第一义？""第一义"最早源于佛学，指佛学的最高真理。**"第一义者，圣智自觉所得，非言说妄想觉境界。"（《楞伽经》卷二）"一切诸法皆是虚假，随其灭处，是名为实，是名实相，是名法界，名毕竟智，名第一义谛，名第一义空。"（《大般涅槃经》卷四十）"理极莫过，名为第一。深有所以，目此为义。"（《胜鬘宝窟》卷上）慧远云："第一义者，亦名真谛。"（《大乘义章》卷一）相对于俗谛之有、

① 如牟宗三，其《心体与性体》认为，朱子格物致知说不仅将形而下之物对象化，而且把形而上的实体依对象化加以处置，这是一种泛认知主义。冯友兰先生在晚期《中国哲学史新编》指出，尽管朱子的格物说在性质上属于道德修养论，但是"格物致知补传"将原本不同的知识和境界扭合在一起，在理论上难以成立。乐爱国《朱子格物致知论研究》也认为格物致知为知识论。随其朱子学研究的不断深入，在很多场合，乐老师公然放弃了这一观点，认同格物致知是工夫论而非知识论。

② 朱子格物致知工夫所展现的认识论既包括山川草木之知，也包括道德认知。在本质上，朱子更重视道德认知，因而，朱子的格物致知是一种兼顾真善而以求善为目标的工夫认识论。

差别、可说、相对性而言，“第一义谛”亦名“第一义空”，它是平等的、不可言说的、绝对的。**在佛老的思想世界里，“第一义”皆不可说。**① 在朱子看来，“格物致知是《大学》第一义，修己治人之道无不从此而出。”（《答宋深之》（五），《朱文公文集》卷五八）**把“格物致知”视为“第一义”，它可知可说亦可行，既是起点又是终点，这是朱子对“第一义”的儒学解答，也是朱子对“格物致知”学说的创新与发展。**

**格物致知**②**是为学的起点，是为道的起点，也是成圣的起点。**朱子一生尤致力于《大学》，自称平生精力皆在此书，因为《大学》是进入圣贤的门户，而格物致知又是《大学》最初用功的地方。“为学之初，在乎格物。恪。”（《朱子语类》卷十四）“《大学》是圣门最初用功处，格物又是《大学》最初用功处。”（《答宋深之》（三），《朱文公文集》卷五八）格物不仅是《大学》八条目的起点，也是学者开始学习、开始进入圣贤大道的起点。格物致知乃《大学》之精神旨趣，是“第一义”，儒家的修己治人之道都从这里生发出来。朱子认为，读书应从《大学》开始，首先立定一个规模，打下坚实的基础；再读《论语》，立定为人为学的根本；再读《孟子》，观其发展与超越；然后才读《中庸》，去体会古人精神的微妙之处。《四书》是六经的浓缩精华版，六经的精神都体现在这里，而《大学》则是六经之浓缩精华。③

**为学的目的在于成圣。**“人多教践履，皆是自立标置去教人。自有一般资质好底人，便不须穷理、格物、致知。此圣人作今大学，便要使人齐入于圣人之域。榦。”（《朱子语类》卷十五）圣人创作《大学》的目的就是要所有人都能超凡入圣，一起进入圣人的境域，其中最为关键的地方就在于“格物”二字。**简言之，格物致知是成圣的重要关口。怪不得朱子反复宣称，格物致知是凡圣关，是梦觉关。**“《大学》物格、知至处，便是凡圣之关。物未格，知未至，如何杀也是凡人。须是物格、知至，方能循循不已，而入于圣贤之域，纵有敏钝迟速之不同，头势也都自向那边去了。今物未格，知未至，虽是要过那边去，头势只在这边。如门之有限，犹未过得在。伯羽。”（《朱子语类》卷十五）“格物是梦觉关。格得来是觉，格不得只是梦。诚意是善恶关。诚得来是善，诚不得只是恶。过得此二关，上面工夫却一节易如一节了。到得平天下处，尚有些工夫。只为天下阔，须

---

① “第一义者，即无上甚深之妙理也。……经云：甚深之理不可说，第一义谛无声字。”（《大集经》）“道可道，非常道。”（《老子》第一章）

② 关于格物致知，陈来先生有一个精当的界定。他指出，在朱熹看来，所谓“格物”包含三个要点，第一是“即物”，第二是“穷理”，第三是“至极”。（陈来：《朱子哲学研究》，上海：华东师范大学出版社，2000 年，第 285 页）朱熹所说的“致知”只是主体通过考究物理，在主观上得到的知识扩充结果。……仅就“致知”的本身意义来说，指扩充、充广知识。……知至指致知的终极境界而言。（同上，第 288—290 页）

③ 朱子云：“《大学》是为学纲目。先通《大学》，立定纲领，其他经皆杂说在里许。”（《朱子语类》卷十四）

着如此点检。夔孙。”（《朱子语类》卷十五）格得来就是觉悟，格不来就如做梦一般。做到了“物格”和“知至”就是圣人，做不到就是凡夫俗子。在这里，朱子有一个非常精彩的比喻，他说，八条目好比一个个竹节，一旦打通一个就是圣人境界，而最最基础的关口就是“格物”。

**在朱子的思想世界里，为学、为道与成圣三位一体。**有学生问朱子：“格物工夫未到得贯通，亦未害否？”朱子果断地回答说：“这是甚说话！而今学者所以学，便须是到圣贤地位，不到不肯休，方是。但用工做向前去，但见前路茫茫地白，莫问程途，少间自能到。卓。”（《朱子语类》卷十五）“致知、格物，便是‘志于道’。义刚。”（《朱子语类》卷十五）“凡人有志于学，皆志于道也。僩。”（《朱子语类》卷二六）“物格、知至，则自然理会得这个道理，触处皆是这个道理，无不理会得。生亦是这一个道理，死亦是这一个道理。恪。”（《朱子语类》卷二六）所谓格物致知，既是为学亦是为道。学即学道，学以成圣，为学、格物致知皆为成圣的工夫。“道者，事物当然之理。”（《论语集注》卷一）格物致知就是即物穷理，穷尽事物所以然之理与所当然之则，穷到极处即为知至，即为致知，进入悟道的境域，成就圣人人格。

**格物致知是朱子理学的出发点。**朱子认为：“**《大学》是为学纲目。先通《大学》，立定纲领，其他经皆杂说在里许。**”（《朱子语类》卷十四）古人做学问有自己特定的程序和次序，其中《大学》是做学问的纲领，精通《大学》，其他各经都在这里。朱子以“格物致知”为《大学》“第一义”，而“格物是学者始入道处”（《大学或问》）。朱子指出：“人多把这道理作一个悬空底物。大学不说穷理，只说个格物，便是要人就事物上理会，如此方见得实体。**所谓实体，非就事物上见不得。**且如作舟以行水，作车以行陆。今试以众人之力共推一舟于陆，必不能行，方见得舟果不能以行陆也，此之谓实体。德明。”（《朱子语类》卷十五）道理不是悬空的事物，只有通过格物才能穷理。格物必须落实在具体的事物上，格物穷理要在具体事物之中验证，如作舟以行水，作车以行陆。道理的真伪必须通过具体事物来证实或证伪，如果我们共推一舟行于陆地，则必不能行。**通过格物所得到的道理是“实理”，它不是悬空的，而是落实在具体事物之中的道理，是确定、切记、实行之理。究竟什么是“实理”，在不同的理论前提下，朱子有不同认识。首先，在理气论的前提下，朱子之“实理”是离不开气的“实理”。**“性即气，气即性，它这且是羇说；性便是理，气便是气，是未分别说。其实理无气，亦无所附。夔孙。”（《朱子语类》卷五）也就是说，有了“气”，理才真正得以落实。**其次，在“性即理”的前提下，朱子认为性就是实理。**“性是实理，仁义礼智皆具。德明。”（《朱子语类》卷五）理无可捉摸，因而“格物，不说穷理，却言格物。盖言理，则无可捉摸，物有时而离；言物，则理自在，自是离不得。释氏只说见性，下梢寻得一个空洞无稽底性，亦由他说，于事上更动不得。贺孙。”（《朱子语类》卷十五）所以实理必须落实在具体的人性上，落实在仁义礼智等具体的德性之中。**再次，**

**在诚学中，诚就是实理，忠信是实理。**“诚，实理也，亦诚悫也。节。”（《朱子语类》卷六）又说：“忠即是实理。忠则一理，恕则万殊。时举。”“忠信，实理也。道夫。”（《朱子语类》卷二六）**第四，实理乃确定之理。**“淳录云：实理与实见不同。盖有那实理，人须是见得。见得恁地确定，便是实见。若不实见得，又都闲了。”（《朱子语类》卷二六）唯有见得确定才是实见。**第五，实理为切己之理。**“且穷实理，令有切己工夫。若只泛穷天下万物之理，不务切己，即是《遗书》所谓‘游骑无所归’矣。德明。”（《朱子语类》卷二六）**最后，实理是可“实行”之理。**“致知所以求为真知。真知，是要彻骨都见得透。道夫。”（《朱子语类》卷十四）“真知”为能力行之知，能体验能践履之知。“知而未能行，乃未得之于己，此所谓知者亦非真知也。真知则未有不能行者。”（《杂学辨》，《朱文公文集》卷七二）

**朱子理学以“理”为标识。理是万物的本体，既是宇宙秩序的最高准则，也是现实秩序的最高准则。**格物即穷理，穷得“实理”，它既是本体之理，也是性即理，其内容包括仁义礼智。格物就是格“心”，是成圣的工夫，格物致知的完成也是圣人境界的实现。可见，格物致知的结果既可以获得外在事物之知，获得物之理，有认识论的意义；然而，在本质上，格物致知是为了成圣，是成圣的工夫，格物致知更多获得的是性之理，是德性之知，它的完成也是圣人境界的完成。概而言之，格物致知是连接朱子哲学本体论、知识论、心性论、工夫论和境界论的关节点。

**正是在此意义上，作为第一义的“格物致知”便成为《大学》最重要、最吃紧处，要紧处，成为《大学》的着力点，成为朱子思想体系的核心和宗旨，成为朱子学问之“第一义”。**先生问：“大学看得如何?”曰：“大纲只是明明德，而着力在格物上。”“此一书之间，要紧只在‘格物’两字，认得这里看，则许多说自是闲了。初看须用这本子，认得要害处，本子自无可用。某说十句在里面，看得了，只做一句说了方好。某《或问》中已说多了，却不说到这般处。贺孙。”（《朱子语类》卷十四）因此，四库馆臣认为，“朱子之学，大旨主于格物穷理”（《四库全书总目提要·〈近思录〉提要》）。**或许，在更为严格的意义上，我们应该这样说：朱子之学，大旨主于格物致知。**

**关于为学之“第一义”，不同的思想家有不同的答案。**张载曰：“圣人之意莫先乎要识造化，既识造化，然后其理可穷。”（《横渠易说·系辞上》）程颢称：“学者须先识仁”（《二程遗书》卷二上），程颐认为，“君子之学，必先明诸心，知所养（一作往），然后力行以求至，所谓自明而诚也”（《伊川文集·杂著·颜子所好何学论》，《二程文集》卷九），朱子则视“格物致知”为“第一义”。《大学》是初学入德之门，是为学为道的起点，格物致知则为《大学》之起点与精神，这是一个门槛较低的为学、求道之路径，普通士人皆可由此登堂入室，一窥圣贤之学之奥妙。**相对于张载、程颢、程颐，朱子把“格物致知”作为“第一义”，这既是一种学术创新，也是一种学术下移。**正是由于朱子的学问从格物致知开始，普通士子以至于圣贤皆可由此为学、进德、入道，因而，朱子思想接受面更加广泛，朱子学也能得到更多的拥护和支持，对民众教化更具有普遍意义。

## 二、格致工夫与悟道

一直以来，人们对朱子的格物致知论误解较多。诸多哲学史教科书里多把它视为认识论范畴，殊不知，在朱子思想世界中，**格物致知本质上是一种工夫论**[①]。朱子认为，《大学》八条目中，**格物、致知、诚意、正心、修身都是“明明德”的工夫。**“修身以上，明明德之事也。齐家以下，新民之事也。”（《大学章句》）“如今说格物，只晨起开目时，便有四件在这里，不用外寻，仁义礼智是也。如才方开门时，便有四人在门里。僩。”（《朱子语类》卷十五）子渊说：“格物，先从身上格去。如仁义礼智，发而为恻隐、羞恶、辞逊、是非，须从身上体察，常常守得在这里，始得。”曰：“人之所以为人，只是这四件，须自认取意思是如何。贺孙。”（《朱子语类》卷十五）“明明德”是《大学》三纲领的第一条，意思是发明和弘扬内心光明的道德，其具体内容就是仁义礼智，也就是朱子所说的先天至善的人性。他还说，格物致知就是“明善”的工夫。今天我们讲格物致知，就好像每天早上我们睁开双眼，就有四件东西在我身心之中，完全用不着到外面去寻找，它们就是仁义礼智。就好像刚开门的时候，便有四个人在门里边。格物就是彰显自己内心的仁义礼智等道德，内心光明照彻，一片澄明，没有一丝一毫的昏昧。要言之，格物就是要穷尽到事物的尽头，懂得事物的是与非，对与错，然后付诸行动。格物就是要在自己身上体验出一个是与非来，曾子的“日三省吾身”就是指格物。[②] 既然格物只是要自己身上体验出一个是非，格物之“物”又当作何理解？朱子之“物”，乃指“事物”，“自一念之微，以至事事物物”皆为“物”之范畴。朱子云：“圣人只说‘格物’二字，便是要人就事物上理会。且自一念之微，以至事事物物，若静若动，凡居处饮食言语，无不是事，无不各有个天理人欲。须是逐一验过，虽在静处坐，亦须验个敬、肆。敬便是天理，肆便是人欲。德明。”（《朱子语类》卷十五）然而，就自家身心上体验出“是与非”、“敬与肆”、“天理与人欲”而

---

① 工夫论是宋明理学的核心架构，通过工夫修炼成就道德，成就圣人人格与境界。山井湧指出，“宋学之本质性特质”就是“修养之学”，理气哲学构成其理论基础。（山井湧：《明清思想史の研究》，东京：东京大学出版会，1980 年，第 18 页）中纯夫认为，所谓工夫，就是当“本来性”（理想、圣人、天地之性）与“现实性”（现实、凡夫、气质之性）同时被觉察，而后方才出现之物。（参见杨儒宾、祝平次编：《儒学的气论与工夫论》，台北：台湾大学出版中心，2005 年，第 304 页）工夫论就是对儒家修养之学的理论概括，通过工夫修炼，儒者经由下学而上达、经由现实性而走向本来性，实现悟道成圣的终极目标。

② 朱子云：“‘格物’二字最好。物，谓事物也。须穷极事物之理到尽处，便有一个是，一个非，是底便行，非底便不行。凡自家身心上，皆须体验得一个是非。若讲论文字，应接事物，各各体验，渐渐推广，地步自然宽阔。如曾子‘三省’，只管如此体验去。德明。”（《朱子语类》卷十五）。

言，朱子的格物之“物”主要指“人伦日用之事”，其致知之“知”主要指对生命意义的领悟和儒家价值的认同，格物致知乃在于确证内心固有仁义礼智等道德原则，寻找生命存在的社会意义与精神境界，以达到“心与理一”的最高觉悟和最高境界——道的境界、圣人境界。

**格物与致知是一个工夫**①。在《朱子语类》中，朱子与弟子反复讨论格物致知工夫的辩证统一，如一个硬币的一体两面。“致知、格物，只是一个。道夫。”“格物，是逐物格将去；致知，则是推得渐广。赐。”“格物，是物物上穷其至理；致知，是吾心无所不知。格物，是零细说；致知，是全体说。时举。”“致知，是自我而言；格物，是就物而言。若不格物，何缘得知。而今人也有推极其知者，却只泛泛然竭其心思，都不就事物上穷究。义刚。”“格物，以理言也；致知，以心言也。恪。”“格物，只是就事上理会；知至，便是此心透彻。广。”“格物，便是下手处；知至，是知得也。德明。”（《朱子语类》卷十五）朱子认为“格物”、“致知”不能截然分为两段。相对而言，“格物”是就外物而言，“致知”是对自我而言，但二者是一个整体，是一个过程的两个方面。如果没有格物，我们怎么能获得知识？致知必须经过格物才能实现。“格物致知”是一体贯通。格物，就是在事物上穷其至理；致知就是我的内心无所不知。就物而言，谓之“格物”；就我而言，谓之“致知”。**具体而言，即是“格物”；总体而言，就是“致知”。格物，是零碎地说；致知，是全体地说。以理而言，叫格物；以心而言，是致知。**格物，只是就事上理会；知至，便是此心透彻。格物是下手处，知至即获得了真知。通过“格物”而“致知”，这就是朱子所说的“致知在格物”。朱子的“格物致知”一体贯通说是对《大学》“致知在格物”的继承与发展。“古之欲明明德于天下者，先治其国；欲治其国者，先齐其家；欲齐其家者，先修其身；欲修其身者，先正其心；欲正其心者，先诚其意；欲诚其意者，先致其知，致知在格物。”（《大学》第二章）与诚意、正心、修身、齐家、治国、平天下的先后顺序不同，致知与格物没有用先后来阐释，“致知在格物”。“在”即此在，就在当下，在场，因而，致知与格物二者是二而一的关系。“格物、致知，彼我相对而言耳，格物所以致知。……所以大学说‘致知在格物’，又不说‘欲致其知者在格其物’。盖致知便在格物中，非格之外别有致处也。又曰：‘格物之理，所以致我之知。’僩。”（《朱子语类》卷十八）**《大学》说“致知在格物”包含两层意思，一方面，致知就在格物之中，非“格”之外还有一个“推致”的地方；另一方面，格物之理，就是推致我心中的知识，格物所以致知。**于这一物上穷得一分之理，即我之知亦知得一分；于物之理穷二分，即我之知亦知得二分。朱子甚至宣称，一旦格物“格”到“里”的层次和“精”的层次，实质上

---

① 陈来先生也认为，格物致知二者不可分割。他说：“致知作为格物的目的与结果，并不是一种与格物并行、独立的以主体自身为认识对象的认识方法或修养方法。……一方面格物以致知为目的，另一方面致知是在格物过程中自然实现的。”（陈来：《朱子哲学研究》，上海：华东师范大学出版社，2000年，第288—289页）

已经到了“知至”，也就是到了“致知”的境地。[①] 因此，**格物致知工夫是表里精粗的贯通，主观与客观的统一，分析与综合的融通，起点与终点的融合。**

那么，怎样才能格物致知呢？朱子指出：“格物须是到处求。博学之，审问之，慎思之，明辨之，皆格物之谓也。若只求诸己，亦恐见有错处，不可执一。伊川说得甚详：或读书，或处事，或看古人行事，或求诸己，或即人事。复曰：于人事上推测，自有至当处。浩。”（《朱子语类》卷十八）朱子认为，格物致知无所不在，我们在生活中随时格物，随处格物。**格物致知首先要读书，**读书是格物致知的最重要的一件事情。一书不读就少了一书的道理，一物不格就少了一物的道理。“格物致知”的目的就是通过博览群书，品评古今人物，通过应接事物，运用天下万物所体现的天理，来印证吾心所固有的伦理，即“合内外之理”。尽管万物的道理是一致的，但是，要穷尽天下的道理并非穷得一个道理就能达到。格物致知需要循序渐进，今日格一物，明日格一物，一旦豁然贯通，就能领悟到最高的天理。**其次，朱子十分推崇“静坐”[②]。**他教导弟子郭德元半日读书，半日静坐，这样坚持一两年，一定能取得很大的进步。“半日静坐，半日读书。如此一二年，何患不进。僩。”（《朱子语类》卷一一六）“穷理以虚心静虑为本。淳。”（《朱子语类》卷九）静坐与穷理相互补益，静坐能够平心静气，这也是穷理的前提。**再次，自我反省就是格物。**朱子之学是为己之学，即完善自己道德的学问，格物致知必须从我做起，从自身修养做起，自我反省就是格物。“格物，须是从切己处理会去。待自家者已定迭，然后渐渐推去，这便是能格物。道夫。”（《朱子语类》卷十五）**最后，只有在“人伦日用”上痛下工夫，在处事接物中磨炼，方能实现格物致知之功，进入圣贤之域。正是在此意义上，“日本学界一般以为所谓理学所谓的‘工夫’，乃是以达到‘圣人’为目的而从事‘意识性修为’。”**[③]

格物致知作为一种入门的工夫法门，经由工夫的修炼，最终达到悟道的境界，圣人的境界。朱子认为，《大学》“格物致知”有经无传，于是仿照古人的意思写了一段“格物致知补传”：“所谓致知在格物者，言欲致吾之知，在即物而穷其理也。盖人心之灵，莫不有知；而天下之物，莫不有理；惟于理有未穷，故其知有不尽也。是以大学始教，必使学者即凡天下之物，莫不因其已知之理而益穷之，以求至乎其极。至于用力之久，而一旦豁然贯通焉，则众物之表里精粗无不到，

---

① 朱人求：《朱子“全体大用”观及其发展演变》，《哲学研究》，2015 年第 11 期，第 39—48 页。

② 静坐是宋明理学家十分重视的一项身心修炼的工夫。关于静坐，朱子有大量的书信和语录，其中关于“静坐”的语录有 101 条，其他著作中有 42 条，他指示弟子“跏趺静坐，目视鼻端，注心脐腹之下，久自温暖，即渐见功效矣”（《答黄子耕》，《朱文公文集》卷五一）。还有专门的《调息箴》，资料之丰富，在宋明理学家中尤为突出。当然，朱子反对一味的“静坐”，“如此今若无事，固是只得静坐，若特地将静坐做一件工夫，则却是释子坐禅矣”（《答张元德》，《朱文公文集》卷六二）。

③ 藤井伦明：《日本研究理学工夫论之概况》，参见杨儒宾、祝平次编：《儒学的气论与工夫论》，台北：台湾大学出版中心，2005 年，第 306 页。

而吾心之全体大用无不明矣。”这是朱子对格物致知的集中阐释，也是其晚年定论。朱子认为，格物的核心就是穷理，即穷尽事物的道理并认识到极致，对事物无所不知。致就是扩充、推广到极致，知就是识。扩充我的知识，就要做到知无不尽。这就是说，探求自然、社会与人生的奥秘，不可只停留在表面，要达到它的极处，即达到事物本质的认知。只有持久努力，一旦豁然贯通，则事物的表里精粗、内心的全体大用都能彻底认知，获得一种彻悟性的知识，达到对最高天理的心领神会，也就是悟道的境界。这就叫做“物格”，叫做“知至”。**既然工夫修炼的终极目标就是悟道，那么我们如何经过今日格一物，明日格一物，然后达到“豁然贯通”，实现悟道呢？悟道何以可能？经由格物致知而悟道的境界又是一种怎样的境界呢？**

## 三、心与理一：认知与悟道的境界

朱子的格物致知通过接触事物、穷尽事物之理而“豁然贯通”，从而达到“众物之表里精粗无不到，而吾心之全体大用无不明”，实现“心与理一”的悟道境界。这里就有一个疑问：内在之“心”与外在之“理”之间如何能够贯通？也就是说，“豁然贯通”何以可能？或者说悟道何以可能？“豁然贯通”，实现“心与理一”的悟道境界必须满足以下几个条件：“心”能贯通，“理”能贯通，“心”与“理”能够贯通或者“心”与“理”本来贯通。在朱子的思想世界里，上述条件皆可满足。

**首先，朱子认为，心有全知。**“心者，人之神明，所以具众理而应万事者也。”（《孟子集注·尽心上》）“若夫知，则心之神明，妙众理而宰万物者也，人莫不有。而或不能使其表里洞然，无所不尽，则隐微之间，真妄错杂，虽欲勉强以诚之，亦不可得而诚矣。”（《大学或问》上）“知”是“心之神明”，人人具有。心有全知全能，具有所有的道理而能主宰万物，能应接万事。为什么有人不能全知全能？主要是因为真妄错杂，缺乏内心的真诚。有时候朱子也把心不能全知归因于气禀的偏差。“人心莫不有知。所以不知者，但气禀有偏，故知之有不能尽。子蒙。”（《朱子语类》卷十四）

**其次，理一分殊。**“天地之间，理一而已。”（《西铭解义》）理只有一个终极的天理，这样悟道才有可能。天地之间的“一理”落实在万事万物之中，万事万物又各自分享了这个“理”。朱子云：“伊川说得好，曰：‘理一分殊。’合天地万物而言，只是一个理；及在人，则又各自有一个理。夔孙。”（《朱子语类》卷一）《中庸或问》说：“天下之理未尝不一，而语其分则未尝不殊。”“理一分殊”与“格物”密切联系在一起。“傅问：‘而今格物，不知可以就吾心之发见理会得否？’曰：‘公依旧是要安排，而今只且就事物上格去。如读书，便就文字上格；听人说话，便就说话上格；接物，便就接物上格。精粗大小，都要格它。久后会通，粗底便是精，小底便是大，这便是理之一本处。'夔孙。"（《朱子语类》卷十五）也就是说，"格物"只是就具体事物上去穷究万物之"理"，其会通就是"理一"

**第三，心能全知。**心有全知，总天地之间只有一个理，只是具备豁然贯通的前提。只有心能全知，才能与天下万物之理无所不知，豁然贯通才真正得以实现。"以其理之同，故以一人之心，而于天下万物之理无不能知。"（《大学或问》）"问：致知在格物。曰：知者，吾自有此知。此心虚明广大，无所不知，要当极其至耳。今学者岂无一斑半点，只是为利欲所昏，不曾致其知。大雅。"（《朱子语类》卷十五）所谓致知，即扩充自己的知识，把内心之知推至极致，完成悟道的突破。

**第四，心与理一。**在朱子的思想世界里，心与理本来就是贯通的。理在心中，理与心一，如果没有心，理便没有着落处。问："心是知觉，性是理。心与理如何得贯通为一？"曰："不须去着实通，本来贯通。""如何本来贯通？"曰："理无心，则无着处。节。"（《朱子语类》卷五）"心与理一，不是理在前面为一物，理便在心之中，心包蓄不住，随事而发。"（《朱子语类》卷五）理在心中，随事而发。那么，理与心谁是最高的主宰？问："天地之心，天地之理。理是道理，心是主宰底意否？"曰："心固是主宰底意，然所謂主宰者，即是理也，不是心外别有个理，理外别有个心。夔孙。义刚同。"（《朱子语类》卷一）在这里，朱子仍然坚持了他的理本论的立场，尽管"心"有主宰的意义，但在心与理的关系上，理才是主宰的根源。问："或问云：'心虽主乎一身，而其体之虚灵，足以管乎天下之理；理虽散在万物，而其用之微妙，实不外乎一人之心。'不知用是心之用否？"曰："理必有用，何必又说是心之用！夫心之体具乎是理，而理则无所不该，而无一物不在，然其用实不外乎人心。盖理虽在物，而用实在心也。"又云："理遍在天地万物之间，而心则管之；心既管之，则其用实不外乎此心矣。然则理之体在物，而其用在心也。"次早，先生云："此是以身为主，以物为客，故如此说。要之，理在物与在吾身，只一般。焘。"（《朱子语类》卷十八）

既然"心""理"皆能贯通，"心"与"理"本来贯通，为什么在现实中我们无法贯通、无法悟道呢？朱子的解答是，由于气禀昏愚或人欲之私，故人不能格至其理（穷理），心不能推致其知（尽心），心与理被割裂为两截，无法贯通为一。问："心之为物，众理具足，所发之善固出于心，至所发不善皆气禀物欲之私，亦出于心否？"曰："固非心之本体，然亦是出于心也。"又问："此所谓人心否？"曰："是。木之。"（《朱子语类》卷五）郭叔云问："为学之初，在乎格物。物物有理，第恐气禀昏愚，不能格至其理。"曰："人个个有知，不成都无知，但不能推而致之耳。格物理至彻底处。恪。"（《朱子语类》卷十五）"心与理一"还具有明辨儒释之别的意义。"吾以心与理为一，彼以心与理为二，亦非固欲如此，乃是其所见处不同。彼见得心空而无理，此见得心虽空而万物咸备也。虽说心与理一，而不察乎气禀、物欲之私，亦是见得不真，故有此病，此《大学》所以贵格物也。"（《答郑子上第十五》，《朱文公文集》卷五六）在朱子看来，佛家仅把心视为知觉，其中空虚无理；而儒家见得“心具众理”“心与理一”，因此能依理修养，从而避免佛家的空疏之弊，这也是《大学》重视“格物”的原因。

**那么，如何到达“心与理一”，完成儒家悟道之旅？** 在朱子看来，我们至少可以从穷理和尽心两个层面入手，从而实现合内外之道，实现“心与理一”的悟道之境。

**悟道只需穷理。万物各具其理，万理归于一理。** 万物之理由“不尽”到“尽”，当然与总天地万物之理一与客观世界的万事万物的分殊之理有密切的关联。格物致知便是即物穷理，穷尽事物之理即可贯通。朱子认为理内在于心而为心之“全体”，但也散在万物，万物各有其理，故应内外兼修，诚心正意，“今日格一物，明一格一物”“及其真积力久而豁然贯通焉”（《大学或问》卷二）。一旦豁然贯通，则内与外，天与人，心与理皆合而为一。“穷理格物，如读经看史，应接事物，理会个是处，皆是格物。只是常教此心存，莫教他闲没勾当处。公且道如今不去学问时，此心顿放那处？贺孙。”（《朱子语类》卷十五）格物致知需要循序渐进，今日格一物，明日格一物，今日明日积累既多，即可豁然贯通。“上而无极、太极，下而至于一草、一木、一昆虫之微，亦各有理。一书不读，则阙了一书道理；一事不穷，则阙了一事道理；一物不格，则阙了一物道理。须着逐一件与他理会过。道夫。”（《朱子语类》卷十五）“今日明日积累既多，则胸中自然贯通。如此，则心即理，理即心，动容周旋，无不中理矣。先生所谓‘众理之精粗无不到’者，诣其极而无余之谓也；‘吾心之光明照察无不周’者，全体大用无不明，随所诣而无不尽之谓。《书》之所谓睿，董子之所谓明，伊川之所谓说虎者之真知，皆是。此谓格物，此谓知之至也。泳。”（《朱子语类》卷十八）

**尽心亦可悟道。** 朱子认为，天下之理一而分殊，心具众理，心包万理。故“学问之道”没有其他途径，只需找回失落的“本心”。“盖人只有个心，天下之理皆聚于此。……孟子只说，学问之道，求其放心而已矣。雉。”（《朱子语类》卷二十）既然“心具众理”，我们“穷尽”“心之全体”就能穷理致知。朱子认为，“尽心”就是“知至”。“心者，人之神明，所以具众理而应万事者也。性则心之所具之理，而天又理之所从以出者也。人有是心，莫非全体，然不穷理，则有所蔽而无以尽乎此心之量。故能极其心之全体而无不尽者，必其能穷夫理而无不知者也。既知其理，则其所从出。亦不外是矣。以大学之序言之，知性则物格之谓，**尽心则知至之谓也。**”（《孟子集注·尽心上》）在《孟子·尽心上》中，朱子直接把“尽心”理解为“知至”，即“致知”的完成。其实，“致知乃本心之知。盖卿。”（《朱子语类》卷十五）“格物”的目的也在于“明此心”，“格物所以明此心”（《朱子语类》卷一一八）。一切只需向内寻求，心即理，“明此心”即是“明此理”，朱子认为，“心固是主宰底意，然所谓心者，即是理也，不是心外别有理，理外别有个心。夔孙。义刚同。”（《朱子语类》卷一）经由“尽心”的工夫，就可以实现致知，实现

“心与理一”，完成悟道之旅。朱子指出，人之所以为学，唯有尽心与穷理两条途径。人之一心，具众理而应万事。存心为穷理之本，穷理则可致尽心之功。“人之所以为学，心与理而已矣。心虽主乎一身，而其体之虚灵，足以管乎天下之理；理虽散在万物，而其用之微妙，实不外乎一人之心，初不可以内外精粗而论也。……是以圣人设教，使人默识此心之灵而存之，于端庄静一之中，以为穷理之本；使人知有众理之妙而穷之，于学问思辨之际，以致尽心之功。”（《四书或问》卷三九）**尽心与穷理相互补益，相互促进，二者不可偏废。**朱子反对不接触事物仅从心上求理的倾向，认为，“枯槁其心，全与物不接，却使此理自见，万无是事”（《朱子语类》卷一二一）。穷尽其心，不与物接而“理自见”，在朱子看来是绝无可能之事。

**豁然贯通意味着格物致知就是合内外之道。**朱子云：“格物，以理言也；致知，以心言也。恪。”“格物，只是就事上理会；知至，便是此心透彻。广。”（《朱子语类》卷十五）“大凡道理皆是我自有之物，非从外得。所谓知者，便只是知得我底道理，非是以我之知去知彼道理也。道理固本有，用知，方发得出来。僩。”（《朱子语类》卷十七）“格物”指理而言，是就事上去理会道理，是零碎的单个地去求理；“致知”则是指心而言，是内在的，是从整体上对理的认知，是此心透彻。合内外之道意味着外在之“理”与内在之“心”合二为一，“事上理会”与“此心透彻”毫无间隔。“格物致知，彼我相对而言耳。格物所以致知，于这一物上穷得一分之理，即我之知亦知得一分。于物之理穷二分，即我之知亦知得二分。于物之理穷得愈多，则我之知愈广。其实只是一理，才明彼，即晓此。所以《大学》说‘致知在格物’。又不说‘欲致其知者在格其物’，盖致知便在格物中，非格之外别有致处也。又曰：‘格物之理，所以致我之知。’僩。”（《朱子语类》卷十八）“物格后，他内外自然合。盖天下之事，皆谓之物，而物之所在，莫不有理。且如草木禽兽，虽是至微至贱，亦皆有理。道夫。”（《朱子语类》卷十五）理在物之中，又在心中，格物致知就是通过外在的格物来彰显内心固有的天理。我们在物上穷得一分道理，内心的道理也就彰显一分；穷得愈多，内心也就知得愈广；穷得十分，也就知得十分，内心就一片光明澄澈，这就是“知至”，就是“致知”。到了物格之后，自然就知至了，自然就能合内外之道。

**格物致知的最后，就是悟道，到达圣人境界，也就是“心与理一”的境界。在朱子看来，**“心与理一”的境界就是圣人“从心所欲不逾矩”的自由境界。或曰：“从心所欲不逾矩何也？”曰：“此圣人大而化之，心与理一，浑然无私欲之间而然也。自耳顺及此，十年之间，无所用力，而从容自到，如春融冻释，盖有莫知其所以然而然者。此圣人之德之至，而圣人之道所以为终也。”（《论语或问》卷二）舜之心纯然天理，没有一丝一毫的私欲，其行为自然而然，无须任何勉强和努力，完全达到“心与理一”的境界。“或问：大舜之善与人同，何也？曰：……惟舜之心无一毫有我之私，是以能公天下之善以为善，而不知其孰为在已、孰为在人，所谓善与人同也。……又以见其心与理一，安而行之，非有利勉之意也。此二句本一事，特交互言之，以见圣人之心表裹无间如此耳。”(《孟子或问》卷三)“心与理一”还是仁者的境界，当然也是圣人的境界。孔子曾说“仁者不忧”(《论语·子罕》)，方子录云：“仁者，理即是心，心即是理。有一事来，便有一理以应之，所以无忧。”恪录一作：“仁者，心与理一，心纯是这道理，看甚么事来，自有这道理在处置他，自不烦恼。恪。”(《朱子语类》卷三七)如果说“心与理一”对常人而言只有在心之本体的意义上才能成立，那么对圣人而言，“心与理一”则获得了完满的现实性，即圣人的一举一动都出于理，自然而然，不假强制，从容中道。在朱子看来，人之所以会有所忧虑，乃是因为在突然遇到事情的情况下，心中没有理来应对，这本质上是因为人气禀所偏而产生的私欲使心丧失了本然的状态。而圣人则是心中无丝毫私欲杂念的仁者，即由心所发出的一切思虑都自然合理，因此凡遇事之时都能以理应之，故“圣人不忧”。

## 结语：工夫认识论与真理认识论

《大学》格物致知所展现的认识论是一种工夫认识论[①]。何谓工夫认识论？就是基于工夫实践而获得的系统化理论化的认识理论，工夫认识论的起点为工夫，获得的知识是指导工夫实践的知识，重视知行合一，以行为目的，指向行为的是非善恶，其终极目标为悟道。**中国哲学中的工夫认识论兼具实践品格、理论品格和技艺品格，与西方哲学中的真理认识论有着本质的区别，是一种全新的全面的新型认识论。**

**首先，工夫认识论以工夫为起点，是一种基于工夫的认识论；真理认识论以本体为起点，是一种基于本体的认识论。**工夫构成了中国哲学的核心，经由工夫论，我们可以认识事物，追寻本体，完成悟道，实现最高的境界。朱子指出，“格物是学者始入道处”(《大学或问》)。经由格物致知，我们可以达到“道”的境界。西方的ontology或古典形而上学体系，属于基于本体的认识论。它先有一个本体的概念，然后用来认知外部的世界，并形成自己的知识论系统。

**其次，工夫认识论的知识从属于工夫论系统，以服务工夫为目的，是指导工夫的知识，工夫才是第一位的。**判别工夫认识论的标准也就是好与坏、是与非、

① 倪培民认为，从西方哲学的视角来看，中国哲学似乎拙于认识论。这是因为西方哲学的核心关注是真理认知，而中国哲学传统则更关注知“道”。从后者的角度来看，认识论需要突破其真理认知的狭隘框架，形成一个包括技能之知、默会之知、熟识之知、程序之知等知识种类的广义的知识——“功夫之知”，或生活的艺术——的学问。功夫认知要求体身化，即身体的参与和把所知变为身体的内容，它还要求知道“不知”甚至“弃知”的价值。功夫认知需要对语言的语用功能有足够的认识。功夫认知要求功夫主体的全面修炼，即人的内在转化和面向万物的扩展，而不仅仅是理智的培养和资讯的获得。参见倪培民：《知“道”——中国哲学中的功夫认识论》，《文史哲》，2019年第4期，第94—113页。

有效与无效。在工夫认识论中，知识的目的是为了指导工夫实践，知与行要求一致。“致知、格物，固是合下工夫，到后亦离这意思不得。学者要紧在求其放心。若收拾得此心存在，已自看得七八分了。如此，则本领处是非善恶，已自分晓。贺孙。”（《朱子语类》卷十五）所谓“格物就是明是非、知善恶”，格物致知所达到的认知是“真知”，“真知”必能行。真理认识论从属于本体论系统，本体是第一位的，它是静态的，外在的。对本体的认识，对外在世界的认识构成了真理认识论的全部内涵，真理是客观的真理，纯粹的理念的真理。判别真理的标准是实践，是主观与客观的统一。在这里，人们为知识而知识，知与行是割裂的。

**最后，工夫认识论以求“善”为皈依，真理认识论以求“真”为目的。**工夫认识论以指导人们的工夫实践为目的。在中国哲学世界中，道德实践是工夫实践的主体，工夫认识论获得的知识更多指的是道德知识，它基于日常生活世界并落实于日常生活世界。因而，工夫认识论本质上是一种道德知识论，它以求“善”为目的。子渊说：“格物，先从身上格去。如仁义礼智，发而为恻隐、羞恶、辞逊、是非，须从身上体察，常常守得在这里，始得。”曰：“人之所以为人，只是这四件，须自认取意思是如何。贺孙。”（《朱子语类》卷十五）而真理认识论以求“真”为目的，要求获得客观的真理，是主观和客观的符合，是人们对客观事物及其规律的正确反映。

总之，《大学》以“格物致知”为“第一义”所展现出来的认识论，本质上属于工夫认识论。在工夫认识论中，工夫是第一位的。人们通过工夫实践获得知识，知识以促进工夫为目的，工夫与知识相互促进相互提高，从而完成个体工夫修炼，提升生活质量和技能，完成境界的提升和悟道的实现。**工夫认识论所获得的知识，本质上是一种实践智慧，它关乎是非善恶，是一种比“知识”更高的道德智慧。**

## 参考文献：

古籍：《老子》《楞伽经》《大般涅槃经》《胜鬘宝窟》《大乘义章》《大集经》《横渠易说》《二程遗书》《二程文集》《近思录》《论语或问》《大学或问》《孟子或问》《四书章句集注》《朱文公文集》《朱子语类》《四库全书总目提要》等。

陈来，2000年：《朱子哲学研究》，华东师范大学出版社。

倪培民，2019年：《知“道”——中国哲学中的功夫认识论》，载《文史哲》第4期。

山井湧，1980年：《明清思想史の研究》，东京大学出版会。

杨儒宾、祝平次，2005年：《儒学的气论与工夫论》，台湾大学出版中心。

朱人求，2015年：《朱子“全体大用”观及其发展演变》，载《哲学研究》第11期。

朱熹，2010年：《朱子全书》，上海古籍出版社，安徽教育出版社。

（作者单位：厦门大学哲学系）

朱子学
年鉴
（2020）

# 全球朱子学研究述评

# 2020年度中国台湾朱子学研究成果综述

江鎏渤

朱子（名熹，1130—1200），作为“集北宋以来理学之大成”“集孔子以下学术思想之大成”[①]的伟大思想家，开创性地推阐出中国文化的基本精神特质，组织形成体大思精的学术体系，影响及元明清八百余年的学术生态，由此在中国产生了以朱子及其后学为焦点的朱子学研究这一专门之学。朱子学具有普世维度：朱子学既属于中华文化，具有民族性，又联结了东亚学界，具有普世性——它蕴涵着强大的文化影响力，历史上，朱子学以中国为中心，影响及东亚，共同构建了东亚文明的精神世界。时至今日，朱子学研究这一独特学术空间，仍然是东亚世界区别于全球其他地区的重要文化标志。朱子学是东亚文化的一个重要组成部分，朱子学研究不啻为世界了解中国乃至东亚的重要窗口，总结、归纳朱子学研究不仅是我们反观、反思自身文化成果的尝试，也具有着加强与世界沟通、交流以及为未来提供方向的重要意义。

本文尝试以台湾学界的朱子学研究为范例，综述2020年台湾学界的朱子学研究成果（期刊论文19种、硕博论文8种、专著6种），从中窥探出台湾朱子学的发展进路，进而为总结全国的朱子学研究张本。2020年台湾的朱子学研究成果，可以从三个大方面进行叙述：朱子研究、朱子后学研究、海外朱子学研究。

## 一、朱子研究

2020年台湾朱子学研究呈现出纷繁样态，朱子研究是诸多研究成果的基本进路。朱子研究以朱熹本身为主要切入点，试图衡定朱子学术的基本价值，呈现出朱子学术体系的基本向度与特征，进而促成朱子学的现代转化，挖掘朱子学的现代价值。其研究主要集中在朱子思想的经世维度研究、朱子学术体系构建之研究、朱子学术价值之衡定研究、以西释“朱”之研究四个方面：

### （一）朱子思想的经世维度研究

朱子身处南宋之大变局，此时期的社会文化面临着多种危机。作为南宋时期重要的思想家，朱子努力把自己的学术转向对学术秩序、政治秩序、文化发展

---

① 钱穆：《朱子学提纲》，北京：九州出版社，2011年，第2页。

方向的奠基，聚力创建以“理学”为主导的政治文化新秩序，以此回应时代之迫切需求。朱子思想的经世维度研究以朱子学术中蕴涵的治道关切为主要表述内容，尝试阐发朱子学术中“内圣”“外王”一体的观念及其实践，反映朱子融“政”于“学”、寓“学”于“政”的思想途径。

张莞苓《内圣外王的重整与贯彻——朱熹的哲学思想与道德事功之学》（政大出版社，2020）采取历史与哲学相结合的方法，探求出朱子“外王”之施行在政治上受阻，却于文教事业上寻找到坚实的支点，从而促动了其道学思考成果与社会实际需求紧密结合，形成独具特色、可称典范的“内圣外王”新形态。王琦《朱熹帝学思想研究》（花木兰文化事业有限公司，2020）在其博士论文基础上升华、加工而成，结合宋代“帝学”兴起这一背景，申明朱熹建立在《大学》基础上、融贯内圣外王为一体的帝王之学以范君为主要目的，区别于其以《大学章句》为基础的士大夫之学，指出朱熹的“帝学”在思想政治史和理学发展史上的特殊意义，不仅总结和发展了范祖禹等前贤的“帝学”成果，并为理学的发展与传播提供了范本和参照。赵中伟《大观在上，中正以观天下：朱熹对〈观卦〉的视域解析》（（选自《第十、十一届中国经学国际学术研讨会论文选集》，万卷楼图书股份有限公司，2020）指出朱熹的《观卦》诠释理路联结了“内圣”与“外王”的功能、效用，从个人自身的修持和完善扩充到家国、天下的安定，形成了本于朱子“前理解”、南宋时代“效果历史”的新视域融合，不仅展现出理学的核心观念，且提升和发展了《周易》的义理思维。

**（二）朱子学术体系构建之研究**

朱子学术体系“致广大，尽精微，综罗百代”[1]，其学说“系统弘大，条理缜密……综合了北宋周、邵、张、程诸大哲的学说……兼综了‘尊德性’与‘道问学’”[2]。探求其学术体系的构建过程，一直为学界关注。学者们从《诗》学角度、礼学角度、《论语》学角度、朱子与学友之学术关系角度考察了朱子构建学术体系的实践：

**从朱子《诗》学考察：** 朱子讲学术尤重《诗》，《诗》不仅为朱子表达文学观念提供了突破口，也为朱子述说政治立场奠定了基础。陈佳励《〈朱子语类〉中的〈诗〉说研究》（高雄师范大学，2020）博采《朱子语类》中朱子学友讲求《诗》义的论述，探察朱子对《诗经》篇章的分析与形式内容的分析，涉及到朱子《诗序》论说、《诗》六义论说、读《诗》解《诗》方法等方面的意义和内涵。林淑贞《自然平淡与惩戒教化：朱子论诗要义及其对〈诗经〉的承接与转化》（选自《第十、十一届中国经学国际学术研讨会论文选集》，万卷楼图书股份有限公司，2020）以本质

---

① （清）黄宗羲原撰，（清）全祖望补修，陈金生、梁运华点校：《宋元学案》，北京：中华书局，1986年，第1495页。

② 束景南：《序一》，《朱子大传：性的救赎之路》（增订版），上海：复旦大学出版社，2017年，序第1页。

论、批评论、创作论、鉴赏论、功能论出发，关涉朱子的《诗经》文学论说上的得失，认为朱子论诗在风格、创作上力主平淡，试图基于真实理解儒家经典来反对彼时江西诗派之文学主张，并表达其重视诗的政治教化功能之立场。

**从礼学角度考察：**礼学是朱子晚年丰满、构建学术体系的重要依托。“朱子不仅集宋代礼学之大成，还承启古今礼学之变革”，其经学开展路径“颇为重礼”，此蕴涵着他“晚年尤其重视对礼仪的系统整理及教化实践”[①]之学术向度。张经科《朱熹所编乡礼对〈仪礼〉贾公彦疏文之承袭与删订》（“国立”中山大学，2020）就朱子编订《仪礼经传通解》之《乡礼》目为研究对象，通过考据朱熹对《仪礼》之《士相见礼》《乡饮酒礼》《乡射礼》中贾氏疏的删定，试图展示出朱子回应南宋礼学的不读《仪礼》、《仪礼》郑注，借编纂礼书开拓礼学研究通俗、简明化的实践。

**从朱子《论语》学考察：**《论语》因记载了大量孔门师棣之间的讲学记录而受到朱子重视。朱子于《论语》自有所得，以独到的诠释方法解读《论语》，企图揭“不传之密”、发人所未发，从中探寻到树立学说的理论依据。陈金木《〈朱子语类〉考察朱子师生论学〈论语·学而时习之章〉》（选自《第九届中国经学国际学术研讨会论文选集》，万卷楼图书股份有限公司，2020）试图脱离朱子《论语》注疏定本中成熟后的认知，转而以《朱子语类》为文本，考究朱子《论语》学发展形成阶段中诸如经学著述的完成情况、材料的去取、当时学术界的反应与切磋等问题，指出朱子结合“文献阅读”，在“了解”“诠释”“实践”三个交错、叠加的学思步骤之中实现学术的创造性转化。陈逢源《朱熹〈论语集注〉孔门系谱分析：以子夏、子贡、颜渊、曾子为考察范围》（选自《第九届中国经学国际学术研讨会论文选集》，万卷楼图书股份有限公司，2020）宣称朱子一改以往孔门弟子“四科十哲”的分类概念，转从“颖悟”“笃实”（颜渊“颖悟”、曾子“笃实”）二系铺叙孔子之学传承的两种形态，并罗列详细史、论，述说朱子立足于反思：子夏、子贡二子不得孔子传心旨要的原因，颜渊、曾子由传学及传心共同发扬孔子性道之教的实践以及颜渊早卒后孔门后学传承学术的实际脉络等三个方面，以此建构了成熟、完备的理学系统与思维模式。

**从朱子与学友之学术关系考察：**朱熹、吕祖谦、张栻三人志同道合，共为学友，并称东南三贤。同吕祖谦、张栻切磋学问、研习义理，朱熹思想逐渐走向成熟。直白地说，吕、张二者足称朱子构建学术过程中的重要人物，值得深入探讨。陈逢源《“万事尽纷纶，吾道一以贯”：朱熹与张栻交谊及义理思考》（政大中文学报，第33期）宣示当今学术研究过度强调朱张所属学派、学术宗旨之异，试图通过回顾朱熹学术建立的过程，断定张氏在朱子“中和”说、“太极图”解、“仁”说等学术观点的形成方面有不可忽视的影响，总结两人门户虽异，却有共同的学术志向。张琬莹《吕祖谦经学研究》（东吴大学，2020）重新检讨朱熹对吕

---

① 和溪：《朱子〈家礼〉的终极关怀》，《哲学动态》，2020年第7期，第40—48页。

祖谦重史不重经的批评，深入考求朱子与吕氏在《易》学、《诗》学、《书》学、《春秋》学上的观点、方法与取径之异同，呈现出二人在诠释经典与建构学术、阐发义理与厘清史实上的距离与分别。

**(三) 朱子学术价值之衡定研究**

朱子学术价值之衡定立于摒除诸多成见，企图重新去检讨朱子的学术价值。学者们这方面的研究兴趣萃集于朱子形象之还原研究、重检朱子“格物致知”论两个方面。

**朱子形象之还原研究：**历史上对朱子的评价学界分歧很大，但大多陷入极端境地，朱子不是被“当作‘圣人’来歌颂”，就是被“当作‘圣人’来挞伐”，“由此形成了一套固定僵化的研究模式”①。如何回到历史世界中去还原朱子的形象，成为当代亟待解决的问题。张素升《宋明理学家朱熹与王阳明之书道研究》(明道大学，2020)，立足于朱熹学书的历程与渊源的考察，分析朱熹的书法风格以及书学理念，并试图贯通其书学与理学、书艺与学问之间的内在联系，呈现出一个更为全面的朱熹形象。陈永宝《朱熹“理学家”的称谓考辨》(鹅湖月刊，第45卷第7期(总号535))关注到朱熹“理学家”“道学家”两种称谓在概念上的差异，尝试改变两种概念的混乱通用状况，通过思考历史原貌和后世学者研究喜好两个维度，最终指出朱熹“理学家”这一称谓既可以表达出他为理学建构过程中融贯三教的向度，也可呈现出其赋予“人性论”区别于“天道为主的自然”之新内涵，显得更为恰当。黄立森《朱熹与王阳明“心性学”的哲学咨商蕴涵》(辅仁大学，2020)引“哲学咨商”这一理论进入宋明理学的视域，首先亮明朱子、王阳明建立的两大理学体系中心性论、工夫论认识的裂痕，再试图异中见同，结合二者思想体系里多个具体的方面，从确证价值观、引领高层次的生命追求的基础上，展示出朱子、王阳明一致的价值旨归，从而消解阳明学与朱子学的紧张关系，为还原被心学误读的朱子理学开路。

**重检朱子“格物致知”论：**陈来《朱子哲学研究》以朱子之学术焦点为理气论、心性论、格物致知论三个方面，呈现出朱子学术的重要关节，开创了当代朱子学研究的范式。从陈来的论述中，可见“格物致知”论在朱子学术体系、乃至宋明理学体系中的重要地位，围绕这个焦点来总结朱子为我们留下的思想资源或不失为一种可行路径。《鹅湖月刊》编辑赖柯助主编了一个《切磋新知》的全新栏目，旨在塑造具有争鸣性质的学术氛围。此中有两期收录了赖柯助、陈志强、梁奋程、吴启超聚焦探讨《朱子的穷理工夫论》“格物致知”论得失的文章。赖柯助《〈朱子的穷理工夫论〉的节选探析：来自理由论视角与诠释厘清的二三问》(鹅湖月刊，第45卷第12期(总号540))一方面赞成吴启超将朱子学参与进

---

① 束景南：《自序：朱熹的心态世界》，《朱子大传：性的救赎之路》(增订版)，上海：复旦大学出版社，2017年，第1页。

普遍哲学议题的尝试，认为他条分缕析地梳理出朱子穷理问题的关键点，不失为朱子哲学现代诠释的一部力作；另一方面，本文也从“理由论”的视角向吴氏提出了“理”之内外、真知与内在体验的具体内涵、“知至”与“意诚”的关系等三个问题。陈志强《朱子穷理之学重探——从阳明心学的立场回应与提问》（鹅湖月刊，第45卷第12期（总号540））认可吴书对朱子哲学根本关怀和理论价值的推阐，但是他也从阳明心学的视角针对朱子的穷理之学的合理性、权威性表达了疑问。梁奋程《朱子学中“真知”意涵的诠释方向问题：心灵哲学或语言哲学》（鹅湖月刊，第45卷第12期（总号540））肯定吴启超《朱子的穷理工夫论》（台湾大学出版中心，2017）研究朱子学中的“真知”“德性之知”以及由此得出“真知即能行”命题的成就，但是也提出了吴氏解释存在的问题，即吴启超的诠释取径为传统的“心灵哲学”路径，在心灵经验层面理解朱子“真知”之论，“真知”的意义无法确定；转而提出一种从语意上入手，解读“真知”为行动能力的语言哲学诠释方法，同时建议学界打破古代“述作传统”，提出更多与时代思维结合的哲学分析方法。吴启超《答三位先生有关〈朱子的穷理工夫论〉之评论》（鹅湖月刊，第46卷第1期（总号541））分别回应了赖柯助、陈志强、梁奋程针对《朱子的穷理工夫论》的一些评论：他以“理明”为诠释的原则，来响应赖氏“心灵哲学”的定性，指出“增加”诠释当有限度；针对陈志强以心学立场怀疑朱子穷理之学的权威性，他以朱子之学兼具感性、理性为作答，并认为朱子之穷理论说虽未臻极致，但自成体系；而面对赖柯助对其立论概念的多种质疑，他从赖氏误解倪德卫诠释孟子为“两层论”、诠释应遵守的工作准则、消除“勉强”后“存心纯粹”与“心悦理义”两种状态是共存的、“知至”与“意诚”的“共时”关系存疑四点作出解释。此外，《鹅湖月刊》在总号541期还同期收录了另一篇专论朱子“格物致知”论的文章：洪明超《折中与衡定：朱子格物论的哲学建构》（鹅湖月刊，第46卷第1期（总号541））以哲学的进路，并结合思想史的视角，梳理出朱子在针对程门后学“格物论”之“我”与“物”、“物”与“理”、“即物穷理”与“推类贯通”、“主敬”与“格物”、“工夫”与“境界”等五种关系层面的批判、吸收上，逐渐建构起成熟理论的过程，并指出深究朱子这五个层面可以应对王阳明、刘沅、牟宗三等人对其理论的批评。另外，李瑞全以“格物致知”论之“知”为重点关注对象，以此探研朱子学术的普遍化价值。李瑞全《论德性之知与见闻之知之实践意义：常知、真知与自然的辨证》（鹅湖学志，第46期）以讨论知识技能、道德实践为基点，参考朱子认知中的“德性之知”与“见闻之知”“常知与真知”，覆核“居敬涵养”“格物致知”“心”“性”“理”等重要概念在儒家成德工夫上的作用，表现出宋明理学工夫论的进展空间，并经由朱子之工夫论进入西方伦理学中“内在论”“外在论”的道德议题。

**（四）以西释“朱”之研究**

作为解释方法的“以西释中”强调通过西方思想、观念与理论来处理中国哲学中的一些问题。尽管这种诠释方式近年来受到学界的质疑，但是它曾为中国学术的现代化作出重要贡献，而且它确实能够展现出一些用传统方式看不到的问题，与本土的研究方法可以互补。在朱子学方面，“以西释中”表现为“以西释朱”。梁奋程《朱子伦理学是理由内在论吗？》（政治大学哲学学报，第44期）经过区分内在、外在论的概念，比较朱子与威廉斯、王阳明等人的伦理论点，引述牟宗三的性理存有而不动的论述等一系列研讨，判定朱子的伦理学是一种理由外在论，并且点明其伦理学的外在论因为多出“格物致知”这一程序，从而比麦克道尔的外在论更为精密。陈永宝《从朱利安的功效论谈朱熹的“兴”观念》（哲学与文化，2020年第9期）借助当代法国汉学家朱利安“功效论”之“势”“意”“情”“景”“显”“隐”等概念理解朱子“兴”观念的实质内涵，为确切理解朱子学术中美学与伦理学之间的互动关系提供了可行方法。

## 二、朱子后学研究

朱子学的发展内容不是简单地重复，“此亦一述朱耳，彼亦一述朱耳”①，而是在“承传”之基调下又融入了“创新”因素。每个时代的朱子学因面临异样历史情境、历史视野以及处理时代问题的不同，都有着自身的特点、倾向。

**宋元朱子学研究**：宋元时期，朱子学建立未久，此时学界亟待处理的问题是如何传播朱子学，使其实际上成为一项全国性的学说的问题。这时期朱子学的最大特征是回应学界质疑朱子学术的声音，以此尊崇朱子学说，经此影响，发扬、充实朱子之说便成为此一期朱子学活动的题中之义。王志阳《论杨复礼图思想及其学术渊源》（鹅湖月刊，第45卷第11期（总号539））以杨复《仪礼图》作为研究对象，由内而外地稽核其学术价值，在内：概括杨复礼图思想的基本特征为遵从《仪礼》经文与郑注、贾疏，表明杨氏礼图思想的基本原则为简明呈现礼仪规范；于外则申明朱子和黄榦共同对杨复《仪礼图》体例、思想产生了重要影响。杨自平《论赵采〈周易程朱传义折衷〉折衷程、朱〈易〉及治〈易〉特色》（政大中文学报，第33期）宣称赵采的《折衷》试图在内容上合会程、朱《易》，致力于澄清后世对朱子卦变说的误解，继续发扬程、朱治《易》兼重义理与象数的学术观点，在元代《易》学史上不可忽视。

**晚明朱子学研究**：晚明思想界极度活跃，阳明学、朱子学、实学、佛学等学说互相争衡成为这时期思想界的主要情状。晚明究心朱子学者多感叹朱子学之“式微”，他们矢志于重新整合思想资源促进朱子学的时代转换，重新焕发朱子学之活力。唐明贵《顾梦麟〈论语说约〉的诠释特色》（鹅湖月刊，第46卷第1期（总号541））归纳《说约》有羽翼朱子之说、删繁去疑、广采博引、发挥己见等

---

① （宋）陈亮著，邓广铭点校：《陈亮集》，北京：中华书局，1987年，第333页。

四个方面的特点，并称赞顾氏《说约》在晚明学术界的反朱潮流之中，不仅能独阐朱子之义理，亦部分纠正朱子不妥的论说，推动了明清之际朱子学内涵的转型，在明代经学史、科举学史上享有极高地位。吕铭崴《顾宪成、高攀龙的思想形态：从二子对阳明学与朱子学的诠释与反省说起》(台湾“中央大学”，2020)分为两个部分展开架构，其一为陈述顾、高二子对阳明学的吸收和反省，其二为考察两人心性论中体现出的理学问题，企图通过衡定顾、高的学术形态彰显晚明思想史上朱子学、阳明学两大学术阵营的思想进路，借此评价顾、高在朱子学史上的地位。

**清代朱子学研究：**清代的朱子学虽受到官方的推崇，但是学者们对朱子学持有不同的态度。朱子学在清代各时期表现出多元的特征。这时期的学术有与朱子立异的，当朱子学为批判、整合的对象；有主张融汇各家的，视朱子学为客观的众多可供讨论、参酌的学说之一；有守朱子学为矩矱的，以朱子学之经世关怀为学术圭臬。江彦希《戴震〈中庸补注〉论朱熹“隐为道体”说探析》(选自《经学研究论丛》第25辑，学生书局，2020)以戴震《中庸补注》与朱熹《中庸章句》为中心，探究戴氏评价朱子《章句》“隐为道之体”之言的实际意涵，并借此反映戴、朱二人对“道”的来源、内涵以及实践方法上的异同等方面的认识。曾春海《朱熹与戴震的理欲之辨》(哲学与文化，2020年第1期)致力于阐明学术史上儒家“理欲之辨”的终极关怀，试图通过研讨先秦儒家、朱子、戴震的“理欲”论说，明晰朱子“理欲”之辨的思想来源、观点得失、后世的流传与接受。王利《王鸣盛〈尚书后案〉研究》(万卷楼图书股份有限公司，2020)指明王鸣盛《尚书后案》在独尊郑学的主旨之下，又不废朱子学，并参以辨伪、辑佚等研究内容，显示出包容汉、宋的博大气象，在《尚书》学史上具有一席之地。常新《晚清关学中朱子学之学术空间》(哲学与文化，2020年第8期)以文献分析为策略，以明清以来的学术转型和社会变化为背景，立足于晚清关学维护朱子学，批判汉学、陆王心学的学术思考，展示出李元春、贺瑞麟、牛兆廉等晚清关学学者远祧张载、近承冯从吾，以救时、躬行为准的，迸发出的经世致用、兼济天下之民族情怀。

## 三、海外朱子学研究

宋元以来，朱子学塑造了东亚的精神世界：不仅在中国广泛流传，为中国官方主导学术，而且也传播到朝鲜和日本，成为它们思想界的主流学说。海外朱子学研究侧面证成了朱子学成为普遍性知识的可能性。虽然海外朱子学研究与中国朱子学研究的内容、思想上有很大重合性，但是两者也有一些细微的差异，展现出不同于中国朱子学研究的形态、特征。2020年台湾朱子学对海外朱子学的研究成果集中在朝鲜朱子学研究和日本朱子学研究上面。

### (一) 朝鲜朱子学研究

朝鲜朱子学有其特殊的脉络。其中,“四端七情”问题、“人心道心”问题是朝鲜朱子学者关注的焦点。张莞苓《由罗整庵、李退溪“人心道心”说看朱子“心性论”的两种发展型态》(汉学研究,第38卷第1期)认为朱子的“心统性情”论、“人心道心”说并未被他有意识地统摄起来,而后朝鲜学者李退溪(1501—1570)在朱子一种向度上深挖,提出了与晚明学者罗钦顺(1465—1547)不同的观点;指明他们分别代表了朱子“心性论”的两种发展模型,体现出朱子“心性论”理论扩展的可行空间。金玟《“理”与“上帝”之间:朱熹与丁若镛“道心人心论”之比较研究》(花木兰文化出版社,2020)阐析朱熹(1130—1200)与朝鲜学者丁若镛(1762—1836)围绕“理”“上帝”等核心理学概念的认识,比较两者的“道心”“人心”论说,尝试考察出朝鲜学者对朱子学“道心人心”论的继承与创新。

另外,朱子学传入朝鲜有一个历史过程,反观朱子学在朝鲜传播、流行的过程,可以更直观地展示朱子学对朝鲜的塑造史、朝鲜社会对朱子学的接受史。任洧廷《朝鲜前期“辟佛论”研究——朱熹思想的受容及变容》(台湾大学,2020)综合观察分别生活在朝鲜十四、十五、十六世纪的郑道传、金时习、李珥等三位朝鲜代表性儒者的辟佛论与其特点,勾勒朝鲜由儒佛混杂到朱子学为主的学术发展进路,描绘出朝鲜学者对朱子学理解的逐渐加深、朱子理学逐渐深刻融入朝鲜社会的过程。

### (二) 日本朱子学研究

在日本朱子学研究方面,德川、江户时期的日本近世朱子学作为体现日本学术转型的重要代表,是学者们关注的焦点。日本学者们修正、改造乃至批判占统治地位的朱子学,成为彼时学术的生态。姜龙翔《太宰春台〈朱氏诗传膏肓〉之思想主旨探析》(高雄师大国文学报,第31期)阐明太宰氏《诗经》的情教主旨,并由此阐发出他立足于人情解释对朱子《诗集传》的批评与修正。黄豪《荻生徂徕学说之“道”的功利性思想研究——与陈亮的事功学说的比较为中心》(淡江大学,2020)针对日本江户时期强调心性修养的朱子学为人们所重视的情况,通过分析荻生徂徕以解决现实问题为核心的功利性思想的开展进度,呈现出其思想中与朱子“德治主义”相异的“法治主义”之道及其经世关怀。另外,翻译、介绍日本江户朱子学研究的成果,也受到学者的重视,与本土的海外朱子学研究相互激荡。郭雨颖《土田健次郎〈江戸の朱子学〉》(近代史研究所集刊,第107期)介绍日本学者土田健次郎的著作《江戸の朱子学》(筑摩书房,2014),剖析土田氏对丸山真男日本江户时期朱子学论述的反思,以期描摹朱子学流传于日本的真实情状,从而真实、完整地呈现江户时期朱子学的发展及境遇。

以明治维新(1868—约1890)为节点,日本逐渐开启近世的转型而成为现代化国家,其学术也迎来了相应的总结、批判与重组,试图为现代社会生活提供价值指引，以古通今，调和古今巨变造成的紧张与冲突，为“变”“法”寻求合法性。连凡《试论楠本正继对宋明儒学史的建构与诠释——以〈宋明时代儒学思想之研究〉为中心》（哲学与文化，2020 年第 1 期）以楠本正继（1896—1963）《宋明时代儒学思想之研究》这一代表日本儒学界新旧学术范式转型的著作为研究对象，从宋明儒学的逻辑特质、宋明儒学的历史建构、比较视野与哲学分析、问题意识与文献解读四个方面出发，阐明了楠氏根于汉学考据、宋学义理、中西哲学的比较视野等角度对以朱子学为代表的宋明儒学发展进程的深刻把握。韩东育《从“道理”到“物理”：日本近世以来“化道为术”之格致过程》（台湾大学人文社会高等研究院东亚儒学研究中心，2020）以荻生徂来（1666—1728）、太宰春台（1680—1747）、海保青陵（1755—1817）等徂徕学派重要学者的思想为着眼点，阐说他们受明清实学思想的影响，将理学家的“天人宇宙论”之图示分别施以天人相分、政教相分、圣凡相分、公私相分和物我相分的五类解构，并其借此完成了“脱儒入法”的过程，创建了“日本近世新法家”，进而冲击了日本朱子学重“道理”的连续性，完成了日本近代从“道理”思维到“物理”思维的转折。

**参考文献：**

[1] 钱穆：《朱子学提纲》，北京：九州出版社，2011 年，第 2 页。
[2]（宋）陈亮著，邓广铭 点校：《陈亮集》，北京：中华书局，1987 年，第 333 页。
[3]（清）黄宗羲原撰，（清）全祖望补修，陈金生、梁运华点校：《宋元学案》，北京：中华书局，1986 年，第 1495 页。
[4] 束景南：《朱子大传：性的救赎之路》（增订版），上海：复旦大学出版社，2017 年。
[5] 和溪：《朱子〈家礼〉的终极关怀》，《哲学动态》，2020 年第 7 期，第 40—48 页。

（作者单位：厦门大学哲学系）

# 2020 年度韩国学者对朱子学的研究综述

［韩］方炫妵　吴周娟

## 一、韩国学者朱子学研究之概况

2020 年韩国的朱子哲学研究论文出版约 26 篇。研究主题大致分为形上学、心性论、工夫论、政治哲学、礼学五个领域，还包括朱熹与其他哲学家的关系、经学、教育哲学等。本文将按主题介绍朱子学研究的发展趋势，及值得关注之论文。

首先，就朱子工夫论领域而言，出版了一系列关注《知言疑义》的研究。其中 Kim，Baeg-nyeong 的《知言疑义中“物”和朱子实践哲学的奠基》，主要探讨《知言疑义》中“物”的实践哲学内涵。作者在朱子哲学中把“物”解释为“主体的、实践的自我，使自己的生活和世界发生积极变化的这种具体而特殊的情况”，主张“物”是与朱子实践哲学的原理及根据有密切相关的概念。关注《知言疑义》的另一篇论文是金起贤教授的《关于朱熹湖湘学批判的研究——以工夫论为中心》。此文通过分析《知言疑义》和中和新说，从工夫论的角度分析朱子如何一方面接受湖湘学，一方面又批判湖湘学。

另外，还有关于朱子工夫论的实践性、教育意义的研究。崔普京的《朱子的〈大学〉能虑解释中体现的实践有用性》主张，朱子的“能虑”解释在实践上是有其有用性的。根据此文，朱子认为仅靠对道德知识的认知很难保证道德行为，因此，为了将道德知识落实到行为上，他关注可以判断道德知识是否切合具体事例上的“虑”意识。“虑”是探索在现实性运用道德知识的方法，及排除自我中心的思考过程，体现了朱子知行论的实践性。另外，Lee，Yun-jeong 的《通过朱熹的知行论的教育要素考察》，将现代社会蔓延的非伦理性，诊断为是源于“认识和行动的背离”，并从朱子的知行论中寻找解决这一问题的教育方针。此文解说了连接“格物”和“致知”的机制“真知”，与连接知识和行为的“实践智”，并主张通过这“真知”，能解决认识和实践落差的问题。

就朱子政治哲学领域而言，有李相益教授《理想国家的规范：柏拉图混合政与朱子的公论》一文，比较了朱子的公论和柏拉图混合政，考察其中政治哲学的意义。据他介绍，柏拉图混合政和朱子的公论皆具有将客观的“自然法则”和主观的“人类自由意志”相协调的特性，将“道德本性”和“自私（肉体）本能”要素相协调的共同点。他从这个共同点出发，提出了以下政治哲学的意义。第一，在规范层面上，假使只强调“自然法则”，则人民将会过着受到束缚的生活；而只强调“人类自由意志”的话，众人将陷入生活放纵，所以应该在两者之间实现均衡。第二，从实践角度出发，如果只强调“道德本性”，现实性就会下降，如果只关注“自私本能”，则会陷入庸俗主义，所以应该在两者之间实现均衡。

除了李相益教授一文，朱光镐教授《朱子人心道心说的政治哲学的读解》一文也是朱子政治哲学领域方面的研究成果，此文从政治哲学的观点审视了朱子“人心道心说”。根据朱子讨论“人心道心”的主要文章《大禹谟》《中庸章句序》《戊申封事》，都是在政治脉络中讨论之，认为政治的根本要放在统治者的修养上，故主张“人心道心”不仅是伦理学的主题，也是政治哲学的讨论。此外，此文还进一步提出了朱子人心道心说的政治哲学的贡献。一是，把“人”重新定义为，虽然生活在现实中，但却拥有能作哲学性反省此种人格的存有者；二是，承认“私的个人”，即人是现实中的存在；三是，通过道统论，把士大夫定位为政治主体。

最后，在朱子礼学一面，以朱子祭祀观和鬼神论为中心研究的有柳银珠《关于圣贤祭祀存在论的基础的朱子学的考察》一文。此文考察了在基于祖先祭祀的血缘关系中，抽取出理气论的“感通”“感格”之逻辑，而进一步地适用在非血缘的、对圣贤的祭祀中，以思考其与道统论相吻合的可能性。据此文介绍，朱子主张，如果祭祀对象和祭祀主体之间，建立了以理为依据的正确关系，就不会受到血缘性的限制。这种正确的关系，只有在生者为报答给世界留下功绩的故人，而继承遗业时才能成立。此文解释道，朱子的祭祀观解释了圣贤祭祀中的存在论基础，其存在性、正当性，超越了逻辑推论和文化象征的层面，开启了确保实践的可能性。

## 二、韩国学者对退溪、栗谷学的研究概况

与 2019 年一样，2020 年韩国学者的退溪、栗谷学研究论文比起理气心性论、修养论领域，更集中于其他领域。2020 年退溪学研究主要集中在教育学和文学方面，栗谷学研究则主要集中在经世论和工夫论、教育学等方面。本论文将介绍除教育学和文学以外的论文。

首先，就退溪批判阳明学的论文而言，李致亿在《从〈传习录论辩〉看退溪知行论的意义》中，透过分析《传习录论辩》来考察退溪知行论的意义。据此文，退溪除了基本上继承了朱子学的知行论之外，还进一步通过批评阳明学，更精准地提出了自己的知行论观点。退溪在《传习录论辩》中重新反驳了阳明对程朱学的批判，不仅拥护了程朱学的“先知后行论”的理论特色，还进一步提出了他自己对朱子学知行论的理解。最后，李致亿总结道，退溪通过这样的过程，而能超越“知—行”两个阶段，进一步地提出了“知—好恶判断—行”三个阶段的

一致。

另外，关于退溪“四端”的讨论有：裴炳大的《关于四端不善的研究——以退溪和高峰的讨论为中心》。据此文，退溪在与高峰的辩论中断言四端是理发的，没有不善之处，但到了晚年之后，肯定四端也会变得不善。论者认为，退溪的这种立场变化并非矛盾，反而会成为解决性理学难题“从善良的本性中发泄出恶情的问题”的开端。

进行退溪学比较研究的论文则有如下。一、Kim，Seong-Sil 在《茶山是否接受退溪——退溪与茶山之岔道》中，带着茶山是否接受退溪学的疑问，观察退溪与茶山的延续性及局限性。二、张闰洙教授的《从他者的视角看退溪学》一文，对于西方国家的退溪学研究倾向，进行了分析。他说，退溪学虽然是代表韩国的思想之一，但不能只满足于这种地位，有必要从他者的角度审视退溪学。特别是西方文化圈的退溪学研究，超越了地域学的意义，对于探索退溪学所具有的普遍性很有意义，更进一步地，他们还从此一普遍意义中集中探索退溪学所具有的现代意涵。他评价道，这一点是西方国家退溪学研究的最大特点和优点。

除了上述与退溪学研究相关的论文之外，在栗谷学研究方面也有不少成果，如下。一、安载晧教授在《栗谷的工夫论体系管见——以“诚意”为基础，到“气质”为止》中，分析栗谷工夫论的体系。他说，栗谷的工夫论体系中“居敬”和“穷理”是主要的两个轴心，保存天理，去除人欲是基本内容，这些工夫皆应从心气开始进行。而且，工夫的基础是真实无妄地实践理性的“诚意”。在这个基础上，可以“居敬”及“穷理”二工夫去除邪恶的欲望、矫正心气，由此而可以不间断地作道德实践。

在关于栗谷工夫论之研究论文中，还有李天承教授《从“至善”和“中”之关系看栗谷李珥的道德实践意志[立志]含意》。该论文通过对高峰、栗谷的讨论，特别是关于“至善”和“中”的问题，具体地讨论其与退溪学之差异，探讨栗谷学理论的特色。此文认为栗谷言“立志”，就是为了强化和持续道德实践意志，他特别强调，这种意志的强化，要从日常生活中作工夫。他认为，若是就退溪的立场而言，虽然亦强调以敬为工夫的基础，但他的方法是通过内在的成熟，而自然应对外部情况；但栗谷则认为，工夫修养不仅只于内心，更重要的是，平时就要同时地积极理解内心和外部对象二者，协调理想和现实。

关于栗谷经世观的论文有宣炳三教授的《栗谷李珥的经世观研究——以原则、变化、实质为中心》。作者用了“原则”“变化”“实质”这三个关键词，来审视栗谷的经世观。他评价道，如果能透过这三种栗谷的经世观，来反省当代的自我启发论、企业经营论、国政运营论等，将有助于我们在这些领域中确立普遍的原理，也有助于扩大、普及栗谷的经世思想。

最后，在探讨退溪、栗谷后学之论文中，有两篇研究成果。一是，李相益教授在《畿湖学派退栗折衷论的两种形态——以农岩和艮斋为中心》中评价说，农岩的退、栗折衷论是以栗谷的“气发理乘论”为基础，加上退溪的“理气互发论”。其结果是，农岩的折衷论中混杂着“气发理乘论”和“理能发论”，但实际上，“气发理乘论”和“理能发论”实际上很难并存。因此，艮斋才批判了农岩折衷论，从不同角度摸索了退、栗的折衷论。艮斋没有接受退溪的“理发论”，取而代之，其将退溪的“理发”解释为“气发理乘”。艮斋通过这种方式解释退溪的“理发论”，进而找到了一条能够沟通退溪说、朱子说、栗谷说的路子。二是，李相虎教授在《退溪逝世后，从学派成立和传承的观点看“退溪学”理论的落实过程(1)——以〈心经附注〉为中心》中，观察了在李滉逝世后，对抗退溪学批判者们、守护退溪学的学术集团的理论，透过此一理论来确认了退溪对《心经附注》的基本立场，同时，他也在此文通过宋时烈的《心经释疑》，观察了畿湖学派的批判立场。最后，他还分析退溪学派如何应对以宋时烈为中心的畿湖学派的批判，以及如何整理透过这一回应重新整理退溪学的立场。

## 三、韩国学者的单行本研究概况

卢仁淑教授的《家礼和韩国的礼学》梳理了朱子编纂的《朱子家礼》，并认为朝鲜儒者在此基础上展开朝鲜礼学。这本书讲述了礼学的渊源、构成及内容，以及《朱子家礼》对于韩国礼学的影响。此外，还详细介绍了李珥、金长生、郑逑、李縡、李瀷的朝鲜礼学。

李相益教授的《韩国性理学史论 一、二》主要以性理学者为中心，审视韩国性理学的展开过程，并批判性地讨论他们的性理说。但这本书的特点不是考察韩国儒学展开过程的“通史”，而是聚焦于韩国性理学的形而上学的“观念史”。这本书的著述目的如下。第一，解释性理学问题意识的渊源。第二，说明朱子性理学的基本结构，并解释内在于其中的各种论争的端倪。第三，整理韩国性理学的展开过程，简要整理其核心论题。第四，重新审视韩国性理学的主要争论。第五，解释“退溪说”和“栗谷说”对立的核心议题，要扬弃这两者的方向。最后，对韩国性理学者的理论进行批判性评价。

朱光镐教授在《易学和朱子学——易学是如何打造朱子学的?》中说，朱子哲学的世界观是由易学设计的，如果不懂易学，就绝对谈不上朱子哲学。一般来说，朱子易学是将程颐的“义理易”与邵雍的“象数易”结合在一起，并汇集了北宋易学的成果。朱子接受了北宋易学，完成了性理学的易学体系，这被评价为一种再创造。

最后，由韩国朱子学会(会长：郑相峰教授)所出版的《鹿庐杂识——韩国儒学的新展望》是经过一年的读书会将朝鲜性理学家鹿门任圣周的著作作了集体讲解，终于翻成韩文且予以付梓。这篇文章收录在《鹿门集》卷19《杂著》中，批判栗谷的"理通气局说"，并在把握"湖论"和"洛论"问题的前提下，提出了超越两者的独特主张。从这一点来看，《鹿庐杂识》被评价为鹿门理气心性论的精髓。

## 四、结　论

2020 年度韩国的朱子哲学研究论文及退溪、栗谷学研究论文，大体呈现了脱离以理气心性论为探讨核心的研究方式，渐转向工夫论、政治哲学、礼学、教育学、文学等多种领域扩张的倾向。从"朱子学研究成果"来看，这种倾向在 2020 年非常明显；而从"退、栗学研究成果"来看，从 2019 年开始，这种研究领域的扩张也已渐趋明显，至 2020 年更加显著。

## 参考文献：

[1] 金起贤：《朱熹의 湖湘学 批判에 关한 研究——工夫论을 中心으로(A Study on Zhuxi's Criticism to Hu-xiang Li-philosophy)》，《东洋哲学》53 辑，2020 年。

[2] Kim, Baeg-nyeong：《"知言疑义"의 "物"과 朱子 实践哲学 定础("Wu" of "Zhiyanyiyi" and the Foundation of Zhuzi's Philosophy of Practice)》，《东西哲学研究》98 辑，2020 年。

[3] 柳银珠：《圣贤 祭祀의 存在论的 土台에 关한 朱子学的 考察——道统论과의 整合的 解明을 中心으로(A Study on the Neo-Confucian View of the Existential Foundation of the Rites for the Sages — Focusing on an Explanation in Conformity with the Theory of Daotong (道通) -)》，《儒学研究》52 辑，2020 年。

[4] 李相益：《理想国家의 规范：플라톤의 混合政과 朱子의 公论(Two Kinds of Norm in Ideal State: Plato and Zhu-zi )》，《韩国 哲学论集》65 辑，2020 年。

[5] Lee, Yun-jeong：《朱熹 知行论을 통한 教育的 要素 考察(A Study on the Educational Elements through Knowledge and Conduct Theory of Zhuxi)》，《汎韩哲学》99 辑，2020 年。

[6] 朱光镐：《朱子 人心道心说의 政治哲学的 读解(Political Philosophy Meaning of Zhu-zi's theory of Renxin-Daoxin)》，《汉文学论集》57 辑，2020 年。

[7] 崔普京：《朱子의 "大学" "能虑" 解释에 나타난 实践的 有用性(The Practical Utility on Zhuzi's Understanding of NengLu[能虑] in *Great Learning*)》，《东洋哲学》53 辑，2020 年。

[9] 李致亿：《〈传习录论辩〉으로 본 退溪 知行论의 意义(The Significance of Toegye's Theory of Knowledge and Practice in the Context of "Interpretation on *Chuanxilu*")》，釜山大学校韩国民族文化研究所，《韩国民族文化》75 辑，2020 年。

[10] 裴炳大：《四端의 不善에 关한 研究—退溪와 高峯의 论议를 中心으로(A Study

on the Unvirtuousness of the Sadan- Focusing on the Discussion of Toegye and Gobong)》,새한철학회,《哲学论丛》102 辑,2020 年。
[11] Kim, Seong-Sil:《茶山은 果然 退溪를 受容하였는가? (Did Dasan Really Accept Toegye?)》,岭南退溪学研究院,《退溪学论集》26 辑,2020 年。
[12] 张闰洙:《他者의 视觉에서 본 退溪学(The Characteristics of Toegye-Studies from the Perspective of Western Scholars)》,退溪学研究院,《退溪学报》147 辑,2020 年。
[13] 安载晧:《栗谷의 工夫论 体系 管见 —"诚意"를 基盘으로,"矫气质"까지(Peeping on Yulgok's system of Cultivation Theory)》,栗谷学会,《栗谷学研究》42 辑,2020 年。
[14] 李天承:《至善과 中의 关系를 통한 栗谷 李珥의 道德 实践意志[立志] 含意(Theoretical Foundation of Ethical Practice Will(立志) in Yulgok(栗谷)'s Philosophy through the Problems of Supreme Good 至善 and the Middle 中)》,东洋哲学研究会,《东洋哲学研究》103 辑,2020 年。
[15] 宣炳三:《栗谷 李珥의 经世观 研究 — 原则,变化,实质을 中心으로(A Study on Lee Yulgok's Governing Theory)》,栗谷研究院,《栗谷学研究》43 辑,2020 年。
[16] 李相益:《畿湖学派 退栗折衷论의 두 样相—农岩과 艮斋를 中心으로(Two Aspects of the Eclecticism of Toegye(退溪) and Yulgok(栗谷) — with the Focus on Nongam 农岩 and Ganjae 艮斋)》,退溪学研究院,《退溪学报》147 辑,2020 年。
[17] 李相虎:《退溪死后 学派 成立과 传承의 观点에서 본 退溪学 理论의 定着过程 1 ( Establishment Process of "Toegye Studies" Theory from the Perspective of the Establishment and Transmission of the School after Toegye's Death 1)》,韩国国学振兴院,《国学研究》42 辑,2020 年。
[18] 卢仁淑,《家礼와 韩国의 礼学》,문사철,2020。
[19] 李相益,《韩国性理学史论一、二》,심산,2020。
[20] 朱光镐,《易学과 朱子学—易学은 어떻게 朱子学을 만들었는가?》,예문서원,2020。
[21] 韩国朱子学会,《鹿庐杂识—韩国儒学의 새로운 展望》,동연출판사,2020。

(作者单位:建国大学哲学系)

# 2020年度日本朱子学研究综述

殷晓星

2020年日本针对朱子学及其相关领域的研究，继续了2019年对朱子学文献的翻译、注解工作以及对朱子学概念、理论的深入探讨。例如，吾妻重二在《朱子学再考——关于“三纲五常”》①中对中国各时期“三纲五常”的概念变迁及其社会背景做了详细的整理。松宫贯之则在其论著《有关〈朱子语类〉所见“下学上达”的熟思想与〈书谱〉的考察》②中指出，作为心学的朱熹思想，讲求通过对圣人的重复模仿达到“熟”，并在无意识中学习的一方得以成为圣人。以此为前提，松宫以孙过庭《书谱》为参考，对“下学上达”与“书”的关系进行构建，指出“熟”作为朱子学的格物致知、理、成为圣人的工夫论，在“学书”中有所反映。

同时，伴随着各国学术交流的日益活跃，越来越多的学者关注儒学、朱子学在东亚范围内的展开，在不同历史语境中的演变等问题，并取得了极为丰富的成果。本文将以这一学术动向为中心，对2020年日本的朱子学研究做简要概括。

阿里木·托和提《日中儒学的比较思想研究——面向解体与重构》③一书在日出版。该书在对朱谦之《日本的古学及阳明学》、丸山真男《日本政治思想史研究》进行批判性吸收的基础上，对中日学术界现有仁斋学、徂徕学研究成果进行了回顾。以伊藤仁斋、荻生徂徕等为代表的古学派曾在江户时期风靡日本，其基本理念在于对朱子学进行否定与批判，并回归孔孟及六经。但不可否认的是，古学派的本质来源于朱子学。阿里木·托和提认为，朱子学是德川幕府的官方学问，是当时主流的意识形态。古学派各学者对朱子学“理”“气”“性理”“道”“仁”“义”思想的解体与重构有着各自的特征。针对这些特征，该书以部分古学派学者为例做了分析与概括，并在此基础上指出，德川儒学思想的特质主要表现在以下六个方面，即，第一，与神道思想相关联；第二，德川儒家对朱子学表现出各异的态度；第三，对形而上的态度；第四，对“道”思想的独特见解；

---

① 吾妻重二：《朱子学再考——关于“三纲五常”》（朱子学再考——「三綱五常」をめぐって），《东亚文化交涉研究》2020年第13期。

② 松宫贯之：《有关〈朱子语类〉所见“下学上达”的熟思想与〈书谱〉的考察》（『朱子語類』に見られる下学上達」の熟思想と『書譜』に就いての一考察），《汲古》2020年第77期。

③ 阿里木·托和提：《日中儒学的比较思想研究——面向解体与重构》（『日中儒学の比較思想史研究——その解体と再構築に向けて』），东京：明石书店，2020年。

第五，对“仁”、“义”概念的解释与引用；第六，对人性情欲的合理化。

日本著名儒学研究专家、早稻田大学教授土田健次郎于 2020 年 3 月退休之际，以“心”为关键词举办了最后演讲。① 他指出，不管是朱子的观心论还是王守仁的心即理，或者伊藤仁斋等古学派都关注“心”的问题。“观心”是对自我意识的探讨，是东洋思想与西洋思想都关注并反思的，有关人类根源性、思想性的问题。同时，土田教授的弟子、学友等也编纂了《朱子学及其展开——土田健次郎教授退休纪念论文集》。② 该文集分“中国”和“日本”两个部分，收录了 15 篇朱子学及相关领域的最新研究论文。“中国”部分所录如垣内景子的《朱子与两位亚圣》③、宫下和大的《朱熹言说中的负债感情考察——以君臣关系与家族关系之恩为中心》④等文章立足于儒学、朱子学文献，对朱子学概念、中国思想家的理论生成等问题进行了深入探讨。“日本”部分所录，如阿部光麿的《作为主张的“福善祸淫”——仁斋与藤树各自的教导》⑤、清水则夫《关于 18 世纪上半叶的朱子学者——徂徕之后的朱子学者》⑥等文章则主要针对朱子学概念在日本的解释与变化、日本朱子学家的思想及其对所处历史环境的理解等问题。15 篇论文侧重各有不同，从中也可见近年来日本儒学、朱子学研究的发展趋势与热点问题。⑦

2019 年度日本思想史学会年会以“从中世到近世——16、17 世纪的思想史课题”为题举办主题研讨会，探讨日本列岛在生死观、人类观、宗教观等各方面都发生了剧烈转变的中世到近世，即 15 世纪下半叶到 17 世纪上半叶的这段历史时期内，思想史研究的课题。下川玲子以《朱子学之理的确立——16、17 世纪的思想史上的意义》⑧为题做了报告。综合大会当日的讨论及之后的研究成

---

① 土田健次郎：《观心》(「心を観る」)，《东洋的思想与宗教》2020 年第 37 期。

② 土田健次郎教授退休纪念论文集编委会编：《朱子学及其展开——土田健次郎教授退休纪念论文集》(『朱子学とその展開：土田健次郎教授退職記念論集』)，东京：汲古书院，2020 年。

③ 垣内景子：《朱子与两位亚圣》(朱子と二人の亜聖)，《朱子学及其展开——土田健次郎教授退休纪念论文集》，2020 年。

④ 宫下和大：《朱熹言说中的负债感情考察——以君臣关系与家族关系之恩为中心》(朱熹の言説における負債感情の考察——君臣関係と家族関係における恩を中心に)，《朱子学及其展开——土田健次郎教授退休纪念论文集》，2020 年。

⑤ 阿部光麿：《作为主张的“福善祸淫”——仁斋与藤树各自的教导》(主張としての「福善禍淫」——仁斎と藤樹。それぞれの教導)，《朱子学及其展开——土田健次郎教授退休纪念论文集》，2020 年。

⑥ 清水则夫：《关于 18 世纪上半叶的朱子学者——徂徕之后的朱子学者》(十八世紀前半の朱子学者について——徂徠以後の朱子学者)，《朱子学及其展开——土田健次郎教授退休纪念论文集》，2020 年。

⑦ 具体请参考《2020 年度日本朱子学及其相关领域研究成果目录》。

⑧ 参考下川玲子：《朱子学之理的确立——16、17 世纪的思想史上的意义》(朱子学的理の確立——十六・十七世紀の思想史的意義)，《日本思想史学》2020 年第 52 号。

果，该报告最终于2020年以论文《朱子学之理的确立》[①]呈现。该文探讨了从北畠亲房开始的日本朱子学者对理的认识，指出朱子学式的理的成立是近世式思维的成立。同时，文章也对近世、近代日本历史中的理的思维展开，佛教、基督教等与朱子学理的交错等问题进行了深入分析。

片冈龙新著《16世纪后半至19世纪初朝鲜、日本、琉球的"朱子学"迁移诸相》[②]以李退溪、张显光、藤原惺窝、中江藤树、荻生徂徕、蔡温、大田锦城等朱子学者、反朱子学者们对"理""气""公共""仁""道"等问题的认识和实践为对象，将"朱子学"作为一种"文明事象"，将"古学""实学""阳明学"等置于"文化借用"的层面，讨论了"朱子学"的迁移（succession）。作者认为，朝鲜、日本、琉球、越南等地域，基于各自的标准对"朱子学"进行了"文化借用"。由此，从16世纪至19世纪初，"朱子学"发生了迁移。该书不以国别讨论"朱子学"，不限于关注各国"朱子学"展开的特殊性，而更注重"朱子学"作为一种文化现象，如何超越了国家这一框架，与环境相互作用，从而孕育出了多姿多彩的理论言说。

《儒教礼仪与近世日本社会——暗斋学派的〈家礼〉实践》[③]是年轻学者松川雅信的第一本专著。近年来，日本儒学研究对战后认为近世日本不存在儒礼这一定说提出了质疑，有关朱熹《家礼》实践的研究也有了丰厚成果。作者在此基础上指出，近世日本没有明确规定儒者自身存在的制度性框架，因此近世日本的儒者虽然想要在现实社会中实践、运用儒教礼仪，却往往苦于无处施展；加之近世日本受寺请、寺檀体制下的佛教制度的制约，想要彻底拒绝佛教礼仪也极为困难。以这些特殊状况为前提，作者从学派的影响力、其在思想史上的地位以及各学者的身份境遇等角度出发，选择山崎暗斋学派为研究对象，对该学派学者在儒教非特权而佛教处于优势地位的近世日本展开的《家礼》实践进行了考察。通过大量而详尽的史料分析，该书不仅清晰地刻画了近世日本《家礼》实践的情况，更对以往将儒教的非特权性作为日本不存在儒礼的原因这一见解提出了反论，同时也探讨了《家礼》实践中的儒佛关系，对暗斋学派进行了重新定位，甚至通过对儒者、士大夫、两班的《家礼》实践分析，对东亚思想史研究提出了新的课题。

此外，汤浅邦弘编写了《中国思想基本用语集》[④]。该用语集网罗了从古代

---

① 下川玲子：《朱子学之理的确立》（朱子学的理の確立），《人间文化——爱知学院大学人间文化研究所纪要》2020年第35期。

② 片冈龙：《16世纪后半至19世纪初朝鲜、日本、琉球的"朱子学"迁移诸相》（『16世紀後半から19世紀はじめの朝鮮・日本・琉球における「朱子学」遷移の諸相』），春风社，2020年。

③ 松川雅信：《儒教礼仪与近世日本社会——暗斋学派的〈家礼〉实践》（『儒教儀礼と近世日本社会——闇斎学派の「家礼」実践』），东京：勉诚出版社，2020年。

④ 汤浅邦弘：《中国思想基本用语集》（『中国思想基本用語集』），京都：ミネルヴァ书房，2020年。

到近现代中国思想的主要基本用语，按时间顺序分 7 章，收录了包括人物、文献、事项等类别的共 400 余词条及各种附录资料、专栏文章。这一用语集必将为众多初识中国思想的读者带去方便，也可为我国研究者了解日本对中国思想的研究动态提供线索，故在此抄录各章目录以飨读者：第一章，传统文化——大放异彩的三千年历史；第二章，儒教——中国思想的本源；第三章，诸子百家——步步深入的思索；第四章，佛教、道教——支撑人们心灵的事物；第五章，近世思想——朱子学、阳明学的世界；第六章，从明末清初到近代——新中国的胎动；第七章，中国古典名言。

以上是 2020 年日本朱子学研究的大致情况。

（作者单位：日本学术振兴会）

# 2020年度北美朱子学研究综述

戚轩铭

在过去一年，北美有关朱子学的研究虽不如亚洲地区般热闹，但也有一些不可忽视的成果。笔者兹就所知之著作，作一简单的综述。

首先要介绍的是三篇研究论文，分别由两位学者所撰。两位学者都从方法论上为未来朱子学的研究带来新的路向。现任教于加拿大魁北克大学蒙特娄分校（Université du Québec à Montréal）的狄雅娜（Diana Arghirescu）于《中西哲学》（*Philosophy East and West*）发表了题为《宋代的精神训练、情感与行为：在比较视野下论朱熹与契嵩对〈中庸〉的诠释》（Spiritual Discipline，Emotions，and Behavior during the Song Dynasty：Zhu Xi's and Qisong's Commentaries on the *Zhongyong* in Comparative Perspective）。[①]狄雅娜指出这篇论文试图以朱熹（1130—1200）和契嵩（1007—1072）对于《中庸》的诠释来比较新儒家（Neo-Confucianism）与佛教禅宗之间的相似性。作者在文中提出了“互助精神性”（Interdependent spirituality）的概念，指出《中庸》所载之修练是属于精神性的，而且其对于情感（emotion）的控制使自我（self）转变为互助的自我（interdependent self）。从对两者的诠译所作的分析中，作者得出程朱新儒家的精神性具有社会倾向，而这种倾向正是新儒家与禅宗相连之处。作者最后指出，虽然两者的相似性已为学界所察觉，但从未有人尝试从一个具有说服力的具体事例对两者进行比较。由于两种思想传统在宋代之交融（cross-pollination）中产生了长远的影响，故作者认为该文具有开山的作用。

狄雅娜另在《中国哲学》（*Journal of Chinese Philosophy*）中发表了《宋代新儒家（朱熹）对道德与道德根源的概念：其与禅宗的联系》（Song Neo-Confucian Conceptions of Morality and Moral Sources（Zhu Xi）：Connections with Chan Buddhism）一文来延续其比较视角。[②] 她认为宋代的政治社会变动触发新儒家学者通过禅宗来改变过去关于道德的传统，而这段时期也是中国哲学的关键时

---

① Diana Arghirescu，“Spiritual Discipline，Emotions，and Behavior during the Song Dynasty：Zhu Xi's and Qisong's Commentaries on the *Zhongyong* in Comparative Perspective，” *Philosophy East & West* 70.1（2020）：1-26.

② Diana Arghirescu，“Song Neo-Confucian Conceptions of Morality and Moral Sources（Zhu Xi）：Connections with Chan Buddhism，” *Journal of Chinese Philosophy* 47.3-4（2020）：193-212.

期。她指出有关论文的贡献,首先是通过新儒学对于道德与精神性这个具体的课题、比较性的诠释与有效地将跨文化的理论应用于德性的根源与动力之上这三方面推动了学界有关儒佛在宋代的交融这个领域的发展。其次是将泰勒(Charles Taylor)对于西方德性自从启蒙时期以后便属于独立的(substantive)这套理论应用到对中国思想的研究上。她指出宋代以前中国关于德性的看法是程序性的(procedural),但自宋代起已与西方接近。这种有关德性的理解为新儒家和禅宗所共享。

与情感有关的论文,也包括辛兆坤(Xin, Zhaokun)在《中国文学》(*Chinese Literature: Essays, Articles, Reviews*)上所刊登的《命运的相遇:〈三国演义〉中的怒、礼、和义》(A Fatal Encounter: Anger, Ritual, and Righteousness in The Romance of the Three Kingdoms)。① 作者指出以朱熹为首的道学家合理化了"怒"这种情绪,并认为朱熹将"义"作为"怒"的道德条件。但是,以孙策(175—200)的个案为中心,作者指出《三国演义》现存最早的版本却质疑朱熹认为有合义的"怒"的观点。清代对于《三国演义》的注解却通过文本修改与插入评论的方式来调和两者,进一步证明了朱熹在清代思想中的正统地位。

两位学者的研究在方法论和研究角度方面都有所建树。尽管学界已承认新儒家、道学或理学在一定程度上受到佛教思想影响,但西方对于这方面的研究成果还很缺乏,狄雅娜的研究正好填补了这方面的空白。同时,学界甚少从文学作品中探讨朱熹的思想,辛兆坤的论文很清楚地追溯了朱熹有关情感的思想如何为人所肯定、质疑与再肯定,这也可以进一步窥探到朱熹思想在总体上是如何影响到后来思想史之发展的。

除此之外,香港中文大学黄勇教授和吴启超教授主编的《道:朱熹哲学》(*The Dao Companion to Zhu Xi's Philosophy*)也于去年由施普林格出版社出版。② 这部论文集中收录了部分由美国学者所撰写的论文,包括上文提到的狄雅娜与下文将要介绍的田浩教授(Hoyt Tillman)有关道学群体的文章。以下是该论文集所收录的现任教北美大学与美籍学者所撰写的论文列表:

| 作　　者 | 论 文 题 目 |
| --- | --- |
| 伍安祖 Ng, On-cho | 朱熹的诠释学(Zhu Xi's Hermeneutics) |
| Don Wyatt | 朱熹与先秦儒家(Zhu Xi and Pre-Qin Confucianism)<br>朱熹与汉唐儒生(Zhu Xi and the Han-Tang Confucians) |

① Zhaokun Xin, "A Fatal Encounter: Anger, Ritual, and Righteousness in The Romance of the Three Kingdoms," *Chinese Literature, Essays, Articles, Reviews* 41 (2019): 1-24.

② Kai-chiu Ng, Yong Huang eds., *Dao Companion to ZHU Xi's Philosophy* (Cham: Springer International Publishing, 2020)。笔者很感激朱人求教授提醒笔者这部论文集的出版,特此致谢。

| 作　　者 | 论 文 题 目 |
|---|---|
| 田浩(Hoyt Cleveland Tillman) | 朱熹与其同时代人物：张栻、吕祖谦、陈亮、陆九渊(Zhu Xi and his Contemporaries：Zhang Shi，Lü Zuqian，Chen Liang，and Lu Jiuyuan) |
| Stephen C. Angle 与 Justin Tiwald | 道德心理学：心、性与情（Moral Psychology：Heartmind（Xin），Nature（Xing），and Emotions (Qing)） |
| 信广来(Shun，Kwong-loi) | 朱熹与一体观(Zhu Xi and the Idea of One Body) |
| 倪培民（Ni，Peimin) | 道德修养：功夫——个人之修养(Moral Cultivation：Gongfu — Cultivation of the Person) |
| Diana Arghirescu | 道德修养：功夫——个人之修养(Zhu Xi's Ideal of Moral Politics：Theory and Practice) |
| 司马黛兰(Deborah A. Sommer) | 朱熹的宗教哲学(Zhu Xi's Philosophy of Religion) |
| 沈清松（Vincent Shen) | 朱熹的批判性自然主义：其自然知识与哲学的方法论(Zhu Xi's Critical Naturalism：Methodology of His Natural Knowledge and Philosophy) |
| James D. Sellmann | 朱熹与道教：论朱熹成圣理论与方法中内省的炼金术（Zhu Xi and Daoism：Investigation of Inner-Meditative Alchemy in Zhu Xi's Theory and Method for the Attainment of Sagehood) |
| 费乐仁(Lauren F. Pfister) | 朱熹与基督教(Zhu Xi and Christianity) |
| Donald L. Baker | 朱熹与韩国哲学(Zhu Xi and Korean Philosophy)<br>朱熹与西方哲学(Zhu Xi and Western Philosophy) |
| Eiho Baba | 朱熹与日本哲学(Zhu Xi and Japanese Philosophy) |
| Catherine Hudak Klancer | 朱熹与自由主义/社区主义的论争：一个不完美的配对（Zhu Xi and the Liberalism/Communitarianism Debate：An Imperfect Fit) |
| 刘纪璐(Liu，JeeLoo) | 朱熹规范的现实主义与内在道德现实主义(Zhu Xi's Normative Realism and Internal Moral Realism) |
| Kirill O. Thompson | 朱熹的伦理理论：有关德性的思考与康德的相似性（Zhu Xi's Ethical Theory：Virtue Ethics Considerations and Kantian Parallels) |
| Justin Tiwald | 朱熹论聚焦自我与他者的同理心(Zhu Xi on Self-Focused vs. Other-Focused Empathy) |

我们从以上的题目已可看出，这部论文集所收录的内容涵盖面相当广泛，并主要从哲学维度讨论朱熹的思想。这部论文是施普林格“道：中国哲学系列”的其中一部，过去有关出版社已出版了很多不同中国哲学家之研究。我们可以预期有关出版社在将来会继续出版这样包罗万象的论文集来讨论宋代理

学与道学思想。

最后，笔者希望介绍田浩教授最近的研究。田浩教授在去年虽只有上文提及的论文是与朱熹有直接关系的，但他也负责了两份有关余英时的研究计划。首先，他所负责校订的英译本《中国近世宗教伦理与商人精神》（*The Religious Ethic and Mercantile Spirit in Early Modern China*）已于今年3月由哥伦比亚大学出版社出版。① 同时，他又在《远东》（*Oriens Extremus*）上发表了题为《中国对韦伯有关儒家和道教研究的回应：以余英时为重要例子》（Chinese Responses to Max Weber's Study of Confucianism and Daoism: Yü Ying-shih as a Significant Example）。② 余英时的《朱熹的历史世界：宋代士大夫政治文化的研究》是当今研究朱熹的必读物，田浩教授的努力为西方学界更好理解余英时有关中国思想史的研究提供了坚实的基础。另外，田浩教授高足，现任教香港中文大学的张晓宇教授（Cheung Hiu Yu）去年亦出版了《威兮其祖：宋代太庙礼仪之争》（*Empowered by Ancestors: Controversy over the Imperial Temple in Song China (960—1279)*）一书，以宋代有关太庙的争论来探讨政治力量与文化权威的关系。③

（作者单位：美国亚利桑那州立大学国际语言与文化学院）

① Ying-shih Yü, Charles Yim-tze Kwong tran., *The Religious Ethic and Mercantile Spirit in Early Modern China*, edited and with an introduction by Hoyt Cleveland Tillman, New York: Columbia University Press, 2021.

② Hoyt Tillman, "Chinese Responses to Max Weber's Study of Confucianism and Daoism: Yü Ying-shih as a Significant Example," *Oriens Extremus* 56 (2020): 73-100.

③ Hiu Yu Cheung, *Empowered by Ancestors: Controversy over the Imperial Temple in Song China (960-1279)*, Hong Kong: Hong Kong University Press, 2021.

# 2020 年度欧洲朱子学研究综述

李　典

往期欧洲朱子学研究多见于欧洲学者已出版的论文、论著，以及在欧洲召开的相关学术会议中。然而 2020 年疫情肆虐，很多学术会议均被取消或延期了。因此本文搜集到的资料基本未涉及 2020 年度的会议论文。另有新出版的会议论文集，虽为旧文，因于 2020 年出版，故一并摘录。

首先介绍的是以朱熹及其思想、著作为直接研究对象的几篇著作。

慕尼黑大学的叶翰（Han van Ess）教授深谙中国哲学，他的新作《朱熹对〈五经〉的解读》（*Zhu Xi's Interpretation of the Five Canonical Scriptures*）试图对朱熹最重要的一些学术经典进行总结。一方面他承认朱熹的《四书章句集注》具有非常深远的研究价值，同时他认为朱熹作为五经的注释者的角色也是至关重要的。他按顺序依次从朱熹对《周易》《诗经》《尚书》《春秋》《礼记》的解释和评论进行分析。剖析了朱熹对五经的解读，并试图探讨其当代意义。例如，就《周易》而言，作者认为朱熹将读者的兴趣转向了它们作为派生文本的功能，纠正了过分强调文本解经的传统。而朱熹对《诗经》的研究看上去得出了一个非常现代的结论，即对传统《毛传》和《郑笺》的纯粹道德解释走得太远了，还应考虑那些没有道德意图但会为自己的乐趣而写诗的人。叶翰在最后指出朱熹对经典的诠释和解读为后世留下了丰富的文化资料，值得所有研究汉学的人仔细学习。

同样关注朱熹对经典解读的还有来自德国埃尔兰根的朗宓榭（Michael Lackner）教授，他的文章经由阿德勒（Joseph A. Adler）翻译编辑出版。英文名即为“Zhu Xi, The Original Meaning of the Yijing: Commentary on the Scripture of Change”。他们探讨了《周易》如何成为经典，是政治统治的需要，还是单纯的偶然性，又或者出于文本的内在优势。作者从朱熹的解读给出了一种答案。朱熹的《周易本义》将“象数”与“义理”相结合，使占卜与道德哲学融为一体。更确切地说，朱熹运用“通过占卜的机制获得修身的指导原则”的思想来实现两者之间的协调。作者承认，虽然在《周易本义》中道德关怀压倒了宇宙论的猜测，但通过这种机制获得“天道”，本身就是一个宇宙论事件。他们认为朱熹的解读并不是为了还原原文，而是为了掌握《周易》原作者的意图。不过，还原时代久远的原创者的本意，自然有其局限性。值得一提的是，作者并未按照朱熹的原始文本逐一翻译，而是采用以前版本的顺序，或许是觉得这样更容易理解。作者在最后提到，这本书的关注点与其说是《周易》，不如说更关注朱熹本身。

还有一些相关的研究被收录在 *Kindlers Literatur Lexikon*（*KLL*）[①]中，主要是把朱熹的作品向德语读者进行了介绍，同时也对其思想理论进行了深入的探讨。成文时间未必都在 2020 年，但 KLL 在线发表的时间均为 2020 年 9 月，因此本文也将其列在下文以供读者一览概要。

首先是海德堡大学汉学系波克特（Manfred Porkert）教授和维托夫（Viatcheslav Vetrov）博士完成的《朱熹：〈御纂朱子全书〉》（*Zhu Xi: Yu zuan Zhuzi quanshu (Vollständige Schriften des Meisters Zhu)*）。这部作品正如书名所暗示的，这是后人对朱熹作品的编撰。他们向读者详细地介绍了这本书——《御纂朱子全书》的来源、编写结构。并进一步阐释了朱熹的太极无极、心性、理气等思想。值得一提的是，作者认为朱熹的本体论是严格的二元论——理气二元论。他们认为，朱熹假定"理"高于"气"，但没有发展出"气"的"精神"起源的系统理论。朱熹本体论的焦点在于论证"理"的伦理：它被"仁"的有效性所渗透；但"气"在伦理上是无关紧要的。同样"心"在这个二元体系中，受到伦理原则和实质的直接影响。人的本性本来是好的，但被私心玷污了。因此，人的目标是恢复其本性与"理"的原始和谐状态。为此人们需要知识，在这里求知成为了一种道德行为。因此，在朱熹的体系中，知识不是渐进的，而是回顾性的：既然想要的知识在儒家经典中已经以"完成"的形式存在，人就应该通过深入研究经典来为自己发展"完成"的知识，以求回归本性。

另一篇则是波克特教授与波恩大学的顾彬（Wolfgang Kubin）教授一起完成的《朱熹：〈近思录〉》（*Zhu Xi: Jinsilu*）。同样地，作者首先简要介绍了朱熹与吕祖谦创作《近思录》的背景及结构。其次对这本书进行了进一步的探讨，认为朱熹和吕祖谦在孔孟的基础上着重探讨了三件事：一是对作为一切真理和价值基础的"理"的研究；二是将"格物"作为持"敬"的练习；三是对传统儒家经典的重新评估。由此引申出朱熹对四书五经的注疏的进一步理解。作者在最后肯定了《近思录》是 19 世纪之前中国思想史上最具影响力的书籍之一，其影响范围甚至波及日本、韩国。

还有一篇则介绍了朱熹的一本史学作品——《通鉴纲目》，由顾彬教授与傅海波（Herbert Franke）教授一起完成。作者指出，朱熹的这本书可谓是司马光长篇巨著《资治通鉴》的一个缩影。但朱熹不仅仅只是对其原始的 59 章进行重新编排，而是结合自己的教学与思想目标，将这本书编撰成了一本更有影响力的政治伦理手册。作者指出，朱熹将很多历史故事简化为政治治理的案例，透过其中折射出来的是朱熹对历史的道德判断。一方面为国家治理提供了儒家的正统基准，另一方面，也为明清时期的政治伦理提供了一定的参考。作者在

① 金德勒文学词典（KLL）或金德勒新文学词典（KNLL）是一本德语版的世界文学作品百科全书，几乎摘录了所有语言中最重要的文化作品。

最后还提到了这本书的后续历史意义。在康熙时期被翻译成满文后，又经法国传教士冯秉正(J. A. M. de Moyriac de Maila，1669—1748)翻译成法文并传回了欧洲，让人们对儒家的历史观有了更多的了解。

除了对朱熹的作品进行解读，还有一些学者将其思想纳入更大的讨论范围。

来自慕尼黑大学的塞巴斯汀(Sebastian Gäb)教授在他的 *Religion und Pluralität*① 一文中指出，在新兴的全球哲学文化中，哲学家们会利用来自世界不同地区的哲学潮流来回答问题。这些问题都不可避免地和亚洲的哲学传统研究相关，因此他在列举了一些西方哲学大家，如柏拉图、安瑟莫、黑格尔等贡献之后，同样罗列了一些儒家传统的例子，包括孟子、朱熹、王阳明。他认为在某个重要意义上，他们都为当下在进行的哲学辩论做出了巨大的贡献。而目前一个主要的问题在于这些来自不同的、以前各自独立的哲学传统可以在多大程度上结合在一起，它们是否能够激发我们当前知识生活的变化？在塞巴斯汀的答案里，朱熹只是作为儒家的代表之一被提及。而与此同时，有一位学者正在试着以朱熹的理论为主要研究对象，直面这些问题。

来自塔林大学的奥托(Margus Ott)博士继续将对法国哲学家德勒兹(Gilles Louis René Deleuze)的研究与中国哲学相结合。2020 年 5 月他发表了《德勒兹的重释朱熹》(*Deleuzian (Re)interpretation of Zhu Xi*)，通过德勒兹对朱熹的理论进行再解释。更确切地说，是对朱熹本体论的一些核心概念诸如“理”“气”和“太极”进行分析，再分化成不同层面，用德勒兹的术语进行重新描述。虽然两者不能完全对应，但是由于是对同一个问题进行描述，这种题材的同源性或许能够通过逻辑的分化处理让两位学者的思想产生联结。他强调这篇文章的目的并不是为了说明两者的相同，更多的是为了表明两位思想家可以富有成效地结合在一起。不同的时间、空间和文化背景碰撞在一起总会打开一种新的思想深度。而奥托的尝试起码会为学习传统中国哲学理念开辟一个新的分析工具，创造出更大的概念空间。

当然还有一些关于传统哲学主题的研究虽未以朱熹为主要对象，但因朱熹的历史影响不可避免地提及。

类似的例子有很多，比如来自卢布尔雅那大学的罗亚娜(Jana S. Rošker)在她的著作《成人：李泽厚的伦理思想》(*Becoming Human: Li Zehou's Ethics*)中，谈论李泽厚把代表中国哲学主要支柱的中国伦理作为他阐述康德、马克思等西方理论家伦理思想的某些方面的重要基础，其中多处引用《朱子语类》，对朱熹的伦理、道德理念进行解读。

来自牛津大学的寒梅(Giulia Falato)在其《中欧教育学的首次邂逅》(*The*

---

① 或可暂译为《宗教与多元主义》。该书向德语读者介绍了迄今为止主要以英语进行的多元主义和宗教辩论中的关键问题，并提出了进一步研究的基本问题和动力。例如跨文化的宗教体验；宗教心理学论点；宗教对真理的主张；面对真正多元化的宽容要求等内容。

*Earliest Encounter between Chinese and European Pedagogy*）一文中提到，从纯理论的角度来看，中国传统的教育学争论主要集中在两个基本问题上：儿童的本质及其在社会中的作用。作者回顾中国历史上最有影响力的哲学家，提出南宋著名思想家和教育家朱熹，主张这样一种观点，认为孩子的心是纯洁和谐的——这是"诚"的一种表达方式，而后者恰恰是一种只能被私欲所掩盖的美德。作者指出，尽管有不同的解释，但所有思想家都同意的一点是必须通过教育来培养儿童，他引用钟鸣旦（Nicolas Standaert）的话，说儒家修身的目的是"克己"，以将天理发挥到其更高的潜力。

另外还有一些类似的研究被收录在论文集中。比如 *Confucian Academies in East Asia* 中有两篇文章涉及到了朱熹的相关研究。两篇的主题均与东亚书院有关。一篇是来自哥本哈根大学的梅尔（Margaret Mehl）撰写的《日本儒学的嬗变：以德川后期和明治日本的汉学塾为例》（*Transmutations of the Confucian Academy in Japan: Private Academies of Chinese Learning* (*Kangaku Juku* 汉学塾) *in Late Tokugawa and Meiji Japan as a Reflection and a Motor of Epistemic Change*）。他以日本最重要和最持久的教育机构"汉学塾"为研究对象，揭开了日本教育方式和教育重点的变化。虽然随着基于西方科学概念（广义上的 Wissenschaft）的新知识的普及，在 19 世纪之后，"中国"及相关知识不再是学校教育的参照物。但回顾历史，不得不承认儒家典籍和儒家学习方法构成了日本自古以来的教育基础。在这当中，奠定元明清教育文本的朱熹功不可没。

然相对于梅尔的宏观总结，另一篇来自德国柏林自由大学的盖尔曼（Martin Gehlmann）所撰写的《〈白鹿洞书院揭示〉在韩国的流布》（*Transmissions of the White Deer Grotto Academy Articles of Learning in Korea*）则深究了朱熹之于书院的意义。他主要强调了白鹿洞书院作为宋以后儒家书院的基本模式对韩国书院的影响。而朱熹所作的《白鹿洞书院揭示》毫无疑问是一个标杆，其重要性远超一般的教育方针，被韩国各地书院在新的语境下改编、采用。

当传教士从 16 世纪末开始到达中国沿海时，他们从当时的中国知识阶层那里了解到了朱熹，直到今天，很多西方汉学研究仍然依赖着朱熹对经典的解读。各地的学者纷纷在不同领域进一步挖掘他的思想价值，并结合不同思想潮流加以重组，使得朱子学的影响愈加深远。

（鉴于多语种的搜索与理解难度，本文毫无疑问会有一定的疏漏，尚请读者谅解。）

相关著作按本文提及顺序罗列如下：

1. van Ess H.（2020, March 05）. Zhu Xi's Interpretation of the Five Canonical Scriptures. In：Ng K.，Huang Y.（EDs）Dao Companion to ZHU Xi's Philosophy. Dao Companions to Chinese Philosophy（vol. 13）（pp. 89 - 106）. Cham：Springer.

2. Lackner, M. (2020, July 06). Zhu, Xi, The Original Meaning of the Yijing: Commentary on the Scripture of Change. In: Joseph A. Adler, Dao (vol. 19) (pp. 505 - 507). New York: Columbia University Press.

3. Porkert M., Vetrov V. (2020) Zhu Xi: Yu zuan Zhuzi quanshu. In: Arnold H. L. (EDs) Kindlers Literatur Lexikon (KLL). Stuttgart: J. B. Metzler. https://doi.org/10.1007/978-3-476-05728-0_22054-1

4. Porkert M., Kubin W. (2020) Zhu Xi: Jinsilu. In: Arnold H. L. (EDs) Kindlers Literatur Lexikon (KLL). Stuttgart: J. B. Metzler. https://doi.org/10.1007/978-3-476-05728-0_22053-1

5. Franke H., Kubin W. (2020) Zhu Xi: Tongjian gangmu. In: Arnold H. L. (eds) Kindlers Literatur Lexikon (KLL). Stuttgart: J. B. Metzler. https://doi.org/10.1007/978-3-476-05728-0_22052-1

6. Gräb S., Sebastian Gäb, Wiertz J. O., Gasser G., Stammer D., Honnacker A., Dormandy K., Harrison S. V., Bouriau C., Niederbacher B., Sans G. & Schmidt J. (2020, June 17). Religion und Pluralität. In: Jäger S., Anselm R. (Eds.) Ethik in pluralen Gesellschaften (pp. 39 - 40). Stuttgart: Kohlhammer Verlag.

7. Ott, M. (2020). Deleuzian (Re)interpretation of Zhu Xi. In: Asian Studies 8(2) (pp. 281 - 310).

8. Rošker S. J. (2020, Jan 03). Becoming Human: Li Zehou's Ethics. In: Modern Chinese Philosophy (vol. 20). Leiden: Brill Academic Publishers.

9. Mehl M. (2020, April 2). Transmutations of the Confucian Academy in Japan: Private Academies of Chinese Learning (Kangaku Juku 漢学塾) in Late Tokugawa and Meiji Japan as a Reflection and a Motor of Epistemic Change. In: Vladimir G., Eun-Jeung L., Martin G. (EDs), Confucian Academies in East Asia (pp. 126 - 157). Leiden: Brill Academic Publishers.

10. Gehlmann M. (2020, April 2). Transmissions of the White Deer Grotto Academy Articles of Learning in Korea. In: Vladimir G., Eun-Jeung L., Martin G. (EDs), Confucian Academies in East Asia (pp. 252 - 287). Leiden: Brill Academic Publishers.

11. Giulia Falato (2020, June 04). Alfonso Vagnone's tongyou jiaoyu (On the Education of Children, c. 1632): The earliest encounter between chinese and european pedagogy. In: Studies in the history of christianity in east asia(vol. 3) (pp. 23 - 49). Leiden: Brill Academic Publishers.

（作者单位：德国特里尔大学）

# 朱子"克己"思想研究述评

毛惠扬

"克己"概念出自《左传·昭公十二年》，"王揖而入，馈不食，寝不寐，数日，不能自克，以及于难。仲尼曰：'古也有志："克己复礼，仁也。"信善哉！楚灵王若能如是，岂其辱于乾溪？'"《论语·颜渊》亦有："颜渊问仁，子曰：'克己复礼为仁。一日克己复礼，天下归仁焉。为仁由己，而由人乎哉？'颜渊曰：'请问其目？'子曰：'非礼勿视，非礼勿听，非礼勿言，非礼勿动。'颜渊曰：'回虽不敏，请事斯语矣。'"毛奇龄《论语稽求篇》总结说："克己复礼本属成语，夫子一引之以叹楚灵王，一引之以告颜子。"①

朱子对"克己"极为重视，《朱子语类》中亦载有大量有关"克己"的言论，可见其"克己"思想甚为繁复。与此相应，朱子在《四书章句集注》中指出，"颜渊问仁"章问答"乃传授心法切要之言。非至明不能察其几，非至健不能致其决"②。此亦可见"克己"工夫的重要性。就有关朱子"克己"思想的研究来看，前人学者对朱子"克己"思想的研究主要集中于"克己"的诠释问题，亦及"克己"与"敬"之关系问题。

## 一、朱子"克己"诠释的古代研究

"克己复礼为仁"一语，自孔子道出后众说纷纭、聚讼不已。朱子在承继前人训释的基础上，作了进一步发挥，在《四书章句集注》中将"克己"与"复礼"分开训释，训"克"为"胜"，训"己"为"身之私欲"，"克己"即"胜己之私欲""克去己私"。朱子对"克己"的诠释丰富了"克己"概念的意涵，但同时也遭致许多学者的批驳。

与朱子同时期稍后的陆九渊门人杨简说："'克'有二训：能也，胜也。《左氏》谓楚灵王不能自克，继以孔子'克己复礼'之言为证。是谓克为'胜'，而未必孔子本旨。果尔也，以颜子粹然之质，加以屡空之学，虽未能至于无过，过亦微矣，何俟于克而胜之也？《诗》《书》所载，多以'克'为'能'，况此孔子又继曰'为仁由己'，殊无克胜其己之意。且一'己'字，无二义也。"③指出朱子训"克己"为

① 程树德撰，程俊英、蒋见元点校：《论语集释》，北京：中华书局，1990年，第818页。
② 朱熹：《四书章句集注》，北京：中华书局，2012年，第133页。
③ 杨简：《杨简全集》，杭州：浙江大学出版社，2015年，第2134页。

“胜身之私欲”存在三个方面的问题：《左传》引用孔子“克己复礼”之语而训“克”为“胜”，只是针对嗜欲过度而无法自克的楚灵王，未必是孔子本意；颜子即使有过失也是微小的过失，无须做克胜的工夫；“克己”之“己”与“为仁由己”之“己”不能训作不同含义。

明代江右王门的罗洪先也指出，“克己之己，即由己之己，亦即己私之己，莫非己也。稍不能忘，便属己私，故‘己’字甚微。惟尧舜然后能舍己，惟夫子然后能无我，非颜子承当‘克己’二字不得。克字只应作克治看。若训作克去，不特不尽夫子之学，亦于文义不完。故夫子尝言‘修己以敬’，即是克己之意。使不忘有我，即修己亦只成一个私意，岂能安人、安百姓哉！”①认为训“克”为“克去”，训“己”为“身之私欲”，则“克己”工夫则只是针对个人的私意，未免过于狭隘，不足以阐明孔子之学。

罗洪先从义理上断定“克”不当释为“克去”，泰州学派的罗汝芳则依据古训，指出“克字正解，只是作胜、作能，未尝作去”②。并反对理学将天理与人欲相对，认为人欲源于天理、莫非天理。“万物皆是吾身，则嗜欲岂出天机外耶？……形色天性，孟子已先言之。今日学者直须源头清洁。若其初志气，在心性上透彻安顿，则天机以发嗜欲，嗜欲莫非天机也。若志气少差，未免躯壳着脚，虽强从嗜欲，以认天机，而天机莫非嗜欲矣。”③

迨至清代，汉学兴起，注重考据的汉学家对朱子“克己”诠释的反对更甚。毛奇龄在《四书改错》中将朱《注》作为“改错”之一而加以批驳：“刘炫……本扬子云‘胜己之私之谓克’语，然‘己’不是‘私’，必从‘己’字下添‘之私’二字，原是不安”④，“朱《注》谓‘身之私欲’，别以‘己’上添‘身’字，而专以‘己’字属私欲，于是宋后字书皆注‘己’作‘私’，引《论语》‘克己复礼’为证，则诬甚矣。毋论字义无此，即以本文言，现有‘为仁由己’，‘己’字在下，而一作‘身’解，一作‘私’解，其可通乎？”⑤除前人学者指出的问题外，毛氏还强调朱《注》释“己”为“身之私欲”添了“身”字，实属添字解经，歪曲经义。

戴震之说与杨简类同，“圣贤之道，无私而非无欲；谓之‘私欲’，则圣贤固无之。然如颜子之贤，不可谓其不能胜私欲矣，岂颜子犹坏于私欲邪？况下文之言‘为仁由己’，何以知‘克己’之‘己’不与下同？此章之外，亦绝不闻‘私欲’而称之曰‘己’者……克己复礼为仁，以‘己’对‘天下’言也”⑥。将“私”与“欲”区分开来，认为圣贤“无私而非无欲”，像颜子这样的贤人不可能为私欲所困，而且

① 罗洪先：《罗洪先集》卷六，南京：凤凰出版社，2007年，第195页。
② 罗汝芳：《罗汝芳集》，南京：凤凰出版社，2007年，第26页。
③ 同上，第353页。
④ 毛奇龄：《四书改错》，上海：华东师范大学出版社，2015年，第414页。
⑤ 同上。
⑥ 戴震：《孟子字义疏证》，北京：中华书局，1982年，第56页。

其他文献中并没有将“私欲”称作“己”者，此章之二“己”字义应相同，且与“天下”相对而言。

阮元、凌廷堪主要批判了朱《注》对“颜渊问仁”章中的两个“己”字作了不同训释，导致辞气割裂，文理不通。阮元《揅经室集》：“‘克己’，‘己’字即‘自己’之‘己’，与下‘为仁由己’相同……若以‘克己’字解为私欲，则下文‘为仁由己’之‘己’断不能再解为私，而由己不由人反诘辞气与上文不相属矣。”①凌廷堪《校礼堂文集》：“即从《论语》‘克己’章而论，下文云：‘为仁由己，而由人乎哉’！‘人’‘己’对称，正是郑氏相人偶之说；若如《集注》所云，岂可曰‘为仁由私欲’乎？”凌廷堪还举证了《论语》全书中含“己”字的章句，认为“‘不患人之不己知’，……‘古之学者为己’，……若做‘私欲’解，则举不可通矣”②。凌廷堪以“为仁由己，而由人乎哉”中“人”“己”相对，并无不妥，然何以与郑玄“相人偶”之说相应？

陈澧对朱子学甚为推崇，然亦谓“朱注实有未安，不如马注解‘克己’为‘约身’也”③。不过，陈澧又说：“或疑如此则《论语》无胜私欲全天理之说，斯不然也。胜私欲之说，《论语》二十篇中固多有之。‘富与贵，是人之所欲也，不以其道得之，不处也。’不处者，胜之也。原宪问：‘克伐怨欲不行焉’，不行者，胜之也。‘枨也欲，焉得刚？’欲者，多嗜欲。刚者，能胜之也。又有不明言欲者。君子有三戒：戒色、戒斗、戒得。色与得者，欲也。戒者，胜之也。乐骄乐，乐佚游，乐宴乐，皆欲也。明其为损，则当胜之也。”④陈澧此说，或可驳杨简言朱注“克胜己私”之说不合孔子本旨。

上述学者在辞章训诂方面对朱子“克己”诠释的批驳颇有力度，然仍有不少学者认可朱注，为朱注辩护。朱子高足陈淳举《论语》中“我”字可释为二义之例，说明“己”字亦可释为二义。“何谓己者，身之私欲，盖己一名而含二义。一以身言之，如下文‘由己’之‘己’与‘求诸己’之类；一有私之意焉，所谓有己之私，即此‘克己’之‘己’与‘至人无己’之类。亦犹‘我’之为言，一以身言之，如‘万物备我’‘我欲仁’之类；一有私之意焉，所谓有我之私，如‘毋我’之‘我’也。”⑤陈淳以“我”字为例，可证“克己”之“己”未必只能以“身”言，还可以“己私”言。然犹有偏颇之处，其所举“我”之例句不在《论语》同章之中，而“克己”与“由己”皆在“颜渊问仁”章中，故难以驳倒两“己”字不同训致此章文理不通、辞气割裂之说。

明代理学家蔡清认为，朱子训“己”为“身之私欲”有其深意。蔡清说：“克

① 阮元：《揅经室集》，北京：中华书局，1993年，第181页。
② 凌廷堪：《校礼堂文集》卷二五，《安徽丛书》第四期刊本，第19页。
③ 陈澧：《东塾读书记》，北京：生活·读书·新知三联书店，1998年，第30页。
④ 同上。
⑤ 陈淳：《北溪大全集》，清乾隆文渊阁四库全书钞编修汪如藻家藏本，第202页。

己，己字下得最好。不曰克私，不曰克欲，而曰克己，盖利心生于物我之相形，人惟知有己，故一向徇私去。注云谓身之私欲也，身对人，私对公，公则物我公共，人所同然，而视听言动皆礼矣。”[①]蔡清着眼于“己”与“私”的相连、“私”与“公”的相对，指出朱注训“己”为“身之私欲”犹能使文理贯通。

清代学者中亦有认可朱注者。王鸣盛溯源《左传》之注疏，认为朱子“克己”诠释与刘炫疏解《左传》之说相合。他说：“古书‘克’多训‘能’，直是能于己身复礼，便是仁耳。此说似直截痛快。但何晏《集解》引马融曰‘克己约身’，《左传》述楚灵王淫侈，感子革讽谏，不食不寐数日，不能自克，以及于难，杜预曰：‘克，胜也。’其下即引仲尼曰：‘克己复礼，仁也。’楚灵王若能如是，岂其辱于乾溪？疏载刘炫云：‘克，胜也。己，谓身也。身有嗜欲，当以礼义齐之。嗜欲与礼义交战，使礼义胜其嗜欲，身得归复于礼，如是乃为仁也。’是朱子与刘炫合矣。夫复性之功，在闲情而已；明善之道，在去恶而已。”[②]

竭力为朱注辩护者有方东树。他指出，“若谓一字不应二训，则‘克伐怨欲’与此处所言‘克’字，何以一‘欲’其不行，一‘欲’其从事？宿松朱书云：‘毋意毋必’与‘诚意’，‘意’字不同，‘动心忍性’‘性也有命’与‘恒性’，‘性’字不同(见《与李容辨阳明有善有恶意之动书》)。可见古人言各有当，随举自明，何不可通经典……若此处‘己’字不指私欲，则下文‘四目’何为皆举‘非礼’言之？‘己’不是私，不应从‘己’下添之‘私’字，则‘己’亦不是欲，《虞书》曷为从‘己’下添之‘欲’字？不知‘己’虽对人为文，而古人言‘舍己’‘虚己’(大舜‘舍己从人’，‘虚己’见《庄子》《韩诗外传》)，苟非指己私意见之，而将谓能舍能虚其形骸乎？若谓程朱不应直以己字为私，致宋后字书误训，则古人《说文解字》后起之义甚多，即亦何害？况此固圣人本义，而西汉儒者之说哉？”[③]为反驳一“己”字不可二训、添字解经等对朱注的批判，方东树与陈淳思路一致，以古籍文献为据，找出其中一字可训为二义、添字解经之例证。对于凌廷堪“郑氏相人偶”之说，方东树直言：“此耳食剿袭，更不辞矣！借如所云‘人’‘己’对称，‘相人偶’为‘仁’，则圣人此二句成何文理？”[④]方东树还指出，“解经当详本篇上下文义。《左传》则有上文‘不能自克’作解，《论语》则有下文‘非礼勿动’四语……且以存理遏欲为说，亦何害于学者为仁之旨乎？盖嗜欲必得恣情便意，乃古今恒人通趣，幽潜性命不断，所以自古圣人皆兢兢戒谨防之，乃是大段第一难事……若孔子第为是卑身约己，没气力之说，亦谁不能承担？必待颜子而后能事私语乎？”[⑤]认为朱

① 蔡清：《四书蒙引》，文津阁《四库全书》本，上海：商务印书馆，2006年影印版，第429页。

② 王鸣盛：《蛾术编》卷八十一，北京：商务印书馆，1958年，第1258页。

③ 江藩、方东树著，徐洪兴编校：《汉学师承记》(外二种)，上海：中西书局，2012年，第278—279页。

④ 同上，第281页。

⑤ 同上。

子“存理遏欲”之说非但无害于为仁，而且切合《论语》此章上下文义，由此得出朱子诠释《论语》时训“己”为“私欲”是合理的，并非望文生义，以回应杨简的质疑。①

综上所述，古代学者主要从训诂、义理两个层面批驳朱子的“克己”诠释。训诂上批驳朱注：“克己”之“己”与“为仁由己”之“己”一字二训；训“己”为“身之私欲”是添字解经；源于《左传》中针对楚灵王嗜欲的注疏，并不适用于解读《论语》。义理上批驳朱注：如颜子之贤并不会为私欲所困；“克己”之“己”并非与“礼”相对，而是与“人”相对，与“天下”相对；训“克己”为“胜身之私欲”过于狭隘，不足以阐明孔子之学，亦不合孔子本意。面对这些问题，维护朱注者主要是通过举证《论语》或其他古籍文献中的例子，联系“颜渊问仁”章上下文意来解决。总体看来，赞同朱注者对于朱子“克己”诠释的维护处于劣势。

## 二、朱子“克己”诠释的现代研究

现代以来，犹有贬低朱子“克己”诠释的学者，然其批驳之处多是前人旧说，少有新意。赵纪彬认为“朱熹训‘己’为‘私欲’之论，问题颇多。先就‘克己’部分而言，至少包括两大问题：其一，从字义上看，全是臆造，与《论语》全书三十个‘己’字的本义及其用法，无一不相乖戾；其二，从理论上看，全是通过臆造字义而发挥‘理学’一派的唯心论思想，而与孔丘‘克己复礼为仁’的思想全不相干，绝不能成为阐述孔丘关于‘仁’的思想的依据”②。

李泽厚指出，朱注为后人诟病关键在于，“‘克己复礼’（有关行为）为什么是‘仁’（有关心理）？”他认为“理学直接把‘克己复礼’归结为道德斗争的心性问题，虽深入一层，却未免狭隘。视听言动，明明是有关行为举止，即礼的‘仪文’实践，礼及理（理性）正是通过这种种仪文活动而非通过思辨、语言、心性追求而建立（就群体或个体言均如此），它的源头仍与巫术有关”③。李泽厚此说看似有理，实则割裂了身与心的关系。在朱子看来，“心是主宰于身者”，身体的行为活动都是心的发动决定的。而且朱子并非将“克己复礼”简单地归为“道德斗争的心性问题”，只是认识到心是孔子“为仁由己”之说中未明言的“克己”之主体，故而有必要在训释“克己”时联系到心性问题。

查昌国、吴海波则直接断定，“经有清一代学者的考辨，‘克己’不能作‘胜身

---

① 方东树这里实际上是回应焦循，焦循曰：“刘光伯‘嗜欲与礼义交战’之言，意主楚灵王，因上文有‘不能自克’语，望文生义耳，与《论语》何涉？邢叔明剿窃之以释《论语》，遂开《集注》训‘己’为‘私欲’之论，与全部《论语》‘人’‘己’对举之文枘凿不入矣。”（第48页）然此说实为杨简提出。

② 赵纪彬：《论语新探》，北京：人民出版社，1976年，第95页。

③ 李泽厚：《论语今读》，合肥：安徽文艺出版社，1998年，第275页。

之私欲’解，已成定论”①。金景芳、吕绍纲在《释“克己复礼为仁”》一文中，肯定了俞樾训“克”为“能”，以“己复礼”三字连文的说法，认为朱子对“克己复礼为仁”的解释是完全错误的。“第一，把‘克己复礼’一语理解为‘克己’与‘复礼’的组合，又视‘克’字在句中为动词，从根本上就搞错了。第二，把‘克’字训为战胜的‘胜’，把‘己’释作私欲，把‘克己’说成战胜自己的私欲，从而用‘存天理灭人欲’的道学家观点解释‘克己复礼’，完全歪曲了孔子的本义。”②

现代学者亦有为朱注正名者，且其对朱子“克己”诠释的辩护，较前人之说更为详尽深入。张崑将《朱子对〈论语·颜渊〉“克己复礼”章的诠释及其争议》一文指出，朱子“克己复礼”解具有三点争议：“（一）‘己’一字两训及‘克己’的意涵。（二）‘复礼’之诠释意涵。（三）‘为仁’的相对概念。”③而“朱子解此章如何诠释此两‘己’字并不使之矛盾，乃是了解朱子此章意涵的最大关键”④。该文对毛奇龄批判朱注添字解经的说辞不以为然，反而认为朱子在扬雄解释的基础上添加“身”与“欲”字，可谓兼顾“约身”与“胜己”两项工夫。此外，该文还通过厘清朱子的‘私’与‘欲’之概念，认为“戴震判朱子加一赘文‘欲’，主张应克去‘私’而非‘欲’”说法是错误的，源于戴震没有认识到，朱子所谓“私”尚有“以道心为主宰的‘形气之有善’之‘私’”，朱子所反对的“欲”不是“适体得中的‘欲’”，而是“太过的欲”，还有“不及的不欲或无欲”。

许家星在《仁的工夫论诠释——以朱子“克己复礼”章解为中心》一文中，高度肯定了朱子对《论语》“克己复礼”章的诠释，认为“朱子本章之解，体现了其致广大、尽精微的学术特质，显现了经典诠释的工夫论目的和现实教化的使命意识，从一个侧面反映了朱子思想由依傍程门到走向独立的过程”⑤。而朱子此章诠释引发后世争议的原因在于：一方面，朱子对“克”“为”“一日”“归”等词数易其说、解读曲折；另一方面，朱子对“理”与“礼”、“克己”与“复礼”、彻上与彻下等问题反复其说。许家星还指出，为凸显工夫的心性和事为两面，朱子以“本心之全德”“天理之节文”对“仁”“礼”作出了独特揭示，强调心性工夫基础上的日常事上实践之功。并由此创造性地揭示了克复工夫具有笃实、亲切、健勇、精细、彻上彻下的“切要”特点。许家星此文，可回应李泽厚批驳理学将“克己复礼”归于道德争斗的心性问题过于狭隘之说。且该文注意到朱子解读“克”“为”“一日”“归”等词时的变化，并由此分析朱子“克己复礼”说的深意，其视角、思路

① 查昌国、吴海波：《“克己”重释》，《安庆师范学院学报（社会科学版）》，2000年第6期。

② 金景芳、吕绍纲：《释“克己复礼为仁”》，《中国哲学史》，1997年第1期。

③ 张崑将：《朱子对〈论语·颜渊〉“克己复礼”章的诠释及其争议》，《台大历史学报》，2001年第27期。

④ 同上。

⑤ 许家星：《仁的工夫论诠释——以朱子“克己复礼”章解为中心》，《孔子研究》，2012年第3期。

可谓独到。

孙凡青《朱熹“克己复礼”之解辨正——兼论“理”与“礼”的关系》一文驳斥了批判朱子对“克己复礼”的诠释曲解了孔子原意这种说法，并给出说明朱子的诠释是在尊重孔子原意的基础上作出了创造性发挥的三个理由：其一，孔子既提倡“节欲”又重视“导欲”，但没有对如何“节欲”展开详细说明，朱子则将“节欲”融入“导欲”的过程中，发挥“主敬”学说备而论之。其二，孔子十分重视发挥个人的道德主体性。朱子详说“克己”正是对这种主体性的强调。朱子的“克己”当为“克己（之私）”的省略说法，非但没有将人的主体性消磨掉，反而大大张扬了人的主体性。其三，孔子重践履，重当下的实践。朱子说“克己复礼”，说“敬”无不是强调要于日用常行的事上去实现。[①] 孙凡青给出的这三个理由似无不妥，亦可对批驳朱注歪曲孔子原意的学者回以一击，然其论证模糊不清、稍嫌简单，并不能很好地得出这些理由，且其对于“理”与“礼”之关系的分析亦有此病症。

宋健《道德自我如何挺立——以东亚儒学“克己”纷争为鉴》一文分别论述了训“克”为“能”与训“克”为“胜”这两类训释，并考察了“能胜之争”如何在东亚儒学中演变为尊“朱”与反“朱”的势力角逐，认为“东亚儒学有关‘克己’的诠释纷争，表面看来是尊‘朱’与反‘朱’势力的角逐，实质蕴涵着不同的自我观”[②]。并指出上述两类训释的核心分歧在于采取的“挺立道德自我”路径不同，“‘克’—‘己’之间存在一种表里结构：训‘克’为‘能’者，视自我为（全）善，因而只需逆觉体证、发挥本心，突出强调主体的能动作用，此解以杨简为代表；训‘克’为‘胜’者，察觉自我有恶，故当依循天理、尊崇道心，侧重揭橥规范的塑造意义，此解以朱熹为宗主”[③]。对于毛奇龄、颜元等清儒拥立马融以驳斥朱熹的学说，该文肯定其在思想史上具有特定的意义，但在义理层面较为浅显，没有认识到朱注对马注的转进之功。该文未持一家之说直攻异说，而是着眼于探析训“克”为“能”与训“克”为“胜”这两类训释存在分歧的根本原因，以及朱注与马注的关联，可谓匠心独具。

郭园兰、肖永明《〈论语〉“克己”诠释之汉宋分野：从多维视域考察》一文聚焦汉宋论争，认为清代汉学家对宋学家“克己”诠释的批驳存在颇多误解，并从时代特点、治学方法等多维视域考察到宋学家“克己”诠释的成因主要有四点：“改造人心陷溺之社会现实的道德出路、建构哲学学术体系的内在需要、对抗佛

---

① 孙凡青：《朱熹“克己复礼”之解辨正——兼论“理”与“礼”的关系》，《牡丹江大学学报》，2012年第4期。

② 宋健：《道德自我如何挺立——以东亚儒学“克己”纷争为鉴》，《孔子研究》，2017年第2期。

③ 同上。

道挑战的外在逼显、重义理治学方法的自然呈现”[①]。该文视角宽阔，不再限于从训诂或义理层面分析宋学家“克己”诠释的合理性，而是较为全面地从时代的特点及需要、建构学术体系的需要、治学方法的呈现等方面考察其成因。

肖永明、郭园兰的另文《朱熹对〈论语〉“克己”的诠释：以理学体系建构为视角》分析了朱子训“克”为“胜”，训“己”为“身之私欲”的缘由。指出朱子对“己”的诠释与同一诠释脉络下的扬雄、王肃、刘炫、邢昺等人的诠释已大不相同，是从“理与气、形体与私欲的关联”，“天理人欲相对、‘己’‘礼’相对的角度”以及“‘克己’与‘复礼’的关联”来诠释“己”。而朱子对“克”的诠释则是以“天理人欲此胜则彼退之关系”和“天理人欲难明”这两个角度及以“‘克’之对象‘私欲’难以对付的特征”为根据。该文认为，朱子“在扬雄‘克己’诠释的基础上增加了涵括外在形躯意义的‘身’和表达内在意念的‘欲’，并以‘身’限定‘私欲’，在兼顾内外两层修养工夫的基础上，巩固和突出了‘克己’诠释之内在意涵”[②]。并表示，朱子是在理学体系的大框架下诠释“克己”，离孔子原意越来越远。该文立足于朱子的理学思想，以其理学体系建构为视角，另辟蹊径，较为全面深入地论述了朱子“克己”诠释的角度与深意。

郭园兰《从〈论语〉“克己”诠释看朱熹学术内倾特征》一文，认为朱子诠释经典，侧重内在意涵，并与此相应地形成了其学术内倾特征。是文基于朱注对“颜渊问仁”章的诠释，从朱子的正面阐发、侧面引证、总评等三个方面考察发现，朱子的学术内倾特征主要表现为“向里用力”“心性追求”“内向超越”。此三者相辅相成，“向里用力是朱熹学术内倾特征的原初层面和基本表现，从工夫维度彰显其学术思想；心性追求是中间层面，从核心维度支撑其学术思想；内向超越是顶上层级和目标导向，从本体维度引领其学术思想”[③]。该文还分析了朱子学术内倾特征的成因，认为其“既受时代背景、个人际遇的影响，亦为振兴儒学的需要，更是心性之学发展、学术风尚转移的结果”[④]。

乐爱国《朱熹解〈论语〉“克己复礼”与“身能反礼”——兼论朱熹晚年对克己与复礼关系的阐释》一文指出，朱子训“克”为“胜”与孔安国讲“身能反礼”以及杨简训“克”为“能”，只是在文字上有所差别，而在义理上并非对立，“其根本差别在于朱熹从克己与复礼相互统一的层面，既反对只讲克己不讲复礼，又批评杨简只讲复礼不讲克己”[⑤]。而强调“克己”与“复礼”的密切联系，即是朱子“克

---

① 郭园兰、肖勇明：《〈论语〉“克己”诠释之汉宋分野：从多维视域考察》，《求索》，2017 年 11 月。

② 肖永明、郭园兰：《朱熹对〈论语〉“克己”的诠释：以理学体系建构为视角》，《中国哲学史》，2018 年第 2 期。

③ 郭园兰：《从〈论语〉“克己”诠释看朱熹学术内倾特征》，《原道》，2017 年第 2 期。

④ 同上。

⑤ 乐爱国：《朱熹解〈论语〉“克己复礼”与“身能反礼”——兼论朱熹晚年对克己与复礼关系的阐释》，《江苏行政学院学报》，2018 年第 2 期。

己复礼"诠释的重要之处。由是，该文认为罗洪先、罗汝芳、颜元、毛奇龄、凌廷堪、阮元、俞樾等学者与杨简一样，都从"克己"与"复礼"相互分离的层面讨论"克己复礼"。

王亚中《克己与由己——〈论语集注〉"克己复礼"章意蕴探析》一文认为，"朱《注》对'己'的理解更加全面，朱子除了认识到'己'的积极意义一面外，对于'己'存在的私欲问题也有深刻的认识"①。此观点与宋健"自我观"之说相合。该文还分析了朱子能够认识到"己"存在私欲问题的两个原因："一是从经典解释方面，意识到《论语》一书包括圣人之言、圣人之意、所以进于圣人之意三个层次。二是从义理理解方面，朱子基于性理与形气之私的区分而有了道心、人心和天理、人欲两组概念的区分。"②而朱子"克己"诠释不同于汉儒之解的原因，即在于朱子视《论语》为求仁、求道之书，强调开启求仁工夫的维度必须先认识到"己"存在私欲的问题。朱子认为"颜渊问仁"章的问答"乃传授心法切要之言。非至明不能察其几，非至健不能致其决"③。王亚中指出朱子认识到"己"存在私欲的重要，可对应于朱子所说的"察其几"，然其谓只有认识到"己"存在私欲才能开启求仁工夫，未免有失偏颇。因为在朱子看来，求仁并非只能通过"克己"工夫，还可以通过"主敬行恕"。朱子曰："'克己复礼'，便是捉得病根，对证下药。仲弓主敬行恕，是且涵养将去，是非犹未定。"④可知后者是涵养工夫，无须辨明是非、察识私欲。

批驳朱子"克己"诠释的现代学者主要延续了前人之说，而维护朱子"克己"诠释的学者的视角更为宽广，进一步关注到朱注的成因与深意，朱子"克己"诠释不同于其他几种诠释的原因，以及与其他几种诠释的联系，还有其表现出的朱子学术特征等问题。并且学者们对朱注的维护不再限于从训诂、义理层面分析朱注的合理性，而是能够较为全面地从工夫论上的意义、时代的需要、思想体系的建构、工治学方法的呈现、《论语》的定位等方面考察。

## 三、朱子"克己"与"敬"之关系研究

除了上述论析朱子"克己"诠释的研究外，还有学者就"克己"与"敬"的关系展开了探讨。钱穆出版于1971年的《朱子新学案》，对朱子学术思想的诸多方面都作了梳理和论述。此书第二册"朱子论克己"一节最早关注到朱子"克己"

① 王亚中：《克己与由己——〈论语集注〉"克己复礼"章意蕴探析》，《四川大学学报（哲学社会科学版）》，2020年第4期。

② 同上。

③ 朱熹：《四书章句集注》，北京：中华书局，2012年，第133页。

④ 黎靖德编，王星贤点校：《朱子语类》，北京：中华书局，1986年，第1046页。

与“敬”之间的关系。钱穆指出，朱子谓“颜子生平，只是受用克己复礼四个字”[①]之时（“朱子年六十以后”），“乃始于‘克己’工夫表出十分重视之意……程子谓颜子工夫主要在能‘敬’，今朱子则谓颜子工夫主要在能‘克己’，显不是因袭程意”[②]。此后，朱子的工夫论重心向“克己”工夫转变，逐渐以“克己”替代“敬”为核心工夫。

许家星《仁的工夫论诠释——以朱子“克己复礼”章解为中心》一文，虽未就“克己”与“敬”之关系展开论述，然其在脚注中提及，“钱穆先生《朱子新学案》第二册辟有“朱子论克己”一节专门讨论此问题，给予朱子克己说极高评价，实独具只眼。钱先生得出结论说：‘此乃朱子明自欲以克己工夫替代二程敬字，举以为圣学主要纲宗也。’此则不免言之过激，敬与克己于朱子乃相互作用之工夫，并不存在取代之说”[③]。盖许家星认可朱子“克己”思想具有重要价值，但反对钱穆所言朱子以“克己”工夫替代了“敬”的观点，而是认为“克己”与“敬”对于朱子而言是相互作用的两种工夫，不可或缺。这一观点虽未展开论证，然亦耐人玩味。

乐爱国、陈昊《以“克己”代“敬”——钱穆论朱子晚年工夫转向》一文，赞同钱穆谓朱子的工夫论重心逐渐由“敬”转向“克己”的说法，指出钱穆将朱子以“克己”替代“敬”的历程划分为五个阶段：“最先只用二程语，谓敬则无己可克”；“其次乃谓初学亦须兼用克己工夫”；“又其后始谓克己复礼工夫乃在主敬行恕之上，颜冉两人高下深浅由此可见”；“然人既限于资质，非至明至健如颜子，不易为克己之学！而主敬行恕，亦可至于无己可克，故欲人审己而自择”；“更其后，始有今本《集注》之改定。主敬行恕而有得，虽亦将无己可克，至明至健之资，虽不能人人如颜子，然克己工夫，则凡为学者不可以不勉”[④]。并证以《朱子语类》，详细分析，最后断定“克己”工夫经由这五个阶段，地位不断上升，最终替代“敬”成为孔门“传授心法切要”。“克己”工夫在前三个阶段确实如其所说，地位不断升格，然第四阶段只是强调了“克己”工夫较“主敬行恕”更难做，又言“主敬行恕”亦可实现“无己可克”，故朱子让人量力选择做“克己”工夫或“主敬行恕”工夫。而第五阶段只是在第四阶段的基础上，突出“克己”工夫对于学者的重要价值，仍然没有体现出“克己”比“敬”更重要，更无论取而代之。该文论证“克己”替代“敬”，是根据钱穆指出的旧本《集注》“则固无己之可克”与新本《集注》“亦将无己之可克矣”中“固”与“将”二字表现的“当然”与“未必然”的语气差

① 黎靖德编，王星贤点校：《朱子语类》，北京：中华书局，1986 年，第 1042 页。

② 钱穆：《朱子新学案》，四川：巴蜀书社，1987 年，第 341 页。

③ 许家星：《仁的工夫论诠释——以朱子“克己复礼”章解为中心》，《孔子研究》，2012 年第 3 期。

④ 乐爱国、陈昊：《以“克己”代“敬”——钱穆论朱子晚年工夫转向》，《学术界》，2016 年第 10 期。

异。这一论证缺乏说服力，“将”字虽然表示对未来行为的预判，确实具有非必然的特性，但在原文中，朱子用“将”字表明的是肯定“敬恕”能够至于“无己可克”。

焦德明《克己与主敬：朱子晚年的工夫抉择》一文指出，钱穆先生的考证没有参考同时期的语录之外的书信材料，忽视了所引材料的完整性，且对“克己”与“敬”在工夫原理上缺乏详细的分析，因此其说并不能完全成立。该文认可朱子对于“克己”工夫的理解有前后之不同，但又强调朱子晚年并无工夫重心的重大转变，“只有工夫的深入、圆成和应机设教”①。焦德明与许家星的观点相合，认为“克己”与“敬”在作为两项工夫的意义上不可相互替代，并说明其缘由：“敬”对心的涵养建立在压服私欲的基础上；“克己”很难下手，只能通过“敬”下手；“敬”能够保持“克己”的成效。焦德明将克己重要性的上升置于“主敬、致知、力行”三者关系中理解，认为“所谓以‘克己’代‘敬’，只是强调‘力行’而已”②。

上述“克己”与“敬”之关系的研究，主要围绕钱穆所提出的“克己”代“敬”的观点展开。总体而言，反对此观点的一方似乎占据上风，然其论证还有待进一步深入。

## 四、结　　语

就上述有关朱子“克己”思想的研究来看，对于朱子“克己”诠释的研究愈趋多元化，研究成果也蔚为丰富。不过，绝大多数研究驻足于朱子“克己”诠释，分析其合理性，抑或仅将朱子对“克己”的解读作为《论语》“克己复礼”诠释中的一种加以赞同或反驳，仅有少数研究就朱子的“克己”思想展开论述，但并未全面揭示出朱子的“克己”思想体系。因此，笔者认为，朱子“克己”思想研究仍有较大的上升空间，还有待从以下几个方面进一步推展。

第一，从朱子的“克己”思想出发，思考“克己复礼”为何“为仁”。以往不少研究都着眼于孔子本意，并以朱子“克己”诠释是否切合孔子本意作为评判其优劣的标准。然而思想的价值并不在于与前圣先贤之思想相契合，而在于达到了圣贤的水平，尽管朱子是为《论语》作注。而以朱子的“克己”思想探析“克己复礼”为何“为仁”，有助于辨识其理论的深邃圆融与否。

第二，系统考察朱子“克己”思想所涉及的理、气、心、性、仁、礼、公等范畴的关系，界定“克己”在其理学体系中的地位。朱子的“克己”思想甚为繁富，涉及其理学体系中的许多重要范畴。因此，研究朱子的“克己”思想有必要考察这些

① 焦德明：《克己与主敬：朱子晚年的工夫抉择》，《中州学刊》，2019 年第 12 期。

② 同上。

范畴之间的关系，并由此厘清朱子的“克己”思想与其理气论、心性论等思想的关联，从而准确把握朱子“克己”思想的理论定位。

第三，论明朱子“克己”工夫当如何做。朱子认为“克己”工夫非常之难，须知察体认出己之私意，随后果决克去，非颜子之贤而不能胜任。又说：“颜子虽是勇，然其著力下手处也可做。”[①]不过，“克己”工夫是心上的工夫，要将这种心上之工夫论说清楚，具有一定的困难。

第四，发掘朱子“克己”思想的现代价值。朱子的“克己”思想兼具重要的理论价值与工夫论意义上的实践价值。生活在现代社会，我们有必要思考朱子的“克己”思想对于纷繁复杂、欲望膨胀的现代生活，是否具有切实的价值。

（作者单位：厦门大学哲学系）

① 黎靖德编，王星贤点校：《朱子语类》，北京：中华书局，1986年，第1078页。

朱子学年鉴（2020）

# 朱子学书评

# 朱子文献的深度整理

## ——《朱熹文集编年评注》读后

陈　来

朱熹是中国思想文化史上继孔子以后的第二座高峰，元代至清代的官方哲学基本上是朱熹的学说，其思想影响整个中国封建社会后期长达数百年之久。13世纪后，这一学说体系先后传入朝鲜和日本，成为两国的重要思想，稍后，在东南亚地区也产生了深刻影响。作为东方文化的重要内容，朱熹的学说已经发展成为具有世界性的思想文化。当今，国际朱子学研究方兴未艾，继续向纵深发展。

为了支撑和推动朱子学研究的新发展，核心基础文献的高水平整理研究是关键。在朱熹的三部代表作中，《文集》在可靠性方面优于《朱子语类》，在内容的包罗万象方面优于《四书集注》，因而具有特殊的重要性。1996年四川教育出版社出版了郭齐、尹波校点本《朱熹集》，其后台湾德富文教基金会于2000年出版了校点本《朱子文集》，上海古籍出版社、安徽教育出版社于2002年出版了校点本《朱子全书》之《晦庵先生文集》。然而在使用过程中，由于既往的文集整理仅限于校点，研究者普遍反映大量朱熹诗文撰作年代不明；其诗词创作背景、本事、人事、典故不易弄清，加上语言障碍，导致理解困难；历代对朱熹诗文的研究评论散见于南宋以来群籍之中，难以检寻；不断发现的朱熹集外诗文鱼龙混杂，真伪难辨，这些都对研究和阅读造成了很大不便。朱子学发展到今天，显然需要一部更为完备的朱熹文集。最近面世的郭齐、尹波编注《朱熹文集编年评注》13册(福建人民出版社出版)就是这样一项应运而生的新成果。

文集中，有相当数量的诗文写作年代不明，给使用者造成了很大困难。此次整理，作者对全部诗文逐篇考订撰作年月时日，注于题下。这方面的已有研究成果，主要有笔者《朱子书信编年考证》、束景南《朱熹年谱长编》、顾宏义《朱熹师友门人往还书札汇编》及郭齐《朱熹新考》一书中之《朱熹诗词编年考》。此书以以上四书为基础，凡已有定论者扼要采其结论，不再做详细考辨。有四书漏考、失考、所考不当及错误者，则予详细考辨，以期拾遗、补缺、纠谬。经新考定系年及纠正、补充前人结论，重要者凡二百余条，一般性更正尚不在此数。

文集共收朱熹诗词762篇，1 218首，其创作背景、本事、人事、典故不易弄清，加上语言障碍，给使用者造成了不小的理解困难。此次整理，作者对全部诗词逐篇做了解题和笺注。解题主要提供有关背景材料，从总体上提纲挈领地概括某些篇目的全篇意旨及疏释篇题中有碍理解的个别词语。笺注则旨在疏通文义，帮助读者达到对作品的正确理解，主要注释疑难词句、典故、某些特殊的背景、思想内容及人、事，而一般词语则不注、少注或略注。不串讲，不赏析，不烦琐考证，留待读者咀嚼体味。全书总计注释 5 300 余条，朱熹文集之有注释，在史上尚属首次。

历代学者对朱熹诗文进行研究赏析，留下了大量的评论资料。但这些资料未经系统搜集整理，散见于南宋以来群籍之中，难以检寻，难以为读者利用。此次整理，作者在曾枣庄主编《中华大典・宋辽金元文学分典》朱熹部分基础上，进行了相关的搜寻补充，首次将历代学者关于朱熹诗文的研究评论资料附于集中，总计 1 300 条左右。其中，有关某篇诗文的评论附于该篇之后，关于诗文的总体评论则附于全书之后，大大方便了读者。

朱熹文集编刻源流复杂，版本众多。此次整理，作者在厘清源流基础上，对现存 20 余种重要文集版本做了仔细校勘。其中，最重要的台北"故宫博物院"藏宋淳熙、绍熙年间所刊《晦庵先生文集》前、后集为海内孤本，由作者首次进行了通校，并据此本增补内容数千字，纠正了今本文集若干错误，提供了《明筮占》《皇极辨》《云谷记》《少傅刘公神道碑》等众多异文；对现存宋刊闽、浙两大系统 20 余种文集残本第一次做了全面校勘；首次对元刻本《朱文公大同集》做了深入研究，并采校记 60 余条。对以往学界了解不多的韩国、日本所藏朱子学文献，如朝鲜朴世采《朱子大全拾遗》，洪启禧《朱子大全・遗集》，宋时烈《朱子大全答疑》，金昌协《朱子大全答疑问目》，李恒老、李竣《朱子大全答疑辑补》，金迈淳《朱子大全答疑问目标补》，朴齐仁《篁岛先生文集》，李普《涧松集》，任圣周《朱子感兴诗诸家注解集览》，韩国国立图书馆、梨花女子大学藏《朱子性理吟》，朝鲜刻本《晦庵诗抄》《晦庵文抄》，日本庆长间抄本《养蒙大训》，日本东北大学、京都大学人文科学研究所、东京都立中央图书馆藏《朱子训蒙诗》，和刻本《朱子文范》《朱子心学录》，山崎阇斋《山崎阇斋全集》，楠本端山等《楠本端山・硕水全集》，藤本幸夫《日本现存朝鲜本研究》等，作者也给予了特别关注和充分利用。总计全书凡出校勘记 7 000 余条。宋闽、浙二本卷末所附考异及底本之校勘记，清人贺瑞麟所作《朱子文集正讹》《朱子文集记疑》，也择其重要者移入各篇校记。这在朱熹文集整理方面尚属第一次。以上这些工作全面超越了前人的校勘水平，大大提升了整理本质量。

800 余年来，对朱熹集外佚文的搜集一直受到历代学者的重视，其主要成果有明朱培《文公大全集补遗》8 卷、清朱玉《朱子文集大全类编》补遗、清朱启昆《朱子大全集补遗》2 卷、清陈敬璋《朱子文集补遗》5 卷等。当代学者束景南作《朱熹佚文辑考》一书，所辑佚诗文甚富。近年出版《朱子全书》，其中佚文部分仍由束景南负责，又有所增补。郭齐《朱熹新考》一书中之《朱熹佚文录考》部分也有新的收获。四川大学古籍所所编《全宋文》、北京大学古文献所所编《全宋诗》在朱熹佚诗文收集方面也功不可没。然而,即使在这样的基础上,也还有漏网遗珠陆续被发现,主要是散见的法帖碑刻及收藏于民间不见于著录的文献等。此次整理,作者对近年来新发现的佚诗文予以特别关注,力争做到无所遗漏。整理者新发现的15篇佚文,经初步研究,已作为阶段性成果发表于《光明日报》《文学遗产》等学术刊物。

如前所述,历代至今朱熹佚文辑佚成果累累,但其中并非朱熹所作而为后人伪托误题者也比比皆是。数十年来,关注朱熹佚文的人越来越多,被称为朱熹所作的诗、文不断出现于世。然而,从整体上讲,这些"佚文"可谓百伪一真,绝大多数出于伪托或误题。在该书整理过程中,作者对新出现的"佚文"展开了全面的辨伪,对于每一篇,皆进行深入考辨,甄别其真伪,并发表有《朱熹两件手书作品真伪考辨》等。该书附录的《伪托误题朱熹诗文存目》,集800年来历代学者辨伪之大成,为史上首个朱熹佚文伪托误题目录。

为尽可能方便读者,本书编列了较为完善的附录,包括传记资料、文集序跋、版本考略、朱熹年表、历代评论、伪托误题朱熹诗文存目、主要参考文献、本书篇名索引。其中文集序跋的部分特别注意收录海外所藏、所刻朱熹文集之序跋,为目前所收海外序跋最多之本。

以上诗文系年、注释、汇评均为新创整理内容,佚文的搜罗也是迄今为止最为完备的。因此,经重新整理的《朱熹文集编年评注》可以说在一定程度上反映了该书文献整理研究的最新进展,相信将以其方便可靠、系统全面而受到广大读者的欢迎。在这里,我们以喜悦的心情对该书的出版表示由衷的祝贺!

当然,朱熹文集是一座百科全书式的资料宝库,对其整理发掘具有相当的难度,不可能一蹴而就。新问世的《朱熹文集编年评注》也存在着百尺竿头更进一步的空间。如评论资料的收集范围有待进一步扩展,尤其是中国港台和国外文献应予补充;各种版本的文集序跋浩如烟海,宜在条件具备时进一步展开全面系统的收集;朱熹诗文的系年和佚文的真伪,历来是朱熹文献整理研究的重点和难点,成果的某些相关结论可能会引发不同意见,尚有商榷的余地,等等。相信作者对这些问题已有充分的认识和后续计划,我们期待该项成果在今后的修订中得到不断完善。

(原载《中国图书评论》2020年第12期,
作者单位:清华大学国学研究院)

# 读《朱熹文集编年评注》

蔡方鹿

## 一

《朱熹文集编年评注》（全十三册），朱熹著，郭齐、尹波编注，福建人民出版社 2019 年 12 月版。

朱熹文集是研究朱熹思想及其学术活动的主要材料。《朱熹文集编年评注》的二位作者以往就整理出版了《朱熹集》（全十册，四川教育出版社 1996 年版），该书对传世的朱熹文集重要版本逐一进行了通校，尤其注重宋元版（包括海内外罕见孤本、珍本）的比勘，广泛吸取历代校勘成果，使之成为精校本。是当年出版时最为完备的版本，为学术界的朱熹研究和理学与中国文化研究作出重要贡献。1997 年获第八次四川省社科优秀成果三等奖。

除整理出版《朱熹集》外，二位作者还是国内研究朱熹的著名专家，长期从事朱熹研究，出版了诸如《朱熹新考》（郭齐著，电子科技大学出版社 1994 年版）、《朱熹诗词编年笺注》（上、下册，朱熹著，郭齐笺注，巴蜀书社 2000 年版）、《朱熹传》（郭齐著，四川大学出版社 2000 年版）、《朱子学新探》（郭齐著，四川大学出版社 2008 年版），发表了诸如《宋刊闽浙二本〈朱熹文集〉关系考论》（郭齐、尹波，《四川大学学报（哲学社会科学版）》1997－04）、《〈朱熹文集〉版本源流考》（尹波、郭齐，《西南民族大学学报（人文社科版）》2004－03）、《新发现朱熹书信发覆》（尹波、郭齐，《文学遗产》2019－03）等一系列重要成果。

在长期研究和整理工作的基础上，二位作者校勘辑佚，对朱熹文集中的每篇诗文，考订撰作年月，添加解题、注释，整理历代评论，并附有版本考略、传记数据、文集序跋、篇名索引、朱熹年表、历代评论、伪托误题朱熹诗文存目等参考数据，是为朱熹文集的首个深度整理本。首次对全部诗文逐篇系年。《朱熹文集编年评注》全面、深入的解析，详细的编年，对于推动朱熹研究，乃至于宋代思想史、学术史研究的深入与拓展，扩大中国传统思想文化的传播，具有重要意义，比以往出版的朱熹文集有明显的优势。

读罢该书，可知《朱熹文集编年评注》在古籍整理研究上，做了以下重要工作：

1. 校勘

校勘现存重要文集版本二十余种。其中，海内孤本台湾“故宫博物院”藏宋淳熙、绍熙年间所刊《晦庵先生文集》前、后集系首次进行通校，增补文四篇，增补内容数千字，纠正今本文集若干错误，提供了《明筮占》《皇极辨》《云谷记》《少傅刘公神道碑》等众多异文；首次对现存宋刊闽、浙两大系统二十余种文集残本作了全面校勘；首次对元刻本《朱文公大同集》作了深入研究，成果发表在（日本）《东方学报》第 91 期、《文学遗产》2017 年第 3 期，并采校记六十余条，移正错简数处（如卷六十六《蓍卦考误》等）。全书凡出校勘记七千余条。

2. 辑佚

新发现佚文十余篇，经初步研究，已作为阶段性成果发表于《历史文献研究》2018 年第 40 辑、《光明日报》2018 年 4 月 14 日、《文学遗产》2019 年第 3 期、（日本）《儒教学会报》2020 年第 4 号等刊物。

3. 辨伪

先后于《宋史研究论丛》第 25 辑等刊物发表了《朱熹两件手书作品真伪考辨》（2019）、《朱熹佚作疑伪考（一）》（2017）、《朱熹佚诗文三篇考论》（2017）、《朱熹佚作疑伪考（二）》（2018）、《朱熹佚文与子澄寺薄书、建昌帖考辨》（2018）、《朱熹佚作疑伪考（三）》（2019）、《朱熹谱序五篇辨伪》（2019）等文。该书附录《伪托误题朱熹诗文存目》，集八百余年朱文辨伪之大成，为史上首个朱熹佚文伪托误题目录。

4. 注释

对全部诗词逐篇作了解题和笺注。解题提供有关背景材料，从总体上概括全篇意旨及疏释篇题中有碍理解的词语。笺注重在疏通文意，帮助读者达到对作品的正确理解。全书总计注释五千三百余条，朱熹文集之有注释，在史上尚不多见。

5. 编年

首次对全部诗文逐篇系年。二位作者根据自己长期的研究整理，新考定年及纠正、补充前人结论，重要者凡二百余条，一般性更正不在此数。

6. 评论

在曾枣庄主编《中华大典・宋辽金元文学分典》朱熹部分基础上，进行了相关的搜寻补充，首次将历代学者关于朱熹诗文的研究评论数据附于集中，总计一千三百余条。其中，有关某篇诗文的评论附于该篇之后，关于诗文的总体评论附于全书之后。

7. 附录

包括：(1) 传记数据；(2) 文集序跋；(3) 版本考略；(4) 朱熹年表；(5) 历代评论；(6) 伪托误题朱熹诗文存目；(7) 主要参考文献；(8) 本书篇名索引。其中文集序跋特别注意收录海外所藏、所刻朱熹文集之序跋，为目前所收海外序跋最多之本。朱熹年表、历代评论、伪托误题朱熹诗文存目、主要参考文献系首次附入。

由于做了以上七条卓有成效的整理研究工作，从而形成了该书以下的突出特点：

1. 补足全文：《朱子全书》第 26 册 P630 据《池北偶谈》卷 9 录《与某人帖》残文，其云："十年前，率尔记张魏公行状，当时只是据渠家文字做成，后见它书所记不同，尝以为恨。"而在清李佐贤《书画鉴影》卷三（同治十年利津李氏刻本）有此全文。文前题"朱文公手札卷，纸本，高一尺四寸七分，长七尺四寸，凡三纸，计三札，字经（按：疑当作"径"）一寸内外。"此书题为"第一札"。文后题"草书，十八行。札前白文安德□□世家刀印，又一印不辨。札后白文吴越忠孝之家方印，君载方印。"文云：

> 熹伏蒙别纸督过，伏读震悚。顾实病衰，不堪思虑。若所记者一身一家一官之事，则犹可以勉强。至如元臣故老，动关国政，则首尾长阔，曲折精微，实非病余昏昧之人所能熟考传载。此熹所以不得词于潘、李诸丈之文，而于先正铭识之属则有取（按：疑当作"所"）不敢当也。卅年前，率尔记张魏公行事，当时只据渠家文字草成，后见它书所记多或未同，常以为愧。故于赵忠简家文字初已许之，而后亦不敢承当，已恳其改属陈太史矣，不知今竟如何也。况今词官万一不遂，则又将有王事之劳，比之家居，见扰弥甚。切望矜闵，贷此余生，毋劳竭其精神，以速就于溘然之地，则千万之幸也。若无性命之忧，则岂敢有所爱于先世恩契之门如此哉。俯伏布恳，惶恐之剧！右谨具呈。朝散郎、秘阁修撰朱熹札子。

2. 删除衍文：《朱子全书》第 26 册 P617 据《朱子大同集》录《答许平仲》文："仁人之心，未尝忘天下之忧，故如此也。漳、泉、汀三州经界未行，许公条究甚悉，监司郡守未有举行者。""漳、泉、汀三州"以下明显为后来者所加衍文，故予删除也。

3. 剔除误收：朱熹佚文有诸多伪作误题，如不仔细考证，必然误收不断。如《朱熹集》P5619、《朱子全书》第 26 册 P612 据宋人编《古今合璧事类备要》所收《上殿札子》，乃馆阁上奏之文；《朱熹集》P5699、《朱子全书》第 26 册 P809 据《翰墨大全》所收《祭李三溪文》、P810《祭胡古潭文》，此二人乃宋末元初人，焉能为朱熹所祭？

4. 移正错简：《朱熹集》卷 66P3490"过揲二十八策"至"挂扐三十五策"原错简在"又曰苏氏所载一行之学"前，据宋浙本、《文公易说》移正至"尤不可以不辨"后。《朱子全书》23 册已经移正，但 P3252 校记云"据淳熙本"移正。淳熙本根本没有此文，故误也。

5. 校改误字：如《朱熹集》卷 86P4445、《朱子全书》第 24 册 P4050《修三间忠节侯庙奉安祝文》"敢馔灵神，敢陈椒醑"，不仅二"敢"字彼此重复，"神"字与上文二"神"字重复，且文意几乎不通，显然失校。此据《永乐大典》卷五千七百六十九改"馔""神"为"择""辰"，改后"敢"字为"敬"字，则文从字顺矣。

6. 考订月日：《朱熹集》卷86P4445、《朱子全书》第24册P4049《谒修道州三先生祠文》首句“维绍熙五年岁次甲寅八月日”，其“日”字，宋刻本《元公周先生濂溪集》卷8作“己丑朔二下缺八日丙辰”，八月己丑朔，二十八日正是丙辰，故据以补正为二十八日丙辰。又上述1补足全文据残文“十年前”系之于淳熙三年，而据《书画鉴影》所载全文“卅年前”句，考订其作年当在绍熙五年正月。

7. 订正序跋作者：《朱子全书》第27册P781有《朱子文语纂编目录后跋》，其作者署邵车，而据其跋末，明确云楚邵车鼎丰书。理解之误也。

8. 增补佚文，补充事迹：朱熹佚文甚伙，但凡细细考订，定能有所收获。除第1条外，还有从《翰墨全书》首次发现的《与五六弟》三封，《与三六弟》一封，其详细论证，已刊于《文学遗产》2019年3期《新发现朱熹书信发覆》。不仅辑出了佚文，还首次考订出了朱熹祖墓纷争还有第二次，其时间在朱熹淳熙七年知南康军时。又如《答石天民书》，乃出自于乾隆间《南明石氏宗谱》，已考订出淳熙十四年作；《简十四表叔》九封，出自于《婺源韩溪程氏梅山支谱》，俱绍兴、隆兴间作，等等。

9. 纠正它误：朱熹文集卷二有《次晦叔寄弟韵二首》，束景南《朱熹年谱长编》卷上P516系于淳熙元年与吴翌，非也。其实乃朱熹淳熙十年与王炎，盖因吴翌、王炎二人都字晦叔，朱熹与吴翌屡有通问，而王炎则仅此一见，故历来都归于朱熹与吴翌诗。王炎《双溪文集》（清抄本）卷七《寄德莹弟二首》附录此诗，注云：朱晦庵和韵二首。是证也。

此外，朱熹与诸人有书信多封，原书或仅置于一题之下。此次编年，以年代为题，以示区分。此亦特色之一。

以上该书的这些突出的学术特色，值得充分肯定。

## 二

由于笔者长期从事朱熹研究，出版了《朱熹经学与中国经学》《朱熹与中国文化》《朱熹思想探讨》等多部朱熹研究的专著，发表了七十余篇朱熹研究的论文，从自身从事的研究工作来考虑，相比较朱熹文集整理研究工作的各个方面，我更关心《朱熹文集编年评注》中所涉及的对朱熹每一篇诗文的编年，因为这对于研究掌握朱熹学术思想前后发生的变化，进而动态地把握朱熹思想的形成过程及其最后的定论，意义重大。

我从上世纪八十年代开始研究朱熹。研究之初，苦于没有朱熹的著作，后来我认识了四川广汉师范学校的历史老师刘雨涛先生（毕业于“中央大学”哲学系），他保存有一套四部备要本的《朱文公文集》，线装书，排印本，三十六册。我从他家借出阅读，但时间还不能长了，因为刘先生他也要看。我只得看一段时间后，还给刘雨涛老师。过一段时间再到广汉他家里借出来带到成都再看。后来中华书局1986年出版了《朱子语类》,可以部分解决阅读朱熹资料的问题。但《朱文公文集》还是只能断断续续地看。直到郭齐、尹波二先生整理点校的《朱熹集》于1996年在四川教育出版社出版后,才解决了阅读朱熹文集的难题。

此次出版的《朱熹文集编年评注》,与过去二位先生出版的《朱熹集》相比,把朱熹撰写的每一篇诗文,包括文章、书信、诗词等,都作了考订,标出其撰写的年代,有的详细到某月,或某季,如春、夏、秋、冬、年末等。这对于掌握朱熹思想前后发生的演变、转化很有帮助。即朱熹的思想体现在某一篇诗文书信里,其写作于什么年代? 后来这一思想又发生了什么变化,通过查找原文及写作的年代,便可清楚地掌握。如朱熹的关于察识与涵养的关系的思想,察识与涵养谁先谁后,怎么理解,后来形成的定论是什么? 确切了解了写作于哪一年,就可掌握朱熹思想形成、变化,到最后定论的情况,就有了可靠的原本材料作依据。

对此,我通过查阅该书——《朱熹文集编年评注》,对照以前的研究成果,可进一步推进朱熹研究的深入开展。比如对朱熹与张栻"中和之辩"(被学者称为"南宋哲学史上最精彩的场面"①)的重大理论问题——察识与涵养的关系,以往的研究得出以下结论:

> 朱熹和张栻围绕着中和的察识与涵养问题展开的辩论,开始张栻以先察识后涵养的观点影响了朱熹,朱熹接受了张栻的观点,也持先察识后涵养之说。不久,朱熹悟前说之非,而主先涵养后察识的观点,指出张栻的观点缺少前面涵养一截工夫。张栻经朱熹批评,认识到自己存养处不深厚的毛病,在与吕祖谦等人的讨论中,提出涵养、省察相兼并进,以涵养为本的思想,但没有接受朱熹先涵养后省察的观点。后来朱熹亦由先涵养后察识,而主涵养与察识交相助的观点,这就与张栻涵养、省察相兼并进的思想基本一致了。朱熹说:"未发已发,只是一件工夫。无时不涵养,无时不省察耳。……二者可以交相助,不可交相待。"②其"无时不涵养,无时不省察"便是指无论何时,都既要涵养,又要省察,打破了涵养与察识的先后之分,而与张栻的观点比较接近。以上便是朱熹与张栻讨论中和之察识、涵养问题的始末。③

虽然这个认识有材料的根据,但对于朱熹思想具体是怎么转变的,何时转变? 则没有具体时间点。现根据该著《朱熹文集编年评注》,再查朱熹的原文,则可依据此文写作时间的考订,来判断朱熹、张栻二人思想发生变化,尤其是朱熹思想最后形成定论的情况。

朱熹在他的《已发未发说》一文里说道:"向来讲论思索,直以心为已发,而

---

① 三浦国雄:《朱子》,《人类知识遗产》19,东京:东京讲谈社,1979年。

② 黎靖德编,王星贤点校:《朱子语类》卷六十二,北京:中华书局,1986年,第1514—1515页。

③ 参见蔡方鹿:《朱熹与张栻的中和之辩》,《宋明理学心性论》,成都:巴蜀书社,2009年,第190页。

所论致知格物亦以察识端倪为初下手处，以故缺却平日涵养一段功夫。”[①]在这里朱熹提到，自己以往持先察识后涵养的观点。但不知系于何年？通过查阅《朱熹文集编年评注》，上面标明是“乾道五年(1169)”。可知朱熹在乾道五年时检讨自己先察识后涵养观点的偏差。说明朱熹先察识后涵养的思想在乾道五年以前就产生了。只不过后来通过与张栻辩论、与学者交流，改变了前说，而主察识与涵养不分先后，无时不涵养，无时不省察，交相助，不相对，这在《朱子语类》卷六十二里有记载。但在《朱子语类》里，看不到具体时间，这对掌握思想的变化不太有利。即以往的研究虽然可知朱熹后来的思想转到了“无时不涵养，无时不省察”，察识与涵养二者是相互促进的“交相助”的关系而不是相互对立的“交相待”的关系这个认识上。但出自于《朱子语类》这些文字材料，并不知道作于何时。经查《朱熹文集编年评注》，可以查到类似的文字：

> 穷理涵养要当并进，盖非稍有所知，无以致涵养之功；非深有所存，无以尽义理之奥。正当交相为用，而各致其功耳。[②]

朱熹主张将穷理与涵养相互促进，“交相为用”，而“各致其功”。穷理与察识，是相互联系的。查此文作于乾道九年(1173)，表明经学术交流，朱熹已改变乾道五年以前形成的先察识后涵养的观点，而主穷理与涵养交相为用。此处的穷理，即指要“有所知”，通过察识来“致涵养之功”，又以存养即涵养来认识义理即掌握天理。朱熹说：“日用功夫，比复何如？文字虽不可废，然涵养本原而察于天理人欲之判，此是日用动静之间不可顷刻间断底事。若于此处见得分明，自然不到得流入世俗功利权谋里去矣。”[③]经查《朱熹文集编年评注》，此文作于淳熙十二年(1185)，可见朱熹是把涵养本原与察识天理人欲之分别视为一体，可证朱熹所说“穷理涵养要当并进”，即是把察识与涵养视为一体，交相为用，又各致其功。认为这是不可分割的，要贯彻到日用之间而不可有顷刻分离。说明经朱熹与张栻的中和之辩，由分别察识与涵养、未发与已发及其先后，到后来主张二者相兼并进，不分先后。这个时间与思想的转变很重要。查这两文的写作时间，亦可补充《朱子语类》对此的记载缺乏时间之不足。

后来朱熹对此问题有明确的说法：“究观圣门教学，循循有序，无有合下先求顿悟之理。但要持守、省察，渐久渐熟，自然贯通，即自有安稳受用处耳。”[④]在这里，朱熹批评顿悟，主张将持守与省察结合起来，久而久之，则自然贯通，以求正道。此处持守，指保持坚守正道，类似于通过涵养功夫来守候、护持圣人之道。亦是表达了涵养、存养之意。经查《朱熹文集编年评注》，该文写

---

① 朱熹著，郭齐、尹波编注：《已发未发说》，乾道五年，《朱熹文集编年评注》卷六十七，第八册，福州：福建出版社，2019 年，第 3316 页。

② 《答游诚之》，乾道九年，《朱熹文集编年评注》卷四十五，第六册，第 2180 页。

③ 《答吕子约》，淳熙十二年，《朱熹文集编年评注》卷四十七，第六册，第 2316—2317 页。

④ 《答刘公度》，绍熙二年以后，《朱熹文集编年评注》卷五十三，第七册，第 2583 页。

作年代是在绍熙二年(1191)以后，应该是比较接近朱熹晚年的定论了。

除对朱熹察识与涵养关系的思想转变与朱熹文集写作年代的考察外，如果增加关于王阳明《朱子晚年定论》所列朱熹书信的写作年代的考察，便可进一步辨清朱熹思想的倾向以及与心学及其治学方法一定程度的相融，并不是完全扞格不入。

王阳明(1472—1529)于正德三年(1508)三十七岁龙场之悟后，思想由朱学转向了心学。为了减轻传统的压力，他写作了《朱子晚年定论》(以下简称《定论》)，表明自己虽与朱子有“相抵牾”的部分，但这部分正是朱子“中年未定之说”，而与朱子“晚岁”所“悔悟”而转向心学相同。即阳明“龙场之悟”虽然与朱子“中年”相“异”，却与其“晚岁”相同。

从文本形式上看，《定论》是阳明从朱熹《文集》中节录朱熹与人论学书三十四通。《定论》始出即引起众议，其是非得失莫衷一是，正如陈荣捷所言，“此论出后，即引起强烈反动，弄成一巨大风波，鼓动一百五十年，为我国思想一大公案”①，可见在当时产生的广泛影响。现代学者亦以各异的切入点作出评议。总的来说，《定论》最受诟病之处在于其“年岁颠倒”与“朱陆异同”争论。本文在以往研究的基础上，根据《朱熹文集编年评注》，把《定论》所采朱熹与人论学书，一一核查其“年岁”，以此来客观评价朱熹与人论学的思想倾向，以及《定论》的地位和价值。

1.《答黄直卿》(“为学直是先要立本”)在绍熙二年②(1191)，朱熹六十二岁。2.《答吕子约》(“日用工夫”)在淳熙十二年③(1185)，朱熹五十六岁。3.《答何叔京》(“前此僭易拜禀博观之敝”)在乾道四年④(1168)，朱熹三十九岁。4.《答潘叔昌》(“示喻天上无不识字底神仙”)在淳熙十一年⑤(1184)，朱熹五十五岁。5.《答潘叔度》(“熹衰病”)在淳熙末⑥，朱熹约六十岁。6.《与吕子约》(“孟子言学问之道”)在淳熙十二年⑦(1185)，朱熹五十六岁。7.《与周叔谨》(“应之甚恨”)在淳熙十二年⑧(1185)，朱熹五十六岁。8.《答陆子静》(“熹衰病日侵”)在淳熙十三年⑨(1186)，朱熹五十七岁。9.《答符复仲》(“闻向道之意”)为淳熙十年(1183)以后⑩，即朱熹五十四岁之后所作。10.《答吕子约》

① 陈荣捷：《朱学论集》，上海：华东师范大学出版社，2007 年，第 230 页。
② 《答黄直卿》，绍熙二年，《朱熹文集编年评注》卷四十六，第六册，第 2271 页。
③ 《答吕子约》，淳熙十二年，《朱熹文集编年评注》卷四十七，第六册，第 2316—2317 页。
④ 《答何叔京》，乾道四年五月，《朱熹文集编年评注》卷四十，第五册，第 1955—1956 页。
⑤ 《答潘叔昌》，淳熙十一年，《朱熹文集编年评注》卷四十六，第六册，第 2259 页。
⑥ 《答潘叔度》，淳熙末，《朱熹文集编年评注》卷四十六，第六册，第 2256 页。
⑦ 《答吕子约》，淳熙十二年，《朱熹文集编年评注》卷四十七，第六册，第 2316—2317 页。
⑧ 《答周叔谨》，淳熙十二年，《朱熹文集编年评注》卷五十四，第七册，第 2645 页。
⑨ 《答陆子静》，淳熙十三年，《朱熹文集编年评注》卷三十六，第五册，第 1704 页。
⑩ 《答符复仲》，淳熙十年以后，《朱熹文集编年评注》卷五十五，第七册，第 2712 页。

（“日用功夫不敢”）在淳熙十三年[①]（1186），朱熹五十七岁。11.《与吴茂实》（“近来自觉向时”）在淳熙七年[②]（1180），朱熹五十一岁。12.《答张敬夫》（“熹穷居如昨”）在淳熙二年[③]（1175），朱熹四十六岁。13.《答吕伯恭》（“道间与季通讲论”）在淳熙三年[④]（1176），朱熹四十七岁。14.《答周纯仁》（“闲中无事”）在庆元四年[⑤]（1198），朱熹六十九岁。15.《答窦文卿》（“为学之要”）在淳熙十三年（1186）以后[⑥]，即朱熹五十七岁之后。16.《答吕子约》（“闻欲与二友俱来”）在淳熙十三年[⑦]（1186），朱熹五十七岁。17.《答林择之》（“熹哀苦之余”）在乾道六年[⑧]（1170），朱熹四十一岁。18.《答林择之》（“此中见有朋友”）在淳熙七年[⑨]（1180），朱熹五十一岁。19.《答梁文叔》（“近看孟子”）疑在淳熙十一年（1184）前后[⑩]，朱熹五十五岁前后。20.《答潘恭叔》（“学问根本”）在淳熙十三年[⑪]（1186），朱熹五十七岁。21.《答林充之》（“充之近读何书”）当在乾道中[⑫]，即朱熹四十岁左右。22.《答何叔京》（“李先生教人”）在乾道二年[⑬]（1166），朱熹三十七岁。23.《答何叔京》（“熹近来尤觉昏愦”）在乾道三年[⑭]（1167），朱熹三十八岁。24.《答何叔京》（“向来妄论持敬之说”）在乾道三年[⑮]（1167），朱熹三十八岁。25.《答林择之》（“所论颜孟不同”）在乾道五年[⑯]（1169），朱熹四十岁。26.《答杨子直》（“学者堕在语言”）作于绍熙二年（1191）以后[⑰]，即朱熹六十二岁以后。27.《与田侍郎子真》（“吾辈今日”）在庆元元年[⑱]（1195），朱熹六十六岁。28.《答陈才卿》（“详来示”）在庆元元年[⑲]（1195），朱熹六十六岁。29.《与刘子澄》（“居官无修业之益”）在淳熙十三年[⑳]（1186），

---

① 《答吕子约》，淳熙十三年九月十三日，《朱熹文集编年评注》卷四十八，第六册，第 2319 页。
② 《与吴茂实》，淳熙七年春，《朱熹文集编年评注》卷四十四，第六册，第 2149 页。
③ 《答张敬夫》，淳熙二年十二月，《朱熹文集编年评注》卷三十一，第四册，第 1506 页。
④ 《答吕伯恭》，淳熙三年四月，《朱熹文集编年评注》卷三十三，第四册，第 1612 页。
⑤ 《答周纯仁》，庆元四年，《朱熹文集编年评注》卷六十，第七册，第 2951 页。
⑥ 《答窦文卿》，淳熙十三年以后，《朱熹文集编年评注》卷五十九，第七册，第 2904 页。
⑦ 《答吕子约》，淳熙十三年，《朱熹文集编年评注》卷四十八，第六册，第 2320 页。
⑧ 《答林择之》，乾道六年，《朱熹文集编年评注》卷四十三，第五册，第 2091 页。
⑨ 《答林择之》，淳熙七年春，《朱熹文集编年评注》卷四十三，第五册，第 2105 页。
⑩ 《答梁文叔》，淳熙十一年前后，《朱熹文集编年评注》卷四十四，第六册，第 2146 页。
⑪ 《答潘恭叔》，淳熙十三年，《朱熹文集编年评注》卷五十，第六册，第 2418 页。
⑫ 《答林充之》，乾道中，《朱熹文集编年评注》卷四十三，第五册，第 2108 页。王阳明原文为林充之，《朱熹文集编年评注》避宁宗讳，改为林扩之。见校记。
⑬ 《答何叔京》，乾道二年秋，《朱熹文集编年评注》卷四十，第五册，第 1933 页。
⑭ 《答何叔京》，乾道三年春，《朱熹文集编年评注》卷四十，第五册，第 1950 页。
⑮ 《答何叔京》，乾道三年夏，《朱熹文集编年评注》卷四十，第五册，第 1952 页。
⑯ 《答林择之》，乾道五年，《朱熹文集编年评注》卷四十三，第五册，第 2091 页。
⑰ 《答杨子直》，绍熙二年以后，《朱熹文集编年评注》卷四十五，第六册，第 2193 页。
⑱ 《与田侍郎子真》，庆元元年，《朱熹文集编年评注》续集卷五，第十一册，第 4770 页。
⑲ 《答陈才卿》，庆元元年夏秋间，《朱熹文集编年评注》卷五十九，第七册，第 2929 页。
⑳ 《与刘子澄》，淳熙十三年秋，《朱熹文集编年评注》卷三十五，第四册，第 1693 页。

朱熹五十七岁。30.《与林择之》("某近觉向来")在乾道六年[①](1170),朱熹四十一岁。31.《答吕子约》,此处包括两封《答吕子约》书——"示喻日用工夫"与"诲喻'工夫且要得见'",王阳明将两书合在一起,都是在庆元元年[②](1195),朱熹六十六岁。32.《答吴德夫》("承喻仁字之说")且置淳熙中[③],朱熹五十岁左右。33.《答或人》[④]("中和二字")在乾道五年[⑤](1169),朱熹四十岁。34.《答刘子澄》("日前为学")在淳熙十年[⑥](1183),朱熹五十四岁。

以上是朱熹三十四封书信较为具体的时间。如果按照李绂对朱熹年岁早、中、晚的划分,即"朱子得年七十一岁,定以三十岁以前为早年,以三十一至五十岁为中年,以五十一岁至七十一岁为晚年"[⑦],在朱熹五十一岁到七十一岁之间就占有二十二封,在三十多岁到五十岁则有十二封,阳明所谓"多出于晚年者"是比较明显的,这或许是阳明《定论》问世之后获得始料不及的效果的原因。如钱德洪称:"自是为朱子论异同者寡矣。师曰:'无意中得此一助!'"[⑧]袁庆麟跋曰:"及读是编,始释然……若夫直求本原于言语之外,真有以验其必然而无疑者,则存乎其人之自力,是编特为之指迷耳。"[⑨]钱、袁氏均对《定论》持正面的肯定意见,认为《定论》自有其启迪为学者之益处,如从钱德洪所记阳明之语——"无意中得此一助"可知,如若无人畅和,阳明何有此叹?

虽然在王阳明所引朱熹《朱子晚年定论》的三十四封书信中,晚年占到二十二封,中早年有十二封,但毕竟不都是晚年所作,在年岁上有失误之处。所以王阳明亦说:"某为《朱子晚年定论》,盖亦不得已而然。中间年岁早晚,诚有所未考,虽不必尽出于晚年,固多出于晚年者矣。然大意在委曲调停以明此学为重。"[⑩]王阳明《定论》即使有"年岁早晚"考证之缺憾,但在另一方面,从王阳明以收敛身心、反己立本、向内用功的角度来采摘朱熹书信,无疑发掘了一个新的审视朱熹学说的理论切入点,这也无怪乎阳明能得到后儒的支持和赞同,而体现了学术发展由朱学到心学的趋向,以及《定论》的地位和价值。

王阳明所列举的朱熹之书信不论其是否作于朱熹晚年,然其中确实包括了朱熹本人对自己存在着的更多重视读书求义理、而不太重视反求诸心的前说的检讨。王阳明客观地看到了朱熹对自己前说的反省,亦表现出某种重视内在的

① 《与林择之》,乾道六年冬,《朱熹文集编年评注》别集卷六,第十二册,第4981页。
② 《答吕子约》,庆元元年,《朱熹文集编年评注》卷四十八,第六册,第2324、2325页。
③ 《答吴德夫》,淳熙中,《朱熹文集编年评注》卷四十五,第六册,第2189页。
④ 此书《答或人》实为朱熹《答林择之》一书。
⑤ 《答林择之》,乾道五年,《朱熹文集编年评注》卷四十三,第五册,第2101页。
⑥ 《答刘子澄》,淳熙十年七月二十一日,《朱熹文集编年评注》卷三十五,第四册,第1681页。
⑦ 李绂撰,徐公喜点校:《朱子晚年全论》,南昌:江西高校出版社,2000年,第296页。
⑧ 《王阳明全集》卷三,上海:上海古籍出版社,1992年,第127页。
⑨ 《王阳明全集》卷三,第142—143页。
⑩ 《王阳明全集》卷二,《传习录中·答罗整庵少宰书》,第78页。

治心之学的工夫。即在某种程度上朱熹对自己以往泥守书册、支离无纪的治学倾向加以反省，以做到收敛身心，反己立本。只不过阳明看到的朱熹一定程度上重视收敛身心，是否就是类似于陆九渊的心本论之心学？重视心，以己意说经，是否就是以心为本的心学？当然也受到陆九渊简易工夫治学方法的影响。所以不能因为王阳明所列举的朱熹书信有的不是晚年所作，就否定朱熹思想中确实存在着由读书穷理向重视内在反求诸己，并将这两个方面结合起来的倾向。即把博与约、泛观博览与反己立本相结合。

值得思考的是，根据《朱熹文集编年评注》能够确定下来的朱熹不仅在晚年，而且在中早年也有倾向于心学方法论的地方，而检讨了自己在收敛身心、反己立本方面存在着不足的问题。这说明了朱熹的什么思想？尽管它与陆王的心本论宇宙观有别，但毕竟检讨了自己思想于尊德性上的不足，而主张将道问学与尊德性结合起来。这对学术的发展具有重要意义。而王阳明在朱熹这种倾向（自我检讨）的基础上，发展出心学来，进一步纠正朱熹已发现了的自己学说的偏向。这也是学术发展倾向的一个表现。

通过《朱熹文集编年评注》来查阅王阳明《朱子晚年定论》中朱熹文章的写作年代及所体现的思想倾向，可以看出，朱熹已认识到了自己思想上存在着的相对忽视内在的尊德性，而偏重于外在的道问学的偏差，而且有的还是在中青年时，朱熹就已经通过写书信来修正自己的观点。就此而言，朱熹思想中亦存在着某种倾向于心学之处。这些都是通过考订朱熹文章写作于哪一年，才能得出的结论。由此可见《朱熹文集编年评注》对朱熹文集编年的重要性，其编年与学术具有密切的联系。

（原载《中国文化》2020 年第 2 期，
作者单位：四川师范大学）

# 跨国境史学视野下的朱子学研究新开拓

## ——评片冈龙《16 世纪后半至 19 世纪初朝鲜、日本、琉球的〈朱子学〉迁移诸相》

殷晓星

如何捕捉朱子学在各国、各地区传播、发展的情态，如何认识各文化圈对朱子学的吸收与改写，一直以来都是思想史研究，尤其是海外朱子学研究的重要课题。黄俊杰先生提出朱子学的“脉络转换”、吾妻重二教授关心日本朱子学者的《家礼》实践，都对以上问题做出了一定的回应。[①] 近年来，史学界对国别史(national history)、区域史(regional history)甚至附着于全球史(global history)、世界史(world history)的国民史进行解构，以期完成跨国境史(trans-national hisotry)的书写[②]，同时对固有的历史时期划分提出了新的见解[③]。伴随这一研究趋势，一些学者开始讨论对朱子学在各地区的发展与衍变进行跨国境叙述的可能性。日本东北大学思想史研究学者片冈龙教授于 2020 年出版的新作《16 世纪后半至 19 世纪初朝鲜、日本、琉球的〈朱子学〉迁移诸相》[④]无疑是一次成功的尝试。

本书主要内容如下。[⑤]

---

① 如黄俊杰：《从思想史的观点看东亚》([思想史的観点からみた東アジア]，风响社，2018 年)；同，《东亚思想交流史》([東アジア思想交流史]，岩波书店，2013 年)；[日] 吾妻重二：《朱子学的新研究》([朱子学の新研究]创文社，2014 年)；黄俊杰、[日] 吾妻重二编，《国际学术交流会 东亚世界与儒教》([国際シンポジウム　東アジア世界と儒教]，东方书店，2005 年)；[日] 吾妻重二、[日] 二阶堂善弘编，《东亚的礼仪与宗教》([東アジアの儀礼と宗教]，雄松堂，2008 年)等。

② 如[日] 柄谷行人：《世界史的构造》([世界史の構造]，岩波书店，2010 年)；[韩]尹海东：《跨国境历史的可能性》[トランスナショナルヒストリーの可能性]，《季刊日本思想史》第 76 期，2010 年)；[日] 桂岛宣弘：《自他认识的思想史》([自他認識の思想史]，有志舍，2008 年)等。

③ 例如，清水光明等对所谓“近代化”“近世化”的含义进行了探讨(清水光明编，《“近世化”论与日本》[「近世化」論と日本]，勉诚出版，2015 年)，日本思想史学会也对各历史时期过渡期的课题进行了梳理(2019 年度日本思想史学会年会“从中世到近世——16、17 世纪的思想史课题”)。

④ 原题《16 世紀後半から19 世紀はじめの朝鮮・日本・琉球における〈朱子学〉遷移の諸相》(春风社，2020 年)。

⑤ 原作者已在第 11 章“结论”中对本书内容做了详细概括。本文对此进行简单整理，并在此基础上加入笔者(书评人)的理解。

本书第1章《绪论·〈朱子学〉的迁移过程》首先提出了把〈朱子学〉作为‘文明事象’的方法。① 针对于一般意义上无法跨越国境的文化而言，文明往往可以超越民族、国家普及开来。‘文明事象’则着眼于文明跨越国境的扩大这一性质。将〈朱子学〉作为‘文明事象’，也就意味着在‘文化借用’的层面上观察阳明学、古学、实学等现象。这也是本书的基本立场。在此基础上，本书指出，朝鲜、日本、琉球、越南等地都基于各自的某种标准对〈朱子学〉进行了选择性的‘文化借用’；从16世纪下半叶到19世纪初，〈朱子学〉也逐渐发生了迁移(succession)。迁移这一概念来自植物生态学，是指来自环境的作用(action，即环境作用)与主体的反应(reaction，即环境形成作用)间的相互作用引发的‘主体-环境系统’的自我发展式的变化，是一种自发性(autogenic)迁移。本书正是将〈朱子学〉置于东亚世界这一‘主体-环境系统’之中，对其与主体相互作用产生的自发性迁移进行了分析。

第2至第4章聚焦16世纪下半叶到17世纪初期的朝鲜学者的思想。在第2章《李退溪(1501—1570)的“心之神明之舍”观》中，作者指出，退溪“心之神明升降之舍”这一结论源自其40岁时对“心病”的自觉。退溪采用按摩涌泉穴等方法，降心火、生肾水，并从中得出了“神明”是“知觉”的运动，是“理”(虚)与“气”(灵)“妙凝”而成的“心”“升降”而来的这一结论。退溪对“心病”的自觉除个人经历之外，也与其阅读朱权《活人心方》相关。与晚年李退溪交往密切的卢守慎(1515—1590)的“心(神明之舍)”观，也与当时传入朝鲜的《活人心方》《万病回春》等新兴中国医书、养生书相关。卢守慎的“心”观与李退溪多有共鸣，但他仅将“神明”解释为“理”，这一点与退溪有所不同。同时，这一时期传入朝鲜的医学认识也与朝鲜重视“自得”的风潮互相作用，退溪对“心病”的处理，以及他所讨论的“心”的修养方法，都处于重视“自得”的风潮之中。而促成退溪“心”的观念形成的另一个契机则是朝鲜学者徐敬德(1489—1546)之死。退溪受徐敬德“气(太虚)”论影响颇深，在徐敬德去世之后，又通过与其门人的交流深化了自己对“理”的理解。在对李退溪的思想经历进行了以上的分析之后，作者指出，在退溪的“心”观中，针对如何看待“人心”(气)与“道心”(理)的关系这一问题，发生了从“体用”关系到“妙凝”关系的方向性转变。通过他的“心为神明之舍”观可以看到，李退溪的“天命”观展现了一种与“一神降衷，性通光明，在世理化，弘益人间”(《檀君古记》)式的朝鲜式思考相通的可能性。其中表现出的不将天/人、理/气、水/火等命题视为对立，而是关注其相互作用，并试图以此对生命活动的更新性进行理解的倾向，可以视为发生在朝鲜的〈朱子学〉迁移的明确

① 尽管原作者没有直接说明，笔者认为，本书使用〈 〉、‘ ’等记号，区分史料引用中的概念和一般概念。〈 〉表示作为一种文明事象的事物。‘ ’表示原作者在本书中进行了特别规定的概念。此外，“ ”(日语中为「 」)用于史料引用或表示文中涉及的思想家们使用的概念。本文尽可能按照原作者的使用习惯，直接援引各种记号。

出发点。

第3章《李退溪的"理发"、"理动"、"理到"》中,作者从共时性的观点出发,将退溪有关"理"的能动性的思想作为〈朱子学〉迁移的重要征候之一进行了讨论。作者将"理发""理动"的问题与依纳爵·罗耀拉(Ignacio de Loyola 1491—1556)的"灵动辨别"进行对比,同时通过描写具有灵性修养意味的登山、溯水等内容的诗词,对"理到"的问题进行了探讨。作者指出,16世纪伊比利亚半岛与朝鲜半岛在文化上有所相通,即,在相对和平的国内环境中,出现了不将'人文主义'〈科学〉(主气)与'神秘主义'〈神学〉(主理)对立起来,而更注重对两者进行结合,互相交流的情况。退溪认为,"理发""理动""理到"各自关系到人、天、人与天的相互作用,"理动"通过"理发"表现,其善恶之轨易变,因此尤其需要对其发动进行认真鉴别。这一理解与罗耀拉的"灵动辨别"有着相通之处。而退溪的诗篇《读书如游山》,也注重"理到"中的自力与他力相互往还的性格。在退溪对陈普的《武夷櫂歌注》进行的注解中可以看到,李退溪认为,"理到"之说是一种对人与天相互作用不断积累从而引发'迁移'这一可能性的自觉。这也是16世纪下半叶朝鲜半岛的思想从〈神学〉(主理)向〈神学〉与〈科学〉的相互作用发展的表现。

第4章《从退溪门下到旅轩·张显光(1554—1637)的"公共"》主要以退溪门人,尤其是张显光(旅轩)的思想为考察对象,探讨他们对"公共"的理解,从而观察〈朱子学〉的迁移。本章的时代背景是,朝鲜遭受了丰臣秀吉政权和后金发动的战争(壬辰倭乱、丙子胡乱)的侵害。应当注意,作为一种'文明事象',战争这一人祸给社会环境带来了急剧破坏力的影响,朝鲜社会面对战争引发的人口和耕地剧减、乡村社会基础崩溃等危机。在这一背景下,有必要从道义上对人际关系进行重建。旅轩及退溪门下的郑惟一(1533—1576)、李德弘(1541—1596)、柳成龙(1542—1567)等人对"公共"展开了讨论。如柳成龙针对士林分裂和壬辰倭乱危机,在调停士论纷争、广泛吸收人才的语境中提出"公共"的问题。旅轩的"公共"观则表现为具有人格尊严色彩的、讲究"道德"与"事业"一致的'生命论'式扩大。

第5至第8章集中分析近世(江户时期)的日本儒学者。这其中既有藤原惺窝(1561—1619)这样的日本朱子学之祖,也有伊藤仁斋(1627—1705)、荻生徂徕(1666—1728)等所谓"反朱子学"潮流的古学派思想家。第5章《藤原惺窝及其周边的"天道"观》首先对17世纪上半叶日本的思想景观进行了确认。在日本,〈朱子学〉普及之前,〈西洋科学·基督教〉已经有所渗透,因此,儒教与基督教很容易形成对立关系。作者先以林罗山的"天(道)"思想为例,对其与神(deus)的相似点和对立点进行了论证,指出两者的差别在于,支配"天的秩序与摄理"运行的究竟是"天空"这一自然物,还是创造了自然的一种绝对的"超越者"。在后者的情况中,"超越者"以一种垂直下降的方式君临于人类,人类因此处于一种极为被动的地位。而藤原惺窝的“天道”观则表现出了主体上从被动向能动的转变。同时，藤原惺窝的“天道”观在以社会秩序的安定为目标这一点上与战国武将们的“天道”观是有所共鸣的，但他着眼于主体的“心”，讲究“造化在我”的论点则表现了他特有的对“天道”的“心性”论理解。值得注意的是，藤原惺窝的“天道”观与朝鲜朱子学者姜沆（1567—1618）等的“天道”观相通，具有公开性、平面性、庶民性的特征。

在第6章《中江藤树（1608—48）的“神理”与〈朱子学〉》中，作者首先指出，以往藤原惺窝等朱子学者的‘经世’问题研究，往往因〈基督教〉和〈朱子学〉两种‘文明事象’的复杂交涉而出现混乱。本章中作者主要透过中江藤树的思想重新对这种混乱的状态进行了整理。从‘文明事象’的观点来看，中江藤树的思想是〈基督教〉式的。纵观藤树的生涯，他提出的“大乙神”和〈朱子学〉的紧张关系始终存在。藤树的理想社会拥有以“大乙神”为顶点的金字塔形构造，“神理”贯穿世界，到达宇宙的每个角落。藤树对“神理”所及之处的因果祸福尤为关心，认为在此存在人兽之别。藤树的“大乙神”与〈朱子学〉的相克，最终似乎是前者胜利了，但根据同一时期的熊泽蕃山（1619—1691）所言，作者指出，藤树终其一生想要排除的“格套”，实际上并非来自〈朱子学〉，而是来自隔绝自然与人类的〈基督教〉。

第7章《伊藤仁斋（1627—1705）的‘心性’与‘经世’》首先指出，日本、朝鲜的思想家往往注重从‘心性’角度捕捉作为‘文明事象’的〈朱子学〉中涉及人与环境的问题（明明德），而17世纪下半叶，开始出现了向‘经世’问题的倾斜的转变。本章以伊藤仁斋的《孟子》观为中心，对这一转变进行了考察。仁斋对《孟子》评价较高。和荻生徂徕不同，他的‘经世’论并没有对‘心性’进行割离，反而是在‘心性’之中引入了‘经世’，并形成了如下的理论构造。即，吸收了‘经世’的‘心性’＝“人道”；‘心性’之中的‘经世’＝“王道”；从‘经世’之中分离出来的‘“道”之外在’＝“天道”。仁斋的这一‘心性’论以其独特的“学问”观为切入点，于他而言，“学问”能使“有限的性”（一人私情）发展为无穷的觉醒（“开智明道”），“学问”是人与人之间的互惠、互酬的道德实践的载体，能引导人们看向“人道”这一无穷世界。

如果说仁斋的思想是日本〈朱子学〉迁移的一个极象（climax），那么第8章《荻生徂徕（1666—1728）的“天命”说与“修辞”论》中讨论的徂徕的“天命”说，则可以看做是这一极象的又一发展。在徂徕的理解中，他所提倡的徂徕学的个性与他所理解的“朱子学”是背道而驰的，徂徕学认为，是天向人下达“命”。而他对“知天命”的理解，则基于他对孔子生平的解释，即，孔子50岁时仍未获得政治地位，从而明确自己无法将“道”行于世的命运，最终产生了要向后世以“文”传“道”的自觉。众所周知，“天命”说与徂徕独特的“修辞”论紧密结合。值得注意的是，以徂徕学的成立为界，徂徕“天命”的内涵发生了变化。本书作者以徂徕《学则》第一条与第二条之间的断层(飞跃)为切入点，对这一变化进行了分析，并指出“天命”内涵发生变化的一个原因在于其对“修辞”的积极意义的发现。即是说，这一变化本身，也是徂徕形成通过“修辞”达到与目所不及的世界(道的创造性)的一体化这一崭新的古文辞学的方法性自觉的过程。同时，这也是与讲究开发“心眼”观察世界的仁斋“读书”论相对抗的理论。

第 9 章《蔡温(1681—1761)的“心学”与“实学”》将目光转向了琉球王国。作者首先指出，18 世纪，对“心”与“天”之间作为活物世界的社会环境本身的关注(经世)越来越表象化，琉球的蔡温也处于这样的浪潮之中。但蔡温同时也以“心”与“天”为主题展开自己的思想，因此本章以其为介，对“心学”与“实学”的关系进行了考证。蔡温独特的“天”观念在于其将“天”解释为“根源性的生命力”。“天”是无法用语言描述的(虚)，但却作为“日用事物”之“则”不可动摇(实)。“气”的相克引发情感、欲望，在日常生活上产生困惑(实惑)，并与由“心”生出的与实体乖离的意识上的困惑(虚惑)重叠，个体的生命现象因此与“天”发生了龃龉。作为“心”中的“天性之灵光”的“真知”可以攻破催生龃龉的“气”。而“真知”则需要通过学习获得。因此为了彻底铲除困惑，就必须永远不断地进行学问修养，使“天(道)”与“人(道)”达到一致——这就是蔡温的主张。蔡温不像仁斋那样将“天道”与“人道”分开，也不像徂徕把“心”从“道”中剔除出去。在蔡温这里，把“天”与“人”作为‘生命’的观点始终贯穿一致，“心(真知)”并不是被动的镜子一般的事物，而是具备能动志向性的。根据这一结论，作者对“心学”与“实学”的关系进行了考察，并指出，“理”作为“虚(灵)”同时也是“实”的‘文明事象’，在 16 至 17 世纪，其“灵动”的性格被加强了。这是这一时期〈朱子学〉迁移的特质。

第 10 章《大田锦城(1765—1825)与丁茶山(1762—1836)的‘生命’与‘灵性’》对 19 世纪上半叶日本“考证学”的代表学者大田锦城的思想，以及与他有着同样学术倾向的朝鲜“实学”思想家丁茶山的思想进行了比较、考察。作者对锦城与〈基督教〉的关系、锦城提出的“西方大真人”等问题进行了整理，并指出锦城与茶山在关于‘生命’与‘灵性’的问题上有所类似，两者都以“圣人”为中心对这一问题进行讨论，都将“圣人”视作拥有预言、先知能力的萨满式的存在，并且都持有与所谓“实学”者的印象不相符的命运观。比较两者的人际关系(“仁”)观也可以看到，尽管他们对善恶的认识有所不同，但他们都不将“仁”视作内在于个人“心”中的事物，而将其解释为人和人“之间”“之际”的道德实践。在天人关系(“天命”)问题上，尽管他们都认为知“天命”、敬畏“天命”十分重要，但仅在“畏天”上有相似之处，而在“知天”论上两者却大相径庭。锦城的“知天”说认为需通过智(先验性的理)而知之，面对“生命”的连续与“神灵”的支配，需要通过积累历史的、经验的事实，从而导出某种“法则”，并积极地将其运用在天地造化之中。而比起“知天”“畏天”，茶山更常用“事天”(“昭事上帝”)一词，将

“天”作为一个可侍奉、需要真挚地面对甚至与其对话的人格化对象。因此，茶山所谓“知天”是指知道天在监视着人的善恶，人“知天”，也就明白了自我修养成立的根据。作者指出，锦城和茶山的‘生命’与‘灵性’存在重合之处，但‘生命’是具有长期性的，是单向（不可逆）的，而‘灵性’是瞬间性的，是双向（自由）的。在19世纪，“理”作为‘文明事象’，其“灵/实”的构造已经出现了逐渐分解的可能。

作为本书的最终结论，作者指出，吸收了〈朱子学〉的东亚世界，根据“气”层面（社会环境）的变化，对“心”与“天”（自然环境）关系进行了重新定位。〈朱子学〉以天人贯穿的“理”的二元构造（虚/实、有/无）为核心发生迁移，并最终伴随这种二元的分离而崩溃。

本书各章在对各思想家的评述及思想分析上有许多新的见解。如，以往研究将藤树的思想评价为一种“主张自我的内在尊严与所有人的本质性的平等的观点，是对近世社会的权力与身份秩序进行了相对化而得出的理念”。① 而作者则指出，藤树的理想社会是以“大乙神”为顶点的金字塔形构造。作者结合藤树所处的时代背景（江户时代前期，身份间的移动相对自由的时期），强调藤树的阶层观并非完全反映了当时的现实世界中的身份秩序，认为应当从不同视角重新对作为体制思想的罗山的朱子学，和作为非体制思想的藤树的阳明学这两者的对立进行讨论。又如，针对徂徕“天命”说，作者明确指出，以往以‘政教分离’为前提的“政治不合理”的评价并不妥当。作者重新检证了徂徕基于“敬天”“敬鬼神”观念的围绕“道”的言说，认为比起以往〈“道”以“敬天”、“敬鬼神”为基础〉的评价，〈“道”以“知（敬、奉、畏）天命”为基础〉的说法更贴近徂徕的真意。

作者关注笔下思想家们的个人经历与其思想的关联性。在分析李退溪、卢守慎等朝鲜学者的思想形成过程时，作者对其个人的患病经历、所读相关医书，以及他们经历的战争等具体事情也纳入背景之中。在讨论仁斋‘心性’论时，指出仁斋37岁之后对‘心性’论的关注不断增加，但他在50岁之后将《孟子》与《论语》融为一体，并发展出自己独特的‘心性’论，则是以其与暗斋学派形成的对抗关系为契机的。仁斋抛弃了37岁前的旧‘心性’论，转而阐述“实学”“实德”“实材”，宣告了‘心性’与‘经世’的结合，这与他对暗斋学派的关注有着紧密联系。

本书对琉球朱子学的关注本身也具有极高的学术价值。伴随着海洋史学的发展，同时考虑到琉球王国在前近代东亚世界地理上、政治上、历史上的重要地位，近年来，中日韩思想学界对琉球儒学都有所关注，一些学者也尝试以琉球

① ［日］高桥文博《中江藤树》（[中江藤樹]《岩波哲学・思想事典》，岩波书店，1998年）。

儒学为起点，重新审视东亚朱子学。[①] 但由于琉球儒学相关文献史料极为匮乏，受限于地理环境，史料的保存极为分散，汉文、日语、琉球语夹杂的文献较为难懂，再加上琉球本身历史的复杂性，琉球儒学研究难度极大，长期以来少有成果。本书选取琉球大儒蔡温的"天"观为对象，将蔡温的思想置于同时期东亚世界的〈朱子学〉迁移之中进行了考察。作者通过对蔡温《哩啰解》、《蓑翁片言》以及琉歌等材料的分析，向读者展示了琉球儒者对'天''生命'〈朱子学〉"实学""心学"等问题的认识，为琉球儒学研究提供了新的方法和视点。

笔者认为，本书最大的成果还在于其对跨国境的朱子学史叙述的尝试。

首先，作者通过引入两个概念对固有的作为国别史（包括比较史、以近代国家为基本单位的东亚史、东北亚史等）的思想史研究进行了解构。其一，作为'文明事象'的〈朱子学〉的概念，打破了国境、文化圈的框架限制，将〈朱子学〉视为一种流动的事象，也就使得其在各种环境中以不同方式呈现成为必然。其二，源自植物生态学的迁移概念，主要关注主体与环境的相互作用，以迁移代替以往研究中的转变、吸收等概念，就是要将这一时期跨越各地的〈朱子学〉发展视为一种生态系统。作者指出，吸收—转变往往反映的是一种单次变化，而迁移强调主体与环境相互作用的累积。同时，迁移适用极象（climax，指一定地区的生物集群在自然、长期的安定状态下经过迁移达到的最终形态）这一概念，而极象又不可能永远持续下去。在仁斋、徂徕等问题的讨论中，我们都看到这样的极象的出现及其更大发展。这也反过来证明了迁移概念的有效性。对朱子学思想发展的描述往往难以避免变成对某一地区单方面输出或被动接受的叙述。作者通过以上两个概念确立了本书将东亚作为具有共时性空间、观察思想在其中展开的方法和立场。

第二，作者对观察对象区域与时间进行设定，提示了跨国境朱子学研究的可能性。本书标题《16 世纪后半至 19 世纪初朝鲜、日本、琉球的〈朱子学〉迁移诸相》在日本思想史学研究专著中来看也显得十分冗长，但这其实反映了作者对研究目标设定的严肃性。作者以"16 世纪后半至 19 世纪初"这一定语代替了"近世"，又将"东亚"具体为"朝鲜、日本、琉球"，实际上正是对本书考察对象的时间、空间概念的厘清。[②] 作者自述，以西历替代日本史学常用的时代划分（古代、中世、近世、近代），以具体区域名称代替"极东""东洋""东亚"等概念，是

① 如中村春作：《近世东亚的〈教谕〉思想与日本社会——〈小学〉本与〈六谕衍义〉的流通》（[近世東アジアの〈教諭〉思想と日本社会——『小学』本と『六諭衍義』の流通]《中国中世文学研究》第 63、64 期，2014 年）。

② 本书日文原版的封面设计极佳的反映了作者的意图。原版封面标题被印刷为《16 世纪后半至 19 世纪初朝鲜、日本、琉球的〈朱子学〉迁移诸相》。可以看到，除上述时间、空间定语的替换之外，作为本书研究对象的各种儒学学派，也被换成了本书中心概念〈朱子学〉。作者本人也在《前言》中对书名作了说明。

意识到了近代西方由来的学术概念的暴力性的结果。而在读者看来，“近世”的概念本也难以适用于朝鲜、琉球甚至明清，“东亚”的范围定义也往往因各学科、各地区不同存在巨大差异。因此直接使用具体的时间、地区名称反而更加清晰明确——当然，作者对概念运用的主张对我们思考既往的地区史、时代划分问题本身也是极具启发的。值得注意的是，作者虽然采用了具体的王朝、政权名称，从各章节内容来看，各章讨论的对象也的确集中于某个地区，但在叙述中却并不以此为框架。实际上，本书中很少出现“朝鲜学者”“日本思想家”“琉球的朱子学”这样的词汇。即使谈及〈朱子学〉在某地区呈现出独特理论，作者关注的也往往是“天”“心”“理”等〈朱子学〉概念在整个对象空间中的宏观的迁移，同时将这种理论具体到作为个人的学者身上，而并不试图由此抽取某地区的“特质”“独特性”。

上述对概念的引入与梳理，奠定了本书跨越国境、在共时性的空间中叙述〈朱子学〉迁移的基础。笔者认为，本书是以跨国境的视野对朱子学的发展进行历史叙述的一次成功尝试。

（作者单位：日本学术振兴会）

朱子学年鉴（2020）

# 朱子学研究论著

# 学术专著

## 朱熹生态伦理简论

乐爱国著，
广州：广东人民出版社，
2020年1月

朱熹继承儒家讲人是万物之灵，既讲“天人合一”，又讲人的主体性，讲人在“天人合一”中处于中心的地位，是价值中心，而具有主导性、能动性，并且强调人对万物的尊重，人对万物的平等相待，尤其需要通过提高自身涵养和对于物的差异性的充分了解，进一步依据这样的知而付诸行，实现人与自然的和谐发展。也就是说，只有通过人的心性修养，“至诚”“尽性”而达到“赞天地之化育”“与天地参”，“致中和”而达到“天地位”“万物育”，才能实现人与自然的和谐。重要的是，朱熹建构的以人与自然和谐为中心的生态观，既有别于先秦道家把人与天地自然万物完全等同起来，又超越了“人类中心主义”，对于今天的生态文明建设多有启示。

## 《儒藏》精华编第132—135册：《资治通鉴纲目》

北京大学《儒藏》编纂与研究中心编，北京：
北京大学出版社，2020年3月

《儒藏》精华编第132—135册（共四册）隶属史部编年类，收录南宋朱熹所著《资治通鉴纲目》五十九卷并附录三卷。这次校点，以中华再造善本影印中国国家图书馆藏宋刻温陵本为底本（卷四十六、卷四十七至五十一分别配以其他两种宋刻本），以中华再造善本影印国图藏月崖堂本、日本东京大学东洋文化研究所藏明成化内府本、国图藏清康熙武英殿本为校本。在《朱子全书》本的基础上对原有校记查漏补缺，对原标点亦有所改正。同时，原《朱子全书》所收附录三卷，这次整理重新注明各篇版本出处，并核对原文。整理中同时参考了中华书局点校本《资治通鉴》。此书卷一至卷三十及附录由上海华东师范大学严文儒先生和北京语言大学张鹏先生校点整理，卷三十一至卷五十九由上海华东师范大学顾宏义和苏州大学孙启华先生校点整理，北京大学儒藏中心于天宝、王振华先生通审全书。

## 朱子文字在武夷

范传忠编著，
福州：海峡文艺出版社，
2020 年 3 月

该书作者从清董天工编著的《武夷山志》及其他有关朱子文化文本等主要历史文献中遴选出朱熹在武夷山所题写的部分匾额、楹联、摩崖石刻、诗词和碑文等，做相关的简要解读，并整理出各知识点条目计 200 余条。同时，为了增进人们特别是当今青少年更好地对朱子、对武夷山、对书法的兴趣爱好和认同，又约请书法家张荣生老师编选的朱子文字辅之以书法作品共 40 余幅呈现给读者，期望读者通过该书更好地解读儒释道三教同山的武夷山，探寻武夷真山水，品读朱子文化遗存。

## 全球化时代与朱子学研究

张品端主编，
厦门：厦门大学出版社，
2020 年 4 月

该书为 2018 年 9 月 8—9 日武夷学院朱子学研究中心承办的“全球化时代朱子学的新价值”国际学术研讨会的学术成果，探讨了朱熹以太极为中心，集理气、性情、道器、体用为一体的哲学体系，朱子学在东亚日本、韩国的新诠释，朱子的价值观、休养论等思想内涵，朱子文献的考察和研究等。主要篇章有朱子《太极解义》的哲学建构、全球化时代朱子学核心价值的新意义、宋代的新儒学与理学、全球化时代朱子学的新价值、朱学与浙学——从朱熹对吕学与陆学的批评说起、从“理一分殊”看协商民主的哲学意涵、张栻关于《太极图解》的两篇序文、宋明理学法因天理论、以直报怨，以义解仇——从朱子《家训》看儒家对“仇”“怨”的态度及其启示、朱子家庭伦理思想的现代意义等。

## 元代朱子易学研究史

谢　辉著，
北京：人民出版社，
2020 年 5 月

该书旨在勾勒元代学者研究朱子易学的全貌，揭示其在朱子学、易学、经学、理学等方面的地位与意义。全书主体部分七章：第一章概述朱子易学的主要内容，及其在南宋后期发展的基本情况。第二章从元代以《易》应举的士人情况、指导治《易》应试类著作的出现，阐明科举对朱子易学发展的推动。第三章讨论胡方平、胡一桂父子的朱子易学研究著作，及从中体现出的从保守到开放的思想转变。第四章叙述胡炳文、张清子、熊禾、熊良辅注释和阐发朱子易学著作的情况，及其不同的思路取象。第五章研究元代学者对朱子象数学的基本态度，以及对其象数学具体方法与易图学的不同看法。第六章研究朱子的理气、太极、阴阳等哲学命题，以及有关《易》书性质、作者、读《易》之法、古《易》面貌等说，在元代引起的讨论。第七章研究梁寅、赵采、董真卿三位元代学者，折衷程朱二家易学的情况。

## 朱子论“曾点气象”研究

田智忠著，
北京：中国社会科学出版社，
2020 年 5 月

作者从朱子围绕“曾点气象”问题的讨论契入，集中讨论朱子对于成圣问题的关注及其实践，并对理学中的有无虚实之辨和儒学与佛老之辨问题做了深入探讨，旁及历史上“曾点气象”问题的相关讨论及其发展脉络，进而引出传统中国哲学中关于境界论、本体与工夫问题的诸多讨论。全书以小见大，以一贯多，在诸多方面填补了朱子研究的空白，具有一定的创新精神。

## 怀德堂研究

［日］汤浅邦弘著，白雨田译，
成都：四川大学出版社，
2020 年 5 月

怀德堂是由晶石大阪商人于1724年创建的汉学私塾，在日本汉学史上具有较高历史地位。全书分两部分进行论述：一，对怀德堂“汉学”特色进行考察，尤其是对其与当时强烈影响日本的朱子学的关系进行考察，即对于《论语》《大学》《家礼》等的受容状况及其发展进行分析。二，对“汉籍”以外的怀德堂“文化”进行考察。特别是以印章及墨、版木等为例，对其文化特色进行探讨。同时概说近年不断发展的电子图书馆的运作情况。

## 信仰、礼仪与生活
### ——以朱熹祭孔为中心

张清江著，
北京：中国人民大学出版社，
2020 年 6 月

该书旨在呈现朱熹祭孔礼仪实践中的精神经验。全书主体部分共分为五章：第一章“释奠先圣：仪规与实践”，以朱熹对释奠礼制文本的考订和“沧州精舍”的祭祀实践为中心，以仪式中的象征符号和意义为视角，通过比较分析，呈现朱熹对祭祀孔子的礼仪主张，及其在生活中进行的具体实践。第二章“祝告先圣：以‘祝文’为中心”，以朱熹在祭孔仪式中留下的“祝文”为文本，通过比较朱熹与同时代其他儒者所写的祭孔祝文及朱熹进行其他祭祀时所写的祝文，分析和呈现朱熹在祭孔仪式中的独特表现。第三章“信念世界：祭祀、祈祷与先圣”，围绕朱熹对《论语》“祭如在”“子路请祷”等章节的诠释，及其对“圣人”和“先圣”的基本理解，在哲学史的框架内详细呈现朱熹对祭孔礼仪相关要素的信念基础。第四章“遭遇‘先圣’：‘感通’与意义体验”，在前述行为表现和内心信念的基础上，尝试重新回到仪式现场，以“诠释”为基本旨归，结合朱熹本人对于祭祀内心状态的论述，借鉴现象学对于人类内在意识的描述方法，对朱熹在祭孔仪式中的意识结构做细致、深度的描述。第五章“回到生活：礼仪经验的意义与影响”，将礼仪经验放回到生活视域，从道统、经典和工夫三个向度，说明祭祀孔子的礼仪经验，如何对朱熹的生活发生影响，进而说明礼仪、信仰与生活之间的交织互动及关联方式。

## 朱子哲学的结构与义理

江求流著，
北京：中国社会科学出版社，
2020 年 6 月

该书以问题意识为指引，以结构性诠释为方法，试图揭示朱子哲学内在的问题意识，重建朱子哲学的整体性结构体系，并对朱子哲学的相关义理进行理论性阐发。全书分为六章，从朱子对佛教性空论的批判开始，分别探讨了朱子关于人性的实在性，人性在人伦活动中的作用，气禀、人欲对人性功能的遮蔽，修养工夫与复性的目标及其政治立法意义等问题，以期展示朱子哲学“实质上的系统”及其逻辑展开过程，并在这一视域下，对朱子哲学的相关概念、范畴的内在义理加以分析与诠释。全书体现了将历史的诠释与理论的分析加以结合的努力，注重阐释朱熹哲学中相关命题的内在哲学意蕴。

## 朱　熹

陈荣捷著，
上海：东方出版中心，
2020 年 7 月

该书从《朱子文集》《朱子语类》等朱熹本人的著作立论出发，对朱熹生平、思想及其所关联的人物和事迹做了独到和精准的分析，主要包括以下四个部分：一是朱子的思想，包括太极、理、气、格物与修养；二是朱子的活动，如其授徒、著述与政绩；三是朱子的交游，与张栻、吕祖谦、陆九渊、陈亮等的往来；四是朱子的道统观念、朱子后继和韩国、日本、欧美的朱子学，朱子与佛教之交涉也有述及。作者出入史籍，辨析精微，视野极为广阔，一代大家朱熹的人生轨迹、思想成果及其相关的文化与社会背景得以全景式展现。该书问世以来，广受世界各国学者好评。

## 宋明理学理治社会文化研究

徐公喜著，
北京：人民出版社，
2020年7月

宋元明清时期的中国社会已经由先秦汉唐的“礼治社会”转向“理治社会”。“理治社会”是以宋明理学思想为指导，以天理为根据，合传统治理之道，以“德礼政刑”为主要治理路径的多维度社会理治模式，待人以理，化民以理，追求道德伦理化、伦理道德化的统一，礼制与政治制度理性化、法律理学化，以图实现天下平的理想社会。本书运用法哲学、社会学、历史学相结合的研究方法解读“理治社会”，对宋明理学“理治”内涵、时代语境与理论基础，以理治国的社会控制方式、理论模式与工具性内容，理学的道统、政统与法统间的相互关系，理治社会的核心价值、法律价值、法律目标、刑事与民事法律规范等问题作了深入探讨。

## 朱熹思想诠释的多重可能性及其展开

陈晓杰著，
北京：商务印书馆，
2020年6月

全书内容共八章，分为两部分，前半部分第一至第四章是对朱熹思想的研究。在第一章到第三章中，主要从朱熹思想的三个重要概念——“心”“天”“天地之心”——对朱熹的思想进行诠释，探讨朱熹思想的复杂性和深刻性，以及继续挖掘的可能性；在第四章中，回归到朱熹思想文本——《中庸章句》，探讨朱熹的解释与经典文本之间的张力与矛盾，对朱熹的鬼神论进行诠释。在第五章到第八章中，以朱熹再传弟子真德秀为研究对象，探讨他在大量的青词书写与祈祷中所体现的宗教思想和实践精神。以及在南宋理宗朝的政治事件“霅川事变”中，政治斗争双方的言说进行考察，分析传统公私观（权相史弥远以及诸多官僚的理论依据）与朱子学公私观（真德秀等道学家的理论依据）是如何在实践中得到运用的。

## 东亚朱子学的承传与创新
### ——以日本为中心

吴光辉　王青　编著，
北京：知识产权出版社，
2020年7月

该书就数年来日本专家学者的

代表性研究予以编辑整理，冠以日本朱子学的理论承传、日本朱子学的思想转向、日本朱子学的话语批评的标题，进行系统规划研究，以推动海内外朱子学研究的审视与思索，进一步深化朱子学研究乃至国学研究。全书主要内容有：林罗山与朱子学——以理气论为中心、芦东山与朱子学——以《无刑录》教育刑论为中心、横井小楠与朱子学——以格物致知论为线索、安东省庵与朱子学——论朱子学的日本化、伊藤仁斋与朱子学——以“同民之好恶”论为契机、荻生徂徕与朱子学——以中国思想为媒介、近代以来日本视域下的朱子学——以中国形象为方法、江户时代朱子学的表象与位相——以实学·真儒·正统为核心、日本科举学的转型与评价——以《对策则》为线索等。

## 《儒藏》精华编第228—232册：《晦庵先生朱文公文集》

北京大学《儒藏》编纂与研究中心编，
北京：北京大学出版社，
2020年7月

《儒藏》精华编第228—232册收录朱熹《晦庵先生朱文公文集》，属集部南宋部分。本次校点以《四部丛刊初编》影印的明嘉靖刻本为底本，以闽本、浙本和淳熙本（残）这三种流传至今的宋刻本为主要校本，以北京大学图书馆所藏明天顺四年（1460）贺沈、胡缉所刊《晦庵先生朱文公文集》、影印文渊阁《四库全书》本为参校本，间亦取校明万历三十三年（1605）吴养春、朱崇沐等所刻《晦庵先生朱文公文集》、清康熙二十七年（1688）蔡方炳、臧眉锡所刻《晦庵先生朱文公文集》、同治十二年（1873）六安涂氏求我斋所刻《晦庵先生朱文公文集》，并酌采贺瑞麟《朱子文集正讹》《记疑》《正讹记疑补遗》之说。校点人为华东师范大学古籍研究所刘永翔、朱幼文、徐德明、王铁、戴扬本、曾抗美六位教授。

## 朱子《大学》经解：“为己之学”的诠释与建构

周之翔著，
北京：中华书局，
2020年8月

朱熹继承北宋理学家所高扬的“为己之学”的治学宗旨，穷尽毕生精力探索和建构“为己之学”的治学道路与经典体系，终于完成了集宋代理学之大成的学术使命。朱熹“以身解经”，将《大学》从“探渊源而出治道，贯本末而立大中”的圣帝明王之学，转化为普通学者修养身心的基本经典，《大学》的建设功能从治世之君守天下之学与乱世豪杰得天下之学，转为一个时代人们心灵建设的大纲，《大学》的批判性功能也从对昏君庸主的警告，转化为对每个在世生存的人的提醒：人不可不明己德。该书即是以“为己之学”为纲领，考察朱熹解释《大学》的历程、具体内容、原则与方法的倾力之作。全书四章，包括绪论、朱子《大学》经解历程、朱子《大学》经解释例（上）、朱子《大学》经解释例（下）、朱子《大学》经解原则与方法等。

## 朱熹教育思想研究

姜春颖　赵亮编著，
太原：山西人民出版社，
2020 年 8 月

朱熹是宋代理学家，是儒学的集大成者，他的道德教育思想对后世产生了很大影响，全书共六章：朱熹成才史，著名的德育体系（人之心灵莫不有知、存天理灭人欲、习与智长化与心成、习与正则正习与邪则邪、慎择师友、做好眼前事、大学之道在明明德、半日静坐半日读书、涵养须用敬、格物致知等），杰出的德育思想（为学之道必在于读书、为学须先立志、立志不定终不济事、为学正如撑上水船一篙不可放缓、辞达则止不贵多言等），精辟的德育原则（教学者如扶醉人、指引者师之功也、言传身教尊师爱生、朋友以义合者、自敬则人敬之自慢则人慢之、不能感人皆诚之不至等），良好的德育目的（为学乃能变化气质耳、教育的目的在于明人伦、虚心顺理学者当守此四字、做一个怀义去利之人等），精明的朱子读书法（读书之乐何处寻数点梅花天地心、读书之法须识得他里面骨髓方好、读书要虚心涵泳、心到眼到口到等）。

## 朱熹集

黄珅导读，曾枣庄审阅，
南京：凤凰出版社，
2020 年 8 月

全书选择朱子代表性的诗 38 首，文 15 篇，逐一加以注释与翻译，收录的作品包括：远游篇、斋居闻磬、六月十五日诣水公庵雨作、拜张魏公墓下、次韵刘彦采观雪之句、奉同尤延之提举庐山杂咏十四篇（选一）、斋居感兴二十首（选一）、寿母生朝、复用前韵敬别机仲、题祝生画、孤鹤思太清咏岩桂二首、挽刘宝学二首、挽刘枢密三首、感事兴怀、宿山寺闻蝉作、百丈山六咏（选一）、武夷精舍杂咏（选一）、涉涧水作、春日、观书有感二首、次子有闻捷韵四首、醉下祝融峰作、到袁州二首（选一）、别韵赋一篇、次韵择之见路旁乱草有感、次韵陈休斋莲华峰之作、水口行舟二首、武林等。

## 乾嘉学术札记训诂理论研究

曹海东著，
北京：商务印书馆，
2020 年 8 月

清代乾嘉时期以训诂研究为主

要内容的学术札记，虽以训诂考据为主，但不乏理论性探讨，也有一些训诂理论材料零珠碎玑般地散见于考据性文字之中。该书致力于此类训诂理论材料的研究，对其表而出之，类而聚之，剖而析之，推而演之，议而评之，较为系统地呈现了乾嘉学者的训诂理论研究成果，并揭示了其主要内涵及独特价值。在研究过程中，该书经常将乾嘉学者的训诂理论与朱熹的相关经典诠释理论进行勾联、比较，或阐论二者之同异，或揭示前者渊源之所自，或以此释证、彰显前者的内涵及特点。

## 经学、理学与关学

张岂之著，
西安：西北大学出版社，
2020 年 9 月

书稿收录 26 篇文章，分中华文化的渊源与特色、张载及其理学思想、《宋明理学史》与《关学文库》、关学与儒学、儒学的现代价值五个部分，每篇文章立意明确、自成体系，都有论述的重点。从整体上讲清楚了中华文化的渊源是从炎黄时期开始，并且有传承、有发展创新；中华文化的特色是“以人为本”，构筑了“天人之学”、变易之学、为人之学与会通之学的理论体系。书稿梳理了中华文化的脉络、传承、创新与发展过程：经学是解释和阐述儒家经典的学问；理学是发展的儒学（新儒学）；关学是理学的重要学派。阐明了中华优秀传统文化与当今社会主义核心价值体系的关系，对普及中华优秀传统文化具有较高的参考价值，对坚定文化自信也有巨大的促进作用。

## 朱子家礼宋本汇校

［宋］朱熹撰 ［日］吾妻重二汇校，
上海：上海古籍出版社，
2020 年 9 月

《朱子家礼》分通礼、冠、昏、丧、祭五部分，而特重丧祭，一方面，体现了“事死如事生，事亡如事存”的儒家传统，于生死际，尤为挂怀，敬意与庄重，于此存焉；一方面，是本于儒家对孝道的推尊，而自然设立。礼缘人情而制，子女对父母之情，为其大者。吾妻重二教授为日本朱子学研究专家，不但有多部专著，且参编《朱子家礼文献集成》。此书以宋版周复本《家礼》为底本，以四库本、性理大全本、和刻本、朱子成书本等 10 种为校本，特别利用了关西大学图书馆藏和刻本与普林斯顿大学图书馆藏公善堂本，可称《家礼》最善之本。目前对朱子学的研究，仍多集中于哲学思想层面，该书的出版，能够让人们看见朱子学另一重重实践、重躬行的面相，只有将理与礼两者相合，才能真正深入朱子的生活世界。此书对朱子学、礼学乃至儒学研究，以及“礼”的传承和复兴具有重要意义。

## 经学视域下的朱子学研究

丁四新主编，
北京：社会科学文献出版社，
2020年9月

该书是“朱子经学与四书学”专题论文的结集，集中研讨了朱子的五经学、四书学及其相关问题。主要篇章有：朱熹《中庸章句》及其儒学思想、朱子与张栻关于《论语》解说的讨论——兼论宋代经学之变、朱熹对《论语》“自行束脩以上”的诠释及其意义、江户后期朱子学的一个流变——略论《孟子栏外书》、朱子的《周易》诠释视域、朱熹与《周易本义》、仁的“偏言”与“专言”——程朱仁说的专门话题、朱子论天地以生物为心、朱子“中和旧说”新探、从未发无不中到未发或有不中——论理学对“未发之中”的讨论、朱子学与湖湘学的融合、经典诠释与道统建构——朱熹《四书章句集注》序说的道统论、张力与融合——朱子道统说的形成与发展、朱子的道统世界、顾炎武对宋学的取舍等。

## 朱熹、陆九渊与王守仁理学思想比较
### ——以理、性、心、知四个范畴为中心

毕　游著，
北京：社会科学文献出版社，
2020年9月

该书以理、性、心、知四个范畴为中心，通过对朱熹、陆九渊和王守仁三者思想的比较分析，对理学从朱学时代到王学时代的演进脉络进行了探讨和概括。本书认为，理范畴存在客观性与主观性的内在矛盾，理学的发展正是解决这一内在矛盾的过程，并最终走向主观性；性范畴逐渐被弱化（包括淡化和泛化两种方式），最终丧失了其道德本体的地位；心范畴的作用从“心具理”走向“心生理”，这是与理范畴的主观化过程相一致的；知范畴从“格物致知”的理性认知逐渐走向了“知行合一”的本能直觉。在对理范畴客观性的认识以及心理关系、知行关系方面，朱学与陆学实际上更接近，而二者与王学之间的差异则是本质上的。从朱陆到阳明，理学逐渐演进为彻底的实践之学、方便之学，得以从士大夫阶层逐渐走向民间。

## 唐宋之际礼学思想的转型

冯　茜著，
北京：生活·读书·新知三联书店，
2020 年 9 月

礼学发展到唐宋之际，以文本解释为主的汉唐注疏传统日渐枯竭，宋人开始在“追法三代”的信念下，为“礼”重建思想根基。该书梳理了从赵匡、杜佑、聂崇义、刘敞、陈祥道，再到李觏、王安石、张载、二程、吕大临的礼学研究，最终落脚在朱熹对于不同礼学方法与思想的统摄上。这些唐宋之际的思想家对礼的规范性来源和人性论基础进行了重新阐释，由此实现了礼学思想与礼仪实践的历史转型。

## “三纲九目”：朱子《小学》思想研究

徐国明著，
成都：巴蜀书社，
2020 年 10 月

该书聚焦于朱子之小学，以其所纂《小学》一书为主要研究文本，系统深入阐述。认为“小学”乃朱子统体思想架构的初始环节，《小学》的谋篇布局为“三纲九目”。“三纲”即立教，明伦，敬身；“九目”为父子之亲、君臣之义、夫妇之别、长幼之序、朋友之交（“五伦”）、心术之要、威仪之则、衣服之制、饮食之节（“四端”），其主旨是“居敬穷理”，归止于“成德成人”（“成圣成贤”）。

## 东亚朱子学新探——中日韩朱子学的传承与创新（上下）

吴震主编，
北京：商务印书馆，
2020 年 12 月

该书为 2013 年度国家社会科学基金重点项目“日韩朱子学的传承与创新”的结项成果。全书由四篇三十七章组成，近九十万字，吴震教授主编，由海内外中国哲学领域的一线学者组成的国际性团队合作分篇撰写，代表了当代朱子学研究的最前沿的成果。全书的四篇结构为：一、“东亚儒学与中国朱子学”；二、“日本朱子学的传承与创新”；三、“韩国朱子学的传承与创新”；四、“比较研究与回顾综述”；最后是两篇“附录”，分别为“近十年来日本朱子学研究论著简目”“近十年来韩国朱子学研究论著简目”。该书进一步拓展了朱子学研究领域的深度与广度，“东亚朱子学”作为一个研究领域已然成立。该书的出版也重新展现了中国哲学的丰富资源。

# 朱子诗经学考论

陈　才著，
上海：华东师范大学出版社，
2020 年 12 月

朱子结合时代的需要，回应社会的现实诉求，以绍承孔孟道统为己任，以格物穷理为方法论原则，从治《诗》理论和治《诗》实践方面来重建诗经学。他批判地继承前人《诗》说，在义理的统摄下兼重训诂，合汉、宋之长加以综合而弥补其不足，使自己的诗经学得以形成，并进而奠定了诗经宋学，完成了重建诗经学的使命。该书从朱熹本位出发，爬梳散存于各处的朱熹言论，在此基础上加以研究，对朱熹的诗经学作出了精准、细致、深入、独到的分析，对相关问题作出了客观的揭示。全书共六章：继承、批评与重建：朱子诗经学的形成；朱子《诗》学观研究；朱子校勘《毛诗》研究；朱子对《诗经》用韵的探索；《诗集传》训诂研究；附考等。

学术论文

## 艮斋性理学的结构及其特色

张学智　《中国哲学史》
2020 年第 1 期

艮斋田愚代表了朝鲜王朝末期儒者抗争外来殖民文化，保存传统文化的努力。他的思想以朱子学为主，兼综畿湖学派，创造了“性师心弟”“性尊心卑”等学说；他的性理学着重在坚守传统伦理，为民族国家奠立社会基础；发挥东方学术的宗教意味，为士人安身立命寻找理论基石；坚持义利之辨，反对新学的功利主义。晚年特重修持实践，诠释传统礼仪，阐扬宗法文化，为保存传统文化作了最后的抗争。

## 宋明理学如何谈论“因果报应”

陈立胜　《中国文化》
2020 年第 1 期

善恶有报与德福一致是上古文化的宗教信念。先秦儒学对这一信念的反思最终确立了德性的纯粹性、无条件性与崇高性，并将善恶无报与德福不一的问题归咎于时命、气命等存在的偶然性。然而德福不一、善恶无报的现象毕竟是人生一大缺憾，西来宗教恰恰以其严密的果报理论填补了这一空白。世人趋之若鹜，一度造成儒门淡泊的文化惨象。程朱大儒应时而起，重树“文化自信”，立生生不息的天道宇宙论系统，破佛教之轮回观，以“感应”代“报应”，以此彰显佛教之因果报应、六道轮回论之功利性，又将佛教的因果报应与轮回观充分现世化、人间化，体现儒家“一个世界”的人文底色，并顺势将佛教“念念受报”观念转化为儒家诚意、慎独话语。中晚明阳明心学力倡知行合一工夫，进而将佛教的业报轮回说彻底心学化、当下化、德福一致化，惠能“西方只在目前”思想更被完全安立在儒家日用伦常的生活世界之中。要之，在儒学发展史中，古老的德福一致、善恶有报的观念即分化为两套话语系统：一套是“修己之学”话语系统，一套是“安人之学”话语系统。前者坚持惟道是忧的道义主义原则，后者则坚持达情遂欲的现实主义原则。

## 朱陆“心学”及其异同的几点观察

金春峰 《周易研究》2020年第1期

朱熹尽管批陆为禅，其学亦吸收了佛禅的“明心见性”思想。陆九渊虽自谓“心即理”之说得自孟子，实亦受到程朱影响。要之，二人都讲道德本心，分歧只在“尊德性”与“道问学”的关系上。朱子强调二者相辅相成，实则在“道问学”上用力较勤。象山强调“先立乎其大”“发明本心”，但亦未尽废“道问学”。朱批评陆自信太过，陆则以朱为支离。然而正是这些差异，使得朱陆之学得以相辅而互补。

## 朱子学研究的现状分析

陈支平 冯其洪 《安徽史学》2020年第1期

文章以文献统计为基础，选取中国期刊全文数据库所见朱子学论文以分析其研究现状。总体而言，朱子学从屡遭批判的唯心主义逐渐变身为备受瞩目的显学，相关研究也趋于客观中立。就学科分布而言，哲学类论文最多，其次则为历史学、文化学、文艺学和教育学。从区域分布来看，中国境内的朱子学研究以北京、福建、吉林、上海、安徽等省区最为发达——海外成果则数日韩两国为多。研究方法异彩纷呈、各擅胜场，年轻学者往往乐于尝试全新的方法，老辈学者则或多或少受到传统思路的约束。朱子学涉及不同的学科领域，唯有全方位地认识朱熹的成就，才能还原其文化巨人的真实面目。

## 东南三贤对《知言·尽心成性章》的不同解读

蔡家和 《中共宁波市委党校学报》2020年第1期

程门之谢上蔡一支，传至胡安国、胡宏父子，其中，胡宏曾做《知言》一书，后来引发“东南三贤”朱子、张栻、吕祖谦三人的书信论辩，论辩内容后经整理而为《〈知言〉疑义》。论文即对《〈知言〉疑义》一文进行探讨。透过《〈知言〉疑义》的研究，可以同时掌握包括胡宏等四人不同的思想大要。朱子早年受胡宏“性体心用”影响，此时期概可称为“中和旧说”，然而到了《〈知言〉疑义》时，朱子已有“中和新说”的体悟，遂有以新说反对旧说的情形。至于张栻则多半附和于朱子，而吕祖谦较不同于朱、张二人，对于胡宏的《知言》能有一定的同情与理解。《〈知言〉疑义》共有八条，在此仅针对其中的第一条“尽心成性章”做讨论，借以一窥四家各自的派系主张。

## 试论郑玄、朱熹三《礼》学体系

殷　慧　戴玉梅　《天津社会科学》2020 年第 1 期

在汉宋礼学思想史上，郑玄和朱熹的礼学体系都有着举足轻重的地位。郑玄精心构建了以《周礼》为中心的礼学体系，而朱熹却反对以《周礼》为经礼，主张《仪礼》是礼经和本经。郑玄的三《礼》统摄诸经，影响极其深远。朱熹注重学人研习《仪礼》，其《家礼》《仪礼经传通解》对宋以后的学术和社会都有着深远影响。与郑玄礼学重文本不同，朱熹礼学更重礼义的创发，其对《礼记》中《大学》《中庸》的诠释最见其礼理双彰的礼学思想特色。

## 朱熹《中庸章句》与欧阳竟无《中庸传》的比较研究
### ——以经典诠释中的儒佛之辨为主题

郑淑红　《中国文化》2020 年第 1 期

就儒佛之辨而言，朱子与欧阳竟无可以作为理学家辟佛与佛学家会通孔佛的两个典范，代表完全不同的两种立论旨趣。朱子视《中庸》为孔门传授心法或道统圣学一脉相传的经典依据，以卫道者的姿态判别异端与正统，以辟佛的方式吸收化解佛学义理；欧阳竟无视《中庸》为系统性的孔学概论，特别选择《中庸》而非《大学》作为会通儒佛两大思想传统的桥梁，《中庸传》的写作反映出欧阳竟无晚年以佛解儒或援佛入儒的学术抱负。朱子通过对理气概念的精微复杂的辨析最终完成了道学体系，使儒家的善恶之辨从个体之心性推扩到整个宇宙。《中庸传》则是在认寂本体的原则下把已经广泛流传的程朱道学式解读扭转到佛学本体论思维中来。对朱子《中庸章句》与欧阳竟无《中庸传》的互读有助于理解近现代儒佛之辩的深层意蕴。

## 韩国性理学对黄榦人心道心说的批判

邓庆平　《哲学分析》2020 年第 1 期

在与同门的讨论中，黄榦将人心理解为喜怒哀乐之情，而将道心理解为仁义礼智之性。以权尚夏和韩元震为代表的韩国性理学家基于自身的人心道心说，注意到了黄榦此观点与朱子思想之间的差异，尤其是黄榦以道心为性的观点，分别作有专文对黄榦的观点进行详尽批判。这些批判不仅涉及黄榦的观点本身，更涉及其具体的论证过程。这两篇文章充分展示了人心道心说的复杂性，更代表了韩国性理学家对黄榦思想的最高研究水平。

## 在史学与经学之间
### ——朱子《春秋》观的再检讨

郭晓东 《中国哲学史》
2020 年第 2 期

朱子在不同的场合，对《春秋》的说法颇有出入。其或视《春秋》为史学，亦否认《春秋》有义理、书法、条例。但朱子同时又无法否认孔子作《春秋》是“致治之法垂于万世”，在这一经学的意义上，朱子又不得不承认《春秋》有义理、书法与条例。在经学维度上看《春秋》，朱子对后儒之解经颇存怀疑。这种疑虑使得朱子对《春秋》的态度不自觉地由经学转向史学。但如果纯然视《春秋》为史学，这样不仅取消了孔子作《春秋》的意义，而且使得儒家五经之一的《春秋》学成为专计较利害的功利之学，这又是朱子所极力拒斥的。这或许就是朱子的两难之处，从而使得朱子对于《春秋》就不可避免地在经学与史学之间游移。

## 礼仪、信仰与精神实践
### ——以朱熹祭孔“礼仪—经验”为中心

张清江 《世界宗教研究》
2020 年第 2 期

祭祀先圣孔子的礼仪行为贯穿于朱熹生活之中，但这种礼仪行为所产生的经验，及其对于朱熹的影响，却很少受到学者的注意。透过朱熹对于祭祀的理解可以发现，他很坚定地相信在礼仪过程中能够实现与祭祀对象的“感通”，由此，祭祀孔子过程中与“先圣”的感通，对于朱熹有着特别的精神意义，因为在朱熹的信念中，先圣与自家的修身成圣密切关联，遭遇先圣即是面对自身生命的神圣向度，它带来的是对自身生命的反省和转变。这在朱熹所写的“先圣祝文”中有具体的表现，而这些祝文的写作和实践，本身即是这种精神实践的真实发生过程。从思想与生活相结合的角度，透过对朱熹祭孔礼仪、信仰和精神实践之间互动关系的展现，发掘其礼仪实践中的经验向度，可以更好地理解儒者的精神世界及其与生活的关联。

## 朱熹的古音学

刘晓南 《西南交通大学学报（社会科学版）》
2020 年第 2 期

全面核查朱熹传世著作中的语音文献，可以发现朱熹针对文献语言中古音问题的研究是多方面的，并非限于“叶音”一隅。除了通过诗骚中的叶音系列展示其古音的考释成果外，朱熹的古音学在理论与方法上也有诸多建树，如确认古音是与今音对立的历史语音，表明古音与今音有音类归属的不同等等，尤以提出“方音存古证古”的理论、创立“古今言文互证”的方法为对古音学的一大贡献。从朱熹的古音考证实例中，可以归纳出方音证古法、古音通转法、声符相推法、古音注相推法、用韵例推法等古音考释的系列方法。

## 本体·心性·工夫
### ——“北宋五子”到朱熹的理学范式建构

郑治文 《齐鲁学刊》
2020年第2期

宋明理学是中国儒学发展史上继先秦子学、汉唐经学后的又一重要理论范式。相较于汉唐儒学，这一新范式的显著思想标识就是偏重形上之维和内圣之维的开拓，从本体论、心性论和工夫论等各层面深化儒家义理精神。就理学本体论、心性论和工夫论的建构以及理气心性的圆融而言，“北宋五子”和朱熹之学对儒家这一理论范式的建构具有奠基性的意义。邵雍的“先天之学”和周敦颐的“太极”说，是为儒家道德精神确立形上依据的一种重要尝试，代表着理学思想的滥觞，不仅如此，周敦颐的“诚”论还一改汉唐儒学宇宙论的铺排，开始了儒家心性本体化的思考，由此重新开启了儒家的“内圣”之维。张载的气本论哲学是儒家本体论建构的真正开端，而其划分“天地之性”和“气质之性”的主张则是理学范式下典范性的心性论成果。二程“自家体贴出天理”，奠定了理本论哲学的基础，而其“性即理”的论说则昭示着他们对理学本体论和心性论的打通。二程后，朱熹通过注解“四书”，建构了综合“北宋五子”、圆融理气心性的理学体系，而这也标志着儒家理学这一新理论范式的确立。

## 论南宋朱子门人后学对朱子学文献体系的贡献

徐公喜 《江淮论坛》
2020年第2期

朱子学文献体系的建构是朱熹及其门人后学共同努力的结果。其一，门人后学为朱子作年谱、行状，编辑语类、文集等，促成了朱熹著述文献文本的最终成形；其二，门人通过协助朱熹，或与朱子共同完善、完成著述，或在朱熹的指导下完成著述，或依朱子遗愿完成著述，是朱子学文献体系形成与完善的重要一环；其三，门人后学从朱子学文本学术概念、四书学文本、《近思录》续修等方面出发，丰富和发展了朱子学文献体系。门人后学对朱子学文献体系的完善与丰富，体现了朱子学具有的强大生命力与可持续意义。

## 朱熹对“温柔敦厚”的哲学阐释

夏　秀 《中州学刊》
2020年第2期

在理论层面上，朱熹把“温柔敦

厚”与“圣贤气象”“仁”关联起来，而在实践层面上，他又将作为“圣贤气象”重要表现的“温柔敦厚”从“气度”“性情”“言辞”多个角度进行重释。这样的阐释与汉唐以来将“温柔敦厚”局限于人的品性、待人接物层面的伦理化阐释路径不同，在一定程度上去除了汉唐政治伦理阐释路径的弊端，但他又将“温柔敦厚”与“美刺”相对立，基本阻断了先秦以来儒家文化中以诗刺上的传统。元明清时期对于“温柔敦厚”的接受和运用未能发挥朱熹哲学阐释的丰富内蕴，使之在言辞表现、待人接物、人品修养等方面表面化，最终形成以保守性阐释路径为主流的状态，现代学界对于“温柔敦厚”的批判很大程度上是针对这一保守性路径而言的。

## 《孟子》“天下之言性也”章研究与检讨
### ——从朱陆异解到《性自命出》“实性者故也”

丁四新 《现代哲学》
2020 年第 3 期

“天下之言性也”章是《孟子》一书中最难解释的一章。(1) 从朱陆异解到近来，学者的意见大抵分为两系，一系认为孟子对于“天下之言性也，则故而已矣，故者以利为本”三句持肯定态度，朱子、焦循、俞樾、杨伯峻等属于此系；另一系认为孟子对于此三句持否定的态度，陆象山、毛奇龄、徐复观、裘锡圭等属于此系。两派学者对于《孟子》此章的解释大殊。(2) 竹书《性情论》(即《性自命出》)的公布，引发了对于《孟子》此章含义的重新探讨。裘锡圭等认为援引竹书来解释《孟子》此章是有效的，但可能未必如此。竹书“室性者故也”之“室”，应当读为“实”；“故”在竹书中是一个褒义词，指有为或有目的的活动，具体指诗、书、礼乐“三术”，而非诈故、巧故之义。(3) 对于“天下之言性也”三句，孟子持肯定态度；“肯定系”的解释是可取的。朱子等人的解释带有时代特征，也未必尽是。“故”当训为“本故”“本然”，“利”当训为“顺利”。孟子的意思是说，天下之言性，不过是以其本故来谈论其善恶罢了；若以性之本故谈论其善恶，那么在思考、判断其善恶问题上即应当以顺利其性为根本原则。

## 严父莫大于配天：从明代“大礼议”看朱熹与王阳明对“至善”概念的不同理解

曾　亦 《中国哲学史》
2020 年第 3 期

朱熹与王阳明对于《大学》中“至善”概念的理解，有着根本性的差异。本文则选取明代“大礼议”这个特殊视角，结合程颐、朱熹关于宋代“濮议”的意见，考察了理学与心学在处理儒家孝道问题时的不同态度，以及在实际政治生活中的不同后果，从而揭示了双方在经学见解上的差异对其心性概念理解上的不同。

## 朱熹哲学研究的批判与反思："心统性情"的意象诠释

李煌明 《云南师范大学学报（哲学社会科学版）》 2020年第3期

"心统性情"是朱熹心性论的枢要与纲领，然而当如何诠释却是难题，当前学界至少有三种互不相容的意见。从意象诠释出发，理解"心统性情"的前提便是"即心即道"，天人合一。依本源结构而推之，朱熹诸多说法，只是所指轻重不同，各有地头说。意象诠释的宗旨与核心就在"大道即诠释"，诠释之言就是大道之意的彰显，以"意—象—言"这一本源结构之象为桥梁和中介。最后，以此为立场，主要从三个方面反思和批判当前朱熹哲学的研究：一是诠释的全摄性和超越性，二是诠释的简约性和原则性，三是诠释的整体性和一贯性。

## 日朝通信使笔谈中的朱子学辩论

金镛镇 《孔子研究》 2020年第3期

宋代以来，朱子学在引领中国本土思想潮流的同时，对东亚思想领域也产生了重大影响。然而，朱子学在日朝两国的发展境遇却截然不同。朱子学在朝鲜王朝开国时就被奉为"国学"，始终享有"独尊"地位；反观日本，却呈现出朱子学、古学、阳明学、折衷学等百家争鸣的局面。这导致日本学者在与朝鲜通信使开展笔谈交流的过程中，在认同朱子学的同时，也表露出对其他哲学思想的追捧，不可避免地与朝鲜通信使产生思想交锋。通过《朝鲜后期通信使笔谈唱和集》，即《支机闲谈》《长门癸甲问槎》《对礼余藻》三种文本，可探究日朝两国文人朱子学思想的异同，进而考察朱子学在日朝两国的具体发展脉络。

## 朱熹理学范畴化概念体系的"感—用"结构

叶　平 《中国哲学史》 2020年第3期

朱熹理学概念体系的建构，是以概念范畴化的方式来实现的。朱熹理学范畴的实质为"感—用"范畴，其概念范畴化的方法是在不同概念间建立交感、观感、体用与互为体用四种模式的感—用关系。朱熹从对"仁义礼智"四德的范畴化开始，以感—用为标准来建构他的整个理学体系，一个概念的内涵在且只在与其他概念的感—用关系中得到确认，并于感—用的彼此互动中呈现。通过分析不同概念之间的感—用关系，可大致划定朱熹理学概念体系的基本范畴，勾勒出范畴概念的主要层次，从而较完整地展示出朱熹理学体系的内部结构。

## 朱子学“格物致知”立场对于《善的研究》之启发

耿子洁 《日本问题研究》2020年第3期

西田哲学如何继承宋学传统是一个宏大的论题，“格物致知”论是朱子建立自身理学体系的出发点，《善的研究》则确立了贯穿西田几多郎思想不同阶段的超越心物对峙框架的主客合一实在论立场。朱子学与阳明学皆以天道、人道合一为根本前提，但修学的入手处却分别在于“格物”与“致良知”两端。西田几多郎晚年日益重视现实历史世界的“物”的思想，这在《善的研究》阶段已初现端倪。虽然持主客合一的立场，但西田几多郎一直试图克服《善的研究》被误读为心理主义或意识主义的倾向，在认识论上强调抛弃自我的主观臆断而与事物的本性相一致。因此，至少就实在论而言，《善的研究》确立的纯粹经验立场更接近于朱子学的“格物致知”论。西田几多郎晚年面对质询亦援引朱熹的“格物”解释支撑自己对于现实历史世界的逻辑建构，保证其思想的客观真实性。

## 当“道体”遭遇“理本”
——论朱子“道体论”的困境及其消解

田智忠 《哲学研究》2020年第4期

朱子强调“理气为二，理在气先”，却反对“道物为二，道在物先”；强调“理无动静”，却主张“道体”不息，有时又将“理”“太极”与“道”的概念相混同。这反映出朱子在论“理”与论“道”上的分裂，也对其“理实体化”的立场带来了冲击。由此，朱子的“道体论”与“理气论”是否一体，以及其“道体论”内部究竟是保留形上—形下、道—物的二分，还是主张“流行全体即是道体之本然”，就成为理解朱子哲学的关键问题。对此，黄榦选择慎言理气先后问题，通过引申朱子“流行全体即是道体之本然”的说法，转而强调“道体”的即体即用、即存有又活动。这在一定程度上消解了朱子哲学中的难题，并在实际上开启了理学思维去实体化的路向。

## 朱熹《诗经》阐释的诗学意义

毛宣国 《湖南大学学报（社会科学版）》2020年第4期

朱熹的《诗经》阐释兼会经学、理学、文学，以“义理”和“得性情之正”

为前提，其所引发的诗学问题对中国古代诗学理论产生了影响。它具体表现在：“淫诗”说客观上意识到《诗经》中男女恋情诗的存在，在“淫诗”说背景下对孔子“思无邪”的重新阐释，有助于《诗经》阐释中读者主体地位的形成；以《诗》说《诗》，重视《诗》的“熟读涵咏”和“兴”的体验方式，丰富了《诗经》文本的文学内涵，也突出了诗歌涵养人心、提升人的精神境界的作用；《诗经》“六义”的辨识和以“文势”论《诗》，体现出“自觉”的文体意识，影响到后世诗学“辨体”思想的形成。

## 16 世纪末韩国易学的“程朱抉择”

陈俊谕 《周易研究》
2020 年第 4 期

《程传》《本义》约于丽末鲜初同时传入韩国。14 世纪到 16 世纪，韩国易学经历了从“专重《程传》”到“并重《本义》”的转变。此一问题尚未引起学界的特别关注。宣祖朝之前，君臣论《易》都是援引《程传》，世祖亦指示国译本以《程传》为据。到了宣祖朝，经筵开始出现程朱并讲的情况，国译本《周易谚解》亦转为程朱兼采。16 世纪末，韩国易学的“程朱抉择”成为了当时学者普遍思考的问题：李退溪及其后学明确主张《本义》为先、兼取《程传》，偏好《程传》者亦不乏其人，更多学者则折中于程朱之间。韩国易学的“程朱抉择”，一方面与传入韩国的《周易传义大全》的文本结构有关，一方面反映了韩国朱子学的成熟与深化。

## 王船山对朱熹经权关系理论的批评与发展

赵清文 《齐鲁学刊》
2020 年第 4 期

朱熹不满意程颐“权即是经”的提法，认为“经与权亦当有辨”。王船山沿袭了程颐经权统一的立场，对朱熹刻意分辨“经”“权”的做法持反对的意见。同时，对于朱熹“经疏而权密”的观点，以及他对汉儒“反经合道为权”观点的态度，王船山都进行了批评。王船山的经权观，将“经”和“权”之间的关系理解为一种体用关系，并突出了道德实践的主体性特征，这既是对前人经权理论的总结发展，又具有一定的启蒙意义。

## “儒教日本化”的现代意义：基于江户朱子学理论背景的思考

朴银姬 《东疆学刊》
2020 年第 4 期

儒学的现代形态是一个动态的范畴，它以特定社会的综合发展和进化为基础，以构建以人为本的社会环境和思想空间为目标。“儒教日本化”一词是指中国传统儒家思想传入日本之后产生的一种文化现象，是一种文化接触、文化交融的过程，是在日本本土文化的根基上，对外来文化实施模仿、吸收、改造、融合的必然结果，区别于“日本主义化”。日本学界因近代以“亚洲主义”为代表的研究积累和二战后的东亚局势刺激，较早展开了对东亚儒学的研究。“儒教日本化”思想的核心是接受并尊重异文化的差异，推进相互交融的一种社会训练，以寻求理解与和谐共处为目的。基于江户朱子学的理论背景探讨“儒教日本化”的现代意义，其目的在于揭示“儒教日本化”的多元主义价值观。

## 朱熹的形上学：解释性的还是基础主义的？

张新国　《孔子研究》
2020年第4期

将现代西方美德伦理学的“美德”观念代入宋明理学内部，在广阔而深远的研究前景中，有一个亟待解决的问题，即能否因为“美德”的附属性来否认宋明理学所讲的形而上学是基础主义即实体主义的？换言之，儒学美德论与形而上学是否是绝对不相容的？这不仅仅涉及以美德伦理学研究儒家伦理的适用性和限度问题，以“儒学是什么”这一元问题视之，还内在地关涉儒学的理论特性。结合儒学价值的普遍性与特殊性，应当说，宋明理学尤其是朱子学中的形上学是基础主义的而非解释性的。承认这一点，并不减损美德伦理学与儒家伦理的深度理论关联。

## 明清家礼变迁的内在逻辑
### ——以《家礼·昏礼》为考察中心

杨　逸　《云南大学学报（社会科学版）》
2020年第4期

朱熹《家礼》深刻影响了明清家礼的编纂，促成一种不同于礼学研究的知识门类——家礼学的形成。《家礼》之所以能够成为一门学问，重要原因之一是该书本身的不完备。作为朱子“早年未定之本”，《家礼》不但对古礼存在误读、曲解之处，还有不少不易施行、不合人情的仪式设计。其中，《昏礼》删“六礼”为“三礼”，回避了他所理解的六礼矛盾；设计“从下做上”的亲迎礼序，以体现先卑后尊的礼义；改三月庙见为三日，混淆庙见之礼与拜祖之俗。这些问题成为明代家礼聚讼之处，学者试图补完六礼以全古意，却发现《家礼》对六礼名义的理解无法包容问名、纳吉；试图补入拜祖礼俗以安人情，却发现《家礼》无处安置两次庙见。明中期之后，学者对《家礼》的质疑与反思愈发深刻，终于在清代汇集为一场批判、重构家礼的风潮。随着相关问题的穷尽，家礼学在清中期后丧失理论活力、归于沉寂。

## 朱子学在琉球的落地生根
### ——蔡温“攻气操心”工夫论辩证

方旭东 《哲学动态》2020年第5期

蔡温是琉球儒学研究中绕不开的人物，但蔡温的儒学归属迄今尚无定论。论文在此前研究的基础上提出，蔡温的“攻气操心”工夫论看似与吕大临的“驱除”之法相似而有别于朱子，但就其强调应事接物、心为一身之主、明理、明义等要点来看，实则严守朱子家法。“攻气操心”工夫论的出现，标志着朱子学在琉球的落地生根。而由其与中国朱子学的张力，可以窥见东亚儒学的复杂面向。

## 朱熹科举观平议

诸葛忆兵 《江苏社会科学》2020年第5期

朱熹对科举制发表过大量言论。朱熹前后，宋人对科举制的批评和建言集中在两个方面：否定科举制，要求恢复隋唐之前的推荐制，即所谓的“乡举里选”；要求变革科举考试内容，主要是改诗赋为策论，为经义。朱熹首先从文人士大夫道德品质的自我修养和完善角度出发批评科举制，进而批评科场文章之刻意求新、胡乱拼凑、内容空洞，认为科举制对士人最大的毒害是“夺志”。朱熹本人是科举的最大受益者之一，所以其又从谋生的角度肯定了科举制一定的合理性。朱熹认为士人和科举制必须有所调整或变革。其一，士人要更多读书；其二，士人要在科举制中保持独立思考；其三，科举制要有变革。《学校贡举私议》集中表达了朱熹对科举制的批评和建言。建言主要有三点：均解额，立德行之科，罢诗赋。朱熹对科举制所发表的大量批评，乃是宋人之共识；所提供的变革措施，既无新意也不可操作。

## 宋元朱子四书学诠释纷争及学术版图之重思
### ——以史伯璿《四书管窥》对饶鲁的批评为中心

许家星 《中山大学学报（社会科学版）》2020年第5期

饶鲁以其“多不同于朱子”的四书思想对宋元以来的四书学诠释产生了深远影响，后世朱子学者在对饶鲁的评价上产生了明显分歧，以陈栎为代表的新安学派颇为采信其异于朱子之解，赞其说“大有发明”；以史伯璿为代表的学者则责其说“不同于朱子者十居其九”，适见其“不肯为朱子下”而“务立异以为高”的心态，斥其“诬朱子以欺世”。故史伯璿穷三十年之力而成《四书管窥》，集矢于饶鲁异于朱子之说，旁及祖述饶说的北山学、新安学等，以达到肃清流毒，维护朱学权威的目的。宋元朱子学者对饶鲁的不同看法，实质上体现了朱子后学对朱子所持有的“忠臣”“佞臣”“谗贼”之门户观念。饶鲁以朱学再传身份对朱子发出的异议之声，远及《四书大全》学、船山学等。因此，向来被忽视的双峰学派在宋元朱子学术版图中的真实定位值得加以新的反思。

## 朱熹与中国经典阐释学

李春青 《华南师范大学学报（社会科学版）》2020 年第 5 期

朱熹是中国古代经典阐释学的代表人物，他既有极为丰富的经典阐释实践，其《周易本义》《诗集传》《四书集注》《仪礼经传通解》等在各自所属领域都有划时代的影响，而且他还有极为丰富的阐释思想和成熟的阐释模式。在他的阐释逻辑中，求道（理）而致用是起点，切己体察、虚心是基本方式，游动于“本意”与“己意”之间是阐释策略。其阐释思想自成体系，代表了中国古代经典阐释学的最高水平，体现着不同于西方阐释学的学理逻辑与阐释路径。

## 朱熹论“气禀”与人的道德

史少博 《社科纵横》2020 年第 5 期

朱熹强调后天道德修养的重要性，也认为“气禀”决定“人之初”的先天“道德”差异性，认为“人之初”人的秉性之差异，就是因为所禀之“气”的昏、明、厚、薄之别而造成。朱熹认为“人之初”所禀的“五行”之“气”与人的“仁”“义”“礼”“智”“信”也有密切关系，论证了“人之初”道德具有先验性。朱熹认为“气禀”浊偏成为恶之根源，主要是因为昏浊之气造成对本性的隔蔽，从而影响了人的善的本质在某些方面的表现。我们反对“命定论”、反对“宿命论”，但是我们也不能否认每个人都存在着个性的不同、天生秉性的差异，我们汲取朱熹理论中的合理因素，针对每个人的个性差异、秉性特点，因人而异采取不同的道德教育的方式，力图更好地、更有效地提高人们的道德修养。朱熹“人之初”“道德”差异性决定了道德教育的方式的因人而异，启迪我们针对不同的人，要采取不同的道德教育方法。

## 朱熹对苏辙《春秋》学思想的继承与发展

刘　茜　《江淮论坛》
2020 年第 5 期

北宋初年，《春秋》学在孙复、刘敞等的推动下有了一定的发展，但也出现了“逞意说经”的弊端。苏辙撰《春秋集解》，提出了“以史为据”“兼采众家”的解经之法，力革《春秋》学之弊。南宋理学集大成者朱熹继承了苏辙“以史为据”“兼采众家”的解经之法，批判了南宋《春秋》学存在的“逞意说经”及“一字褒贬”的解经弊端。在《春秋》义理学上，朱熹又表现出与苏辙完全不同的立场。他批判了《左传》的权变思想，并主张以理即儒家伦理纲常作为阐发《春秋》经义的依据，不仅推动了宋代《春秋》学义理思想的深入，也促进了宋代理学的进一步发展。

## 以史明道：清初的学术反思与学术史编纂

王记录　《四川师范大学学报（社会科学版）》
2020 年第 5 期

明清易代，经历了鼎革之变的清初学者，在反思历史兴亡的同时反思学术精神，出现了学术史编纂的热潮。这些学术史著述基本表现出三类明显的思想取向：一是尊程朱而贬陆王，强化门户意识，捍卫理学的道统正宗地位，以重振理学；二是把汉唐经学家纳入学术史视野，贯通理学和经学，重新梳理理学源流，同时折衷朱陆，淡化理学宗派意识，以挽救理学颓势；三是冲破传统道统论范式，以学术宗旨为核心，博采兼收，共尊程朱陆王，试图挣脱学术一统的枷锁，建构新的道统谱系和学术体系。清初学者对学术史的多元建构，以及在儒学框架内对学术源流的多元探索，在中国传统学术史上占有重要地位。

## 《朱子语类》在韩国的传播与影响

张品端　《孔子研究》
2020 年第 5 期

黎靖德编《朱子语类》于朝鲜成宗七年（1476）传入朝鲜半岛。16 世纪中叶，朝鲜开始刊印《朱子语类》。之后，朝鲜出现了各种《朱子语类》的注释本和抄节、节要本。19 世纪末以后，韩国出现了许多韩文《朱子语类》，大多数为《朱子语类》的节选译本。近年来，韩国学者对《朱子语类》的研究主要表现在文献、哲学、文学和语言学等方面，体现出韩国学者对《朱子语类》研究新的特点和取向。

## 本体上着工夫
### ——从朱子到明末工夫论的一项转进

张锦枝 《哲学分析》
2020 年第 5 期

朱子的工夫论认为，本体本自完满，又无捉摸处，本体上着工夫既无必要也不可能，工夫只能着于本体之发用。阳明的工夫论也遵循本体上着不得工夫这一原则，但因为与朱子对本体的理解不同，阳明更进一步认为心体上着不得工夫。阳明后学邹守益、王畿、罗洪先等在良知本体论的基础上发展出多种路径的工夫论，然而，他们共同遵从本体上着不得工夫这一前提。其中，未发戒惧工夫是这一原则的临界点，在明晚期有所突破。针对当时学界工夫离于本体和只谈本体不谈工夫的两种情况，学者如刘宗周、孙奇逢等不同于前人所谓“合于本体做工夫”，提出工夫应着于本体而非本体之发用上，并从理论和实践两方面解决本体与工夫相即一体的问题。

## “明德”即“本心”
### ——重检朱子道德哲学

王凯立 《道德与文明》
2020 年第 5 期

“明德”是朱子哲学的核心概念之一，但遗憾的是，朱子的“明德”观在后来并没有得到全面的揭示。朱子对“明德”的阐述乃兼心性言之，这意味着，“明德”是心性合一的，并具有自觉主动地发显于“心”上的现实性。在这个意义上，“明德”在“心”与“性”严格区分的基础上又明确了二者间的合一关系，因而证成了一个“本心”的概念，对朱子心性论的义理系统具有不可或缺的构成性作用。从道德哲学的视阈看，朱子的“明德”观能使朱子的道德哲学证成自律道德，从而回答“道德何以可能”的问题；此外，“明德”所具有的“德”之“全”的含义，又可以回答“道德完善何以可能”的问题。由此可见，朱子的“明德”观撬动了对朱子道德哲学的重检，并使朱子道德哲学在与康德道德哲学、现象学伦理学的参照与对话中开拓出更加广阔的理论空间。

## 朱熹对张载理学命题的再诠释

许　宁 《中国哲学史》
2020 年第 6 期

横渠学是朱熹思想的重要来源之一。朱熹通过对张载理学核心命题的重新阐释，丰富了自身思想体系的建构。一是对于“太虚即气”，朱熹以“天理”诠解“太虚”，以“理气”诠解“虚气”，分别论证了基于“天理”的宇宙本体论和宇宙生成论；二是朱熹对“心统性情”的内涵作了深入阐发，建立了心、性、情统一的心性论架构；三是朱熹在将《西铭》主旨概括为“理一分殊”的基础上，视之为理学思想体系的建构原则，以及儒佛之辨的判教依据。朱熹对张载理学命题的诠释及其建构，体现了关学与闽学的学理会通，具有重要的意义。

## 《朱子语类》理学核心词语考探

徐时仪　吴亦琦　《上海师范大学学报（哲学社会科学版）》2020 年第 6 期

在朱熹哲学体系中，理是宇宙万物的本源和规律，人禀天地之气而生，理与气相互依存；人性即理在人身上的体现，性接物而动则为情；情发为欲，好的欲为理，不好的欲则背却天理。“理”“气”“性”“情”“欲”及其复音词构成《朱子语类》理学词语的聚合，体现了朱熹的理学思想，反映了“理”“气”“性”“情”“情欲”词义和搭配古今传承发展的演变脉络。

## 北山先生何基的理学思想与学术路径

王素美　《河北大学学报（哲学社会科学版）》2020 年第 6 期

何基的学术思想在于“严守师说”，即严守朱熹天理论的核心思想，而其学术路径主要在于苦读“四书”，并博采众长、吸收众说而融会贯通。何基吸收了张载的“理”“气”说的合理成分，用“格物致知”方法作“形上”“形下”的分析，并继承了孟子、程颐、程颢的思想观点，融会贯通构建了自己的“理”之本体论。同时，何基继承朱熹哲思与诗思兼融的学术路径，并对弟子王柏进行了学术路径的传授。

## 朱子的心性论与工夫进路之关系

张卫红　《哲学研究》2020 年第 7 期

朱子心性论的基础是超越经验意识的本然之心，是统摄形上之性与形下之情的枢纽。就精神活动的实存状态与功能属性而言，心性有别；就心识的生成与流行结构而言，心性一体，心居于形而上与形而下之间。对于性而言，心并非一个被动的中介或无价值的载体，而是具有独立意义和主体性地位。朱子论心性“一而二，二而一”的关系，保留了心与性的间隔，这与其渐进的工夫进路具有一致性。其中和新说与主敬穷理之工夫论，立足于经验意识之心做工夫，体现了以心合性、心与理一的渐进统合。

## 朱子论生死与鬼神

冯　兵　李亚东　《中州学刊》
2020 年第 7 期

朱熹作为集大成的理学大家，面对佛道生死观、宇宙论和民间鬼神迷信的冲击与挑战，提出了一套以理气为核心范畴的宇宙论，并从本体论层面对鬼神、生死等关乎生命的本质与形态的问题给出了具有形上学依据的知识化、理性化解答。他基于理学的立场，以“理—气”二元结构为基本诠释框架，直面鬼神、生死问题，较为系统地解释了鬼神的性质、表现形态与生死的内在机制等问题。这一具有一般意义上的现实主义、自然主义和理性主义特质的生死与鬼神观，可说是传统儒家生命哲学思想的典范。

## 礼学思想在朱子学中的意蕴

曾令巍　《中州学刊》
2020 年第 7 期

礼虽以“义”为尊，然限于以章句训诂、名物制度考证为内容的学术范式，经学家并未充分重视礼学中的义理思想。以程朱为代表的理学家在接续经学研究范式的同时，又推阐礼学中的义理内涵，从而使礼学研究既坚持以“刑名度数”为研究内容，又涵摄了“礼尊其义”的思想。朱子后学陈澔赓续朱子礼学思想，并从礼所涵括的“成德器之美”与“明用器之制”两个方面去重新诠释《礼器》篇所蕴含的哲学思想，终因其《礼记集说》立于官学而产生深远影响。

## 王阳明批评朱子“外心以求理”的得与失

陈乔见　《浙江社会科学》
2020 年第 8 期

王阳明早年因实践朱子格物学遭遇困境而悟出“心外无理”说，此后他把朱子格物穷理说定性为“外心以求理”，并等同于告子“义外”之说加以批评。阳明的批评虽然击中朱子学的要害但却并非完全相应。朱子的格物说颇为强调对外在物理的认知与节目时变的讲问商量。阳明强调廓清良知为头脑工夫，对外在物理与知识难免有所忽视。实际上，在日常生活的一些情形中，缺乏相应的物理知识，徒致良知亦无法实现知行合一。就此而言，朱子格物说自有其不可替代的意义。

## 论朱子对《周易》卜筮性的重新确立及其解释学意义

林忠军　《学术月刊》
2020 年第 9 期

学界存有一种观点，朱熹重新确

立了《周易》文本卜筮性是哲学思维的倒退。这种说法过于轻率。其实，朱熹重提《周易》卜筮性有其历史原因和学术整体发展的思考。朱熹主张易学解释当先从卜筮入手，恢复《周易》文本卜筮话语，主要是为了纠正易学解释中出现重义理、轻卜筮的偏差。他的意图未真正将卜筮与义理对立起来，否定《周易》筮占话语所蕴涵的义理，而是把卜筮和义理视为文本应有、不可分割的整体，提倡易学解释先以卜筮话语解读之，然后推演其中义理。以此出发，理解卜筮视域下《周易》象、数、辞、理之间的关系，即先有理后有象有数，以象数符号为理的表现形式，象、数、理三者不可分。就解释学而言，朱熹一方面承认了《周易》是卜筮之书，尊重历史传统，反对人为割断历史、无视文本卜筮及卜筮视域下形成的象数。另一方面，不固守历史，而是着眼于文本意义开放性，以解释“圣人之道”为目标，认同孔子、王弼、程颐等人在各自不同时期所作出符合“现实”或“当下”的接近易道的合理偏见，为易学哲学提出了清晰完整的解释路径，即以历史发展为视域，由卜筮解释入手，用形象的象数符号解释抽象“阴阳之道”，完成了由历史到现实、由卜筮之象数到易学哲学解释。因此，朱熹重新将易学定为卜筮之书，不仅未降低《周易》的哲学性，相反为哲学解释提供了坚实的基础。

## “虚灵不昧”与朱子晚年明德论思想跃动的禅学背景

翟奎凤 《哲学研究》
2020年第10期

朱子晚年在《大学章句》中以“虚灵不昧”释“明德”，在心统性情思想主导下，他还以明珠、宝珠比喻明德、性理、心体，这受到晚唐禅师宗密《圆觉经道场修证仪》中所说“虚灵不昧似明珠”的影响。朱子认为，禅家只讲“虚灵不昧”，不讲“具众理”，不能“应万事”。晚年朱子强调心体、明德、性理一体，本体之明如明珠，如火光，有灵动性、跃动性，“明德未尝息”，私欲不能完全障蔽至善之光。心体虚灵不昧，同时众理粲然于其中，至无而动有。朱子的“虚灵不昧”说影响了明清时期佛教、道教乃至中医理论的发展，体现了儒佛道医思想的融合。仁德即明德，朱子的虚灵不昧与生生之仁浑融一体，展现了晚年朱子思想世界的活泼气象。

## 从“虚气相即”到“知行合一”

### ——宋明理学“天人合一”主题的展开、落实及其指向

丁为祥 《学术月刊》
2020年第10期

中国文化一直以“天人合一”为

至上追求。但在不同的时代,天人合一又有其不同的内涵,比如在理学的开创阶段,天人合一就表现为本然与实然的统一,这种统一正好表现在张载以“虚气相即”为代表的本体论与宇宙论的并建与统一上,理学的本体宇宙论即由此得以确立。到了朱子时代,天人合一又表现为理与气的不即不离;但理和气本然与实然的两属以及“所以然”与“所当然”的不同侧重,又意味着“尊德性”与“道问学”、理本论与气化宇宙论的分裂。到了王阳明,才从官场与学界共同的内外背反现象中发现了知行为二的根源,所以其从身心一致的“知行合一”出发,并通过致良知,从而完成了从知行到身心、主客包括本然与实然两重世界的统一;而从批评程朱未能“定于一”的罗钦顺起始,则又从理与气之不可分割特征入手走向了气学。这样一来,心学与气学,既是中国文化天人合一追求的两种不同走向,同时也代表着中华民族现代化追求的双重资源。

## 朱子以“爱之理”“心之德”训“仁”的内涵及其意义

赖尚清 《哲学研究》
2020 年第 12 期

朱子以“爱之理”训仁,主要继承了儒家以爱言仁(特别是孔子仁者爱人和程颐仁性爱情、性即理等思想)的传统,而以“心之德”训仁,则主要受到了孟子以心言仁、胡宏以“心之道”训仁思想的影响,并在“天地以生物为心”思想的基础上,奠定了其仁论的形上本源。朱子以张载“心统性情”的思想来统摄“爱之理”和“心之德”,一方面突出了仁作为道德法则的含义以及仁的天理本体的形上内涵,另一方面突出了仁心作为道德主体的粹然至善。仁心来自天地生物之心,不仅具有了普遍性、超越性,也建立了仁心粹然至善的天理本源,大大发展了孔子仁学、孟子性善论,也是对张载及二程以来理学思想的创造性综合。

朱子学年鉴
（2020）

# 朱子学研究硕博士论文荟萃

# 博士论文

## “心法”即“心学”

赵　玫（山东大学2020年，
导师：沈顺福教授）

程朱理学与陆王心学的划分，已成为学界共识。以“心学”称朱子学，似犯下指鹿为马的错误。然而，从文献依据与义理依据两方面看，朱子心学的提法是公允且必要的。

从文献依据上看，自朱子之后以至于明弘治（1488—1505），不以“心学”与“理学”之称法作派系划分，朱学也被称为“心学”。嘉靖年（1522—1566），出现“心学”独指阳明学之论。万历年（1573—1620），邓元锡作《皇明书》，视阳明学为儒家正宗，称心学。清黄梨洲父子编订《宋元学案》，更彰明“心学”、“理学”二分，以“心学”独指陆王学之见。由此可见，“心学”与“理学”的划分，最初是带有门户之见的，沿用这一划分，会陷入门户争论之窠臼。

学者历来以“性即理”与“心即理”判分朱学为“理学”，陆王为“心学”，从义理上反思这一判分显得非常重要。反思的前提是对“心即理”与“性即理”的定位，这两个命题不仅是本体论问题，亦为工夫论问题。就此，朱陆之学有同异。将太极与理视作理论基础与目标指向，是二人学问之同。从实然心的定位与功能来看，陆王直接以心为性体，属形而上者，则相应的工夫路径简易径直，朱子严判性、心为形而上、下，同时又看到心的超越性与有限性两个面向，则心能自明、自觉、自立，并落实为细密严缜的心地工夫，此为二人之异。总之，朱子强调终极本体为性而非心，此即“性即理”，故为“性本论”。但他同时强调在本然与境界中，有限之心具超越性，实现心理无间与心体流行，此即“心即理”，故朱子之“性即理”涵摄了“心即理”。因此，不能以“性即理”与“心即理”严判朱、陆为“理学”与“心学”。

朱子学为传道之学，亦为传心之学，此即“道学”，亦为“心学”。从这个意义上说，“道学”与“心学”，乃至于“理学”、“性学”不是对立存在，而是共同包含在任何派别的宋明理学家的思想当中。

传心之学即传心法之学，它包括言心之学、修心之法，因此，心法即心学。朱子心学有内在结构，这反映在朱子对《中庸》首章的训释中。这一结构包括了宇宙本体论（从“本原”到“实体”）、基于心性论的工夫论（“存养省察之要”）、境界论（“圣神功化之极”）三大部分。朱子对《古文尚书·大禹谟》中的“人心惟危，道心惟微，惟精惟一，允执厥中”这十六字的诠释，是心学的总论。

在天而言，“天命”作为“本原”；在人而言，“人性”作为“实体”。天人一贯，是作为形而上之理的“天命”与“人性”的一贯，这一过程必须在理气共同作用下完成，含理之气则为心，或称为“天地之心”，这是从宇宙本体论的角度阐释心学。

一方面，朱子论“天地之心”有别于汉唐儒视“天地之心”为经验化、人格化的存在，又不同于王弼由“动息地中”见得静与默，从而复归本体的解释。朱子光大了自唐宋以来儒家宇宙本体论自觉的星火，回归了儒家经典的原意，同时重建了儒家形上学的诠释系统。朱子对程颐、邵雍、程颢“天地之心”说的诠释，呈现了“天地之心”是理气圆融无间、生生流行这一特点。天地之心统天地之性、天地之情，这与人生论中“心统性情”架构相吻合。

另一方面，理气关系与天地之心可以互释。理的四种训义与“天地无心”与“天地有心”对应：理之能然、必然说明理决定气之主宰与运作，而见得天地生物造物的能力，可知天地有心；理之当然、自然说明天地之心的生生不已，万物生化自然有序，可知天地无心。可见，从天地之心入手，可以诠释朱子的理气观，并突出理气圆融的生生之意。

再一方面，朱子言仁，有指体、指用、统摄体用三种情况。统体之仁包体用，贯天人。在天而言，统体之仁即天地之心，其包天地之“性”与“情”，它不但指元、亨、利、贞四天德，也包含春、夏、秋、冬四季。在人而言，统体之仁即人心，其体为仁、义、礼、智四人德，发用为恻隐、辞让、羞恶、是非四端。因此，仁是贯通天人的关窍，天地之心亦然。由此获得两点结论：一则，天地之心与仁一样，是一元之气的流行生化不已，其具备内在自足的善性而表现出生物不已、温然爱人利物的特点。二则，“心学”与“仁学”、“气学”在朱子思想中具有了同等地位，朱子的“仁学”即“心学”。

朱子中和新旧说的转变即旧的心学转向新的心学，这是朱子“心学”的人生论说明，它包括心性本体论、工夫论与境界论三部分，三部分相互交融。

从中和旧说形成过程上来看，大致分为四个小阶段。朱子师从李延平期间，他对延平默坐澄心之旨不能契合，此时中和旧说初具雏形；隆兴二年甲申，朱子赴豫章哭祭张浚并见张栻，他极认可张栻涵养察识于已发的工夫，更加固了旧说的认识；乾道二年丙戌，朱子与张栻书信讨论中和问题，标志中和旧说成形；乾道三年丁亥春，朱子思想中出现了“识仁”与“持敬”工夫的认识转向，这标志着中和新说思想已经开始酝酿。

朱子在中和旧说中，持性体心用

的心性观及涵养察识于已发的工夫论，这说明了心的重要性：心作为可知、可感者，是性的直接呈露；作用于已发之心的工夫可以直接通达本体。但此种旧的心学存在问题：一方面，将心体视作纯粹的形而上者，称中即性，此为命名不当；另一方面，直接导致缺却了对未发心体的涵养，从而陷入工夫论困境。这两点是朱子中和旧说转向新说的重要原因。

中和新说即朱子成熟的心学理论。随着朱子中和新说的形成，在心性关系上，朱子保留了“心具性”之旨，强调因心之寄寓方有性之得名，由性为根本方才有心之运作。这说明：从概念分析角度来看，性、心形而上、下性质有别；从实存的角度来看，性和心不是分离而在的两物，彼此互作规定与说明。在“心具性”的总旨下，朱子又接续孟子、张载的思想资源，形成了“心统性情”的成熟之见。心是主宰者，又虚灵不寐，性、情并非是心中存在的事物，而是对心之体、用的分别表达。这不仅进一步避免视心性、性情分别为二物，又因心贯穿未发已发，更突显了心的地位。相应的工夫论中，涵养、察识分别作用于心之体、用，此非对象性的作用。察识是已发处心的自我明鉴，以去除物欲之蔽。涵养是未有思虑萌动时的主宰严肃专一，诚敬一旦生起，本体自立。因此，已发之察识并非以心识心，未发之涵养并非寻求一个心体。基于此，朱子批评了湖湘学的工夫论传统，并反思延平教授的求中于未发之旨，对“静坐”说又作了补充。涵养与察识作用各别，但又体用一源，则涵养与察识可以互救。因工夫修养中的具体效验，个体差异与议论角度不同，涵养察识之先后不执死。敬作为工夫总脑，统合二者，从而形成由体而达用、由用而达体的体用一源的心学工夫。

朱子对“十六字”心诀的阐释是“心法”总论。道心人心说是言心之学，“惟精”与“惟一”是修心之法，这是朱子心学的总体概括。“十六字”未必假说的提出，是阐发朱子“心学”与“心法”的文献前提。从朱子道心人心说的形成过程来看，甲午的“心说之辩”到丁未朱子与蔡季通、郑可学的论辩，直至己酉的《中庸章句序》的写定，都有一贯之旨：朱子将道心人心视作已发；并认为道心纯然善，人心危殆；道心人心并非二心。

由此可见，心呈现出两个面向：它既具虚灵明觉的特性，是心体的自然流行发见，是纯善无伪之超越实体，如道心；它又具有形而下之气的属性，当被气质物欲所拘蔽，而成为可善可恶的经验物，如人心。两个面向，前者说明人之心具有内在自发的道德自觉，后者指出其形下特征会干扰道德本心的呈现。进而可以说，朱子言心，既重视其内在超越性，又承认其经验的局限性，心能实现从经验性向超越性的飞跃，便是其自觉能动性的表现。

“惟精”与“惟一”作为修心之法，是工夫总脑。这是复明心之全体的“明明德”工夫，它强调心的自发、自觉、自醒与自立，又是克制人欲，复全天理的有效途径。“惟精”即由用而见体的工夫，包括格物致知；“惟一”即由体而达用的工夫，包括诚意正心。格物致知是同一工夫的两种面相，是在心之用上复明本心的工夫。格物包括格“心”与格“事物”。

朱子心物并举，阳明重心而轻物。究其根源，阳明视心为形上之性理，朱子视心为超越的形而下者。阳明对人心有十足的自信，朱子则对心之知、见、行时刻保持警惕。因此，“格心”是朱子格物说中的一端，但却是阳明格物说的全部，因此朱子格物说囊括了阳明格物说。

总之，朱子心学即“传心之学”、“修心之法”，属广义心学。朱子拥有以“理本论”为基础的“心学”，此“心学”与“理学”、“性学”、“仁学”不冲突违背，且相互照应、互为补充，共同构成了朱子学。

## 理学的发生

### ——基于范式转换的视角

张　恒（山东大学2020年，导师：沈顺福教授）

孟子说，“观水有术，必观其澜”，在中国哲学这条大河之中，宋明理学总可算作湍急壮丽之一处。然而明清以降，理学的命运却往往因政治、社会等因素而颠簸不定，一度遭到彻底否弃。二十世纪八十年代以后，理学重又成为中国哲学研究的重点、热点，但近几十年来的研究多集中于朱熹、王阳明等“大人物”，掀起了“朱子热”“阳明热”等研究热潮。当然，从思想的成熟性、深刻性而言，“大人物”自有其研究价值，但任何一种哲学形态的出现都是其哲学使命驱动的结果，要想准确理解某一思潮、学派、学者，不仅要认识其巅峰形态，还应不断返回其原初形态，因其思想密码早已蕴含在发生之时。由此，要想准确理解理学思潮、反理学思潮并实现理学现代化，必须对“理学的发生”问题给予足够重视。

鉴于以往学界关于“理学的发生”问题研究的经验教训，从“范式转换”的动态视角切入理学发生问题就显得尤为必要。在这一视角下，一方面须正视早期理学与“前理学”时期诸哲学形态（如魏晋玄学、佛道宗教、隋唐儒学）之间的关联，确认它们各自所属的哲学范式，并揭示范式转换背后的内在逻辑；另一方面须正视早期理学内部及其与巅峰理学之间的关联，承认它们之间真真切切地存在着“比较级”——逻辑发展意义上的“比较级”，以揭示理学范式形成过程及其经验教训。

早期理学以“北宋五子”为代表，通过对他们进行个案研究，可以发现他们各自哲学的特点。其中，邵雍在“象数”上用力颇多，创建了精致繁复的象数体系，但这并不构成其在哲学史上的真正贡献。邵雍的贡献恰在于对“象数”终极性的否定以及对“象数”背后之“理”的探赜求索。邵雍所谓“理”主要指物理、数理，其中最为核心的“至理”是体现于“坤复之变”的阴极阳动、动静之变，邵雍又谓之

"天地之心"或"太极"。"天地之心"作为神妙万物的几微之理，有经验的一面但也有试图超越经验的倾向。可见邵雍之学并非"数术"而是"心学"，它构成了对佛教"心学"的解构，也启发了程朱、陆王两大学派。对于周敦颐哲学的形态，学界历来有宇宙生成论与思辨存在论之争，而解决这一争论的关键在于判定周敦颐的本原概念"太极"究竟属"气"还是属"理"。历史地看，"太极元气说"诠释进路在周敦颐那里是行得通的；哲学地看，周敦颐又赋予"太极"以超越意涵，这集中体现在"神"的超越性上；再一方面，"太极"的超越性还体现在它是人伦的终极本原。总之，从历史话语、思维方式、价值取向等方面综合考察，周敦颐哲学与邵雍哲学一样展现出了从宇宙生成论跃向思辨存在论的努力，尽管两种范式的共存说明它们的形态尚不成熟，但这种努力已使他们成为事实上的理学开拓者。张载以"太虚"为核心范畴，一方面他有将"太虚"还原为"气"的倾向，亦即沿革传统"气论"；另一方面他又通过对"太虚"之"神"的揭示，使"太虚"具有了一定超越性，具有了成为超越本原之可能，这是张载哲学的创新之处。基于后一重向度，"太虚"不等同于"气"，二者是体用关系，即太虚之体借助气实现了万物的化生，其关系展现为"太虚→气→万物"架构。与此同时，太虚还是价值之体，借助"仁"实现人间的伦理秩序，其关系展现为"太虚→仁→礼义"架构。张载试图辨析"太虚"与"气"，并试图将"太虚"提升为超越本原，这比邵雍、周敦颐以"太极"熔铸一切的做法有所进步。中国哲学对"道"的追问至程颢、程颐兄弟转变为对"理"的追问，"理"从此走上了中国哲学话语与思想系统"金字塔"的塔尖。"由道而理"的话语转换是中国哲学逻辑发展或范式转换的必然结果：一方面，这是中国本土哲学思维方式走向成熟的内在要求，即"本末"思维亟待向"体用"思维转变；另一方面，这又是时代价值观念重建的迫切要求，以"理"为中心范畴的哲学体系强调"理"的实在性、道德性，以重建儒家价值观念的哲理基础。二程以"理"为中心范畴的哲学体系是通过对理与气、理与性、理与欲等范畴的辨析建立起来的，"理"相较于"气"具有了更加自足与超越的品格，比邵雍、周敦颐、张载等人的观念都更为成熟。

通过对"北宋五子"进行分别研究、比较研究，可以发现他们作为学术共同体在哲学使命、思维方式、价值观念与话语体系上的范式特点。就哲学使命而言，从天人学视角来看，理学家普遍推重的"天人合一"观念初步形成于魏晋时期，以"天人合一于气"为主要形态，而隋唐时期兴盛的佛教则主张"万法唯心"亦即"天人合一于心"，二者产生了张力。有鉴于此，以"北宋五子"为代表的早期理学家针对佛教的"心学"体系，试图赋予"心"以超越性、实在性与道德性，以使之既区别于佛教的虚空性，又区别于中国本土哲学的经验性。对"天地之心"的追问成为理学的哲学使命及其最为核心的问题意识。就思维方式而言，中国本土哲学以“道”为本原追问之鹄的，以“本末论”为本原追问之方法，这种思维在追问“经验的存在之先”时简洁有效，但有不可消解的理论困境，即容易导向相对主义、实用主义以及多元论、本末分离。为解决上述困境，玄学与佛教作了许多探索，逐渐建立起“体相用”思维，但这种思维具有否弃现实与伦理的倾向，走上了宗教超越之路。为了走向哲学超越，早期理学家扬弃上述两种思维方式，发展出“体用”思维，既实现了对“超验的存在之先”的追问，又不舍弃现实与伦理。思维方式之变是理学发生的核心机制。就价值观念而言，理学对“天地之心”的追问不单是形式逻辑问题，更是价值观念问题，价值重建构成了理学范式转换的重要一环。儒学自初唐开始复兴，强调道德，尊崇孟子，抬升“四书”，注重义理。在这些准备工作基础上，“北宋五子”直入“心性”问题，赋予“性”以超越性、实在性与道德性，使之既区别于佛教思辨性的“空”，又区别于传统儒家经验性的“有”。二程“性即理”命题的提出标志着上述工作的基本完成，理学实现了儒家价值形上化，儒家价值在哲理上获得了重建。此外，“北宋五子”关于“太极”“太虚”“天理”等的言说也集中体现了早期理学家较之以往的话语体系之变。

总而言之，从哲学发生学视角来看，以“北宋五子”为代表的早期理学与“前理学”时期诸哲学形态如佛学、玄学等相比，其哲学范式在哲学使命、思维方式、价值观念、话语体系四个向度上发生了显著转换，或者说，理学就发生于这四个向度的范式转换之中。

## 中日韩《孟子》学研究

王　岩（山西大学2020年，导师：刘毓庆教授）

作为“四书”之一，儒学经典《孟子》在中国宋朝、日本江户时代、韩国朝鲜朝都具有重要影响，其仁说、性善说、“不动心”说、仁政说等深刻影响着中日韩三国的社会思潮走向、社会制度建设乃至民族文化心理的形成。中日韩三国大儒均带着经世致用的济世情怀和历史使命感进入了注释《孟子》的领域，以注释儒学经典的方式表达着对天道、人性和社会等问题的看法，引领着时代思潮的走向。其中，尤以朱熹（1130—1200）、伊藤仁斋（1627—1705）和丁若镛（1762—1836）的注释最具代表性。

中国宋朝，在汉学向宋学转移的大势下，朱熹《孟子集注》以赵岐注为底本，上承韩愈、周敦颐、程颐、张载，下采张栻、杨时、范祖禹、吕希哲、尹焞、吕大临、游酢、谢良佐、侯仲良、周孚先等人，荟萃条疏，辨同别异，将经学研究的重点转向了对心性之微的探索、宇宙之理的追索，建立起以理学精神为主的新孟子学，影响元明清七百余年的中国历史。并且，伴随着朱子学在汉文化圈的流播，《孟子》在日本及朝鲜均产生了重要影响。日本镰仓时代(1192—1333)末期即已出现汉学与宋学的分野。进入江户时代后,朱子学在幕府支持下获得了官学地位。十八世纪,反朱子学的力量壮大了起来,古学派开创者伊藤仁斋建立起以《论语》《孟子》为核心的古学思想体系,恢复人伦日用的古学之道,开启了儒学日本化进程。作为仁斋思想成熟时期的著作,《孟子古义》既是仁斋古学思想的代表,又是江户时代日本儒学试图摆脱朱子学影响、实现本土化的反映,鲜明体现了儒学在异域文化背景下的变化形态。儒学传入韩国的最早记载是公元640年唐太宗设立崇文馆,新罗、高句丽、百济将子弟送到唐朝学习,关于《孟子》可查证的最早记载是罗末丽初(约为公元十世纪)崔致远(857—?)在《无染和尚碑铭》中的六处征引。而《孟子》的正式接受是在朝鲜朝时期。作为实学派集大成者,茶山丁若镛认为《孟子》所体现的经世致用的实学思想、积极践行的实践精神,最能体现洙泗之学的真谛。茶山倾浸心血注释的《孟子要义》,既继承了朝鲜朝前期儒学的成果,又吸取了西学的内容,成为能够体现性理学、阳明学、北学和西学的思想载体,体现了十九世纪韩国儒学界尝试以儒学世界观来理解西方思想体系的努力。

然而,朱熹、伊藤仁斋与丁若镛的《孟子》诠释并非孤立存在,而是建立在其对“道”不同角度的理解之上。朱熹将宇宙起源、万物化生、飞禽动植、山川河流等自然现象融入对“道”的理解,进而为传统儒学中将自然秩序与人伦道德联结起来的“天人一体”思想提供了形而上的宇宙论根据。伊藤仁斋与丁若镛都反对从形而上的“天理”来理解“道”的视角,转而将“道”的视角拉回到人伦日用之间,强调了自然秩序与人伦道德之间的分离,构成了其《孟子》阐释的思想基础。如果说对“道”的理解体现了朱熹、伊藤仁斋与丁若镛对人与世界关系的不同理解,那么,对“理”的不同阐释则凸显出朱子学东传日韩之后所引起的种种反映。伊藤仁斋与丁若镛都以条理、腠理、文理之义来重新理解“理”,从而完成了对朱熹“天理”之义的解构。故对“道”、“理”的不同理解构成三家对《孟子》阐释不同的深层原因,但伊藤仁斋与丁若镛又并非决然相同,而是存在着若干具体差异。具体来说,朱熹以理气一体宇宙观为基础,以心性之学为核心,视《孟子》为阐释仁义礼智本然之性的儒学经典,进而使儒家在心性之说上超越佛家,巩固了社会价值观引领的地位。仁斋提出一元之气为天道之全体,反对朱熹以“心性”解《孟子》的作法,将《孟子》视为体现仁义之德、王道之要的儒学经典,最终以“仁义之德”表达了对君臣、父子人伦秩序的尊崇。与仁斋相似,丁若镛亦在反对理气一体宇宙观的基础之上,形成了以“孝弟慈”为核心的人伦之道。然而,丁若镛更为强调“心”的实践意义,认为“天命之性”的贵重当体现于“行事”之间尽己之心的意愿之上。但是，朱熹、伊藤仁斋与丁若镛对《孟子》主旨的不同把握并非临空蹈虚，而是在对《孟子》具体学说的阐释之中充分展开。

《孟子》开篇即提出“仁”字，对“仁”一字之阐释凸显出朱熹、伊藤仁斋与丁若镛对《孟子》的不同把握。《孟子集注》“仁者，心之德，爱之理”实际上分宇宙界与人生界两个层次来说仁。仁之理为天地生物之心，仁之气是天地温和之气，一“仁”字实际上绾合了理与气，接通了宇宙界与人生界。朱熹以天地之理、阴阳之气来说仁，既继承了孔孟儒学，又将仁字上升至宇宙界，使“仁”具有贯通天人的特色，真正体现了中国儒学特有的精神传统和认识世界的方式。伊藤仁斋从人伦之道的古学观点出发，认为仁只是爱，不是“爱之理”；仁是忠信之爱，是实德，是实实在在的人伦情感；仁不是个人的私情、私爱，而是遍施于他人的公共之爱。而其思想基础则是天道与人道分立、道德法则与自然秩序分离的天人分立思想。可见，对中国儒学中对于天人关系的舍弃，透露出仁斋及德川儒学在吸收中国儒学时所持有的标准：即以是否具有指导社会生活和制度建设的实用性为标尺。这种以实用性选择文化的态度，不仅在江户时代迅速将儒学转化为推动社会兴盛的工具，也是明治维新以后，日本民族能够迅速从传统中转型，吸取西方文化中的有用部分，从而实现经济腾飞和社会转型的文化心理基础。茶山将“仁”看作现实社会中孝弟慈等人伦关系，尤其注意分辨心与仁义礼智之间的差别。茶山认为，仁义礼智与心并非是一段，仁义礼智只是在外之德行，能够真正地实现这一德行的根本在于“心”的权衡抉择，从而突出了“心”自主抉择的重要性，体现了韩国儒学注重实践性的特征。进而，茶山接受利玛窦西学的影响，将“天”理解为人格神意义的上帝，从而在天人关系的把握上区别于朱熹，形成了韩国儒学的特质。

经由朱熹之解，性善说既成为《孟子》的核心思想，又成为日韩儒者绕不开的话题。朱熹“性即理”继承了汉儒以“天人宇宙图式”论性的传统，其“理一分殊”性学体系解决了儒家悬而未决的“性与天道”形而上根据的问题；天命之性与气质之性不离不即的关系，又最终将性善说挽回到人生义上来。仁斋“性好恶说”分离了“性”与仁义礼智大德之间的关系，认为气质之性天然有好仁义的倾向，顺性则可行仁义，顺人情可知性善，甚至将情提高到了“道”的位置，体现了德川儒者重“情”的普遍特点，为教化说、王道说打下了基础。丁若镛“性嗜好说”沿袭先秦儒学“以心见性”的模式，注重从心的好恶判断等直观感受上来认识性，既为心的自主之权留下广阔的空间，又使性善说能从朱熹天理的框架中脱离开来，具有指导人生实践和社会治理的实际意义。要言之，对“性善”的不同理解实根源于三家对天人关系的不同把握。

《孟子·公孙丑上·不动心》章因提出了“不动心”、“知言”、“善养吾浩然之气”、“集义”等重要论断历来备受关注，是理解三家《孟子》阐释异同的绝佳样本。朱熹重视“未尝必其不动而自然不动”的圣贤心态以及俯仰无愧怍的浩然之气，集中阐述了“集义”的日用功夫，表现了理学沟通天地正气与人之精神气魄、推崇以“义”为核心的日常践履功夫的品格。仁斋以朱子学为继承和批评的对象，批驳朱熹对“不动心”和“浩然之气”的重视，集中阐发了以“仁义”为核心的思想，表现了古学派不谈性与天道、注重人伦日用之道的实学特色。丁若镛集中阐发了对“心”为神形妙合之主的推崇，“不动心”只是志士仁人在伦理世界的世俗心态，完成了对朱熹所言“天理”与“不动心”关系的分离。

仁政是孟子提出的治世理想，为中日韩儒者描摹了一幅理想社会的图景。朱熹认为仁政之大要在于人君一心之间的天理人欲之别，君子尽本性之善，由一心上溯至天理；圣人笃恭而天下平，修一己之德而天下从之。仁斋认为王道说是《孟子》乃至“四书”的主旨，其“生生之德”既继承了朱熹天地生生之意发畅不已的生命观，又将之限定在人世间的范围之内，具有了瞩目于人伦日用之道的古学特色。仁斋认为，仁政之本在于人君能与民偕乐，与天下同情，将“好货”、“好色”等合理情感欲望推己及人，形成了别具特色的“与民偕乐”（“同民之好恶”）之说。丁若镛认为，治国当以用人、理财为要务，合理的田制是社会经济制度、政治制度的基础，经界之法、井田之制为礼乐兵刑等制度的根本，并重视以天命启迪道心的教化说，尝试为朝鲜朝的变革描绘出现实路径。

结言之，朱熹、伊藤仁斋与丁若镛都以儒学经典《孟子》的重新诠释来表达对人与人、人与自然、人与世界关系的认识，这种经典的学问生产方法奠定了以经书为核心的东亚精神传统、思想传统，维护了儒家精神在东亚文化圈内的主导地位。但是，由于三国对以“天人关系”为主的儒学核心价值理解不同，形成了三国儒学的不同特色，影响到三国的近代化进程。然而，中日韩同属汉文化圈，整体上存在不同于西方的精神传统：即都不以个人主义和自由主义作为社会发展的根基和目标，而是注重群体合作、人际和谐。这既是儒学带给中日韩文化共同的基本要义，也是三国的历史传统和民族文化心理，是三国面临西方文化之时所共同拥有的思想底色，对我们今日理解人与社会的关系亦具有深刻影响。

# 硕士论文

## 朱子“新民”观探论

高　蔚(南京大学2020年，
导师：王月清教授)

本文立足经典文本的诠释阐发，通过多角度地考察朱子“新民”观的实质内容，爬梳朱子“新民”观得以成立的理论基础，发掘朱子“新民”观中的实践旨趣，抽绎出以朱子“新民”思想为代表的中国古代教化伦理的现代价值。并以此问题的中国方案为基础，与西方哲学界思考的“意志凌犯”问题进行对话，归纳出双方的差异与共同指向，探索出一条文明对话的路径。

本文以文本解读法，分析出朱子“新民”观之“新”以“三纲领”、“八条目”为诠释基点，具有三大旨趣：其一，教化旨趣，朱子“新民”观包含“新民”、“新他”、“教化社会”三个层层递进的维度，极具道德教化的精神。其次，教化主体的普遍性旨趣，“新民”思想的教化主体不再局限于古代帝王、传统士大夫，而是以普遍化的道德主体为对象。最后，实践旨趣，朱子“新民”思想蕴涵的教化精神，以“全体大用”具体路径，展现出强烈的经世关怀。这种道德体系关注到“明德”为大众共有、有德者修“挈矩之道”、无法自明之人的“感性之心”，开辟出一条可行的教化之路，塑造出一个具有整体意义的道德生态系统。

通过与列维纳斯“为他人”伦理学的比较，本文发现朱子“新民”观面对多元文化环境的困境，主要集中在“强迫”与“独断”这个问题，即朱子“新民”观预设的理想道德教化环境，不是绝对的。这个问题历来受学者关注，在中国传统的思想语境当中，表现为戴震等人“以理杀人”的批评，在中西对话视域中呈现为“意志凌犯”的关切。最后，本文提倡“共生共荣”的生态主旨，认为因“和而不同”的文化胸怀，才能让以朱子为代表的儒家价值理念更具活力，促进中华文明与其他文明的交流、对话。

## 由动静观诠释朱子的心性论

郑纳刚(上海师范大学2020年，
导师：张丽华副教授)

本文以朱子的心、性、情之善恶

为研究主题，并以动静之诠释概念为研究线索。本文首先对动静观的基本含义及其内在思辨关系进行了探究，在这一基础上，通过分析朱子的心性动静思想，本文阐释了朱子思想中心、性、情三者的关系。在对心、性、情三者的关系进行了梳理之后，本文集中到善恶论上，从而对心、性、情之善恶问题进行了分析与疏解。具体而言，本文的动静线索有三条：第一，从动静所指涉的对象与不同哲学家对动静关系的理解和阐发来看这一对概念对性情思想的影响；第二，从《易传》“寂然不动”、“感而遂通”的言说角度对宋儒心性关系进行梳理；第三，从《乐记》“人生而静”、“感物而动”这两个言说角度展开对心、性、情之善恶的讨论。

第一章追溯了性情动静说的思想渊源。本章的任务首先在于理清自王弼至朱子以来，动静的内在思辨关系的发展变化。本章牵涉到了诸多哲学问题，如王弼的有无之辨、易学的“复见天地之心”思想，以及周、张、二程、朱子等人对动静关系的理解和阐释。本章将以动静之辨为主线，试图将这些问题沟通起来，并整理出动静关系的逻辑演进。其次，本章追溯了先秦与中唐性情动静论的起始与发展，并从儒家心性论的传统中梳理出了善恶与动静问题的讨论，这一梳理将为讨论和理解朱子的性情动静思想提供一个哲学史的讨论传统和历史背景。

第二章以朱熹的心、性、情关系为主要梳理对象。通过分析朱子对《乐记》中“人生而静”、“感物而动”以及《易传》中“寂然不动”、“感而遂通”等思想的理解和阐发，并结合朱子的未发已发思想，本章主要阐明了朱子心性论中性之动静、情之动静以及心贯动静、心主性情等一系列问题，为下一章性情善恶问题的讨论澄清了关键概念之间的关系。

第三章集中讨论了心、性、情之善恶的问题。明确性善的前提，说明此一善字由天理流行贯通至造化生生之时，性善、心善、情善都只是这一个善。动静与善恶之间也无绝对的一一对应关系，只要动中存得静，那么感物而动之后依然能够表现为善。而如果动而无静，那么人欲无度，恶便流露出来了。

## 功夫哲学视野下的朱子敬论研究

聂　威（江西师范大学2020年，导师：邓庆平教授）

朱子的敬论来源于传统儒家的思想。商周时期敬的思想是对德性的重视，主要是为了肯定一种更好的生活方式。先秦时期，孔子、孟子通过突出道德本体的价值，教导人们主动用敬来实现道德人生；荀子对敬与怠的论述，表明敬的常惺惺之义在早期儒家经典中就有体现。宋朝时期，天理明确被本体化，二程论敬的不同特点在于：程颢对敬侧重敬义夹持，而程颐重视敬以直内。朱子通过吸收商周、先秦、北宋时期敬的思想，把敬的思想丰富化、条理化、清晰化，强调敬的重要性，为敬的思想传承起到了重要的作用。

朱子的理气论、心性论、格物致知论与敬论紧密结合起来理解，可以明确“敬则天理明”的核心意义。敬在朱子的哲学体系三个大部分中，以宇宙论为思想基础，以心性论为思想重点，以格物致知论为践行方法。天理由形而上通透下贯至主体之人、客观之物以及人物交接形成的事，顺着宇宙论到工夫论的路线看来，持敬最重要的就是保持心不放肆，才能契合天理。敬可以变化气质，恢复天命之性，使心中的性理完全朗现，让不杂人欲的人心与道心一样充满性理。具体落实到实践中是从分殊处入手，由格物致知、积累、推理、贯通，将敬与致知结合，体认作为理一的天理。

在功夫哲学的视角下看待朱子的敬论。功夫作为一个新视角是能包容通常所用的哲学视角，并不是否定哲学视角。功夫哲学主要从有效性上去衡量功夫，体现出与以追求真理、以分析为主要特点的哲学视角不同之处。功夫哲学的视角是把敬的践行作为核心，在践行中要心存敬畏、专注认真对待，要收敛身心、心主一、处理事情主一，常惺惺保持功夫不间断。虽说在哲学视角下看待敬的功夫，也是应当强调不放肆，但是在功夫视角中实际做到了敬畏、收敛、常惺惺就自然不会放肆，这就是功夫哲学视角所呈现的敬之义。

朱子后学对朱子敬论的理解主要是偏重于实践。黄榦最像朱熹，系统立论踏实践行；陈淳则偏重于敬的教育方式、如何学习实践敬，其论述更清楚简易；胡居仁则是偏重于敬的综合理解、切近自身实践。到明朝中期，宋明儒学的主流形态由程朱理学的核心要义“涵养须用敬，进学在致知”转变为陆王心学的“致良知”，敬的心性工夫便不如对心体用功重要。江右王门的代表人物邹守益比较重视敬的价值，就儒学哲学史的角度看，在王门后学逐渐流入肆意张狂的流弊之时，邹守益举起主敬大旗是儒家主敬思想的再一次有重要意义的彰显。此后学者对敬的重视减弱，原因主要是朱子学思想逐渐教条化以及阳明学的消解，次之则是三教合流的历史趋势影响。对于当今社会而言，朱子敬论对教育中的德育评价、社会主义核心价值观之敬业文化，都有一定的启迪意义。

## 朱熹《大学》“正心”工夫研究

李　彤（山西大学 2020 年，
导师：陈清春教授）

朱熹对《大学》注释用功之深，足见他对《大学》的重视，他注释也不仅是为了解释其中义理以展现他的理学思想，而且也是为了给普通人提供一条由凡至圣的阶梯，具有现实的指导意义。其中，“正心”这一工夫环节涉及心，这个范畴在朱熹哲学中有着丰富的内涵，具有极其重要的意义，因此对朱熹“正心”工夫的深入研究可以同时窥见他的心性论和工夫论宗旨。

对于朱熹来说，“正”既是工夫也是工夫的目标。作为工夫，“正”是纠正心的过程；而作为工夫的目标，“正”就是心之发的合理，无过无不及。“心”不仅可以作为工夫的主体具有统摄主宰的能力，也可以作为工夫的内容代表喜怒哀乐之类的情感。作为工夫的主体，“心”是“正”的工夫的实施者；作为工夫的内容，发为不合理的“心”就是被“正”的工夫所纠正的对象。

当“正心”这一工夫独立于其他工夫条目时，还可把“正心”内部分成遇事前、遇事中和遇事后，他认为每个阶段的工夫相对独立、各有侧重，同时又相互影响，共同组成了“正心”工夫过程。通过遇事前的涵养工夫实现心本然的“寂然不动”；通过遇事时和遇事后的省察工夫实现“心”的“感而遂通”；最后还需通过外在的“效验”验证心是否确实得正。

当“正心”这一工夫融入诚意修身等工夫时，朱熹将它看成是承上启下的关键环节，是连接身心工夫的枢纽和由内到外的重要转折点。一方面，“诚意”是“正心”工夫的条件，而“心正”又可以作为“意诚”的效验；“正心”是“修身”工夫的条件，而“身修”又可以检验心是否得正。另一方面，心内在的工夫涵养由“正心”转化成了外在工夫的指导，影响身的视听言动。此外，将朱熹“正心”工夫与孟子“尽心”、“求放心”、“存心”、“养心”工夫对比研究发现，“正心”工夫可以完全涵摄这四个心之工夫。

最后，通过深入研究朱熹对“正心”工夫的多角度多层次的理解，发现他对心这一范畴理解上的巨大张力，心以多种形式存在于每一个工夫环节之中。因此，从工夫的角度看，朱熹哲学不可不说是一个结构严谨、层次分明的“心学”体系。

## 朱熹“变化气质”的思想研究

李　红（山西大学 2020 年，
导师：崔涛副教授）

儒学究其本质，就是教人种种方法条目，以修身养性，变化人的气质。传统儒学如此，宋明理学如此，现当代儒学亦是如此。朱熹作为宋代理学的集大成者，就极为重视“变化气质”这一概念。

“变化气质”这一概念多次出现在朱熹的思想体系中，和他的理气论、人性论、工夫论都有着密切关系，可以说，贯穿了他整个思想体系的始终。在朱熹的哲学里，其不仅作为一个修养目标和结果而存在，更是作为一个修养过程而存在。

传统儒学中的修养工夫论被称之为“复性”。朱熹在此基础上，吸收了宋代以来周敦颐、张载、二程等人的思想，将其进一步诠释为“变化气质”，其内涵比之传统儒学更加丰富，更准确地说，应该是通过修养使人为气质所熏染遮蔽的气质之性恢复到全无不善的本然之性，使人为气质所遮蔽熏染的气质之心完全克制于纯善无恶的道心之下。但朱熹亦有“心统性情”的说法，心、性在他的哲学里虽为两个不同的概念，但于人身上，却是一个统一的范畴，并未割裂开来，可以说，“复性”的过程，亦是“求放心”的过程，“复性”的实现，亦是“求放心”的实现。此二者，从“变化气质”来说，只是同一过程、同一结果的两个不同层面，说到底，不过是要去掉气的遮蔽熏染以恢复人性的本来面目，以达到止于至善、无事不中节的圣人境界。

“变化气质”的主要途径是格物、正心、力行和持守存养，此四者彻首彻尾地保证了“变化气质”的实现，是合心性而言以实现德才兼备圣人之道的必由之路，不管对当时还是现在，都有着重要意义。

通过对朱熹“变化气质”的相关思想进行梳理，我们不仅可以对朱熹的思想精神有一个更深的领悟，而且可以为当今世界众人“变化气质”提供一定的指导。

## 《朱子语类·训门人》篇修养工夫研究

马海旺（河南大学 2020 年，
导师：臧要科副教授）

修养工夫历来是中国哲人思想中最重要的组成部分，也是区别于其他哲人的主要标志，《训门人》中的修养工夫是朱熹晚年思想的代表，其内容构成一个由内而外、内外兼修的完整系统，是朱熹格物致知思想的具体展现。学界关于《训门人》的研究，多以之作为朱熹修养工夫的素材资料，没有将其看成一个完整的工夫系统，忽视了其作为独立意义哲学文本的价值。以《训门人》篇为主要依据文本，对朱熹晚年修养工夫的研究，有助于探讨其理论的实践指向与具体落实。

在《训门人》中，修养工夫经由三个层面展开：涵养工夫属于内在的修养方法，是为了解决人心中理性意识的主宰问题，以为外向的格物穷理准备主体条件，朱熹吸收李延平的静坐思想，以之作为初学者收敛身心的入门工夫，但又看到纯任静坐的弊端，提出涵养应该以持敬为主，面对“持敬”工夫在流衍过程中出现的弊病，到了晚年朱熹更加推重“克己”工夫，以之作为“持敬”工夫的补充；读书是格物穷理最重要的工夫，古代典籍是圣贤思想的凝结，代表了天理的精义，通过读书不仅能够承继道统之传，也是穷究义理最有效的方法，经由对义理的涵泳，也可以起到涵养身心的作用。朱熹的读书方法通过其对读书态度、原则和要求的应机设教而实现；躬行践履是对“知”的“行”，是读书穷理的归宿与落实，通过身体力行的实践，从而体认人伦日用处的“礼”即为“天理之节文”，从而自觉践履之。躬行践履需要从人伦日用处下手，同时亲身实行与讲谈论议也不可偏废。朱熹善于因材施教和因病下药，他会根据门人不同的气质与病痛给出不同的修养方法，但从原则上来看，朱熹的修养工夫是一个系统。在这个系统中，涵养心性、读书明理和处事践履是“三位一体”的关系，涵养工夫是为了使此心自作主宰，以便能更好地为读书明理准备主体条件，读书所明之理即是天理，天理本具在内心之中，又散布在人伦日用之内，在人伦日用处体会到天理的生生不息，也就实现了“即世间而出世间”的超越。

朱熹由论证生活的意义，进而探索人生的价值，完成了从“以身体道”到“修己治人”的转变，反映了儒者不同于佛老的入世关怀与时代担当。《训门人》中涵养心性、读书明理和以身体道的修养工夫，是朱熹人生价值理想的具体展开，体现了《训门人》所具有的道德指向。这主要包含两个层次：一方面，德性人生是朱熹对所有人的期许，他认为为学应该以“学为圣贤”为目的，但又认为圣贤难为，要求门人以惩忿窒欲、迁善改过的醇儒之道自勉，去除自身私欲以保存天理，使人心与道心合而为一，如此也就实现了超凡入圣的目的；另一方面，使命人生是朱熹对儒者的要求，他秉承儒家“在本朝则美政，在下位则美俗”（《荀子·儒效》）的传统，认为儒者在国家层面应该以重建秩序为抱负，在社会层面应该以化民成俗为己任，由德性人生到使命人生，是朱熹由内圣而外王思想的体现。

# 朱熹情理观研究

曾　嵘（湖南师范大学 2020 年，
导师：萧平副教授）

情感与理性一直是哲学的重要问题，西方理性主义的传统将情感与理性斥为两极，情感被视为与理性相对的东西；而中国传统哲学却是重情的，孔子的“仁”学正是以情感为切入点，并且这种情感涵摄了理性，即理性化的情感。朱熹哲学中的情感也是如此，早已融入了理性的因素，完成了理性的内化，但其学说中又有道德理性凌驾于情感的特征。本文主要对朱熹哲学之中“情”“理”范畴及其关系进行研究。

本文所讲的“情”与“理”是一个大观念，不仅包括“情”与“理”概念本身，还包括所有表达“情”“理”观念的概念，如表达情感的“仁”、“爱”等观念，表达理性的“礼”、“法”等观念。在朱子的语境中，“情”观念的范围覆盖了四端之情、七情之情、思维、知觉、念虑以及人欲；并且，“礼”作为“天理之节文”，“性”作为在人之“天理”，无疑都属于“理”的观念，除此之外，还有一种“具众理”的理性力量，即“宰乎情”的“心”。对于情感与理性二者的关系，朱熹哲学中表现出二重性。一方面，它们在某种程度上具有一致性，主要体现在“缘情制礼”、“性体情用”以及“父子相隐”之“直”这三个方面。首先，礼作为“天理之节文”，是圣人缘“人情”而作的；其次，恻隐等四端之情根源于仁义礼智四性，性作为“理在人心”，是隐微难见的，而情则是性之发用，从情即可见理；最后，由“父子相隐”一案切入，这种本乎父子亲情的、“顺理”之“直”体现了人情与理性的融合。但另一方面，朱熹基于理学家的道德理性主义立场，必然会导致对于“理”的偏重，体现为“动循礼法”、“存心节情”、“明理胜私”三个方面。首先，从朱熹对于《论语》中记载的卫国父子争国以及宋时著名的濮议事件二例的相关讨论中，可以看出他以礼法为重的倾向，在这个意义上，亲情被天理压制了；其次，“情”在朱熹哲学中并非只有“四端”之情，还有“情或有不正”的情况，此时需要“心”这一理性力量对“不正”之情进行规约、抑制；最后，天理、人欲在观念的角度而言正是“理”、“情”的体现，“胜其人欲之私，而全其天理之公矣”，朱熹主张“天理之公”压倒“人欲之私”。朱熹的情理观对后世儒家的情感哲学产生了深远影响，重新审视情感与理性的关系对于现实社会中的道德实践有着重要的意义，对于正确处理儒家重情伦理与现代法治之间的张力提供了借鉴。

## 朱熹《文集》与《论语》学

马　涛（河南大学2020年，导师：耿纪平副教授）

《晦庵先生文集》是南宋理学家朱熹的个人诗文全集，今人整理其集称作《朱熹集》、《晦庵先生朱文公集》等（以下简称作《文集》），其体大思精、无微不烛的编著特点，使之成为学界研究朱熹思想和学术的主要材料。其中保存了大量有关《论语》的论述，为我们研究朱熹的《论语》诠释观念、内容、方法等提供了十分丰富的材料。就《文集》中近占半卷帙的书信而言，朱熹常常在信札中借对《论语》的诠释，用以向师友门人表达自己的治学理念、治学路径等。这些论述比较接近朱熹本人注解《论语》的原貌和本意，为我们进一步了解朱熹的经典诠释观、把握朱熹的个人“论语观”以及增补《论语集注》等专著中的不足提供了有利的条件。但限于《文集》篇幅浩繁，《论语》相关材料零散、细碎且难以理清的现实窘境，目前学界还没有对《文集》中《论语》相关材料进行过集中梳理和系统研究，这不能不说是一种遗憾。在这种研究现状下，本文参照目前学界权威的《文集》整理本，通过对《文集》中《论语》相关材料进行爬梳，总结出《文集》中有关《论语》诠释的焦点、热点和难点问题，以期为读者阅读和理解《论语》提供些许帮助。

论文主要由绪论、正文、结语三部分组成，论文正文内容简述如下：第一部分，概述《文集》中有关《论语》材料的大致分布情况。主要论述《文集》中诗歌、奏札、书信、行状等文体中《论语》的论述状况，重点讨论朱熹在诗歌、奏札和书信中对于《论语》的诠释，为读者勾勒出《文集》中《论语》

诠释的整体样貌。第二部分，探讨朱熹的论语观。通过将《论语》置于“四书五经”中进行考察，以此揭示朱熹对于《论语》的整体观点与态度。第三部分，梳理《文集》中关于《论语》诠释的相关内容。通过具体篇章、个别字句、重点人物、核心概念等方面的梳理，揭示《文集》中《论语》诠释的重点所在。第四部分，归纳概括《文集》中历代学者在《论语》诠释过程中出现的弊病。通过朱熹对于历代《论语》著述的指摘批评，重点揭示出宋儒解经的弊病，同时窥探朱熹诠释《论语》的方法及特色。第五部分，余论部分。文章最后主要讨论《文集》中有关《论语集注》的相关内容，揭示朱熹对于《论语集注》的总体态度以及《论语集注》中部分注解的形成过程。

## 《朱子语类》中的方言词研究

李　熠（上海师范大学 2020 年，导师：徐时仪教授）

《朱子语类》作为朱熹与其门人讲学问答的实录，论述范围甚广，不仅包括朱熹本人对于周、程、老、释等学说的哲学思想的论述与解释，还包括了历史、文学、政治以及个人治学方法等诸多内容。《朱子语类》是一部内容丰富，可以相当程度概括朱熹思想以及反映当时时代思潮的实录。

从语言上来看，由于《朱子语类》的语录体属性，其言语不避俚俗，因此书中保留了很多当时的口语词汇。同时《朱子语类》中的部分词汇又属于来自于各个方言区的方言词，这些方言词可能在各种词典中都没有一个很恰当的解释，所以对于这些方言词的研究就显得尤为重要。如果能够弄清这些方言词的词义以及它们的来源和传播过程，就能帮助我们更好地理解《朱子语类》的内容。因此，《朱子语类》对于研究古代语言词汇面貌有很高的价值，能为我们了解古白话的发展提供更多的线索。

因此本文将从《朱子语类》中选取一些疑难或带有典型性的方言词，进行词义和成词以及传播过程的考释，并挑选一些方言词，探究其与通语词的关系。

本篇论文分为三个部分：

第一章主要考释《朱子语类》方言词。将部分释义困难的方言词按字数分为单音节词、双音节词和多音节词，并考释其词义的变化过程和流传过程，以及现代汉语中方言词的流行区域。

第二章主要研究《朱子语类》方言词和通语词的关系。通过个案分析的方式展现一些词从曾经的通语词衰退为现代的方言的过程，并总结其衰退的原因，以及探究通语词是如何在南北方言之间进行选择的。

第三章主要论述《朱子语类》方言词研究的意义。方言词的研究对于我们的辞书修订工作有一定的帮助，比如可以为《汉语大词典》补充未收的词语、义项和书证；同时，方言词蕴含了丰富的文化内涵，通过研究，我们可以了解到中国古代的社会生活和风俗文化。

## 《朱子语类·论文》研究

郑晓霞（青岛大学2020年，
导师：周远斌教授）

本文以朱熹的《朱子语类·论文》为中心，系统地论述了朱熹的文学思想、文学思想的创作实践以及产生的影响。论文共六章：第一章，概述了朱熹的生平、朱熹的著述以及《朱子语类·论文》的形成过程。第二章，概述了《朱子语类·论文》的"论文"的特点。第三章，论述了《朱子语类·论文》的散文批评思想及创作实践，简述了朱熹对唐代和北宋两个时期散文作品的批评；第二节是从朱熹写作的游记、墓志和书札中分析了朱熹散文思想的创作实践。第四章，论述了《朱子语类·论文》的诗学思想及创作实践，简述了朱熹对先唐、唐和宋三个时代的诗歌的批评；第二节是从朱熹的哲理诗、咏怀诗和山水诗中分析了朱熹诗学思想的创作实践。第五章，论述了朱熹的辞赋论及辞赋创作实践。第六章，阐述了朱熹的散文思想、诗学思想产生的影响。

## 朱熹教法研究

李　倩（山东师范大学2020年，
导师：彭耀光副教授）

朱熹是中国历史上继孔子之后的又一代儒学宗师。其思想"致广大，尽精微，综罗百代"，全面继承和发展了儒家自孔孟以来的为学之道思想。特别是他融合儒、释、道三教，对儒家的成圣之道进行了时代性的改造和创新，用严密的逻辑体系建构起自己的独特教法思想，对后世影响深远。

本文首先对朱熹"教法"的含义进行界定。"教法"指的是通过指导弟子进行工夫实践，去除物欲之偏、人欲之私，恢复天理本性，实现内在超越，成就圣贤人格。朱熹认为，儒家的圣贤是通过"复性"的途径实现的，是内在德性与外在知能相统一的完美人格。相对于佛老的空谈心性、摒弃人伦而自修，儒家的圣贤则是在伦理秩序下，通过日常的人伦日用实现内圣外王。"性即理也"，天理作为成圣的内在根据，决定了人性本善；但由于气禀的原因，使得天命之性不能够时时彰显，导致圣凡之别。人们可以通过"存天理，灭人欲"的修为过程，恢复纯粹至善的本性，实现内在超越，证显天理本性。

出于对儒者可能流入佛老的忌讳，特别是对陆九渊只注重发明本心的教法，朱熹强调"复性"一定不能脱离人伦日用，从而建立了"道问学"与"尊德性"并重的教法体系。朱熹强调"读书明理"和"格物致知"的重要性，认为这是为学的"下手处"，是需要经过长久的、循序渐进的过程的。同时，也表明"居敬涵养"和"克己存诚"的德性工夫对于成圣的重要意义。朱熹强调，"道问学"和"尊德性"

两者相辅相成，相互促进，如同“车之两轮，鸟之双翼”，缺一不可，共同奠定成就圣贤之路。

在实践运用中，朱熹针对不同阶段、不同资质的人，会采取不同的教育方式，进行有针对性的指点。通过其教法的具体运用，可以具体而微地观察朱熹教法的特点。

总之，通过对朱熹教法的研究，有利于深入理解理学工夫论，更聚焦、更深入地推动工夫论的研究；也可以对朱子的本体论和心性论，有更加透彻的了解，从而贯穿起朱子的整个哲学思想。同时，朱熹完整的教法体系，有利于指导当下人们的生活实践，具有重要的理论和现实意义。

## 朱熹南康时期诗歌研究

张子琦（哈尔滨师范大学 2020 年，导师：倪海权讲师）

朱熹是南宋时著名的理学家，同时也是一位出色的诗人。本文以他在知南康军时期所创作的诗歌为研究对象，结合南宋时期的政治历史环境、南康地区的地理风貌，论述朱熹南康时期诗歌创作的思想内容和艺术特色。这一时期的诗歌，是朱熹南康时期生活状态的真实写照，也是他个人心态的如实反映，反映出他迫切渴望收复失地、国家早日统一的志向，同时希望辞官归隐的心理状态。

第一章首先对朱熹南康时期的诗歌，按照时间顺序进行梳理分析。朱熹在南康的三年中，其诗歌也是他生活轨迹与个人心态的真实记录。第二章将朱熹南康时期诗歌按题材进行分类与探究，包括怀古言志诗、游览唱和诗与咏物寓意诗。朱熹以凭吊怀古来抒怀言志，借先贤之口而抒发自我之情；在观照庐山奇山俊水的过程中，体悟客观事物的理性，且以诗与友人互勉，借以表达意气相投的情志；南康时期的咏物诗生动传神、立意高远，具有深刻的思想内涵。第三章从三个角度分别论述朱熹南康时期诗歌的艺术特征，即自然平易的语言、理趣诗情的融合和萧散澹然的风格。朱熹的诗歌，语言自然朴素，成就了朱熹南康诗歌天然去雕饰的美；庐山的山水滋养诗人的性灵，使他在山川景象中领悟生命生生不息、变幻万千的哲理，融理趣入诗情。所谓萧散澹然，是朱熹南康时期诗歌中表现出来的闲散自适、清婉出尘、萧然淡洁的高远气象。第四章论述朱熹南康时期诗歌对后世的影响，朱熹南康时期诗歌对后世最大的影响，是有关白鹿洞书院的诗歌，极大地丰富了白鹿洞诗歌史，在诗歌内容上进一步丰富了文学创作和诗歌发展，在思想上记录并发扬了儒家传统与先贤风范。

## 朱子与阳明《大学》“三纲领”比较研究

卢　珊（山东大学 2020 年，导师：翟奎凤教授）

作为《礼记》的第四十二篇，《大

学》从宋代开始受到广泛重视，而朱子和王阳明正是对《大学》诠释产生深刻影响的理学家。可以说朱子思想的发展历程与《大学》密不可分，他穷尽一生注释《大学》；而阳明则以《大学》为阵地，对朱子的观点进行一一批判。两人对“三纲领”的不同解读，不仅集中蕴含了他们的《大学》思想，而且体现了理学与心学内在思想脉络的差异。

第一部分，探析朱子和阳明讨论“明明德”的内容，分析“明德”和“明明德”之间的关系。从“明德”到“明明德”的过程，是朱子将心性论贯通到工夫论的理学化路径。朱子认为“明德”是主于心而言，人的本心中包含了万事万物之理，人心道心本只是一物，而朱子所谓“明德”正是道心，不免受到个体情欲的杂染，这就需要“明明德”的工夫。阳明不似朱子强调本性的澄然具理，而是认为其是万物一体之体。

第二部分，探讨亲民与新民。朱子继承二程的观点，以“新”代“亲”，并以原文并无“亲”相关内容，但有“其命惟新”，以及古代文字“新”、“亲”互训作为其更改原文的佐证。阳明不同于朱子将“亲”改为“新”，以“教化”代替“仁爱”本义，坚持古本“亲民”原文，认为其为万物一体之用。朱子将“亲”改为“新”，行为主体发生变化，对象也有所不同。而阳明保留古本“亲民”，则主体与对象收摄于万物一体之中。

第三部分，首先探析“至善”的内涵，朱子认为“至善”为至于不可更改之地，“至善”不仅是大学之道，也是内圣外王的理论构建。而阳明认为“至善”即是天理，既是良知本体，阳明以“天理”、“良知”论述“至善”本义。对于“三纲领”之间的关系，朱子认为“明德”为本，“新民”为末，侧重于将“明德”与“亲民”分判为先后二事，而“至善”即“明德”、“亲民”所各自达到的最高标准。阳明则认为“明德”、“亲民”为体用关系，体用不二，不可二分，两者为“至善”（即良知）的体用两面。

第四部分，船山作为宋明理学的集大成者，在朱子和阳明对《大学》总结上，支持朱子改“亲”为“新”，认为阳明坚持“亲民”有类似佛老的嫌疑。总结：朱子和阳明的思想发展与其对《大学》的诠释密不可分，其对“三纲领”诠释值得深入探讨处较多，经过将两者比较思考，可深入把握理学与心学本体论、工夫论的异同。

## 从静坐工夫入手比较朱子阳明的根本差异

马云云（山东大学2020年，
导师：蔡祥元教授）

“主静”作为一种修养工夫，是周敦颐在《太极图说》里正式提出的。《太极图说》上部分讲天道，描绘了太极动静化生万物的宇宙演变过程，下部分由天道转至人道，宇宙万物之中“唯人也得其秀而最灵”。但因接触外物“心”被触动，善与恶就随之产生，圣人出而确定“中正仁义”的道德原则和“主静”的修养方法来趋善避恶。在周敦颐这里“静”既是本体存在，又是修养工夫。

二程少时学于周敦颐，受其“主静”思想影响颇深，静坐成为儒家重要的工夫法门便是起于二程。明道以观“喜怒哀乐未发前气象”、在澄心默坐之中排除心中闲杂思虑，默识仁体为静坐工夫要旨。而在伊川修养工夫论中静坐只是初学时扫清杂思，定气凝神，收敛身心，为体证本体做的准备工夫，他认为专于“静”最终会有堕入佛老之险，静坐并非圣门之学，因此提出以“敬”来代替“静”。但二者在具体的修养工夫上偏重不同，明道更注重内心和乐，“识仁”、“诚敬”的内在自我体悟，伊川则主张“主敬集义”，内外相结合强调外在经验知识的积累。二程的用“敬”包含“动静”，将静坐作为体认天理的入手工夫这一思想后被朱熹发展。

朱子对静坐一直持有怀疑态度，并不认为静坐可以成为儒学修养工夫中的重要部分，但是在其著作中有着丰富的静坐理论。因朱子教导友人时提到“半日读书，半日静坐”，静坐是否是朱子日常教人之法引起了一些争论：一些学者视其为为学的重要方法并亲身操持；一些学者则怀疑“半日静坐，半日读书”这句话并非朱子所言，更有甚者还对朱子这一说法提出强烈批评，认为朱子所言背离儒门圣学，为释氏之徒，但通过对朱子言论和思想的考察可知这些批评要点完全不符合朱子原意。但朱子并不反对静坐，他反对有学者专注静坐，偏重“静”时工夫，导致忽略现实外在道德实践，为改善这些现象的发生，朱子将静坐和“主敬穷理”相结合。静坐这一工夫在朱子这里，是没有“直证心体”、“顿悟”等功能和可能的，也同佛道、心学所讲的静坐切断关联。朱子的静坐是“涵养的体证”，这有别于心学体系中“超越的逆觉体证”的静坐，具有朱子个人特色。在这里静坐不再是可以直达心体的桥梁，而是成为和“主敬”工夫、“格物穷理”密不可分的，用来收敛身心、涵养本源的辅助工夫。

静坐对王阳明思想形成和发展的作用同样不可小觑，钱德洪在《刻文录叙说》中把静坐单独作为阳明“为教三变”之一引起一些讨论，但阳明离开龙场后，初立静坐教法，且在滁州任督马政时大规模使用静坐工夫教化众学者。之后门人在实践静坐时产生了诸多流弊，如“流入枯槁”、“沉溺光景”，这偏离了阳明想要通过静坐使门人于静中体悟天理的初衷。但静坐仍旧是阳明教法中不可或缺的阶段，通过阳明龙场悟道的经历来看，静坐作为可直达心体的工夫，其价值是值得肯定的。龙场悟道是阳明心学思想确立及他人生发展中的重要节点，静坐作为阳明悟得“良知”本体前的入手工夫是不可被忽视的，且阳明通过这样一种切身实践开创了心学一脉向内求理的体证方式，静坐工夫也具有了直证本体这一内涵。

阳明和朱子一样都强调作为儒

门工夫的静坐不可以和佛老坐禅入定相混合。他们都认为不可只专注于“静”的工夫，强调“动静合一”；对静坐的形式也无特别要求；在静坐行为中他们都认为思虑是无法被完全断绝的，朱子认为最好状态是“无思量”，但也可以是“正思量”，阳明则认为只有“正思量”不存在“无思量”。静坐对于二者而言都不是不可忽视的重要工夫，但也不是最根本的“本体工夫”。朱子将静坐收摄于“主敬”，使其作为涵养心体、收敛身心、辅助格物穷理的工夫存在，阳明后期亦是确立“致良知”的本体工夫。

二者思想中静坐工夫具有不同地位：静坐这一工夫在阳明这里具有向内直达心体，使心与理豁然贯通从而体证本体的作用，相反在朱子的静坐工夫中这一作用是被刻意抹除的。产生这样差异的根本原因正是二者对“心”与“理”的不同认识，朱子反对顿悟，消解“静坐”工夫可直达心体的作用，是因为他认为“性即理”、“心统性情”，只有通过具体的格物工夫才能最终体认到本源之“理”。阳明则批评他的格物工夫将“心”与“理”一分为二，强调“心即理”，因此静坐工夫可以帮助人们直达意念之诚。对“心”与“理”的不同理解也是理学工夫论和心学工夫论产生差异的原因所在。

# 朱张论学视野下张栻理学体系建构

解晓昕（山东大学2020年，
导师：王新春教授）

自二程讲学伊洛之间，宋代道学的洛学一脉逐渐形成。到南宋时，洛学经程门弟子谢良佐的传播与胡安国、胡宏父子的接续而逐渐形成湖湘一脉。湖湘一脉以胡宏心性对言的已发未发说为宗旨，经过其弟子张栻的传承而在南宋乾道、淳熙年间成为一时显学。朱熹在屡求未发之旨不得后向张栻求教湖湘学的已发未发说，二人因此结为毕生论学挚友。张栻在与朱熹论学的过程中对胡宏的学说或继承、或质疑，逐渐开启了自身理学体系建构的过程。本文聚焦于朱张论学，着力探究朱张论学对张栻理学体系建构过程的影响以及张栻理学体系内部诸问题之间的关系。

第一部分主要介绍张栻的家学和朱张交往经过。张栻早年受其父张浚之教，曾做《希颜录》以明志，后从父命求学于胡宏之门。胡宏极其看重张栻的才学，命其思忠清不得为仁之理，张栻也服膺于胡宏之学，虽仅得两见胡宏便去世，但张栻最终仍接续了胡宏之学。朱熹在李侗去世后向张栻求教未发之旨，并亲赴衡麓与张栻论学，由此与张栻成为挚友。终张栻一生，二人就理学的中和、太极、工夫等核心问题展开讨论，相互启发各自的学问体系。

第二部分主要讨论朱张二人关于周敦颐推重的“太极”的相关问题。张栻论太极以“太极不能不动”来自于“性不能不动”。“性不能不动”虽然出自胡宏，但这样的表述是在胡宏心为已发、性为未发观点之下的。朱熹经过“中和新说”之后，借用了胡宏的话来表述心有已发未发，张栻在接受朱熹中和新说的基础上，对“性不能不动”的理解即包含了朱熹的意思，也保留了胡宏强调动中见体的意味，这更直接来自于其乾道五年后重视“体察”的工夫。因此在解释太极时，张栻用“性不能不动”来解释“太极”二字是为了形性之妙，因而反过来看，“太极”也必定是“不能不动”的，这与朱熹中和新说下“太极有动静”的宽松圆融义不同。同时张栻尽管接受了中和新说，但是其以至静之体“贯乎已发未发”论太极之体蕴含了湖湘学强调体认本体的痕迹。

第三部分主要讨论胡宏已发未发说的渊源以及朱熹影响下张栻的已发未发说、论“中”观点的转变。胡宏认同程颐心指已发的观点，将“寂然不动”视为感物而静，提出心为已发、性为未发，未发之中要于已发之心处默识，因此胡宏以“中者，性之道”论未发之中，这一点也为张栻赞同。而朱熹基于中和新说更认同程颐“中者性之德”一语，认为性之道是说自然，性之德是说实体，后者更紧密。朱熹在己丑之悟后将观点告于张栻，张栻在乾道五年后逐渐接受了心有已发未发的中和新说，对既往所认同的有生之后皆为已发的观点进行了反思。基于心有未发，张栻强调于未发时涵养自能达到程颐强调的“在中”的状态。胡宏曾强调“中”是状性而非状心，但张栻则以为性之体段是在心上观，即“在中”乃是我心的状态。

第四部分主要探究中和新说影响下的张栻工夫进路的转变。张栻关于工夫的观点继承自胡宏识良心苗裔而后操存之论，张栻在接续胡宏观点的同时在《艮斋铭》中将《大学》“知止”与《艮卦》“止其所也”同察识端倪相结合，提出察识的核心在“止于至善”，即默识体认到作为万化根源的性，故“察识”二字应仔细体味。但在接受朱熹中和新说之后，张栻逐渐反思曾经的工夫次序，心既然有未发，则察识端倪工夫就缺少未发时的涵养，因此他折中前后，提出存养为主、存养体察并进的工夫。虽然存养为主，但是在已发时体察能使本根牢固，二者相互促进。同时，在张栻眼中曾与“察识”等同的“省察”工夫，在以涵养为主的次序确定后也有了据本纠偏以销磨利欲之见的意味，“体察”、“省察”一字之差，意味则大不同。在涵养体察工夫积久之后，自会达到张栻在义利之辨中提到的无所为而然的圣人境界。

总之，朱熹对张栻在中和与工夫问题上的影响是关键性的，对太极相关问题的影响则不太明显。而张栻的理学体系是以已发未发说及由此产生的心性之名义为中心，向上影响到对太极的理解，向下影响到工夫的进路。

# 张栻政治伦理思想研究

李亭蔚（杭州师范大学 2020 年，
导师：何俊教授）

政治伦理是在社会历史框架下某阶段政治关系的准则，是将伦理思想运用于政治生活的实践部分。本文试论述儒家传统政治伦理思想发展至南宋时，在宋明理学的发展和社会历史变革内外因素的双重作用下，湖湘学派代表人物张栻对其的思考与运用，以明晰当时政治生活的伦理问题。

张栻政治伦理思想的形成与他的家庭熏陶、人生经历、学术师承、时代背景息息相关。首先，本文从人物和社会历史背景介绍入手，将传统政治伦理演变与宋明时期儒学的理论发展背景相结合，描述出张栻政治伦理思想的理论框架，即“性本论”基础上衍生和拓展出的“居一主敬”、“经世致用”的思想，以此作为张栻政治伦理思想具体内容介绍的理论支撑。

在主体部分第四章，以君臣伦理、政治伦理、政治治理三个小节对张栻政治伦理思想的内容进行了全面详细的分析。君臣伦理关系是政治伦理的重点部分和基础，政治伦理是更为广泛的模型和框架，通过对君臣伦理思想的详细阐述可以全面细致地了解张栻分散隐藏于经史子集中的伦理思想构架。就纵向的君臣伦理而言，分为自上而下的君道和自下而上的臣道两个视角。君道包括君主的治国、治吏、治民三个层面；臣道包括身为人臣者的修己之道和忠君之道两个层面。共同构成了南宋统治阶层将“仁”、“义”等道德伦理践行于政治生活，以构建民有所乐的社会伦理，实现以民为贵、护养邦本的政治伦理框架。在此基础上，探究出张栻政治伦理思想的践行依靠的是国家治理模式与路径的有效推进。在方法上，传统政治伦理采用政学结合、官民结合的方式；以书院教育、社会教育等多种渠道，对民众开展教育、训诫、奖惩工作，以构建更好的适用于国家治理模式的政治伦理规范路径和养成路径。

张栻政治伦理思想的内容与践行体现了湖湘学派经世致用、知行互发的特点，以及对民生治理、民族团结、国家主权、治吏治腐等问题上的积极影响。通过充分发掘、研究并反思以张栻为代表的中国传统政治伦理思想的内涵，探究其对现代社会治理的价值和意义，以构筑当代国家文化自信、民族精神活水源头。

# 程洵及其思想研究

彭蓝君（南昌大学 2020 年，
导师：杨柱才教授）

程洵为南宋新安理学派后学之一，其家学渊源深厚，又为朱子嫡传，故其学以朱子学为宗。今存程洵著作《克庵先生尊德性斋小集》三卷与其族裔程资编纂的《朱程问答》三卷，为研究其人、其思想之重要材料。程洵一生求学探道，为民请命。其学术观点，曾有一番转折。程洵早年同时肯认伊川、东坡之说，后则从事于孔孟、濂洛之书，剖析推明，入圣门之学。他的学问轨迹可以拜见朱子为分水岭。

本文为五章内容，可分为三部分。第一部分归纳学界对程洵及其思想研究作学术史回顾，分析研究价值、确立研究方法、整合研究内容。对程洵行历、交游、著述进行确认，探讨其学术风格与书院建设、徽州学统之间的关系，分析程洵及其思想在学术史上的地位，考察其学术背景和哲学基础。

第二部分在分析朱熹、程洵思想异同的过程中，进一步开掘程洵如何在朱子影响下，理学思想渐进成熟。程洵的理学思想可以通过其与朱子辩难知行关系、《论》《孟》之奥，畴咨《正蒙》《西铭》、鬼神、礼乐之群疑，以及"以理释礼"、"去禅存理"、"居敬穷理"等层面来探讨。首先程洵于知行关系而言，认为"行"重于"知"，并未把穷理作为一个需要下功夫的理论来对待，而朱熹尤重穷理既明，则理之所在，动必由之。其次是《语》《孟》之诠，以《语》而论，主要是围绕"三年无改于父之道"、"学优"与"致仕"、"义利之辨"而述；以《孟》而言，在"养气"章之诠解上朱子提醒程洵当注重其义理性。最后是对《西铭》之解读。不仅涉及"天地之塞，吾其体，天地之帅，吾其性"之训释，亦涉及"理一分殊"、"穷神知化"、"鬼神"等理学概念。在朱子影响下，程洵深入"性与天道"之分析与思考，其理学思想主要围绕"以理释礼"、"去禅存理"、"居敬穷理"进行，既重高明的形上学理论建构，且重下学工夫之践履，形成其理学思想体系构造之重要脉络。

第三部分则探讨程洵的政治思想，其于社会治理之独特贡献不啻在于继承了传统儒家正君严吏、民为邦本与德法兼济之政治观念，更重要的是他维护了华夏一统、君臣共治天下的美好政治蓝图。

## 汪莘的理学思想及文学创作研究

王明璐（曲阜师范大学 2020 年，导师：张玉璞教授）

汪莘，南宋文人，字叔耕，号柳塘，休宁人。自幼不羁，胸怀大志，不屑作场屋声病之文，不事科举，终身布衣。但始终心存爱国忧民之思，曾应诏上书，论天变人事、民穷吏污之弊及行师布阵之法，不报。后被徐谊以遗逸引荐于朝，不果。遂筑室柳溪，自号方壶居士。每醉必浩歌赋诗，以宣其郁积。作品见于《方壶存稿》，今存明代刻本九卷。

汪莘作为朱熹的徽州十二高第弟子之一，与程洵、程先、程永奇等人同为新安理学的早期创始人，形成了影响徽州几百年的新安理学派，其理学成就不容小觑。汪莘不仅是一位著名的理学家，他在文学创作方面也颇有建树。文章力求通过对相关文献资料及具体作品的全面考察，探究其理学思想对于文学创作的影响，探讨其文学作品的独特之处。

文章内容分为三章：第一章考述汪莘的生平、交游及著述情况。主要概述汪莘的生平经历，作品的流存，汪莘与恩师朱熹及其他友人的交游情况。第二章则是对汪莘的理学思想进行概述，包括其理学思想的渊源及倾向性。家乡休宁的人文环境及恩师朱熹的指导是汪莘走上研究义理道路的重要影响因素，通过研究发现，其理学思想主要表现在对“天地交泰”的论辨当中。第三章是对汪莘文学创作的研究，也是文章的重点。汪莘在诗、词、文创作方面均颇有建树，本章分别从这三个方面对其文学创作特色予以研究。在诗歌方面，首先探讨其诗学观，并从“含蓄深致，富有理趣”、“以智见诗，以才写诗”、“诗以观时，爱君忧民”、“言志抒怀，情感丰富”四个方面展现其诗学观对于诗歌创作的影响。在词作方面，从“随所寓而作”的创作观、维度丰富的主题取向、不拘一格的作词手法三个方面展现词的创作特色。最后探讨其散文所呈现出的多元化艺术风格。通过对汪莘理学思想及文学创作的爬梳与研究，重新定位其在南宋思想史与文学史中的地位，以期对南宋时期思想史和文学史研究有所裨益。

## 刘基理学思想研究

吴坤晓（湖南师范大学2020年，导师：周慧副教授）

在哲学发展史上，元代理学可以说是宋代理学向明代心学转变的一个过渡阶段，在宋明理学形成与发展过程中，元代理学家对于理学思想的义理发挥并无突破性创新，其最大特点是“和会朱陆”，而刘基生活在元末明初之际，于是汇合朱陆、赓续理学便成为其学术理想。

刘基的理学思想较好地体现了理学在元末明初的发展特征，同时又不乏有独到见解，这主要表现在理气论、心性论和工夫论等方面：

在理气论上，刘基将“理”作为其理学思想的最高范畴，他借助程朱理学的基本理气观念，同时又吸收了张载的部分气论思想，以此构成了其理气论的基本框架。他提出“天之质，茫茫然气也，而理为其心”的观点，在刘基的理学思想中，“理”是作为宇宙的最高范畴、天地之间最根本的法则而存在的。

在心性论上，刘基以“理”之善诠释人性本善的哲学命题，在此基础上分析“性为欲汩则乱”、“性迁于习”等现象，并进一步剖析人性恶在现实生活中的表现及其生发机制。而且在心性关系上，刘基提出“是故性无不诚，然后能主一心；心无不明，然后能应万事”的观点，认为“性主心”。

在工夫论上，刘基认同“儒者之

道，格物以致其知，贵能推其类”的思想。但更侧重工夫心上做，主张“无求诸目而求诸心”，提出“持敬”、“澄心”、“裕如”等道德修养工夫，认为皆是切实可行的方法。

刘基的理学思想有其独特的理论价值，而且他也肯定理学之经世致用性，从而使其思想表现出“学为圣人之道也，学成而以措诸用”的学术旨趣。在中国哲学发展史视域下对之展开系统性的哲学研究，也有助于进一步认识和理解元末明初理学思想的特点及其思想嬗变。

## 曹端著述考

宋辉峰（河南大学 2020 年，
导师：李景文研究馆员）

程朱理学在元代被确立为官方统治思想，明代统治者承袭元制，自明朝建立初期就扶持并确立了程朱理学的官方思想地位。相对于明初的社会状况，明朝中期时的经济更加繁荣，政治也更加复杂，思想界随之发生了很大变化，阳明心学登上了历史舞台。明初时期的思想界与前后比较，看起来只是对前代思想的继承，较为沉闷压抑，并无多少创新。实则不然，明代中期之时很多大放异彩的思想在明初已具有了端倪。当然，这种变化不是短时产生的，而是由整个明初理学家群体共同完成的。因此，考察明初时期理学家的思想、尤其是其中不同于前人的一些观点，对于我们理解明代思想变化有着重要的意义。

文章选取了明初具有代表性的理学家曹端及其著述作为研究对象。曹端被誉为“明初理学之冠”，开明代讲学风气之先。他年轻之时勤奋好学、博览群书，后来被理学思想吸引，投身于程朱理学的研究中。曹端反对佛老迷信等邪说，把倡明理学作为终生奋斗的目标。他为人忠实、正直，强调躬行守静的道德修养方法，被尊为“廉静先生”。天启七年(1627)明朝中央政府追赐其谥号为“靖修”，至清咸丰十年(1860)时又得以从祀孔庙。曹端在思想上尊崇朱熹的学说，坚持理的绝对性、坚持限断人欲等观点。但在长期学习的过程中，也对朱熹的一些具体观点提出了不同的看法，他的这些思想被保存在了其著述之中。文章考察了曹端著述的整体情况，他一生著述颇丰，惜多已亡佚，现存八种，可细分为理学类、家训类、语录类。在此基础上，考订、分析了其重要著述的编撰起因、框架结构、资料来源等。曹端的著述有着鲜明的特点，他的作品紧紧围绕着理学道统的核心，排斥异端思想，维护儒家思想的正统地位。在创作时主要采用述解儒家经典作品这种方式，在述解之时又往往结合时代的变化和现实生活的需要，将其思考所得的新认识融入到对经典的解读之中，使得经典与时代相结合，从而在一定程度上维护程朱理学的生命力。曹端作为明初理学家的代表，他的著述具有的史料价值、思想价值等，都能够在一定程度上帮助我们了解明初社会，尤其是明初的思想界，这也是历史留给我们的一笔财富。

## 程廷祚新理学思想研究

——以《论语说》为中心

杨　哲（安徽大学2020年，导师：徐道彬研究员）

程廷祚是清代康乾时期著名的经学家、理学家，祖籍徽州，定居金陵。程廷祚生活的时代，程朱理学虽仍受官方尊崇，但学理上渐趋僵化，甚少创新。反之，清初的经世实学此时已见消弭，汉学考据学日益兴盛。在这样的时代背景下，程廷祚坚持“汉宋兼采”的治经方式，以“通经致用”为旨归，吸收颜李学派的实学思想，融理学于经学，借经学再造理学，试图构建一套具有鲜明时代特色的新理学体系。

《论语说》是程廷祚晚年重要的解经著作之一，最能代表他的思想观念。此外，《原道》、《原心》、《原人》等阐发义理的文章，也在不同程度上完善了他的理学建构框架。注解经书与阐发义理的文章并重，代表了他探寻义理的多方尝试。程廷祚的新理学体系主要由三部分构成：其一，富有伦理色彩的宇宙论架构。程廷祚坚持“气一元论”思想的同时，给传统物质性的“气”增加了伦理感情色彩，使之内在张力获得巨大的扩充，为新理学的建构奠定了扎实的基础。其二，通向实德实行的心性论。不仅摒除了流于空虚的弊端，同时强调发挥人的主观能动性，使实德实行获得了内外统一的动力。其三，以“立人道”为旨归的知行合一功夫论。程廷祚通过对《论语》中“一贯”问题的阐发，融合了知行，明确了“立人道”的具体途径。最后，通过对程廷祚思想的总体分析和把握，他与颜李学派的关系问题便呼之欲出了。我们肯定程廷祚借鉴颜李实学思想的同时，不能忽视他在理学上的创见。脱离“颜李后学”的身份，更有利于对其人其学作出较为客观公正的评析。

程廷祚在理学暗淡无光的时代，通过注解经书与撰写义理性的文章，重新阐释理学上至关重要的概念，试图构建一个崭新的理学框架。这不仅体现了程廷祚个人的思想，而且展示了清代中期多元的学风，更促进了宋明理学向清代新理学的转化。

## 胡宏工夫论研究

张彤颐桢（中央民族大学2020年，导师：孙宝山副教授）

胡宏作为湖湘学派的代表人物与奠基者，其思想一度没落。牟宗三通过《心体与性体》一书高度推举其哲学思想，认为是超出程朱和陆王的第三系，并且认为它是唯一的圆教体系，从而引发了学界对此的研究热潮。

不同于理本论和心本论，胡宏主

张“性”是宇宙万物的本原和存在依据。因为万物皆是气化而形成,而性决定了气的运动变化,所以胡宏所言之“性”不仅指人之性,还和朱熹所说之“理”是一致的。那么人如果想最终实现至善之性,则需要通过一系列可以践行的工夫。

胡宏继承并发展了孟子的尽心说和程颢的识仁说,认为首要的工夫便是在事情发生的当下警觉出良心发露的端倪,进而体认到本心之仁,他也将之称为“求放心”之法。然而体认本体之后,还须对本心进行操存扩充,以至于大,这就是识仁之后的涵养工夫。胡宏的涵养工夫是对本心的扩充,是一种已发工夫,这和朱熹所说在未发之前的主敬涵养有很大区别。胡宏虽然也认为“敬”是一种涵养方法,但他所谓的“敬”是为了“养吾仁”,是涵养本体的方法,而非在未发之前仅保持内心的专一不迁的心境。除此之外,胡宏还认为君子最重要的修养之法是致知,即获取有关本体与道德的知识,而致知工夫主要是通过格物、穷理和自反等具体途径来实现。他认为格物的方法是立志和居敬,穷理的方法是寡欲,看起来胡宏并未提出任何全新的为学方法,但他所坚持的格致之道确与程朱之格物有着很大区别。

“先察识后涵养”是我们对胡宏工夫论的初步印象,但严格来说,在《胡宏集》中提到的只有“察”、“识”、“养”这三种工夫,而根本找不到“察识”或“涵养”等言辞。事实上这是朱熹在和湖湘后学们论辩时针对胡宏的工夫路径而下的论断,这就意味着他用自己所认为的“察识”和“涵养”这对范畴来解读胡宏之工夫。朱熹将胡宏体认仁体的工夫当做“察见知识”,所以认为工夫不应该以此为先。又由于他的中和说与胡宏不同,所以认为胡宏欠缺未发时之涵养工夫。双方观点悬殊,就各自的立场和体系而言皆可成立,但因朱熹以己度人便生出许多误解。

不可否认,胡宏的为学工夫在当时也是开风气之先,对后世学者产生了极深远的影响。在胡宏殁后,其弟子张栻、胡广仲、吴晦叔等人和朱熹、吕大临等通过书信论辩学问,往来密切。正是在这个过程中,张栻和朱熹的工夫理念几经更易,不断完善,促进了理学的繁荣和发展。

## 《三鱼堂文集》校注及研究

孟　荣(河北师范大学 2020 年,导师:江合友教授)

本论文的研究对象《三鱼堂文集》包括陆陇其的《三鱼堂文集》与《三鱼堂外集》,整体分为研究与校注两部分,研究部分分为四章。

第一章为陆陇其生平与人物形象研究。陆陇其是一个大器晚成的人,少时以坐馆家教为生,四十六岁开始做官,几经沉浮,历官嘉定知县、灵寿知县、四川道监察御史,尤以主政灵寿的时间最长,充分展现了他为官理政的才华，五十四到六十一岁为官灵寿期间，也是他理学思想的成熟期，写作了大量的优秀文章。陆陇其少时学习王阳明，“三十以来，始沉潜反覆乎朱子之书”，后专宗朱熹，排斥陆王。陆陇其是一位著名的循吏和理学家，他一生清廉，敢于为民请命，施行德政，重视教育及地方文化建设；在学术上，独尊程朱理学，有理学家的务实精神；同时品德高尚，他善良真实，一心为人，知恩图报，为了感念三条鱼对曾祖的救命之恩，遂名其居为“三鱼堂”；但我们也应该看到他并非完人，他没有同理心，不能体会他人的感受，一直在以己度人，偏执地认为所有人都应该尊程朱，还可怜佛祖“生西土”，“未听尼山讲五伦”。

第二章为《三鱼堂文集》版本研究。《三鱼堂文集》版本众多，《清人别集总目》著录有 15 种，《中国古籍总目》著录有 7 种，版本之间的关系错综复杂。关于《三鱼堂文集》的版本情况，学界少有研究。今对其进行考辨，认为琴川书屋刻本、嘉会堂本与老扫叶山房刻本为同一版本；仅存在光绪版陆子全书刻本；《三鱼堂文集》（包括其选本《陆稼书集》）共有 12 种版本，包括刻本、稿本、抄本、石印本和排印本：琴川书屋刻本、四库全书本、同治七年杨昌濬武林刻本、柏经正堂刻本、光绪陆子全书刻本、上海扫叶山房石印本、康熙正谊堂刻本、同治正谊堂刻本、丛书集成初编本、乾隆间平河赵氏清稿本、重庆抄本和日本抄本。《三鱼堂文集》包括文集 12 卷，外集 6 卷，附录 1 卷。

第三章为《三鱼堂文集》诗歌研究。陆陇其《三鱼堂外集》6 卷，包括诗歌 1 卷，32 首。诗歌从题材上看，主要是实用性的赠答诗，从体裁上来看，大都是古体诗。诗歌的风格为浅白务实。孙奇逢与陆陇其都是明末清初的理学大家，他们都有诗歌传世，其中赠答诗所占的比例都很大。赠答的对象主要有亲人、朋友和方外人士三类，主题涉及赞赏、自述、安慰、告诫、明志等多个方面。他们都很注重赠答诗的交际功能而轻视其审美功能，都有说理的赠答诗，都有一定的慕陶情结，但由于所处环境及自身性格的差异，他们的赠答诗也表现出很大的不同。

第四章为《三鱼堂文集》散文研究。《三鱼堂文集》12 卷全都是散文，《三鱼堂外集》6 卷中有 5 卷是散文，可见所占分量之重。其中《三鱼堂文集》有杂著 68 篇，书信 125 篇，序 43 篇，记 11 篇，墓志铭、祭文 27 篇。《外集》有奏疏、议、条陈 8 篇，表、策 32 篇，申请、公移 31 篇。共有散文 345 篇。诗歌的功能偏重于个人抒情，故陆陇其很少作诗，散文偏重于实用的社会功能，故所作较多。作为政治家，他要用散文来议政；作为理学家，他要用散文来论学；作为普通文人，他要用散文来交际。陆陇其的散文大都为论说文，少有记叙文和抒情文。陆陇其虽写作了类型不同的散文，但都以实用为主，语言朴实无华，理胜于情，因陆陇其不屑学习文艺，也造成了他不擅长表达与书写情感。总体看来，陆陇其的散文有两个特点：一是周密严谨，很有逻辑；二是质胜于文，表情不足。

此次校注以琴川书屋初印本（即嘉会堂本，下同）为底本，通校以光绪陆子全书本，并参校众本及相关文献。校注内容分为三部分：一是题解，包括写作时地、历史背景和题中涉及的人物，有话则长，无话则短；二是注释，包括地名、诗文中涉及的人物、典故、僻词、持论措语之所自出等；三是校记。

## 日本战国时代思想由佛教向朱子学转化研究
### ——以藤原惺窝的思想转化为主线

闫　玮（中央民族大学2020年，导师：蔡凤林教授）

日本的战国时代是一个战乱频仍、动荡不安的社会转型期。应仁之乱后，各大名纷纷崛起，揭开了日本战国纷争的序幕。经过近150年的混战，战乱逐渐平息而走向统一，为之后德川幕府的一统天下奠定了基础。由此历史意义，战国时代成为区分日本中世和近世的重要历史转折期。战国同时也是一个资本主义萌芽的时代，尤其是安土桃山时代自由开放的社会氛围带来了经济领域的繁荣。社会政治经济的变动，必然影响到其思想文化的变动、发展。作为连接日本中世和近世的社会转型期，战国时代日本的主流思想文化也由佛教向儒学转型，这不仅集中反映着日本思想文化的一大变迁过程，而且也代表着日本社会的一次巨变。

佛教传入日本后，引发了日本统治阶级内部的激烈斗争。最后，崇佛派苏我氏打败信奉神道的物部氏，佛教逐步获得国家的保护。推古朝时期圣德太子积极保护、弘传佛教，中经“大化革新”和天武朝改革，佛教发展成中央集权的日本国祈祷国运的国家宗教。及至平安时代，佛教又发展为统治阶级招福攘灾、祈祷延年益寿的贵族宗教。降至镰仓时代，出现了净土真宗、禅宗等新兴佛教宗派。因为没有旧佛教繁琐的修行仪轨和深奥难解的教义，这些新宗派深受武士和广大民众的钟爱。这个时期，佛教逐步摆脱外来文化的外衣而真正点燃了日本民族虔诚的宗教信仰，成为拯救灵魂、实现涅槃的宗教，为佛教在中世日本思想文化领域占据主导地位奠定了坚实的基础。

但是到了战国时代，一方面由于旧佛教自己走向腐朽，逐渐失去社会信仰的基础；另一方面由于受宋朝主体佛教的影响，禅宗也在日本兴起。由于禅僧深谙朱子学，禅宗和朱子学有着密不可分的关系，这为朱子学传播日本提供了良好的途径。加之当时日本社会经长期战乱，人心思定，以藤原惺窝等人为首的五山禅僧，深刻认识到理学中的朱子学伦理思想对重建社会秩序具有巨大的潜在作用和积极意义，于是积极倡导朱子学。藤原惺窝不仅成为日本朱子学的开山鼻祖，而且为战国时期日本主流思想由佛教向朱子学转型立下了不可磨灭的功绩。藤原惺窝的思想转变过程，代表着日本战国时期思想的转型。本文通过分析战国时期日本社会文化环境的变化，以藤原惺窝“排佛归儒”的思想转变轨迹为主线，阐述日本战国时期主流思想由佛教向朱子学转型的历史过程。

## 由“心”偏向“身”

### ——对山崎闇斋“敬说”的再认识

蓝苑玲（北京外国语大学2020年，导师：谢明光助理研究员）

山崎闇斋是日本江户时期重要朱子学者，也是崎门学派与垂加神道的创始人。闇斋的理论对日本思想产生深远影响。闇斋极力主张尊朱，将朱子之言奉为“真理”。他学习朱子的理论，对朱子学之“敬”思想尤其重视，提倡“敬以直内，义以方外”、“以身为内”的“敬说”。他认为“敬内”的“内”指的是“身”之事，“义外”的“外”指“身”外之事，并以《大学》八条目与其“敬说”交相注释。从闇斋对“敬内义外”的“内”、“外”的解释，我们可以看出他不同于朱子的创见。此外，闇斋“以身为内”的身心关系在某种程度上也表现出他对社会实践与伦理关系内容的关注。本文试图通过对闇斋与朱子的“敬说”进行对比，呈现出山崎闇斋“敬说”的特点，从而揭示出闇斋不同于朱子的自觉体认，并通过探讨他对朱子学理论的改造，揭示出闇斋如何为其“神儒妙契”的思想奠定理论基础。

朱子学
年鉴
（2020）

# 朱子学学界概况

朱子学研究重大课题

## “仿编《近思录》文献”整理与研究

2020 年国家社科基金一般项目
（课题编号：20BZX059）

程水龙

南宋淳熙二年(1175)朱熹、吕祖谦共辑《近思录》十四卷，以此作为青少年入学理学的门径。此书也成为后世认知宋代理学的首选经典，被视为入道之津梁。

南宋至今，理学思想在不断发展，代有人出，后世学者若治宋代理学、明清程朱理学，除读《近思录》外，尚需阅读朱熹、张栻、吕祖谦、黄榦、许衡、薛瑄、胡居仁、罗钦顺、高攀龙、张履祥、陆世仪、汪佑、张伯行、江永等诸家著述，尤其是那些随着时代发展应运而生的仿《近思录》体例编撰的理学文本。南宋至清末近七百年仿照《近思录》体例编纂的“仿编《近思录》文献”，几乎占据现存全部“近思录文献”的半壁江山，也是东亚儒学建构的基础文献之一。

虽说该类文献不是注解《近思录》，不是直接展现北宋四子的学术思想，但是它们的内容，或承袭北宋四子的思想接着说，或沿着程朱理学的思想脉络不断演绎。此类文献在《近思录》文献传播历程中对理学思想的广泛深入传播发挥了无可替代的羽翼作用，是后世研究宋代至今理学思想必不可少的主要思想史料。而且，现阶段我国经济社会在快速向前发展，同时迫切需要优秀的传统思想文化来滋润，而这些“仿编《近思录》文献”也能“为人类提供正确的精神指引和强大的精神动力”（习近平主席语）。

近三十年来国内外研究“《近思录》文献”领域，尚无对历史上“仿编《近思录》文献”进行专门而全面的整理与研究，学界对“仿编《近思录》文献”不甚了解，研究者对此类文献的整体无从认识，社会上缺乏此类文献的校点整理本。即便有学者已经对现存历史上的《近思录》各种版本进行了考订与源流梳理，对《近思录》注本做过汇集，尝试探究了“近思之学”的演进，但对“仿编《近思录》”这一大宗文献尚未进行全面深入探讨，这将制约人们对东亚理学文献精髓的深入探究，故现在有必要对其作专门研究。

七百年间仿编《近思录》者中国不少于34人，他们或有意承继朱、吕创建的辑录北宋四子语录的方式专辑朱熹语录；或专辑吕祖谦、张栻的语录；或辑录北宋四子、南宋朱子的语录；或与时俱进辑略上述五子之外的其他理学家著述；或总结、续补前人的续仿编文献；或仅辑略自己师门著述；或为当时社会教化仿编有修养身心功用的文本，以导引后学。程水龙主持的国家社科基金项目《"仿编〈近思录〉文献"整理与研究》将对这些文献进行探究，选取代表性文本10种，按照古籍整理规范分别进行校点整理，如（宋）蔡模《近思续录》，（明）朱吾弼《重编近思录》，（明）江起鹏《近思录补》，（明）高攀龙《朱子节要》，（清）汪佑《五子近思录》，（清）严鸿逵《朱子文语纂编》，（清）张伯行《续近思录》与《广近思录》，（清）张履祥、祝洤《淑艾录》《下学编》，（清）牛兆濂《读近思录类编》等。

在进行古籍校点整理的同时，对历史上中国学者仿编《近思录》进行全面研究，形成一部专著，考述七百年来仿编《近思录》文献版本，研究仿编《近思录》文献内容，探究仿编之作的编纂方式及文献学价值，阐发仿编《近思录》文献在理学史上的思想价值。

该项目将运用古典文献学方法，查寻现存史上公私藏书目录所载录的"仿编《近思录》文献"，实地目验，考辨版本源流，选取底本、校本，考订校勘，规范整理其中代表性文本。与此同时，将古文献研究与学术思想史相结合，阐发史上仿编者承前启后、络绎不绝编纂此类文献的深层意蕴，其文献编纂学、图书传播史与当时学术文化背景的关联，从而揭示其多重价值。

（作者单位：苏州大学文学院）

## 南宋理学家群体生活世界研究

2020年国家社科基金一般项目
（课题编号：20BZX061）

汤元宋

宋明理学不仅是形而上的义理建构，亦贯穿于士人群体的日用之间。课题在充分利用中国哲学史学科已经极为丰富的宋明理学专人、专书研究基础上，在"生活世界"问题意识的牵引下，进一步扩大研究对象和史料来源，利用新兴数字人文工具，研究南宋理学家群体的生活世界。

宋明理学是中国古代思想文化发展的高峰之一，亦是近四十年来中国哲学史研究最为充分的领域之一。两岸三地几代学者用力于此，尤其是对重要理学家及其后学的个案研究，奠定了其在朱子学、阳明学和阳明后学领域的国际学术地位。就南宋理学而言，围绕南宋理学大家的个案研究，近四十年来多有力作，近年来研究者亦逐步将研究视野拓展至乾淳理学大家之后学。重要人物及其后学的研究积累，使得讨论南宋理学家

“群体”逐步成为可能。

学界对于南宋理学的经典研究，方法上多以“哲学”分析为主导。哲学分析长于处理细密艰深的理学义理，但亦稍有缺憾。余英时曾言，一般读者对于道学的认识大致都假途于哲学史的研究，而道学家与他们的生活世界之间的关联则自始未曾进入史学家的视野。理学史的叙述中，两宋理学分属形成与发展的不同阶段，但对于十分依赖研究材料的理学史而言，南宋理学文献在体量和类型两方面都要胜过北宋，尤其是南宋理学家及其往来对象的文集中包含了大量书信、诗文、墓志、题跋。理学家文集中的这些文献，很大一部分或许因其无助于直接研究理学义理而较少受到关注，但却非常有助于呈现理学家的日常生活。

相比于理学史研究者侧重于“观念世界”的分析，历史学者更侧重于对“历史世界”的重建。近年来，宋史学界对南宋思想史的再研究，虽有其回应士大夫政治、地方精英等唐宋史经典议题的渊源，直接的对话对象并非哲学史界，但在政治史、家族史、法律史、女性史、城市史和地方史等专门史领域却取得诸多能刺激南宋理学研究的成果，其丰富程度多能呈现理学家或某一具体理学观念在南宋历史场景中的生动面貌。

本课题在准确把握理学思想的前提下，关注理学家群体的日常生活实践。南宋理学文献中呈现的思想与实践之间的贯通、冲突和调整，当能更全面地反映南宋理学和理学家群体的独特面貌，这便是本课题聚焦“南宋理学家群体生活世界”的目的所在。

本课题研究的主要对象是南宋理学家群体，其范围不局限于朱熹、张栻、吕祖谦和陆九渊等理学大家，而借助中国历代人物传记资料库（CBDB）这一关系型数据库，将更大范围内的理学家群体及其交游、政争、联姻和问学的相关人物纳入研究对象之中，系统而全面地考察理学对这一群体的影响。课题总体框架分三部分：

上篇，作为新思想体系的理学与理学家群体在生活世界中的认同建构。从南宋理学兴起至理学被官学化之间，以地方精英为主的南宋理学家群体需面对党禁、科举、习俗等多重压力，其所信奉的理学思想的“应用”范围也比哲学史中抽象化的理学义理更为博杂。较之于道学门、学案体、哲学史叙述中的被概念化的理学义理演变，考察南宋理学家群体在生活世界中所体现的思想与身份认同，有助于彰显此一时期理学发展的多元与复杂。

中篇，秉奉新的理学思想的理学家群体在生活世界中的家国实践。在南宋历史大背景下，理学家对于家国的真实态度，并非止于文本层面、义理阐发中的忠孝之道，其具体的忠孝行为，也非专门史从阶层、教育、家世等单一视角所能解释。思想与实践在理学家生活世界中“家”与“国”这两项主要领域中始终彼此影响：一方面，理学家在父子、夫妻关系上的伦理实践深受理气、阴阳思维模式的影响；另一方面，南宋特殊的中央集权政治氛围和地方社会精英化变动，也使得理学家为现实层面“致君尧舜上”的政治实践铺陈出一套包含天下至公、格正君心、君臣一体、体国之臣等义理贯通的“得君行道”思想。

下篇，理学家群体的生活世界与南宋时代转型。长时段的时代转型，各专门史多从权力结构、阶层流动、经济模式等方面加以分析，而较少留意思想史层面；而哲学史的叙述侧重道统、师承而非思想背后的时代因素。然而一个时代必有一个时代超越具体观念之上的风气、知识和思想。南宋理学是否如刘子健（1988）所言乃是“得不偿失的胜利”？此一部分主要讨论南宋理学的道德化与官学化，是如何在两宋“转向内在”的进程中、甚至在更长时段的唐宋变革、宋元变革之中发挥更具普遍性的作用。

本课题试图突破过往理学研究中的道学门、学案体和观念史的方法，致力于以综合整全的视野，运用各专门史成果，将理学家和理学文献“回置”于更具体的历史语境中，在个案研究的基础上，探讨理学中思想与实践的互动，以及理学与时代变迁的关系。课题所呈现的南宋理学家的生活世界包括如下几个核心观点：

第一，理学在南宋的兴起与演变，与南宋地方社会的崛起和中央权力格局中的变迁有关。地方社会及跨地区网络的兴起，使得南宋地方精英不同于北宋精英之汇聚于开封、洛阳两地，而能在临安政治中心之外的浙江、福建、湖南、江西等地寻求个人和家族事业的发展，这促使地方精英寻求在政治权力之外的基于文化属性、尤其是道德感的群体身份认同，这种认同与其作为地方精英的日常生活实践结合在一起，体现在教育、科举、婚俗、葬俗等方面。而后者受制于制度、习俗不易迁转，这又致使作为一种新的思想体系的理学在思想与实践之间始终保持一种张力，并最终致使理学在内圣外王之道方面有思想层面而无实践层面的一贯。

第二，中国古代社会中的思想世界，往往基于不同历史时期的政治、社会变迁而处于膨胀、收缩、定型的进程之中。与隋唐之际因中西交通、佛道兴起带来的思想世界迅速膨胀不同，宋代理学渐渐失去中古时代广博多元的特点，而趋于道德化。但这一转型过程比哲学史基于理学家个案的叙述要复杂而绵长，思想的断裂与新生、新旧思想的冲突与融合亦是无时、无处不在。

第三，理学思想不仅仅是理气性命，理学家亦不局限于道学门、学案体中的列名者。在理气性命义理的差别之外，南宋理学家群体还共享一个近似的话语模式、思维习惯和知识结构，理气性命等义理的专精与其日常生活实践中展现的博杂，共同构建了一个多元、复杂的理学世界。

（作者单位：中国人民大学国学院）

## 宋明理学意的哲学思想研究

2020年国家社科基金一般项目
（课题编号20BZX063）

张锦枝

意识是当代许多哲学学派乃至自然科学共同关注的问题。西方哲学中德国古典哲学的意志论、现象学的意向学说和佛学唯识论对意识的论述都很精深，呈现了人类意识的多层次的丰富意蕴。中国哲学理学心性学说中意的思想同样精微丰富，与东西方的其他哲学不同，具有独特的内涵和结构。

理学的意的思想具有很强的延展性，其上可以作为心志而为意志，下可以通情识、念虑而为心意、情意、意念、意欲、意识、意见，沟通形上与形下。首先，从学理上深入研究理学意思想不仅有助于深化理学史和哲学史研究，而且有利于深入探究儒学传统中道德、意志、情感、理性、认知等之间的关系，进而理解中国人的深层意识结构。其次，通过对话和交流，理学意思想研究的成果可以为佛学、心理学、美学、古典西方哲学及现象学等其他类型哲学，乃至为自然科学研究提供中国传统的智慧和资源。再次，理学意论以德性为核心，本质上是传统中国各阶层安身立命的精神内核，其内涵和意义的揭示，对信仰缺失、价值虚无等当代社会弊病有一定的救治和纠偏意义。

本课题旨在以意的多元二重性在理学本体论和工夫论中的展开、对立与融通为研究主线，系统研究宋明理学中实现“意”的哲学涵义的相关哲学概念及其工夫的实践。具体来说，首先，厘清宋明时期理学各流派意论的主要观点、分歧及发展的脉络。进而，梳理出实质上存在的意论的不同种类，总结其内在多元二重的特质，并深入剖析每一种对立的情况，探究其在理学中对立的必要性和融通的可能性。

意的内涵中存在多方面深层次的对子结构，从理学的整体视野下考量，这些对子两方面都具有存在的必要性，以及沟通的可能性。意所涉及的心、性、知、情、志等的名相与意的内涵有着千丝万缕的联系，却不与道德、理性、认知、情感和意志一一对应，其内涵的衍进主要受理学本体论和工夫论内在线索和问题意识的影响。

本课题总体框架分成五个部分：

第一部分分析意之体用。自思想史的视角来看，宋明理学从北宋到南宋朱子学、明中期阳明学都主张心体意用论。朱子的体用是相对的，性体心用，心体意用，心体不是本体，性体才是。阳明的心体意用进一步认为心是本体。明中晚期阳明后学提升意作为本体，发展出意为主宰和意之生生的学说。意作为未发的心之本体和已发的心之发用的两面，以体用一源则可以沟通兼顾。

第二部分说明意之知行。理学中，两种典型的知行学说是朱子的知先行后说和阳明的知行一体说。阳明的知行一体说包括：真知必然真行和一念既是知也是行。“一念发动即是行”，此“行”是发动而非践行。意之知行也包含了这两个层面。

第三部分讨论意之善恶。朱子说意是心之发动，阳明“四句教”说道“有善有恶意之动”，周敦颐说动往往是妄动。心体意用说中可分为意元善论，意有善有恶论，和意无善无恶说。王龙溪从无善无恶心之体推出意之无善无恶，平抑善恶论的分歧，与明道说“恶亦不可不谓之性”，恶是天理秩序之安排的说法可通。

第四部分探讨意之有无。意之存在是心有主宰的核心内涵，也是贯穿理学史始终的一条线索。这一线索不仅仅体现在意的概念发展中，也体现在呈现意之存在的相关概念内涵中。同时，理学也讲求无意，理学无意不同于道家、玄学和佛学中的无意、去意和毋意说。

第五部分总结意融通多元二重性的可能性。揭示意在知与行、内与外、动与静、寂与感、念与志、善与恶、未发与已发、主宰与被主宰、先天与后天、形上与形下等种种对立之间融通的可能性和依据，以及这些不同的对子概念之间的哲学意蕴的关联，进而准确勾勒、说明意的哲学意蕴。

本课题的研究方法为：首先，历史与逻辑相结合的分析方法。遵循理学本有思想史发展演进的脉络和条理，予以哲学地阐发和提升。其次，内在性研究的进路和方法。通过亲切体认，从本体论和工夫论上归纳出意的多元二重性呈现的本真的思想和问题，评述工夫论的困难如何推进意哲学思想的发展。再次，阐释学的方法。意在理学中的意涵主要通过对《易传》、《论语》、《大学》和《孟子》等不同儒学经典系统的诠解阐释出来，对大乘佛学和老庄思想的融释也通过解释得到体现，研究中需有阐释学方法的自觉。最后，比较研究的方法。通过与玄学、佛学及西方哲学中的意识、意志等概念相比较，凸显理学意的哲学思想的特点。

（作者单位：上海社会科学院
哲学研究所）

## 北山学派理学思想研究

2020年国家社科基金一般项目
（课题编号：20BZX076）

王　锟

北山学派是“北山四先生”及其后学次第流衍而成的学术流派，分为宋末元初的“北山四先生”和元代至明初的四先生后学两部分，前后延续二百余年。北山学派以传承、护翼朱学为己任，成为元代朱子学的重镇和明初洪武、永乐儒学的主流，被后世尊为“朱子世嫡”。

本课题主要是以宋末元初的“北山四先生”理学思想和元代至明初的四先生三代弟子的理学思想为对象进行研究。

**一、主要内容和框架**

第一，北山学派的源与流。具体包括：1）北山学派开宗人物——何基，从学于黄榦而为朱子二传弟子；何基再传给王柏，王柏传给金履祥，金履祥传给许谦，此即“北山四先生”。2）元代至明初四先生后学次第传承三代：第一代是师从于金履祥、许谦的朱丹溪、欧阳玄、吴师道、柳贯、王毅等；第二代是师从于吴师道、柳贯等人的王袆、宋濂、胡翰、戴良等；第三代是师从于宋濂的方孝孺、王绅等。北山学派前后传递六代，是宋末、元代至明初理学的主流之一。

第二，北山四先生的理学思想。具体包括：1）何基的理学思想：道统论、太极阴阳论、心性论、疏解朱子《感兴诗》。2）王柏的理学思想：道统论、理一分殊说、心性修养论、护翼与质疑《四书集注》。3）金履祥的理学思想：道统论、天地生物之心说、知行合一说、心性工夫论。4）许谦的理学思想：道统论、太极阴阳论、鬼神论、天地之命与气质之命。

第三，北山四先生与其他学派的互动及其理学特征。与江西朱子学和北方朱子学相比，北山四先生理学坚守师门道统，以朱子学为宗，又援引吕祖谦而成，北山四先生理学有继承也有创新，并非“抱守朱学或流于章句训诂”。

第四，北山四先生第一代弟子的理学思想。具体包括：1）金履祥、许谦与吴师道、柳贯、朱丹溪、欧阳玄、王毅之间的师承关系；2）朱丹溪的理学及医学理论；3）欧阳玄的理学及其对朝鲜性理学的影响；4）吴师道、柳贯的道统论及其理学化的文学观；5）王毅的义理之学及气节人格论。

第五，北山四先生第二代弟子的理学思想。具体包括：1）吴师道、柳贯与戴良、王袆、宋濂、苏伯衡之间的师承关系；2）宋濂融合朱、吕的理学思想；3）王袆的性理说及史学观；4）戴良、苏伯衡的道统论与理学化的文学观。

第六，北山四先生第三代弟子的理学思想。具体包括：1）宋濂与方孝孺、王绅、郑氏兄弟之间的师承关系；2）方孝孺的道统论及其良知说；3）王绅的性理说及史学观；4）郑氏兄弟的理学与郑义门的家训家规。

第七，北山四先生第三代弟子理学思想的影响和地位。具体包括：1）北山学派的理学思想对《四书大全》《性理大全》的影响；2）北山学派流衍至宋濂、方孝孺、王绅，他们的理学以朱为主又融吕、陆而倾向心性良知说，是朱子后学至阳明心学转换的关键环节。

**二、研究意义和价值**

近六十年来的北山学派研究虽取得了一些研究成果，但缺憾如下：其一，北山学派研究聚焦于宋元之际的“北山四先生”，对元代至明初的四先生后学研究严重不足。其二，就何、王、金、许四先生的研究来说，已有成果主要聚焦于经学、文献等方面，对理学思想研究偏少。

本课题研究意义如下：对北山学派理学思想前、后期发展的全面认识，有利于把握北山学派思想的全貌;对北山学派以朱子为主,融合吕、陆思想特征的把握,有利于揭示宋末、元代至明初理学的丰富内涵,填补宋明理学史在此段研究中的空档;对北山四先生后学三代弟子的研究,揭示元代至明初北山学派的理学思想谱系,有助于推翻学界认为的许谦之后北山学派"流而为文"的传统观点;对宋濂、方孝孺等为代表的北山学派后学作为明初理学发端的研究,有利于把握朱子后学至阳明心学转换的关键环节。

**三、研究方法**

学术谱系法:即以学术传承为线索绘制学术谱系,梳理学术传承脉络。北山学派非常重视道统和师统,何基上承朱、黄之学而创北山学派,何、王、金、许四先生次第传承,后又流衍为第一、二、三代传人,前后传递六代。因此,把握北山学派理学思想的承继创新、代际嬗变及群体凝聚与互动影响,学术谱系法研究非常重要。

层累构造分析法:由于中国哲学著述的方式采用经典注解法,哲学的创新采取"层累构造"的模式,其新观点、新概念层累于旧有名词之上。因此,要考察北山学派不同学人理学思想的继承和创新,就必须从他们对经典的具体注疏中做细致"剥离"分析,才能真正发现有创获的新观点、新思想。可见,层累构造分析是行之有效的方法。

(作者单位:浙江师范大学马克思主义学院)

# 朱子学与台湾文化意识研究

2020年国家社科基金一般项目
(课题编号:20BZX086)

张品端

以朱熹为代表的朱子学,宋末受到官方的推崇,元初由南至北发展,成为元朝的官学,在明代上升为官方意识形态,成为承接中国文化的主体思想。明末清初,朱子学传入台湾,经过与台湾原住民文化、移民文化的不断融合,发展成为台湾社会的主流文化。马英九先生在台北遥祭黄帝陵的讲话中说:"台湾人来自闽粤,台湾的文化思想由郑成功、陈永华来台引入朱熹闽学而广为流传。"萧万长先生也曾说:"以朱熹为代表的儒学,深化而融合于台湾日常生活,成为台湾社会的典范。"台湾师范大学教授潘朝阳亦认为:"朱子儒学遂从福建而普化于台地,成为数百年来台民的文化常道,台湾的文化主体。"

台湾文化意识作为台湾文化思想史现象,内涵广泛丰富,不同阶层的人,各有其互异的文化意识。这里所说的台湾文化意识是指其社会主流文化意识。从历史文化发展的角度,台湾文化意识的形成和发展经历了四个阶段:明清时期、日据时期、光复时期、1987年至今。各个时期的思想内涵不同,表现出不同的文化特征。

1. 朱子学在台湾传播与影响。

明末，郑成功收复台湾，一批从闽粤赴台的儒家学者将朱子学传入台湾。清光绪十一年（1885）前，台湾一直是福建省的一个辖区，许多主管官学、书院的官员基本上来自福建，加之清代科举取士以《四书》为本，各类学校、书院都以朱子《四书集注》等著作为教科书，这就使朱子学作为一种制度化的思想进入台湾，并通过官学合一的方式，朱子学基本精神引导社会公共秩序得以建立。朱子学在台湾的存在方式并非是单纯的学术传播，它作为一种普化为民众日常生活世界里的儒家思想，在社会更多是通过日常教化过程中接续下来的一种生活方式。这种生活方式极大地影响着台湾的人文社会、台湾文化意识的形成和发展。

2. 明清时期台湾文化意识。早期台湾文化意识是以“乡土情怀”为其情感基础的。明郑时期（1661—1683）以及清朝（1683—1895）时期，从大陆闽粤各省移民台湾的汉人，以原祖居地的地方意识形成了语音群和地方宗教信仰不同的文化意识。从19世纪开始，来台汉人从移民文化走向本土化，并与原住民传统文化有机结合，由地方意识转为台湾意识，并形成以儒学（主要是朱子学）为主体的台湾文化意识。

3. 日据时期的台湾文化意识。1895年，台湾被割让给日本而成为日本的殖民地。在半个世纪的殖民统治中，台湾文化意识表现为中华民族意识。这种中华民族意识的基本内涵是对祖国的文化认同。此文化认同展现了朱子学中的严“华夷之辨”的精神。

4. 光复后的台湾文化意识。1945年8月15日，第二次世界大战结束，日本宣布无条件投降，台湾光复回到祖国。由于国民党的统治，光复后的台湾出现了“省籍分类意识”，于是台湾人追求政治上的平等，为台湾文化意识的主流。其主流是朱子学中的“大一统”意识。

5. 1987年以后的台湾文化意识。1987年7月“戒严令”解除后，台湾开始进入西化和民主化的历史潮流中。这时，台湾文化意识表现为以传统中华文化价值来对抗西化式的现代文化。同时以中华文化为核心强调台湾本土文化形式原则本来就是儒学，即向儒家思想回归。

6. 台湾文化意识的未来发展。台湾文化意识的核心是文化认同问题，而文化认同是一种“心理建构”。政治认同以文化认同为基础，因此，文化认同是两岸统一的基础。台湾人民对中华文化认同是以朱子学为核心，经过数百年凝聚和发展起来的。21世纪，我们开展朱子学研究，发掘朱子学与台湾文化意识形成和发展的深层文化内因，有助于推动两岸文化认同，实现祖国统一。

朱子学在台湾的传播经历数百年的发展过程，对台湾人民的文化心理、价值观念、行为方式等都产生了深刻的影响。台湾文化意识的核心是文化认同问题。在目前海峡两岸形势背景下，我们对朱子学与台湾文化意识的研究，将有助于加深对台湾社会文化的深度了解，有助于提升台湾人民对中华文化的认同，可为两岸追求和平发展提供重要的思想资源，为促进国家民族的统一发挥积极的作用。

（作者单位：武夷学院
朱子学研究中心）

# 朱子学学术动态

## "经学与理学研讨会暨浙江省朱子学研究会2020年学术年会"召开

2020年1月4日,"经学与理学研讨会暨浙江省朱子学研究会2020年学术年会"在浙江省杭州市举行。中国哲学史学会会长、清华大学国学研究院院长陈来教授特发来贺电,祝贺年会召开,浙江省朱子学研究和推广工作日新月异。

会议由何俊教授主持,浙江省朱子学研究会执行会长朱晓冬、杭州师范大学范立舟教授、张天杰教授、姚永辉副教授、昆明理工大学任利伟副教授等与会代表分别发言。会上,代表们详细报告了过去一年有关朱子学的研究成果与文化推广工作进展,并围绕在研国家社会科学基金重大项目"《群经统类》的文献整理与宋明儒学研究"交流了工作心得。何俊教授做总结发言,高度肯定了研究会及其成员已取得的丰硕成果,并对新一年的工作提出了殷切的期许和更高起点、更高标准的要求。

## 纪录片《朱熹》播出

2020年4月21日—24日,由中央广播电视总台央视科教频道与武夷山广播电视台联合摄制的四集纪录片《朱熹》在央视科教频道播出。

纪录片历时五年制作完成,摄制组行程十几万公里,几乎走遍了朱熹生前所有重要活动地点,对众多珍贵的文化遗迹和历史文献进行了精心拍摄,向世人讲述了南宋儒学大师朱熹传奇的人生经历和对中国传统文化的重大贡献。四集纪录片紧紧围绕着"朱熹的重要性"以及"对当下的现实意义"展开,把焦点对准了他众多身份中的"理学家"和"教育家"。

第一集《继往开来》

立足文化发展史的角度讲述朱熹的历史地位。

第二集《以民为本》

以朱熹的四次被贬为架构,讲述朱熹的坎坷一生,突出他为国为民的执着追求和精神取向。

第三集《尊礼重道》

立足于祠堂、婚礼、祭礼等当下中国市民社会的传统习俗,讲述朱熹儒家理论民间化和世俗化的成果——朱子《家礼》,及其对中国千百年流传下来的传统文化的重要影响。

第四集《明德崇教》

立足中国四大书院之中的白鹿洞书院、岳麓书院,讲述朱熹的教育思想,展现其对于中国书院文化,乃至中国教育中"德育教育"发展的重要影响。

# 2020年厦门(同安)第五届国际朱子文化节暨第十三届“朱子之路”研习营举行

2020年7月11日上午，2020年厦门（同安）第五届国际朱子文化节在福建厦门朱子书院正式开幕，第十三届“朱子之路”研习营活动开营仪式也于当天下午同步举行。国内外专家学者、有关协会及朱氏贤达代表齐聚同安，共话朱子文化。活动由厦门市社会科学界联合会、厦门市同安区委宣传部指导，中国朱子学会、厦门大学国学院、厦门大学新闻与传播学院、同安区社会科学界联合会联合举办。本届朱子文化活动以“心追往圣·云上同行”为主题。受疫情影响，此次活动的举行以线上为主、线下为辅，将“朱子之路”研习营活动的始业式与朱子文化节结合举办，以国内外专家网上连线会讲、线上有奖答题、新媒体网络平台传播等形式广泛推动。

开幕式上，专家学者围绕朱子文化对世界的影响以及朱子文化的现代价值、现实意义等展开了研讨。

厦门大学教授朱人求指出，朱子文化的基本精神是“全体大用”的精神。具体而言，朱子文化的精神又包括理一分殊、主敬穷理、正心诚意、文化承传、以家为本、关爱民生、教化天下等精神，它们都是朱子“全体大用”思想的具体展开。正是通过“身心—家—国—天下”的一体建构，朱子学的精神关切从自我扩充到家族、国家和整个世界。

南京师范大学教授王锷在演讲中引用了蔡尚思先生的一句话：“东周出孔丘，南宋有朱熹，中国古文化，泰山与武夷。”他放眼孔子以后两千年的漫长历史，指出朱子与孔子有着同等重要的地位，不仅折衷了北宋时期各个大儒的思想与学说，使得先秦以来的孔孟思想更加义理化与系统化，而且在元、明、清三代的儒学思想中打上了深刻的烙印，更是进一步影响了东亚诸国的社会制度与伦理思想。

复旦大学教授郭晓东强调，朱子是宋代著名的大儒，也是儒家思想文化的继承者和传播者，任同安主簿之时致力于振兴教育，作育人材。他通过朱子著作概述、朱子与同安关系、朱子学的现实意义三个问题，解读朱子对同安以及中华文化的学术贡献，探寻了朱子学的现实意义。

清华大学国学研究院院长陈来教授、日本关西大学的吾妻重二教授、韩国建国大学的郑相峰教授、台湾政治大学中文系的陈逢源教授等著名专家，通过网络连线的方式参与了会讲。

陈来教授指出，朱子致力于中国传统文化的继承与创新，对中华民族价值观的形成、巩固发挥了重要的作用。朱子讨论道德的思想，比如认为欲望应受道德原则的制约，在今天仍有借鉴意义。朱子学的学问宗旨是“主敬穷理”，这种保持内心警觉与敬畏的修养工夫，不仅为东亚社会的现代化提供了一种“工作伦理”，也充实了人们的内心生活。此外，朱子对学习的重视、追求德性与知性的平衡发展，也与今天通识教育的宗旨相符合。

吾妻重二教授谈到了《朱子家礼》在日本的影响。《家礼》的问世可以说是中国近世思想史上的一件大事，不仅造就了中国七百余年的民间礼俗，甚至在室町时代传入日本，影响了日本的社会风俗。他举例说，日本幕府末期的神道家曾以《家礼》为依托，完善了自己的丧葬仪式，形成了神道教中的“神葬祭”。相比于日本，朱子学对于韩国的影响更加深远，特别是韩国学术史上著名的“四端七情论辩”，正是对朱子哲学问题的深入挖掘。

郑相峰教授回顾了朱子哲学的形成与其理论体系，并从哲学理论的内在脉络，深入浅出地介绍了韩国儒者李滉、李珥、丁若镛等人对“四端七情”问题的讨论。可以看出，朱子哲学在韩国传播形成了韩国的性理学，而韩国的性理学则反过来重新诠释了朱子哲学，为其增添了不少精致的理论体系。

为期8日的“朱子之路”研习营选用“当场主题活动＋直播间＋H5系统消息推送”方式，设定拜祭朱子庆典、南溪书院学术研究奖与朱子文化艺术知识竞赛题库公布式、海峡两岸齐诵《朱子家训》等阶段，沿着“云上朱子之路”走过尤溪南溪书院、五夫镇、黄坑朱子墓、考亭书院、武夷精舍、鹅湖书院、白鹿洞书院、婺源紫阳书院等朱子文化遗迹，实现不同地区的线上游学，展开了一场多方位多层面的文化之旅、学术研究之行、寻根之旅。

## “书院文化内涵与当代意义的朱子文化讲坛”举办

2020年8月24日—26日，题为“书院文化内涵与当代意义的朱子文化讲坛”在福建南平考亭书院举行。朱熹第二十六世孙闽学会顾问朱清以及岳麓书院、白鹿洞书院、鹅湖书院、篔筜书院、怀玉书院等国内知名书院的近30名专家学者与会。会议期间，考亭书院纪念馆举办开馆仪式，同时进行了“朱子画传”朱子文创精品展。朱子的一生，与书院密不可分。他在闽北先后创办了寒泉、晦庵、武夷、考亭等多所书院。考亭书院位于建阳区考亭，绍熙三年（1192）朱熹筑室居此，为其晚年的讲学之地，在这里，朱熹完成了《楚辞集注》等巨作。现只存明嘉靖十年（1531）所建的书院门口石碑坊一座。数百年来，朱子的弟子及其后人薪火相传，持续在考亭书院讲学、著述，形成了举世闻名的“考亭学派”。“我们希望以此为契机，充分借鉴全国各地书院的先进经验，致力打造全球最具特色和影响力的朱子文化遗存宝地、研究高地、交流基地和产业洼地。”南平市委书记、市朱子文化保护建设工作领导小组组长袁毅表示。

## "阳明学在福建"学术研讨会召开

2020年8月29日，"阳明学在福建"学术研讨会在福建漳州举行。来自浙江、江西、福建、贵州等地的专家学者，王阳明行经地的有关部门领导以及阳明文化爱好者共70多名嘉宾齐聚一堂，共襄学术、共谋发展。王阳明曾总制福建汀、漳二府军政四年之久，亲履漳南征伐剿寇，奏请设立平和县，为强化闽赣粤边界地区的社会治理做出了重要贡献，"集心学之大成"的阳明文化也是海峡两岸共同的文化。2020年为"一代大儒"王阳明踏入福建513周年、《阳明先生集要》（崇祯刻本）在漳刻成发行385周年。本次研讨会由福建省政协文化文史和学习委员会指导，朱子学会、福建省闽南文化研究会主办，漳州市文旅局、闽南师范大学闽南文化研究院等承办。与会专家学者紧扣"阳明学在福建"这一主题，深入挖掘、探讨阳明学对闽南乃至福建的深刻影响及其时代价值、现实意义。

## "浙学与闽学：纪念朱熹诞辰890周年大会暨新安文化学术研讨会"举行

2020年10月18日，由浙江省儒学学会、福建省闽学研究会、淳安县委县政府主办的"浙学与闽学：纪念朱熹诞辰890周年大会暨新安文化学术研讨会"在浙江淳安瀛山书院召开。研讨会以纪念朱熹诞辰890周年为载体，以新安文化研讨为核心，以会聚国学人才、助力乡村振兴为抓手，盛邀来自全国各高校科研机构研究浙学、闽学、蜀学、湖湘学及朱子理学文化的80余位专家，畅谈朱子新安理学的文化脉络，研讨具有950余年历史的瀛山书院的学术地位、文化价值。同时，依托历史依据和史料，论证了朱熹《观书有感》创作于瀛山书院的可能性，并表达了对瀛山书院未来发展的美好期盼。

浙江省儒学学会会长、研究员吴光从新安文化的三个特点提炼其基本精神：一是把《四书》的《大学》摆在第一位，突出了《大学》"修己治人"的根本精神；第二是好学深思的精神，从朱熹在瀛山书院写下《观书有感·方塘》诗可以受到启发；第三是多元包容的精神，既包容三教，也包容朱、陆、张、王等理学诸子。新安文化是中国传统文化的一个重要组成部分，值得深入挖掘。

华东师范大学终身教授朱杰人认为，发生在南宋淳熙二年（1175）的鹅湖之会，是中国学术思想史上的一件盛事，对中国的学术、思想产生过重大的影响。这次盛会是"理学"与"心学"的第一次直接冲撞，冲撞的结果虽然是不欢而散，但辩论双方都把各自的核心观点表述得清清楚楚，为以后的深入讨论奠定了基础。而朱子是“尊德性”与“道问学”的统一论者，他认为“尊德性”与“道问学”是一件事情的两个方面，互为表里、互相依存，是不可偏废的。

湖南大学教授朱汉民分析了宋代书院的《四书》教育及其历史影响。认为，理学家以《四书》作为书院教育的经典，将理学化“四书学”广泛传播于民间社会，深刻影响了朝野的士大夫群体。宋儒“四书学”确定了“学以成圣”的教育目标，鼓励士大夫养成崇高的道德人格，能够承担起共治天下的政治责任。推动理学在民间社会的传播，促进了士大夫群体思想共识的形成。

福建省闽学研究会会长、研究员黎昕认为，在朱子庞大而精致的理学思想体系中，蕴含着丰富的礼学思想。朱子的礼学思想不仅对宋元以降的中国及东亚社会产生了深远的影响，而且对我们今天的日常生活和文化建构仍然具有重要的价值和意义。

福建社会科学院副研究员陈文庆认为，朱陆异同是宋明理学史上的一大公案，朱子指斥陆象山阳儒阴释而不自知，其“象山近禅”的论调贯穿朱陆之辩的始终，但在后世有关朱陆之辩的探讨中禅佛一向被忽视，成为“缺失的环节”。“象山近禅”不只是历史的问题，还是逻辑的问题。

山东社会科学院研究员涂可国探讨了朱子由人心本质论、人心类型说与人心功能论所构成的三元义理结构心学。认为朱熹不厌其烦地论证“心统性情”，除了学理的考虑，一个重要目的是发挥人心的主体性作用，引导人的情欲向着扬善抑恶的方向发展，修养人的性情，使人“好善恶恶”的情感得到控制。

中国社会科学院历史所研究员张海晏在谈到朱熹与王阳明的思想倾向和隐喻偏好方面时，认为二人其实无所不用，没有本质不同。只是就上引资料看，朱子好用扇子、竹篮、板子这类有纹理的物象，以此说明“天理”；王阳明则常用源头活水说明“良知”的生命力，用树木来说明“良知”的根源性、根本性。

南京大学哲学系教授李承贵探寻了阳明心学格局形成的原因、脉络及特点，认为，阳明心学格局的形成是多种元素的聚合，是长期历史的积累，它的形成显示阳明心学是一个有机整体并为正确理解阳明心学提供了特殊而可靠的参照。

黄山学院教授方利山探析了新安大儒朱熹上承中华儒学所阐发的关于自然生态保护的观点，以及这些观点千百年来对新安江流域民间百姓的浸润熏陶和深刻影响，对当下新安江流域生态保护具有的重要启示作用。

黄山学院教授毕民智认为，朱熹能够顺应时代的发展，开启人的善端；提倡人人都是匡时济世的社会主人的思维，是社会民主的发展方向。他的建设具有优良“气质之性”的社会管理者和“敬理抑欲”的社会民众等社会价值导向，依然是当今我们需要认真思考和努力解决的问题。

中国书院学会副会长、教授王立

斌阐述了瀛山书院的前世今生，指出瀛山书院自北宋创办之始，是詹氏家族书院在两宋时期近两百年的辉煌鼎盛时期；进入元代以后，詹氏家族开始没落，瀛山书院也一度荒颓；明代开始，瀛山书院逐渐转为遂安特有的一种半官方、半民间的书院；清代得以维持；及至近现代，屡有重修。

福建莆田市闽中画派艺术研究院院长俞宗建和千岛湖新安理学研究中心研究员汪永明分别对朱子笔下的“半亩方塘”进行了详细考证。俞宗建认为《观书有感二首》中的“半亩方塘”即“濯缨池”，位于福建莆田黄石谷城山麓国清塘；汪永明则以明清时代《瀛山书院志》《淳安县志》《瀛山三先生祠记》等众多历史文献、碑刻实物记载的朱熹来瀛山讲学吟诗事迹为据，证明“半亩方塘”在姜家镇的瀛山山麓、《方塘》诗是朱熹当年在瀛山书院读书论学时写的。

湖南大学岳麓书院教授邓洪波聚焦晚明以来浙江遂安士人在书院志、地方志编纂过程中展开的“尊朱辟王”活动。具体以隆庆年间王畿、钱德洪为庆贺瀛山书院重建而撰写的《瀛山书院记》《瀛山三贤祠记》，以及他们的明清《瀛山书院志》《严州府志》《遂安县志》中的文本差异为中心，揭示学术思潮嬗变背景下书院士人对朱、王两种学术资源的褒贬历程。

浙江社会科学院研究员钱明探讨了“阳明心学”向新安地区的渗透与曲折。他认为，清代皖、浙两地学术发展之大势，与明代朱、王二学在两地争夺话语权的胜出与否有密切关系。

浙江海洋大学教授程继红对詹仪之与南宋理学界之间的关联展开研究，认为詹仪之与南宋理学界的关系非常紧密，常有互动。詹仪之与朱熹等南宋理学名家的交往，丰富了后世对新安理学的想象空间，同时也对构塑新安理学文脉与理学文化起到奠基作用。

上饶师范学院教授徐公喜认为，元代中后期是朱子学地域学术发展的大势，在元中期后仍以大都、江右、浙江与新安四个地区为中心。其中，元大都本土籍学者虽然少于南方学者，但是诸多南方理学家或因在京师为官任职、或登科进士、或游学多聚集京师，故而大都理学更为昌盛。

四川大学教授舒大刚的发言阐释了“蜀学”的概念及其发展历程，指出“蜀学”就是发生在巴蜀大地，具有自己特色、风格、体系，并与中原学术互动的学术。“蜀学”的发展经历了从先秦、两汉到隋唐、两宋再到明清的过程，可谓绵延不断、高潮迭起，其中尤以先秦、两宋和明清最为辉煌。提出，现代书院必须紧密关注中华民族的传统信仰、基本理念、核心价值、道德伦理和礼乐文明，既要泛观博览、百家争鸣，更要以儒学为统领，以经典为根柢。

安徽大学徽学研究中心教授徐道彬在发言中梳理了“徽学”的源头、“徽商”的理论支撑、“皖派”朴学的精神内涵等内容，认为从朱子理学到“皖派”朴学，是对朱子学在“尊德性”

和“道问学”两个方面的共同推进，也是对当下徽学研究在学理层面得到社会认同的思想基础和理论支撑。

中国社会科学院牟坚助理研究员以朱熹对《四书》的经典诠释为中心，讨论了朱熹的实理观及其与礼的关系。她表示，礼在朱熹学说中占有与其性理学同等重要的位置，或者说性理与礼二者是一体的，性理是体与本，礼是工夫。

浙江省社会科学院副研究员张宏敏对海瑞与浙江（浙人、浙事、浙学）之间的关系进行研究，认为可以从海瑞出任严州府淳安知县、海瑞与阳明学之关联、海瑞论前代浙学人物与后世浙学家论海瑞这三重维度来把握海瑞与浙学之间的关系。

## “朱子文化寻源之旅”举办

2020年10月19日，汇聚两岸20多家书院、文化研究中心等机构的朱子文化寻源之旅在福建泉州开营，台湾学者和书院代表通过直播参与此次开营式。闭营仪式于10月23日在武夷学院举行。活动由福建省对外文化交流协会、福建省闽台交流协会、中国闽台缘博物馆、台湾书院联谊会主办。福建是朱子故里和朱子理学发祥地，也是绝大多数台湾同胞的原乡祖地，其造就了朱子理学与书院文化在台湾书院的传承发展。

受疫情影响，此次交流活动采取“线上＋线下”的方式同步进行。其中，来自台湾的书院联谊会、象山书院、道东书院、兴贤书院、蓝田书院、磺溪书院、明志书院、大观义学等营员通过网络云上平台参与；来自大陆的山东孔子研究院、江西省书院研究会、铅山县鹅湖书院景区管委会、湖南岳麓书院、浙江余姚市东海城市文化研究院和福建省内的考亭书院、正谊书院、南溪书院、普霖书院、武夷精舍，以及武夷学院朱子学研究中心、南平市朱子文化研究中心、武夷山朱熹研究中心等30多名营员代表线下实地参访。

活动期间，两岸朱子学者和书院代表开展多元主题交流。大陆营员们实地考察了晋江安海石井书院、龙山寺、安平桥，福州正谊书院、鳌峰书院、三坊七巷，南平建阳考亭书院、武夷精舍、兴贤书院、朱子故居紫阳楼等遗迹，并举办多场朱子文化交流活动，近距离感受“活化”的朱子文化和书院文化，进而在心灵的碰撞、精神的相遇和情感的交融中，让海峡两岸文化融合发展的“源头活水”持续流淌。

## “纪念朱子诞辰890周年学术研讨会”举行

2020年10月28日—29日，由清华大学国学研究院、清华大学人文学院哲学系、中华朱子学会联合主办的“纪念朱子诞辰890周年学术研讨会”在清华大学举行，50余位专家学者围绕朱子思想诠释、朱子与宋代理学、朱子与明清儒学等问题进行了广泛深入的探讨。

开幕式上，华东师范大学朱杰人教授、清华大学国学研究院院长陈来教授致辞。朱杰人教授提到，今年是非常特殊的一年，在这样的背景环境下举办纪念朱子诞辰890年的学术会议有着特别的意义。陈来教授表示，中华朱子学会于2010年成立，十年来，中华朱子学会举办了一系列活动，一方面与众多高校和地方县市合作召开了多次有关朱子学的学术会议，另一方面协作组织了多次“朱子之路”的活动。

湖南大学朱汉民教授、朱杰人教授、陈来教授分别发表演讲。朱汉民教授强调朱熹《中庸》学的特点和贡献，认为朱熹以“理”来诠释“中”，这样就可以从知行一体中拓展出知识理性，从主客互动中拓展出主体精神，从天人合一的精神境界中构建出天人一理的哲学体系，正是因为朱子的这种诠释路径，才进一步提升了中庸之道的哲学意义，使之成为中华文明的核心经典。朱杰人教授分析了韩愈之所以不能在朱子的道统系谱中占据一席之地的原因，但同时也通过相关论述揭示出朱子对韩愈的复杂态度。陈来教授则以朱子论“义”为中心，分析了古典儒学中“义”的观念，认为，朱子对“义”的理解继承了汉代以来经学的裁断训义，把“义”纳入了四德论体系，扩展了“义”在仁体宇宙论中的意义。

四川师范大学蔡方鹿教授、中国人民大学向世陵教授、北京大学张学智教授、复旦大学吴震教授和何俊教授、湖南大学肖永明教授先后作了大会发言。

蔡方鹿教授对四川省朱熹研究工作进行了总结，对今后开展朱熹研究工作的思路提出展望：将朱熹研究与宋明理学整体研究、中国道统思想及其在东亚的流传演变影响结合起来，对朱熹理学与功利学派的关系作进一步深入研究等。

向世陵教授指出“民吾同胞”、有生之类“同体”，是朱熹创设社仓的理论基石。他进一步分析了朱熹社仓法及赈灾措施的不足，并指出，朱熹认识到社仓赈济只是不得已的补救手段，国家政治的关键在人君平时如何端正身心、施行仁政、兴修水利，将救灾与劝农生产结合起来。

张学智教授解析了艮斋田愚性理学的结构及其特色。他指出，艮斋思想以朱子学为主，兼综畿湖学派，提出了“性师心弟”“性尊心卑”等学说。艮斋晚年特重修持实践，诠释传统礼仪，阐扬宗法文化，为保存传统文化作了最后的抗争。

吴震教授认为，以“气本体论”或“太虚本体论”来定位张载哲学，均为有失。张载哲学的理论性质应归属为道学，其思想对于宋代道学具有重要的形塑意义。

何俊教授以此前没有得到深入专题性研究的《论孟精义》为中心，从文本、语言、身体、仁义、存养、辩学诸视角逐一考察这一朱熹形塑程朱理学的初期文本和标志性作品，细致分析了朱熹对程朱理学的话语形塑过程。他认为到了朱熹这里，程朱理学的话语构型已基本摆脱了经学，使理学成为新的学术思想形态。

肖永明教授集中探讨了从朱熹逝世前后到13世纪中期，朱熹形象是如何在学术和政治权力的交互作用下被塑造的。肖永明教授指出，来自学术的内在动力与政治权力基于自身需要的选择起到了关键作用。而对朱熹形象的塑造至今一直在进行。

陈来教授在闭幕式上对本次学术研讨会的论文报告情况进行总结。陈来教授表示，本次研讨会的参会论文内容丰富、质量很高，总体而言在四个方面特别突出：第一，在传统朱子学义理方面，研究在比较的视野之中进一步展开，尤其多篇论文都涉及到了对“道体”的理解，反映了学术界的新动向，也可以进一步加强完善；第二，在四书学研究方面，学界之前较为关注《集注》和《或问》，这次则有对《论孟精义》的关注，还有对于四书图学的关注，这是一种新拓展；第三，在经典诠释方面，比较集中在周敦颐的《太极图》《太极图说》、朱子的《太极解义》这几个文本上，对理学中的老问题进行了新的诠释和解读；第四，明清朱子学的研究逐渐得到重视并被凸显。学界以前较多关注的是朱子门人，现在则逐渐将眼光放在了明清朱子学的发展脉络上，这次会议的论文讨论到了蔡清、罗钦顺、魏校、吕留良、李光地等一大批明清朱子学者，相信未来明清朱子学的研究会有进一步发展。陈来教授特别提到，这次朱子学会议的新生力量很可观，有很多年轻学者、女性学者加入到了朱子学研究的队伍中来，期待大家取得新的成绩。

## 2020年安徽省朱子研究会工作会议暨朱熹诞辰890周年纪念会召开

2020年10月30日—31日，由安徽省朱子研究会主办，安徽大学徽学研究中心和铜陵学院文学与艺术传媒学院承办的2020年安徽省朱子研究会工作会议暨朱熹诞辰890周年纪念会于安徽铜陵召开。来自复旦大学、中国科学技术大学、安徽大学、安徽师范大学、安徽省社会科学院、合肥学院、铜陵学院、黄山学院等高校、科研机构的80余位学者参加了此次会议。研究会会长诸伟奇教授主持会议。

铜陵市政协副主席姚尚友，铜陵学院副校长夏美武，安徽省历史学会副会长、安徽省徽学学会副会长、安徽师范大学科研处处长徐彬教授分别在会议开幕式上致辞。朱子研究会常务副会长周晓光教授从学术交流与成果、学会组织建设两方面对朱子研究会2020年的工作作了总结，指出，研究会以组织建设为依托，以学术研究为抓手，倡导务实向细的研究风格、实事求是的工作作风，发表、出版了一批颇有影响力的学术成果，提升了研究会的学术水平，彰显了研究会的学术实力，进一步夯实了研究会的学术基础。在肯定研究会所取得成绩的同时，报告对2021年的工作计划也作了规划，决定从积极推进朱子学研究、认真组织参办“两岸四地朱子学学术研讨会”、扩大朱子研究成果的发表平台、加强组织建设和努力做好日常工作等方面开展工作。会议增补秘书长张小坡为研究会副会长，张小坡向与会人员传达了学习贯彻省社科联第八次代表大会会议精神和李锦斌书记重要讲话精神。

在学术交流环节，复旦大学哲学学院教授、安徽大学讲席教授陈居渊先生评述了朱熹易学研究的一些新进展，并对未来朱熹易学的研究指出了新方向、新前景。中国科学技术大学人文与社会科学学院刘仲林教授以交叉学科的视角，论述了朱子理学中的“理”与现代理科中“理”的关系，认为两者在本质上具有互通关系，并进一步强调文理结合、多学科交叉研究等方法的产生，对朱子学研究进一步深入有着重大意义。黄山学院方利山教授重申了朱子学的研究对于当代社会的重要意义及其不可取代的价值。徐道彬、张尚稳、陶武、王开队、查金萍等学者对朱子学的研究也提出了自己的观点与展望。

# 两岸学者与朱子后裔共庆朱熹诞辰890周年

2020年10月31日，福建省尤溪县朱子文化园内举办朱子祭祀大典，庆贺朱熹诞辰890周年。来自两岸的学者、朱子后裔等300余人一一祭拜。朱子祭祀大典是第十二届海峡论坛·纪念朱子诞辰890周年系列活动中的一项。

朱子学会会长朱崇实说：“举办祭祀大典能更直观地展示朱子文化，供后人学习、传承与弘扬。”“朱子文化是中华优秀传统文化的代表，许多台湾同胞参加本次朱子诞辰活动，更让人感受到两岸拥有共同的文化，是同根同祖同源的一家人。希望两岸青年能够有更多机会在一起，体验、理解和弘扬中华民族的传统文化。”台湾海峡两岸朱子文化交流促进会理事长朱茂男因为新冠肺炎疫情防控无法抵达活动现场，他通过祝贺视频表示，近年来尤溪县致力于推动朱子文化建设，两岸关于朱子文化的交流往来更加频繁。

本次纪念朱子诞辰890周年系列活动为期三天，包括《朱熹文集编年评注》《朱熹的尤溪》专著首发仪式、高峰论坛、朱子文化联席会、朱子文化艺术成果展演等10多项子活动。

## “东亚儒学的问题与方法”学术研讨会召开

2020年10月31日—11月1日，由厦门大学哲学系主办，福建省首届博导团队“朱子学前沿问题研究”承办的“东亚儒学的问题与方法”全国学术研讨会在福建厦门举行。来自各地的三十位专家学者围绕会议主题展开了广泛、热烈和深入的探讨。

厦门大学哲学系教授、福建省首届博导团队“朱子学前沿问题研究”负责人谢晓东主持，厦门大学哲学系主任曹剑波教授发表会议致辞。曹剑波着重介绍了厦门大学哲学系的办学历史、学科特色和学科建设成就及南强青年拔尖人才支持计划。南开大学哲学院卢兴教授致辞，简要阐述了会议主题的意义和价值，概括来说有两点：一是方法和视野的扩展。会议把儒学研究放在东亚这个更广阔的视野里，在这过程中，既有益于从中国看东亚，通过东亚学者的研究成果进行自我改良和提升，也有益于从东亚看中国，把中国学者的学术研究带入东亚。二是该主题的社会意义。在新冠疫情肆虐全球的当今，一些以儒家文化为背景的东亚国家，比如中国和韩国，对疫情的控制明显优于欧美等西方各国。或许，会议主题为儒学的现代发展拓宽了道路。会议围绕中、日、韩儒学的问题及比较研究等问题展开探讨。

会议闭幕式上，卢兴教授与杨少涵教授分别就31日下午分组探讨的情况作了汇报。卢兴教授指出，第一组上下半场分别围绕韩国儒学和日本儒学而展开讨论。学者们对在朱子学框架下的日、韩儒学进行了详细而精致的概念分析，对文献的掌握和对问题的敏锐性都达到了相当的深度。杨少涵教授对第二组的论文作了简短述评，他认为国内学者对朱子学和朱子后学的哲学史研究突破了以往重考证轻分析的方式，其观点更为有创见，论证也更为严密。方旭东教授对本次会议作了总结。方旭东教授强调了三点内容：第一，福建省“朱子学前沿问题研究”博导团队有着强大的会议组织与执行能力，他/她们对学者们的细致而周到的服务令人难忘。第二，方旭东教授引用台湾学者张崑将关于东亚儒学研究中心已逐渐由台湾转向大陆的说法，进而指出本次会议或预示着厦门将成为国内东亚儒学研究的核心区之一。第三，本次大会的主题体现了一种现代视角，说明儒学研究范围已超出中国的地域限制而向外扩展。越来越多的中国大陆学者去关注东亚其他国家和地区在儒学研究中的新进展。本土儒学研究和东亚儒学研究结合起来很可能是儒学研究视域在未来的一个重要方向。

## 纪录片《大儒朱熹》研讨会举行

2020年11月1日，大型人文历

史纪录片《大儒朱熹》研讨会在朱熹出生地福建省尤溪县举办。福建省人大常委会党组副书记、副主任、《大儒朱熹》总策划梁建勇，清华大学国学研究院院长、中国哲学史学会会长、中华朱子学会会长、《大儒朱熹》总顾问陈来，华东师范大学终身教授、中国历史文献研究会荣誉会长、《大儒朱熹》总顾问朱杰人，省政协秘书长陆开锦，省广播影视集团党组书记、董事长、《大儒朱熹》出品人曾祥辉，全国朱子学研究专家，《大儒朱熹》主创团队成员，以及《人民日报》《人民日报（海外版）》《光明日报》《福建日报》等 20 余家媒体记者出席了研讨会。

研讨会围绕《大儒朱熹》的思想内容、艺术特色、时代意义等展开研讨，认为该片以史实为基础，以朱熹人生历程为主线，用生动的电视画面展现“活着的朱熹、世界的朱熹”，是一部向海内外观众推介中华优秀传统文化、让世界了解认识中华文明代表人物朱熹的精品力作。

研讨会上，总策划梁建勇从艺术维度、情感温度、思想深度、历史高度、世界广度五个方面总结了《大儒朱熹》的艺术价值与时代意义。他认为，朱熹的学说，不仅是中华文化的代表，更向外远播东亚、东南亚甚至欧洲，成为世界文明的一个重要组成部分。要通过打响朱子文化品牌，推动海峡两岸朱子学研究与交流，积极探索海峡两岸融合发展新路，更好更快地在对台交流合作上实现“破冰”。同时要以“一带一路”沿线国家为重点，推动纪录片走向海外，真正推动朱子文化从“走出去”到“走进去”转变。

总顾问陈来表示，该片的制作与播出，是贯彻党中央继承和弘扬中华优秀传统文化之精神的具体实践，是展示文化自信的重要案例。总顾问朱杰人认为，该片成功地把学术与艺术完美地结合起来，全方位展示了一个真实的朱子，是一部“可以作为学习朱子学的入门读物，拿来作教科书的文献片”。

《大儒朱熹》由中央广播电视总台、福建省委宣传部、福建省广播电视局、福建省广电集团共同策划，由东南卫视历时 3 年拍摄制作完成。全片共 6 集，每集 50 分钟，分为《家国天下》《源头活水》《大道集成》《春风化雨》《一片丹心》《棹歌四海》，从不同侧面梳理了朱熹的生平事迹、为官政绩和学术成就。这是 2020 年福建省纪念朱子诞辰 890 周年的一项重要活动，也是中国向海内外观众推介中华优秀传统文化的一个重要载体。2020 年 6 月，该片英文版在中国国际电视台纪录频道（CGTN 纪录频道）播出，中文版相继在中央广播电视总台纪录频道、东南卫视、海峡卫视黄金时段播出。

## 2020 年“两会四地”朱子文化联席会召开

2020 年 11 月 1 日，中国朱子学会、中华朱子学会、婺源、同安、建阳、尤溪两会四地朱子文化联席会在福建尤溪召开。清华大学国学研究院院长、中华朱子学会会长陈来教授，中华朱子学会常务副会长、中国朱子学会顾问朱杰人教授，县委书记杨永生参加联席会。杨永生介绍了近年来尤溪对朱子文化的传承研究弘扬和保护情况，希望四地连心共同保护弘扬朱子文化，推动朱子文化研究走向深入；联手互相支持，为朱子文化交流与合作提供优质平台；连年携手合作，更好地弘扬朱子理学，传承中华优秀传统文化。陈来教授在讲话中对婺源、同安、建阳、尤溪四地积极传承朱子文化，促进朱子文化的弘扬创新作出的重要贡献给予了高度评价。他希望，四地继续加强交流协作，互相汲取经验，共同开拓眼界，提升创新方式，进一步丰富和发展朱子文化的时代内涵，推动朱子文化的影响力。会上，婺源、同安、建阳、尤溪四地交流了一年来朱子文化工作经验；与会人员还围绕如何传承朱子文化，商讨筹划 2021 年朱子文化系列活动，以及携手共走朱子之路、文化推广、协同创新等事宜展开座谈，并达成共识。

## “中韩朱子学互动与比较研究学术研讨会”召开

2020 年 11 月 28 日，由上饶师范学院朱子学研究所、韩国渊民学会、上饶市博物馆、上饶市鹅湖书院景区管理委员会、江西省 2011 朱子文化协同创新中心联合主办的“中韩朱子学互动与比较研究学术研讨会”在上饶师范学院召开。来自中韩两国、中国澳门地区高校及科研院所的专家学者，上饶市博物馆、鹅湖书院景区管理委员会的领导以及有关师生共 100 余人出席了会议。

上饶师范学院校长詹世友教授、上饶市鹅湖书院景区管理委员会主任张赛华出席开幕式并致辞。詹世友教授介绍了渊民学会与上饶师院的学术交流、渊源关系以及上饶师院特别是朱子学研究所近期的学术研究成果。他指出，李退溪、李栗谷、宋尤庵、韩南塘等四人，代表着朱子学在韩国流衍的学脉传承；多元文化发展的理念是建立在尊重异同的基础之上的。一定程度上的学术论争，更能促进学术思想的健康发展；通过他者来认识自我，是文化反思的一般途径。在互动与比较中，我们才能更好地坚持与发展本国的优秀文化。

韩国渊民学会会长许捲洙教授在视频致辞中表达了未能与会的遗憾，同时也期待进一步加强中韩两国的朱子文化交流，并且预祝此次学术会议圆满成功。

汪小洋、杨兆贵、张梅、杨翰卿、卢兴、田炳郁、王文东等学者分别作了《中国楹联的仪式感特征与文化增值》《朱子〈论语集注〉里的礼思想研究》《以儒家思想解读西晋帝王对四篇作品的评价》《简论基于中国朝鲜族传统文化视角的朝鲜性理学》《中韩“无极太极之辩”比较论析》《朝鲜前期的无极太极之论》《东亚视域下的朱子德性论结构和特色》主题报告。韩国安东大学教授申斗焕、韩国庆尚大学讲师柳辰熙等以文参会进行交流。

与会学者围绕“中韩朱子学的传播与比较研究”“韩国退溪学、南冥学研究”“传统理学与文学研究”“中韩朱子理学与制度体系建设”“东亚视域下的朱子学与宋明理学”等领域话题展开广泛讨论和交流，进一步深化了对朱子理学、文学、礼仪制度等传统儒学的理解，同时对于韩国朱子学、日本朱子学等有关问题也有了更为清晰明确的认识。会议期间，与会学者还参观了上饶市博物馆、鹅湖书院、铅山县河口古镇明清古街、辛弃疾文化主题公园、上饶集中营革命烈士纪念馆。

朱子学年鉴
（2020）

# 资料辑要

# 2020年部分朱子学新书目录

北京大学《儒藏》编纂与研究中心编：《儒藏　晦庵先生朱文公文集》，北京：北京大学出版社，2020年7月。

北京大学《儒藏》编纂与研究中心编：《儒藏　资治通鉴纲目》，北京：北京大学出版社，2020年3月。

毕　游著：《朱熹、陆九渊与王守仁理学思想比较——以理、性、心、知四个范畴为中心》，北京：社会科学文献出版社，2020年9月。

陈　才著：《朱子诗经学考论》，上海：华东师范大学出版社，2020年12月。

陈荣捷著：《朱熹》，上海：东方出版中心，2020年7月。

陈晓杰著：《朱熹思想诠释的多重可能性及其展开》，北京：商务印书馆，2020年6月。

丁四新主编：《经学视域下的朱子学研究》，北京：社会科学文献出版社，2020年9月。

范传忠编著：《朱子文字在武夷》，福州：海峡文艺出版社，2020年3月。

方佶蕊编，王　勇绘：《朱子家训》，长沙：湖南美术出版社，2020年4月。

方彦寿编著：《朱熹：理学之集大成者》，福州：福建人民出版社，2020年11月。

冯　茜著：《唐宋之际礼学思想的转型》，北京：生活·读书·新知三联书店，2020年9月。

黄　珅导读，曾枣庄审阅：《朱熹集》，南京：凤凰出版社，2020年8月。

江求流著：《朱子哲学的结构与义理》，北京：中国社会科学出版社，2020年6月。

姜春颖、赵　亮编著：《朱熹教育思想研究》，太原：山西人民出版社，2020年8月。

金卫其编著：《陆陇其临兰亭序》，杭州：西泠印社出版社，2020年7月。

乐爱国著：《朱熹生态伦理简论》，广州：广东人民出版社，2020年1月。

李存山著：《汉代与宋明儒学新论》，北京：华文出版社，2020年8月。

李敬峰著：《二程门人》，北京：中央编译出版社，2020年9月。

梁新宇编著：《朱熹》，北京：国际文化出版公司，2020年1月。

刘佩德、吴　平主编：《〈大学〉释读文献集成》，扬州：广陵书社，2020年

10月。

刘述先著，郭齐勇、胡治洪、姚才刚编：《刘述先文集　第3卷　朱子理学与黄宗羲心学》，北京：中国人民大学出版社，2020年1月。

马邦城著，小小野绘，陈晓霜译：《源头活水　朱熹》（英文版），北京：海豚出版社，2020年3月。

钱　穆著：《宋代理学三书随札》，武汉：长江文艺出版社，2020年10月。

钱　穆著：《朱子学提纲》，武汉：长江文艺出版社，2020年10月。

青　禾著：《朱熹在漳州》，北京：中国华侨出版社，2020年8月。

孙宝文编：《朱熹墨迹选》，上海：上海辞书出版社，2020年4月。

田智忠著：《朱子论"曾点气象"研究》，北京：中国社会科学出版社，2020年2月。

王晓龙著：《宋代理学传播与地方治理散论》，北京：中国社会科学出版社，2020年9月。

吴光辉、王　青编著：《东亚朱子学的承传与创新——以日本为中心》，北京：知识产权出版社，2020年7月。

吴　震主编：《东亚朱子学新探——中日韩朱子学的传承与创新》（上下），北京：商务印书馆，2020年11月。

谢　辉著：《元代朱子易学研究史》，北京：人民出版社，2020年5月。

徐公喜著：《宋明理学理治社会文化研究》，北京：人民出版社，2020年7月。

徐国明著：《"三纲九目"：朱子〈小学〉思想研究》，成都：巴蜀书社，2020年10月。

杨浩译注：《近思录》，北京：中华书局，2020年8月。

余　群著：《刘宗周思想研究》，上海：上海人民出版社，2020年5月。

张品端主编：《全球化时代与朱子学研究》，厦门：厦门大学出版社，2020年4月。

张岂之著：《经学、理学与关学》，西安：西北大学出版社，2020年9月。

张清江著：《信仰、礼仪与生活——以朱熹祭孔为中心》，北京：中国人民大学出版社，2020年6月。

中华书局编辑部编：《赵孟頫朱子感兴诗》，北京：中华书局，2020年11月。

周之翔著：《朱子〈大学〉经解："为己之学"的诠释与建构》，北京：中华书局，2020年8月。

［美］田　浩著，姜长苏译：《功利主义儒家　陈亮对朱熹的挑战》，南京：江苏人民出版社有限公司，2020年6月。

［日］汤浅邦弘著，白雨田译：《怀德堂研究》，成都：四川大学出版社，2020

年 5 月。

[日] 宇野哲人著，刘 栋译：《论语读本》，北京：北京联合出版公司，2020 年 3 月。

[宋] 黎靖德编，王星贤点校：《朱子语类　全 6 册》，北京：中华书局，2020 年 5 月。

[宋] 黎靖德编，王星贤点校：《朱子语类　全 8 册》，北京：中华书局，2020 年 4 月。

[宋] 朱　熹、吕祖谦编，[宋] 叶采　[清] 茅星来等注，程水龙整理：《近思录》，上海：上海古籍出版社，2020 年 12 月。

[宋] 朱　熹、吕祖谦编著：《近思录全鉴》，北京：中国纺织出版社，2020 年 8 月。

[宋] 朱　熹、吕祖谦撰，严佐之导读：《朱子近思录》，上海：上海古籍出版社，2020 年 5 月。

[宋] 朱　熹辑，[明] 陈选注，王宗苗校点：《御定小学集注》，西安：西北大学出版社，2020 年 5 月。

[宋] 朱　熹注：《大学集注》，上海：上海古籍出版社，2020 年 2 月。

[宋] 朱　熹撰，李 申译：《四书章句集注今译》，北京：中华书局，2020 年 9 月。

[宋] 朱　熹撰，郑　同整理：《周易本义》，北京：九州出版社，2020 年 6 月。

[宋] 朱　熹撰：《伊洛渊源录》，扬州：广陵书社，2020 年 4 月。

[宋] 朱　熹撰；金良年今译：《四书章句集注》（全 2 册），上海：上海古籍出版社，2020 年 4 月。

[宋] 朱　熹撰，[日] 吾妻重二汇校：《朱子家礼宋本汇校》，上海：上海古籍出版社，2020 年 9 月。

[宋] 朱　熹撰：《四书章句集注》，北京：中华书局，2020 年 3 月。

# 2020年部分朱子学论文索引

## 一、期刊论文

白　贤：《论朱子对儒者家法的拓展与升华》，《社会科学动态》，2020年第8期。

白兆麟：《牧垦兼理，天际沃野——评〈朱子语录文献语言研究〉》，《辞书研究》，2020年第6期。

毕　冉：《论朱子学视角下的恶之无根》，《天府新论》，2020年第1期。

步路瑶：《浅析朱熹伦理思想》，《汉字文化》，2020年第6期。

蔡　杰：《程朱理学“仁体孝用论”的批评与重构》，《中州学刊》，2020年第12期。

蔡定超：《论娄谅对朱子哲学的发展——以“敬”论为中心》，《上饶师范学院学报》，2020年第4期。

蔡方鹿：《读〈朱熹文集编年评注〉》，《中国文化》，2020年第2期。

蔡家和、Jason T. Clower：《论牟宗三判明道为“心即理”之学》，《孔学堂》，2020年第2期。

蔡家和：《东南三贤对〈知言·尽心成性章〉的不同解读》，《中共宁波市委党校学报》，2020年第1期。

曾　亦：《严父莫大于配天：从明代“大礼议”看朱熹与王阳明对“至善”概念的不同理解》，《中国哲学史》，2020年第3期。

曾令巍：《礼学思想在朱子学中的意蕴》，《中州学刊》，2020年第7期。

曾文娟：《传统与创新：多维视野下的传统礼学研究新成果——评王志阳〈仪礼经传通解〉研究》，《安康学院学报》，2020年第3期。

陈　才：《朱子对传统诗经学命题的义理化改造——以“六义”说、“二南”说、“淫诗”说为中心》，《济南大学学报(社会科学版)》，2020年第1期。

陈　洁：《从程朱看〈论语〉之“信”及其时代启迪》，《吉林师范大学学报(人文社会科学版)》，2020年第6期。

陈　劲：《孝宗中兴与庆元党禁视域下的南宋儒学走向——以朱熹与陈傅良交游为中心的考察》，《孔子研究》，2020年第4期。

陈　来：《论古典儒学中“义”的观念——以朱子论“义”为中心》，《文史哲》，2020年第6期。

陈　来：《青年朱子的成长之路》，《朱子文化》，2020年第5期。

陈　来：《朱子文献的深度整理——〈朱熹文集编年评注〉读后》，《中国图书评论》，2020 年第 12 期。

陈　林：《“中和新说”后朱子工夫思想的发展》，《管子学刊》，2020 年第 2 期。

陈　林：《朱子诠释〈孟子〉“求放心”的心路历程》，《南昌大学学报（人文社会科学版）》，2020 年第 5 期。

陈　岘：《道德意志视角下的朱子诚意观——以朱子对〈大学〉〈中庸〉中“慎独”“诚意”的诠释为中心》，《孔子研究》，2020 年第 4 期。

陈　岘：《论朱子对先天学的改造及其影响》，《哲学动态》，2020 年第 2 期。

陈　智：《〈朱子语类〉双音词考释六则》，《安庆师范大学学报（社会科学版）》，2020 年第 3 期。

陈必应、郝　永：《论朱熹灾害诗中的荒政思想》，《盐城师范学院学报（人文社会科学版）》，2020 年第 3 期。

陈必应：《党争与朱熹散文创作》，《绵阳师范学院学报》，2020 年第 6 期。

陈必应：《论朱熹散文中的灾害书写》，《怀化学院学报》，2020 年第 1 期。

陈代湘：《南宋浙东学派与湖湘学派的学术交流与思想差异》，《船山学刊》，2020 年第 2 期。

陈芳萍：《论朱熹道德教育思想及对加强领导干部政德建设的启示》，《广西社会主义学院学报》，2020 年第 4 期。

陈逢源、Peng Ping：《“传衍”与“道统”——〈四书大全〉中黄榦学术之考察》，《孔学堂》，2020 年第 2 期。

陈国斌：《“章宋”字体设计》，《设计》，2020 年 9 期。

陈俊谕：《16 世纪末韩国易学的“程朱抉择”》，《周易研究》，2020 年第 4 期。

陈乔见：《王阳明批评朱子“外心以求理”的得与失》，《浙江社会科学》，2020 年第 8 期。

陈永宝、Hou Jian：《论唐君毅对朱熹“理先气后”标准的界定与反驳》，《孔学堂》，2020 年第 4 期。

陈永宝：《小学与哲学：论朱熹蒙学思想中的儿童哲学》，《陕西学前师范学院学报》，2020 年第 10 期。

陈支平、冯其洪：《朱子学研究的现状分析》，《安徽史学》，2020 年第 1 期。

陈立胜：《宋明理学如何谈论“因果报应”》，《中国文化》，2020 年第 1 期。

程　楷：《情同父子　教示期许——朱熹含泪回忆屏山先生》，《朱子文化》，2020 年第 5 期。

程　荣、吴长庚：《罗大经〈鹤林玉露〉对朱熹文学思想的接受》，《安徽农业大学学报（社会科学版）》，2020 年第 1 期。

程方平、冯芳芳：《朱熹作〈小学〉的缘由分析》，《教育史研究》，2020 年第 4 期。

程建功：《朱熹〈训蒙绝句〉的语言特色》，《河西学院学报》，2020 年第 3 期。

程娟珍、王志阳：《论朱子与陈淳交往故事特征及其成因》，《武夷学院学报》，2020 年第 4 期。

程水龙：《论东亚对叶采〈近思录集解〉的推崇与质疑》，《集美大学学报（哲学社会科学版）》，2020 年第 3 期。

崔　涛、李　红：《论朱熹"变化气质"的思想》，《山西高等学校社会科学学报》，2020 年第 2 期。

崔志文：《崔志文朱子书法作品选登》，《朱子文化》，2020 年第 3 期。

达新华：《七律·咏朱熹》，《朱子文化》，2020 年第 1 期。

邓　凌：《元初理学的北传及北方理学学派的形成》，《青海师范大学学报（哲学社会科学版）》，2020 年第 3 期。

邓庆平、胡雅雯：《朱熹"孝"论》，《南昌大学学报（人文社会科学版）》，2020 年第 6 期。

邓庆平：《韩国性理学对黄榦人心道心说的批判》，《哲学分析》，2020 年第 1 期。

邓维明：《朱子理学审美范畴蠡测》，《合肥学院学报（综合版）》，2020 年第 1 期。

邸利平：《明代〈正蒙〉注解的朱子学特色——以刘儓〈新刊正蒙解〉为例的考察》，《宝鸡文理学院学报（社会科学版）》，2020 年第 3 期。

丁四新：《〈孟子〉"天下之言性也"章研究与检讨——从朱陆异解到〈性自命出〉"实性者故也"》，《现代哲学》，2020 年第 3 期。

丁为祥、孙德仁：《张载哲学对宋明理学的主要贡献》，《中国哲学史》，2020 年第 6 期。

丁为祥：《从"虚气相即"到"知行合一"——宋明理学"天人合一"主题的展开、落实及其指向》，《学术月刊》，2020 年第 10 期。

丁晓慧：《栗谷对朱子心性论的传承与发展》，《合肥学院学报（综合版）》，2020 年第 1 期。

杜海军：《朱熹论〈东莱集〉录文多伪说指谬》，《兰州学刊》，2020 年第 10 期。

杜以恒：《朱熹〈仪礼经传通解〉分节探析》，《孔子研究》，2020 年第 5 期。

樊智宁：《朱熹、王阳明的"格物致知"论比较——以其〈春秋〉〈左传〉学为视角》，《井冈山大学学报（社会科学版）》，2020 年第 1 期。

范国盛：《朱熹与王阳明蒙养教育观之异同及现代启示》，《宁波大学学报（教育科学版）》，2020 年第 2 期。

范隆方、杨世玮：《启贤育美　四美育人——政和铁山中心小学构建朱子文化教学理念浅探》，《朱子文化》，2020 年第 1 期。

方爱龙：《朱熹与马一浮：书法史上的“理学双璧”》，《书法》，2020 年第 5 期。

方旭东：《当朱子遇到传教士——从利玛窦的改编看朱子的“理有偏全”说》，《江南大学学报（人文社会科学版）》，2020 年第 5 期。

方旭东：《朱子学在琉球的落地生根——蔡温“攻气操心”工夫论辩证》，《哲学动态》，2020 年第 5 期。

方彦寿：《“道南理窟”与道学南移》，《朱子文化》，2020 年第 3 期。

方彦寿：《朱熹为何推崇刘彝》，《炎黄纵横》，2020 年第 6 期。

方彦寿：《朱子巷（歌词）》，《朱子文化》，2020 年第 2 期。

丰俊青：《迩议南宋书家对苏轼的接受——以陆游、朱熹、范成大为例》，《大学书法》，2020 年第 1 期。

冯　兵、李亚东：《朱子论生死与鬼神》，《中州学刊》，2020 年第 7 期。

冯　兵：《论朱熹的婚姻观——以〈朱子家礼·昏礼〉为中心》，《朱子文化》，2020 年第 5 期。

冯　红、张旺颖：《浅谈朱熹的德育原则及其对高校德育的启示》，《黑龙江教育（理论与实践）》，2020 年第 8 期。

冯建民、陈会玲：《清初“辟王尊朱”经学思潮的形成及其对科举考试的影响》，《贵州师范大学学报（社会科学版）》，2020 年第 4 期。

冯舒冉：《〈朱子语类〉“V 定”及其兴衰成因考论》，《新疆大学学报（哲学·人文社会科学版）》，2020 年第 1 期。

冯正强、张　倩：《朱熹的廉政思想及其当代价值》，《廉政文化研究》，2020 年第 1 期。

付春明、杨会敏：《朱熹“六义说”在古代朝鲜半岛的接受——以〈诗集传〉为中心》，《齐齐哈尔大学学报（哲学社会科学版）》，2020 年第 8 期。

付春明：《朱熹〈诗集传〉在朝鲜朝诗经学史上的接受与影响》，《国际汉学》，2020 年第 1 期。

高晓军：《传统“新民”含义的近代化历程考论——以朱熹“在新民”和梁启超〈新民说〉为线索》，《青岛农业大学学报（社会科学版）》，2020 年第 1 期。

耿子洁：《朱子学“格物致知”立场对于〈善的研究〉之启发》，《日本问题研究》，2020 年第 3 期。

龚佳闻：《从〈序〉到〈诗集传〉：经学阐释系统的建构和突破——以〈周南·螽斯〉为例》，《宁夏师范学院学报》，2020 年第 2 期。

龚建平：《试论不同的〈大学〉观与其成为四书之一的背景》，《广西大学学报（哲学社会科学版）》，2020 年第 4 期。

辜俊君：《公平正义与功利关系的再阐释——以朱熹、叶适义利之辩为进路》，《甘肃理论学刊》，2020 年第 3 期。

郭　敏：《朱熹〈小学〉“成人”教育思想对当代德育的启示》，《中国德育》，2020 年第 2 期。

郭　齐、尹　波：《〈朱熹文集编年评注〉（全 13 册）》，《中国图书评论》，2020 年第 11 期。

郭　文：《批判与融合：儒佛关系视域中的佛教朱子学论略》，《上饶师范学院学报》，2020 年第 2 期。

郭庆财：《“文义”与“血脉”：朱熹、陆九渊的文本阐释过程论》，《江南大学学报（人文社会科学版）》，2020 年第 5 期。

郭庆财：《思想与文献：程氏〈文集〉的校订与朱熹中和说》，《集美大学学报（哲学社会科学版）》，2020 年第 2 期。

郭秋妹：《朱子遗迹题联》，《朱子文化》，2020 年第 1 期。

郭晓东：《在史学与经学之间——朱子〈春秋〉观的再检讨》，《中国哲学史》，2020 年第 2 期。

过安琪：《朱熹诗学思想的矛盾性——以山水诗为例》，《社会科学家》，2020 年第 8 期。

韩章训：《谈理学和朱熹对福建明代修志影响》，《福建史志》，2020 年第 5 期。

郝　永：《史考〈论语〉“唯仁者能好人能恶人”章解释及朱熹公正哲学的借此建立》，《周口师范学院学报》，2020 第 6 期。

何　俊：《程朱理学的话语型塑——以〈论孟精义〉为中心》，《学术界》，2020 年第 6 期。

何善蒙、卢　涵：《理学工夫论视域中的“树”：以朱子和阳明为例》，《浙江社会科学》，2020 年第 10 期。

洪明超：《“善不足以言性”还是“性善”？——对朱子批评胡宏“性”论的阐释与申说》，《知与行》，2020 年第 2 期。

洪明超：《朱子编订〈南轩文集〉为何不收其〈太极图解〉两序?》，《船山学刊》，2020 年第 5 期。

洪元植：《作为对孟子哲学曲解与误读的朱子学》，《国学学刊》，2020 年第 1 期。

胡　军：《朱熹〈观书有感二首〉第二首读后》，《哲学分析》，2020 年第 5 期。

黄俊杰：《论东亚儒家经典性之移动与经典诠释典范的转移》，《深圳社会科学》，2020 年第 1 期。

黄俊毅：《一千个人心中，就有一千个朱子》，《朱子文化》，2020 年第 5 期。

冀晋才、吴妮妮：《朱熹与永嘉学派关于“欲”的思想之分歧》，《温州大学学报(社会科学版)》,2020 年第 1 期。

贾淋婕:《论两宋书院的流变及书院与理学的关系——以两宋湖南地区书院为例》,《文博》,2020 年第 1 期。

江鎏渤:《郝敬对朱子〈四书〉学的改造及其时代意义》,《浙江海洋大学学报(人文科学版)》,2020 年第 5 期。

蒋　菲:《朱子学派道统思想与湖湘学派的关系》,《南华大学学报(社会科学版)》,2020 年第 5 期。

焦德明:《"心为太极"说在朱子学中的诠释》,《周易研究》,2020 年第 1 期。

金春峰:《朱陆"心学"及其异同的几点观察》,《周易研究》,2020 年第 1 期。

金婷朱、张品端:《书院在中华文化对外传播中的作用——以朱子学在韩国书院为考察对象》,《朱子文化》,2020 年第 3 期。

金晓刚:《从"一乡之士"到"万世真儒":"朱子世嫡"北山四先生从祀孔庙的历史考察》,《浙江师范大学学报(社会科学版)》,2020 年第 5 期。

金镛镇:《日朝通信使笔谈中的朱子学辩论》,《孔子研究》,2020 年第 3 期。

康德衡:《朱熹理气论与有机世界观》,《中华文化论坛》,2020 年第 1 期。

康　宇:《论朱子诠释学中的"理"路》,《理论与现代化》,2020 年第 6 期。

孔凡青:《朱熹解〈孟子〉"桃应问"章发微》,《船山学刊》,2020 年第 3 期。

赖尚清:《朱子以"爱之理""心之德"训"仁"的内涵及其意义》,《哲学研究》,2020 年第 12 期。

赖文斌、胡翠娥:《社会学视域下陈荣捷朱子学翻译与研究》,《中华文化论坛》,2020 年第 4 期。

赖文斌、温湘频:《"理"屈且词穷:麦格基与第一部朱子文献英译本》,《中国翻译》,2020 年第 3 期。

乐爱国、盛　夏:《朱熹解〈论语〉"吾道一以贯之"与〈中庸〉"忠恕违道不远"》,《湖南大学学报(社会科学版)》,2020 年第 2 期。

乐爱国:《"仁义未尝不利":朱熹对程颐义利观的展开——以〈孟子〉"何必曰利? 亦有仁义而已矣"的诠释为中心》,《江淮论坛》,2020 年第 6 期。

乐爱国:《从〈易传〉"利者义之和"看儒家的义利之辨——以朱熹理学的观点为中心》,《学习与实践》,2020 年第 4 期。

乐爱国:《历代对〈论语〉"礼之用,和为贵"的解读——以朱熹的诠释为中心》,《东南学术》,2020 年第 6 期。

乐爱国:《论朱熹"利者,人情之所欲"的内涵——兼与胡安国"利者,人欲之私"之比较》,《西南民族大学学报(人文社会科学版)》,2020 年第 9 期。

乐爱国:《王阳明的"去人欲而存天理"及其与朱熹理欲论之比较》,《安徽师范大学学报(人文社会科学版)》,2020 年第 2 期。

乐爱国:《王阳明对〈论语〉"克己复礼为仁"的解读及其后学的变异——兼

与朱熹的解读比较》，《贵州社会科学》，2020 年第 2 期。

乐爱国：《朱熹对性善论与性恶论的“统合”》，《中州学刊》，2020 年第 10 期。

乐爱国：《朱熹解〈论语〉“子罕言利”：不是不言，又不可多言》，《晋阳学刊》，2020 年第 5 期。

乐爱国：《朱熹解〈论语〉中的“君子”“小人”》，《江南大学学报（人文社会科学版）》，2020 年第 3 期。

乐爱国：《朱熹评胡宏〈知言〉“善不足以言性”——旨在批评将“本然之性”与“气质之性”分成两截》，《哲学分析》，2020 年 5 期。

黎晓铃：《论朱熹对道谦禅法的理解》，《法音》，2020 年第 8 期。

黎晓铃：《评朱熹对佛教心说的批判》，《武夷学院学报》，2020 第 5 期。

黎永新：《试论朱熹理学中“义利”与“理欲”的关系》，《九江学院学报（社会科学版）》，2020 年第 1 期。

李　兵：《朱熹禅、理融汇诗研究》，《贵州师范学院学报》，2020 年第 1 期。

李　兵：《朱熹悼亡诗分类研究》，《佳木斯大学社会科学学报》，2020 年第 1 期。

李　杰、欧阳辉纯：《从“天理”自然到伦理世界——论朱熹自然观的伦理内蕴与价值审视》，《云南大学学报（社会科学版）》，2020 年第 6 期。

李　涛、李　欣：《朱子施教之〈小学〉与〈大学〉关系述论》，《闽台文化研究》，2020 年第 3 期。

李　毅：《从具体性理到自我同一——朱子“心具众理”“心与理一”说新探》，《中国哲学史》，2020 年第 4 期。

李　毅：《从提升心灵能力到扩充真实知识——朱子“致知格物”义涵新诠》，《上饶师范学院学报》，2020 年第 5 期。

李承贵、朱汉民、蔡方鹿、董　平、吴　震：《新“鹅湖之会”高端会讲——朱子学与阳明学的现代交锋》，《贵阳学院学报（社会科学版）》，2020 年第 1 期。

李承贵：《禅宗与朱熹理学的离合——以朱熹对禅宗的理解为视角》，《社会科学战线》，2020 年第 10 期。

李春明、李永春：《〈朱子语类〉中几种常见处置式》，《语文学刊》，2020 年第 2 期。

李春青：《朱熹与中国经典阐释学》，《华南师范大学学报（社会科学版）》，2020 年第 5 期。

李光生：《科举、教育与学术——朱熹〈学校贡举私议〉述论》，《教育与考试》，2020 年第 3 期。

李煌明：《朱熹哲学研究的批判与反思：“心统性情”的意象诠释》，《云南师范大学学报（哲学社会科学版）》，2020 第 3 期。

李丽珠：《朱熹序定〈四书〉过程探析》，《北京航空航天大学学报(社会科学版)》，2020年6期。

李茜茜：《福建省南平市“书院文化与当代价值”朱子文化讲坛系列活动剪影》，《朱子文化》，2020年第5期。

李茜茜：《南平市海峡两岸学术媒体交流合作座谈会暨朱子文化杂志社2019年年会集锦》，《朱子文化》，2020年第1期。

李茜茜：《南平市朱子文化遗存保护咨询专家小组赴浦城县考察文物》，《朱子文化》，2020年第1期。

李荣菊、张申平、梁光容：《理学“新文统”视野下的朱熹白鹿洞书院诗歌创作》，《重庆科技学院学报(社会科学版)》，2020年第5期。

李少鹏：《朝鲜刊〈仪礼经传通解〉的版本及流布》，《图书馆杂志》，2020年第6期。

李胜垒：《从〈楚辞集注〉看朱熹的君臣观》，《闽台文化研究》，2020年第4期。

李小成：《革新、反叛与理性回归：北山学派的〈诗经〉研究》，《上饶师范学院学报》，2020年第1期。

李兴春：《朱熹的雪花》，《朱子文化》，2020年第5期。

李英翯、姜殿坤、姜晓洁：《朱熹对中国传统启发教学思想的继承发展研究》，《东北师大学报(哲学社会科学版)》，2020年第1期。

李雨妍、郭晓蓓：《〈朱子家训〉中的节约思想及其现代价值》，《决策探索》，2020年第8期。

李志阳：《黄文炤与〈道南一脉诸儒列传〉》，《闽江学院学报》，2020年第1期。

梁　冰、王韬懿：《两宋时期“以人论书”书法批评观的比较研究》，《歌海》，2020年第4期。

梁桃英、邱光华：《文学教育视角下朱熹诗文选本编纂理念及其影响》，《三明学院学报》，2020年第3期。

林　琳、周　斌：《朱熹“道为本”语文观的当代阐释》，《大众文艺》，2020年第9期。

林　琳：《朱熹语文学习观的当代价值》，《武夷学院学报》，2020年第8期。

林　亭：《南平市海峡两岸学术媒体交流合作座谈会暨朱子文化杂志社2019年年会在延召开》，《朱子文化》，2020年第1期。

林海南：《朱熹弟子方壬家学源流述略》，《朱子文化》，2020年第2期。

林佳璜：《游南溪书院　读〈朱子家训〉有感》，《朱子文化》，2020年第1期。

林明生：《打造朱子文化和武夷山旅游融合国家级示范区的路径研究》，《市场论坛》，2020年第7期。

林振礼：《朱子录李群玉诗〈言怀〉手迹》，《朱子文化》，2020年第1期。

林忠军：《论元代易学形成及对韩国易学的影响——以胡炳文朱子易学与丁茶山象数之学关系为视角》，《社会科学战线》，2020年第10期。

林忠军：《论朱子对〈周易〉卜筮性的重新确立及其解释学意义》，《学术月刊》，2020年第9期。

刘　畅、蔡方鹿：《道心与人心——从认识论视域看朱熹"十六字心法"》，《社会科学战线》，2020年第6期。

刘　辰：《〈四库全书总目〉中的"朱陆之辩"——兼论乾隆反"门户"观念的影响》，《天府新论》，2020年第3期。

刘　丹：《探究朱熹〈家礼〉中服装制度》，《美术大观》，2020年第10期。

刘　峰：《清末关学的朱子学面向：以贺瑞麟〈关学续编〉为中心》，《学术研究》，2020年第2期。

刘　刚：《"静中常用存养"——朱熹静养观论析》，《贵阳学院学报（社会科学版）》，2020年第4期。

刘　昊：《理气虽不相离，亦不曾相杂——明代中期朱子学理气论的一项新了解》，《中国哲学史》，2020年第5期。

刘　金、邓洪波：《〈白鹿洞书院揭示〉与日本近世儒学流派》，《船山学刊》，2020年第1期。

刘　金、邓洪波：《日本崎门学派对〈白鹿洞书院揭示〉的接受与传承》，《孔子研究》，2020年第4期。

刘　静：《"周僩"是朱子门人再证》，《盐城工学院学报（社会科学版）》，2020年第2期。

刘　静：《心理状态类同素异序双音词研究——以〈朱子语类〉为中心》，《语文学刊》，2020年第2期。

刘　琉、孙小迪：《南宋〈乐记〉理学化阐释的两种路向——朱熹与杨简〈乐记〉中礼乐思想比较》，《中国人民大学学报》，2020年第6期。

刘　茜：《朱熹对苏辙〈春秋〉学思想的继承与发展》，《江淮论坛》，2020年第5期。

刘　沁：《朱熹论"理一分殊"中的同一与差异》，《哲学动态》，2020年第6期。

刘　育：《论〈诗集传〉的"家国同构"观念——兼谈"孝"与"忠"的内在关系》，《商洛学院学报》，2020年第1期。

刘思宇：《朱熹的乐舞情怀与经学阐释》，《北京舞蹈学院学报》，2020年第2期。

刘晓玲、胡建红：《朱熹德育思想的影像表达与价值构建——评纪录片〈朱熹〉》，《武夷学院学报》，2020年第7期。

刘晓南:《朱熹的古音学》,《西南交通大学学报(社会科学版)》,2020年第2期。

刘欣宜:《朱子之路感言》,《朱子文化》,2020年第3期。

刘艳伟:《朝廷功令、个人意图与书院志编纂——以清代两种〈白鹿书院志〉为中心的考察》,《中国地方志》,2020年第4期。

刘阳河:《朱子女性观在清代的接受——以清代女性诗歌为主要考察文本》,《上饶师范学院学报》,2020年第2期。

刘依平、Wang Xiaonong:《朱子礼学影响下的明清礼治社会——兼论宋明理学的外王维度》,《孔学堂》,2020年第1期。

刘毓庆、王　岩:《朱熹与伊藤仁斋关于孟子仁说之异同及其意义》,《山西大学学报(哲学社会科学版)》,2020年第2期。

刘元青:《熊十力"致知格物"新训及其意义——以〈读经示要〉为中心》,《孔子研究》,2020年第6期。

刘泽宁:《朱子理气关系探析》,《理论界》,2020年第3期。

娄博昊:《刘师泉"悟性修命"说与朱子"心统性情"说的比较研究》,《文化学刊》,2020年第11期。

卢金名:《工夫——效验视域下的理学文化与朱陆异同》,《鲁东大学学报(哲学社会科学版)》,2020年第1期。

鲁　进:《认知视域下的朱子理学之"心"》,《平顶山学院学报》,2020年第1期。

陆　月、李昌舒:《朱熹论"兴"的取义与不取义》,《南京晓庄学院学报》,2020年第1期。

罗　珍:《船山于朱熹李贽"理欲之辩"之辨正及其价值摭论》,《船山学刊》,2020年第4期。

罗才成:《理本论视域下的敬斋易学思想初探》,《南昌师范学院学报》,2020年第5期。

吕　欣:《以"文"为媒:朱熹评濂溪之学》,《湖南科技学院学报》,2020年第2期。

马　昕:《论朱熹教育思想中的家国情怀》,《开封文化艺术职业学院学报》,2020年第5期。

马慧娟:《〈孟子集注〉引杨时语辑考》,《燕山大学学报(哲学社会科学版)》,2020年第4期。

毛宣国:《朱熹〈诗经〉阐释的诗学意义》,《湖南大学学报(社会科学版)》,2020年第4期。

明　叔:《"反经合道"的本义》,《朱子文化》,2020年第1期。

牟代群、郝　永:《朱熹诗歌中的"雨"意象探析》,《洛阳师范学院学报》,

2020 年第 12 期。

牟代群、郝　永：《朱熹诗中的雪意象及其文化意蕴》,《福建师大福清分校学报》,2020 年第 4 期。

牟代群：《朱熹诗歌“梦”意象研究》,《西安文理学院学报(社会科学版)》,2020 年第 2 期。

牟代群：《朱熹诗中的月意象及其情感蕴含探析》,《河南科技学院学报》,2020 年第 9 期。

牟代群：《朱熹诗中蔬食意象及其文化内涵》,《盐城师范学院学报(人文社会科学版)》,2020 年第 2 期。

牧　野：《朱子说天命》,《朱子文化》,2020 年第 3 期。

南　风：《广东省朱熹学术思想研究会召开第六届常务理事会第五次(扩大)会议》,《朱子文化》,2020 年第 1 期。

南　风：《纪录片〈朱熹〉在央视播出》,《朱子文化》,2020 年第 3 期。

南　风：《名家荟萃：南平市举办“书院文化与当代价值”朱子文化讲坛系列活动》,《朱子文化》,2020 年第 5 期。

南　风：《新编〈朱子文化大典〉出版》,《朱子文化》,2020 年第 2 期。

南朱会：《南平市举行大型人文历史纪录片〈大儒朱熹〉报告会》,《朱子文化》,2020 年第 5 期。

南朱会：《武夷山召开朱子文化研讨会》,《朱子文化》,2020 年第 2 期。

楠　林：《理在物,其用在心》,《朱子文化》,2020 年第 2 期。

宁如愿：《宋代理学对文学创作的影响——以朱熹为例的探讨》,《品位·经典》,2020 年第 5 期。

欧阳辉纯：《论朱熹忠德思想产生的社会性根源——佛教、道教、商品经济和私欲四层次的展开》,《武陵学刊》,2020 年第 4 期。

欧阳辉纯：《论朱熹忠德思想的历史地位、现代传承与创新》,《哈尔滨师范大学社会科学学报》,2020 年第 2 期。

潘　群：《朱熹曾经讲学过的魁龙书院》,《炎黄纵横》,2020 年第 8 期。

潘国平：《南宋〈朱在圹志〉补释》,《福建文博》,2020 年第 2 期。

庞国雄、王慧敏：《朱熹莆田行实考补》,《三明学院学报》,2020 年第 3 期。

朴银姬：《“儒教日本化”的现代意义：基于江户朱子学理论背景的思考》,《东疆学刊》,2020 年第 4 期。

齐吉泉：《朱子中学赋》,《朱子文化》,2020 年第 3 期。

丘　山：《闽北朱子后裔联谊会召开换届会议》,《朱子文化》,2020 年第 1 期。

丘山石：《生生不息：朱熹与王阳明生命观的同调异趣》,《朱子文化》,2020 年第 3 期。

邱蔚华：《禅宗语录朱熹形象的宗教意涵发微》，《东南学术》，2020 年第 6 期。

邱蔚华：《朱熹〈春日〉诗在禅宗语录中的接受与传播》，《福州大学学报（哲学社会科学版）》，2020 年第 4 期。

戎章榕：《理学寻踪——纪念朱熹诞辰 890 周年》，《海峡教育研究》，2020 年第 1 期。

尚文华：《慎独与自欺——一种生存论分析的视角》，《中国哲学史》，2020 年第 3 期。

邵　妍：《泰山赵国麟与〈大学章句困知录〉》，《泰山学院学报》，2020 年第 3 期。

申淑华：《中华书局版〈四书章句集注〉点校释误（二）》，《渤海大学学报（哲学社会科学版）》，2020 年 1 期。

申祖胜：《“明理”与“明数”——清初陆世仪易学思想管见》，《衡水学院学报》，2020 年第 6 期。

沈惠文：《朱熹诗词》，《东方收藏》，2020 年第 20 期。

施万里、张余辉：《〈朱子语类〉的英译与传播》，《中国多媒体与网络教学学报（上旬刊）》，2020 年第 2 期。

施万里、张余辉：《朱子学典籍英译现状研究》，《才智》，2020 年第 1 期。

石林林：《“格物致知补传”探析》，《牡丹江教育学院学报》，2020 年第 3 期。

史少博：《朱熹论“气禀”与人的道德》，《社科纵横》，2020 第 5 期。

舒安然：《“静中气象”——从武夷精舍匾额看理学文化》，《朱子文化》，2020 年第 1 期。

宋惠如：《论〈四库全书〉提要准以朱子春秋学观及其影响：以〈四库全书荟要提要〉、文津阁与文渊阁〈四库全书总目提要〉为主》，《图书馆研究》，2020 年第 6 期。

宋万鸣：《论宋代程朱理学视域下的琴学观》，《浙江艺术职业学院学报》，2020 年第 2 期。

苏小露、张三夕：《〈文公家礼集注〉版本源流及刊刻时代考》，《江西师范大学学报（哲学社会科学版）》，2020 年第 3 期。

苏小露：《上海图书馆藏〈纂图集注文公家礼〉价值发微》，《海南大学学报（人文社会科学版）》，2020 年第 2 期。

孙顺顺：《井田制研究理学化典范的宋代生成》，《孔子研究》，2020 年第 1 期。

孙兴彻：《关于普遍与特殊的理气论之演变——以“理一分殊”、“理通气局”、“理气同实”为中心》，《国学学刊》，2020 年第 1 期。

所应洲：《朱熹“心统性情”说探析》，《绵阳师范学院学报》，2020 年第

10期。

汤元宋:《从"公"到"人":程朱"以公言仁"的转变》,《国学学刊》,2020年第1期。

唐陈鹏:《朱子知行观研究综述(2008—2018)》,《上饶师范学院学报》,2020年第2期。

唐纪宇:《儒家生活方式的重建——朱熹修礼的基本原则探析》,《社会科学论坛》,2020年第3期。

唐明贵:《吕留良〈论语讲义〉的经世致用特色》,《孔子研究》,2020年第6期。

田　莎、朱健平:《被神学化的朱子理气论——麦丽芝英译〈御纂朱子全书〉研究》,《中国文化研究》,2020年第4期。

田　莎、朱健平:《朱学英语译介二百年》,《外语教学与研究》,2020年第2期。

田炳郁、丁国婧:《朱子后学对"无极而太极"的解释——田炳郁教授在周敦颐理学思想学术研讨会上的发言》,《湖南科技学院学报》,2020第2期。

田晓丹:《论朱子阳明"格物"之辨》,《河南广播电视大学学报》,2020年第3期。

田芯芯、蒋婉茹、郭晓蓓:《"朱熹读书法"的内涵解读及应用之道》,《新西部》,2020年第14期。

田智忠:《当"道体"遭遇"理本"——论朱子"道体论"的困境及其消解》,《哲学研究》,2020年第4期。

田智忠:《为何朱子慎言德性之知?》,《哲学动态》,2020年第7期。

王　晶:《"道义之勇"到"为己之勇":程朱对儒家勇观念的创造性诠释》,《济宁学院学报》,2020年第4期。

王　萍:《浅析朱熹"德育为先"理念及其当代启示》,《扬州教育学院学报》,2020年第1期。

王　琦:《理学经世:从〈大学〉经筵讲义管窥真德秀对朱熹思想的发展》,《船山学刊》,2020年第2期。

王　岩:《孟子性善说的三种解读方式及其意义——以赵岐、朱熹和伊藤仁斋为例》,《道德与文明》,2020年第1期。

王承丹,洪嘉俊:《从朱子到安乐哲——闽学视角下的〈论语〉传播与译介》,《闽台文化研究》,2020年第2期。

王戈非:《论司马光于朱熹道统谱系中"反复"的原因》,《黑龙江社会科学》,2020年第6期。

王记录:《以史明道:清初的学术反思与学术史编纂》,《四川师范大学学报(社会科学版)》,2020年第5期。

王建成:《朱熹书信中的读书之法》,《朱子文化》,2020 年第 1 期。

王建生:《朱松与河洛之学》,《孔子研究》,2020 年第 4 期。

王洁宜、陈明显、傅　睿、陆　拯:《朱子文"湿不单见,脾不独虚"论治泄泻特色》,《中医文献杂志》,2020 年第 3 期。

王俊昕:《"熟读精思"对中学语文阅读教学的启示》,《文学教育(上)》,2020 年第 8 期。

王凯立:《"明德"即"本心"——重检朱子道德哲学》,《道德与文明》,2020 年第 5 期。

王凯立:《心与理一:让伦理回归生存》,《吉林师范大学学报(人文社会科学版)》,2020 年第 6 期。

王瑞来:《蜀道通天下——道学发展史上魏了翁定位申论》,《文史哲》,2020 年第 3 期。

王素美:《北山先生何基的理学思想与学术路径》,《河北大学学报(哲学社会科学版)》,2020 年第 6 期。

王婷玉、俞秀玲:《礼理互发,经权相济——评冯兵〈朱熹礼乐哲学思想研究〉》,《朱子文化》,2020 年第 4 期。

王晚霞:《山崎暗斋濂溪学文献与文献学思想》,《衡阳师范学院学报》,2020 年第 4 期。

王文生:《由"下学而上达"想到……》,《朱子文化》,2020 年第 3 期。

王文生:《朱子〈小学〉——蒙书中的儒典》,《朱子文化》,2020 年第 5 期。

王文生:《朱子文化教材分析与思考》,《朱子文化》,2020 年第 1 期。

王向清、李恩润:《牟宗三判朱熹为"别子为宗"的标准及理论诠释的疏漏》,《湖南工业大学学报(社会科学版)》,2020 年第 5 期。

王亚宝:《论朱熹与程颢的仁说》,《武陵学刊》,2020 年第 2 期。

王亚中:《克己与由己——〈论语集注〉"克己复礼"章意蕴探析》,《四川大学学报(哲学社会科学版)》,2020 年第 4 期。

王永和、王佳秀:《浅析〈朱子家训〉对培育和践行社会主义核心价值观的启示》,《思想政治课研究》,2020 年第 1 期。

王友胜:《张栻湖湘诗中的文学交游与景观形塑》,《中华文化论坛》,2020 年第 2 期。

王宇丰:《"居敬"与"行简":宋明理学中的事功面向之检讨》,《孔子研究》,2020 年第 3 期。

王志阳:《〈仪礼经传通解〉研究》,《中国哲学史》,2020 年第 1 期。

王志阳:《礼学视野下朱熹、陆九渊之同》,《江西社会科学》,2020 年第 4 期,

王志阳:《论太虚大师对朱熹等理学家辟佛思想的回应》,《法音》,2020 年

第 5 期。

尉方语:《从“四书”学的确立看朱熹经典诠释的三重逻辑》,《贵州社会科学》,2020 年第 2 期。

魏冰娥:《朱熹理学与日本“合理主义”——从源了圆〈日本的合理主义〉谈起》,《石河子大学学报(哲学社会科学版)》,2020 年 4 期。

魏云涛:《朱子乾卦四德论》,《渤海大学学报(哲学社会科学版)》,2020 年第 5 期。

魏子钦:《继往开来:朱熹理学经典诠释思想发微》,《武夷学院学报》,2020 年 10 期。

吴　静、金石柱:《丽末鲜初朱子学对朝鲜半岛的影响》,《文化创新比较研究》,2020 年第 18 期。

吴　瑶:《〈周易〉经传合并体例的取舍及其原因浅探——以王弼、程颐、朱熹为论述重点》,《华夏文化》,2020 年第 1 期。

吴从祥:《〈诗集传〉对王肃〈诗经〉学接受探析》,《上饶师范学院学报》,2020 年第 2 期。

吴国富:《〈新纂白鹿洞书院志〉宋元部分补遗》,《九江学院学报(社会科学版)》,2020 年第 3 期。

吴嘉明:《无极而太极:从朱熹到陆象山的存有论衡定》,《上饶师范学院学报》,2020 年第 4 期。

吴　敏:《明末儒学对日本江户时代的影响——以朱舜水、陈元赟、张斐为中心》,《西部学刊》,2020 年第 21 期。

吴瑞荻:《格物:生存处境之解蔽》,《吉林师范大学学报(人文社会科学版)》,2020 年第 6 期。

吴亦琦:《〈朱子语类〉词语札记》,《江西科技师范大学学报》,2020 年第 2 期。

吴盈莹:《走朱子之路,穿越时空 819 年》,《朱子文化》,2020 年第 3 期。

奚正新:《朱熹德育思想的当代价值》,《科学咨询》,2020 年第 32 期。

夏　秀:《朱熹对“温柔敦厚”的哲学阐释》,《中州学刊》,2020 年第 2 期。

肖　铮、胡华田:《朱熹“四本”齐家思想的当代价值》,《福建医科大学学报(社会科学版)》,2020 年第 1 期。

孝　华:《孝华朱子书法作品选登》,《朱子文化》,2020 年第 2 期。

谢　扬:《基督教禁欲主义与“存天理,灭人欲”思想之异同》,《西部学刊》,2020 年第 18 期。

熊润竹:《〈朱子语类〉词语考释》,《江西科技师范大学学报》,2020 年第 2 期。

熊慎端、黄亨营:《武夷山举办“传承朱子孝廉　弘扬五四精神　守护世界遗产”主题活动》,《朱子文化》,2020 年第 3 期。

徐　涓:《朱子学工夫论与清代台湾书院教育》,《三明学院学报》,2020 年第 1 期。

徐公喜:《论南宋朱子门人后学对朱子学文献体系的贡献》,《江淮论坛》,2020 年第 2 期。

徐会利:《论朱熹与阳明对孟子尽心章理解之异同》,《理论界》,2020 年第 1 期。

徐时仪、吴亦琦:《〈朱子语类〉理学核心词语考探》,《上海师范大学学报(哲学社会科学版)》,2020 年第 6 期。

徐时仪:《朱子语录所载“欲”“慾”词义考》,《江西科技师范大学学报》,2020 年第 2 期。

徐啸雨、李昌舒:《朱熹文论中的“诗哲之争”及其矛盾调和》,《学术研究》,2020 年第 12 期。

徐亚豪:《道德与知识的张力——论王阳明对朱子格物说的内在化转向》,《特区实践与理论》,2020 年第 1 期。

许　宁:《朱熹对张载理学命题的再诠释》,《中国哲学史》,2020 年第 6 期。

许和亚:《论南宋理学家学记的思想意涵与创作成就》,《文学遗产》,2020 年第 4 期。

许家星:《〈四书集注〉定本之辨与朱子晚年定见——以胡炳文、陈栎之争为中心》,《中共宁波市委党校学报》,2020 年第 6 期。

许家星:《宋元朱子四书学诠释纷争及学术版图之重思——以史伯璿〈四书管窥〉对饶鲁的批评为中心》,《中山大学学报(社会科学版)》,2020 年第 5 期。

岩　叟:《〈楚辞集注〉影宋刻本》,《朱子文化》,2020 年第 4 期。

岩　叟:《宋刻本〈楚辞集注〉》,《朱子文化》,2020 年第 3 期。

岩　叟:《宋刻本〈晦庵先生文集〉》,《朱子文化》,2020 年第 2 期。

晏建怀:《朱熹的读书六法》,《智慧中国》,2020 年第 5 期。

杨　静:《朱熹的佛教观　从以礼排佛到以佛兴礼》,《中国宗教》,2020 年第 2 期。

杨　逸:《明清家礼变迁的内在逻辑——以〈家礼·昏礼〉为考察中心》,《云南大学学报(社会科学版)》,2020 年第 4 期。

杨　逸:《情理之辨——论宋代家礼中的墓祭》,《中国文化研究》,2020 年第 2 期。

杨　英:《改革开放 40 年来的宋元明礼学研究》,《齐鲁学刊》,2020 年第 2 期。

杨柳岸:《人禽之辨的基本结构与功能——以孟子、朱子和船山为中心》,

《中国哲学史》，2020 年第 3 期。

杨肇中：《论宋明理学中的王道公共性意涵及其当代价值——兼从中西哲学比较的视域看》，《江南大学学报（人文社会科学版）》，2020 年第 2 期。

姚莺歌、翟奎凤：《〈大学〉“絜矩之道”思想的历史诠释与现代价值——以朱子为中心的讨论》，《东岳论丛》，2020 年第 9 期。

叶　达、马爱菊：《形与性：二还是一？——以朱子、船山和牟宗三解“形色天性也”章为中心》，《中国哲学史》，2020 年第 5 期。

叶　平：《朱熹理学范畴化概念体系的“感—用”结构》，《中国哲学史》，2020 年第 3 期。

叶　鑫：《桐城市博物馆藏方守敦〈朱子放船诗轴〉考》，《文物天地》，2020 年第 4 期。

叶　云：《王阳明对朱子天理思想的继承》，《宁波大学学报（人文科学版）》，2020 年第 2 期。

叶梦婷、延　津：《读〈大学衍义〉有感（三）——〈帝王为治之序〉（下）》，《朱子文化》，2020 年第 2 期。

叶文轩：《南平市举行 2020 年朱子敬师礼活动》，《朱子文化》，2020 年第 5 期。

易婉晴：《探寻朱子故里》，《朱子文化》，2020 年第 4 期。

易芯宇：《武夷山水，朱子精神》，《朱子文化》，2020 年第 5 期。

殷　慧、戴玉梅：《试论郑玄、朱熹三〈礼〉学体系》，《天津社会科学》，2020 年第 1 期。

尹晓宁：《身心合一：论〈近思录〉中的理学工夫要诀》，《国际社会科学杂志（中文版）》，2020 年第 3 期。

雍树塈：《论朱熹琴律理论中的儒家乐教思想》，《周易研究》，2020 年第 1 期。

游　森：《论管仲形象的政治伦理意义——以朱子〈论语集注〉中对管仲的评价为中心》，《管子学刊》，2020 年第 4 期。

于建锋：《从朱子艺术哲学审美体系透视闽西吉祥图形精神特征》，《重庆科技学院学报（社会科学版）》，2020 年第 3 期。

余贤伟：《麋鹿之姿——朱子像再考辨》，《朱子文化》，2020 年第 1 期。

余贤伟：《木刻版画明万历〈考亭图〉解读》，《朱子文化》，2020 年第 4 期。

俞宗建：《朱熹〈观书有感二首〉“半亩方塘”遗址考证》，《莆田学院学报》，2020 年第 3 期。

虞思征：《遍访异本，勘证本原——〈朱子语录文献语言研究〉读后》，《辞书研究》，2020 年第 6 期。

贠　娟、李中耀：《朱熹〈武夷棹歌〉的流传及其和诗考论》，《中国韵文学刊》,2020 年第 2 期。

袁　旗:《“问渠哪得清如许”之“渠”字考释》,《新乡学院学报》,2020 年第 8 期。

昝贵军:《“内面”与“外面”的交融——试析荻生徂徕之“德”》,《西部学刊》,2020 年第 2 期。

翟奎凤:《“虚灵不昧”与朱子晚年明德论思想跃动的禅学背景》,《哲学研究》,2020 年第 10 期。

翟奎凤:《〈论语〉“观过知仁”章新诠——以朱子为中心的讨论》,《江苏师范大学学报(哲学社会科学版)》,2020 年第 3 期。

张　迪:《陆游、朱熹书法之比较》,《南京艺术学院学报(美术与设计)》,2020 年第 5 期。

张　锦:《朱熹“以〈诗〉说〈诗〉”阐释原则的诗教意义》,《玉林师范学院学报》,2020 年第 1 期。

张　沛:《论清初儒学之重整》,《湖南大学学报(社会科学版)》,2020 年第 6 期。

张　耀:《“言之刻”与“法之刻”——关于程朱理学与法家并称现象的分析》,《南昌大学学报(人文社会科学版)》,2020 年第 6 期。

张　怡:《论朱熹晚年对苏轼书法的接受》,《中国书法》,2020 年第 2 期。

张　钊:《论朱子〈诗集传〉“旧诂新说”的特点》,《中国典籍与文化》,2020 年第 4 期。

张皓翊:《浅论朱熹对〈论语〉礼乐思想的理学化发展》,《今古文创》,2020 年第 22 期。

张积义:《梅坡朱子阁》,《朱子文化》,2020 年第 4 期。

张建光:《五夫友道》,《政协天地》,2020 年第 12 期。

张锦枝:《本体上着工夫——从朱子到明末工夫论的一项转进》,《哲学分析》,2020 年第 5 期。

张久全:《宋代豆腐诗考——兼译朱熹素食诗〈豆腐〉》,《安徽理工大学学报(社会科学版)》,2020 年第 5 期。

张立文:《理一分殊论:中国哲学元理》,《社会科学战线》,2020 年第 2 期。

张笠楠:《浅析朱子“格物致知”与“知行”关系》,《今古文创》,2020 年第 6 期。

张美英:《张伯行〈续近思录〉〈广近思录〉提要考释(上)》,《朱子文化》,2020 年第 1 期。

张美英:《张伯行〈续近思录〉〈广近思录〉提要考释(下)》,《朱子文化》,2020 年第 2 期。

张品端:《〈朱子语类〉在韩国的传播与影响》,《孔子研究》,2020 年第 5 期。

张品端：《李约瑟与朱子理学》，《朱子文化》，2020 年第 2 期。

张品端：《书院在中华文化对外传播中的作用——以朱子学在韩国书院为考察对象》，《新阅读》，2020 年第 1 期。

张品端：《朱熹对太极理论的创新与贡献》，《湖南科技学院学报》，2020 年第 1 期。

张倩茹：《从“尊朱”到“辟佛”：江户日本思想家接受〈学蔀通辨〉的学术历程考察》，《外国问题研究》，2020 年第 1 期。

张倩茹：《正德九年朱陆之辩与王阳明〈朱子晚年定论〉关系新探》，《孔子研究》，2020 年第 1 期。

张清江：《礼仪、信仰与精神实践——以朱熹祭孔“礼仪—经验”为中心》，《世界宗教研究》，2020 年第 2 期。

张清江：《信仰、礼仪与生活——以朱熹祭孔为中心》，《中国哲学史》，2020 年第 5 期。

张瑞涛：《论张立文先生宋明理学研究的逻辑进路》，《贵州文史丛刊》，2020 年第 1 期。

张守卫、解馨培：《徽州藏书与新安理学人才》，《黄山学院学报》，2020 年第 2 期。

张天杰、Wang Keyou：《章太炎论宋明理学——以程朱陆王之辨为中心的检视》，《孔学堂》，2020 年第 1 期。

张卫红：《朱子“心论”的层面与超越性特质　兼与阳明“心论”比较》，《中国文化》，2020 年第 1 期。

张卫红：《朱子的心性论与工夫进路之关系》，《哲学研究》，2020 年第 7 期。

张小雨：《朱子的天理、人欲观——以〈朱子语类〉为核心所做的考析》，《宁德师范学院学报（哲学社会科学版）》，2020 年第 1 期。

张晓明：《山鹿素行对孟子思想的诠释研究——以〈孟子句读大全〉为例》，《日语学习与研究》，2020 年第 3 期。

张新国：《朱熹的形上学：解释性的还是基础主义的?》，《孔子研究》，2020 年第 4 期。

张新国：《朱熹早年仁论的思想世界——李侗仁论思想探赜》，《现代哲学》，2020 年第 2 期。

张学智：《艮斋性理学的结构及其特色》，《中国哲学史》，2020 年第 1 期。

张轶男、陈金华：《朱熹“理一分殊”与禅佛水月意象新论》，《江汉论坛》，2020 年第 11 期。

张云燕：《北京安徽会馆与朱熹〈游云谷诗〉帖石》，《博物院》，2020 年第 1 期。

赵　玫：《朱子中和新旧说转向的再审视——从“方往方来之说”到“识仁”

与“持敬”》，《管子学刊》，2020年第2期。

赵丽英：《〈朱子家训〉对古代幼儿教育的启蒙作用探究》，《汉字文化》，2020年第23期。

赵清文：《王船山对朱熹经权关系理论的批评与发展》，《齐鲁学刊》，2020年第4期。

赵曜曜、周　欣：《朝鲜礼书〈四礼便览〉体例及义旨考论》，《古籍整理研究学刊》，2020年第1期。

郑建光：《暖心之旅——第十三届朱子之路研习营游学活动侧记》，《朱子文化》，2020年第4期。

郑珊珊：《道咸以来程朱理学的发展和衍变：以皖地理学为核心的考察》，《合肥学院学报（综合版）》，2020年第6期。

郑治文：《本体・心性・工夫——“北宋五子”到朱熹的理学范式建构》，《齐鲁学刊》，2020年第2期。

郑淑红：《朱熹〈中庸章句〉与欧阳竟无〈中庸传〉的比较研究　以经典诠释中的儒佛之辨为主题》，《中国文化》，2020年第1期。

衷鑫恣：《儒者如何面对爱子之殇：朱子与杨亿的比较》，《朱子文化》，2020年第2期。

周　欣：《理学递相推进：退溪李滉〈近思录问目〉的问学主题述论》，《常州大学学报（社会科学版）》，2020年第5期。

周腾浪：《朱子高：一支烟，一生情》，《湖南烟草》，2020年第2期。

周燕芝：《试论朱熹的君主观》，《武夷学院学报》，2020年第2期。

朱　清：《阐发优秀传统文化的又一个“灿然”亮相——新编〈朱子文化大典〉出版感言》，《朱子文化》，2020年第2期。

朱　冶：《〈四书辑释〉在朝鲜王朝的传播与影响》，《国际汉学》，2020年第2期。

朱　勇：《筚路蓝缕朱子情——我的朱子之路》，《朱子文化》，2020年第3期。

朱　勇：《让朱子文化成为南台融合发展的“源头活水”》，《朱子文化》，2020年第1期。

朱　越：《朱熹理气动静之形上、形下之分》，《合肥学院学报（综合版）》，2020年第6期。

朱成栋：《〈朱子文化简编〉在南平市建阳区首发》，《朱子文化》，2020年第1期。

朱汉民：《师道复兴与宋学崛起》，《哲学动态》，2020年第7期。

朱汉民：《宋代书院会讲的两种形态及学术意义》，《大学教育科学》，2020年第3期。

朱汉民：《朱熹以理释仁的路径和意义》，《中国文化》，2020 年第 1 期。

朱胜勇：《南平援疆分指挥部向新疆木垒等地捐赠朱子文化书籍》，《朱子文化》，2020 年第 5 期。

朱湘铭、肖灵斌：《朱子圣像的视觉修辞及其符号表征》，《赣南师范大学学报》，2020 年第 4 期。

朱钰晖、胡昊宇：《浅谈朱熹的德育方法及其对高校德育的启示》，《河南教育（高教）》，2020 年第 2 期。

朱原谅：《朱熹读书法版本辨析及其对阅读推广的启示》，《图书馆杂志》，2020 年第 4 期。

诸葛忆兵：《朱熹科举观平议》，《江苏社会科学》，2020 年第 5 期。

《朱熹文集编年评注（全 13 册）》，《中国哲学史》，2020 年第 5 期。

《朱熹文集编年评注》，《四川大学学报（哲学社会科学版）》，2020 年第 6 期。

《朱子文化大典》，《朱子文化》，2020 年第 1 期。

《宋朱熹〈城南唱和诗〉卷》，《书法》，2020 年第 5 期。

《心追往圣　云上同行——第十三届朱子之路研习营活动剪影》，《朱子文化》，2020 年第 4 期。

《中国社科教育首届国际工商管理博士班走进朱子故里》，《朱子文化》，2020 年第 3 期。

Arghirescu Diana：《SONG NEO - CONFUCIAN CONCEPTIONS OF MORALITY AND MORAL SOURCES (ZHU XI)：CONNECTIONS WITH CHAN BUDDHISM》，《Journal of Chinese Philosophy》，2020 年第 3—4 期。

Diana Arghirescu：《Spiritual Discipline，Emotions，and Behavior during the Song Dynasty：Zhu Xi's and Qisong's Commentaries on the Zhongyong in Comparative Perspective》，《 Philosophy East and West》，2020 年第 1 期。

JIA Lu：《Zhu Xi's Analysis on Rhetoric and Technique of Expression in Ancient Chinese Books》，《 Studies in Literature and Language》，2020 年第 2 期。

JIA Lu：《Zhu Xi's Method of Phonetic Annotation in Ancient Chinese Books》，《Higher Education of Social Science》，2020 年 2 期。

Michael Lackner：《 Zhu，Xi，The Original Meaning of the Yijing：Commentary on the Scripture of Change》，Translated and edited by Joseph A. Adler( New York：Columbia University Press，2020)，《Dao：A Journal of Comparative Philosophy》，2020 年第 3 期。

Wang Kun：《 Achieving the virtue of Kun across privacy and the public discourse：reflecting Zhu Xi's thought of female ethics analytically》，

《International Communication of Chinese Culture》,2020 年第 3 期。

윤선영:《A Research on the Aspect of Respecting Zhu Xi(朱熹) Appeared in “Questioning on the Four Books”(Saseoui, 四書疑) of the Civil Service Examination in the Joseon Period》,《East Asian Journal of Sinology》, 2020 年第 14 期。

**二、学位论文**

蔡强龙:《宋代理学气节观研究》,哈尔滨工业大学,2020 年硕士论文。

曾　嵘:《朱熹情理观研究》,湖南师范大学,2020 年硕士论文。

高　蔚:《朱子“新民”观探论》,南京大学,2020 年硕士论文。

郭高军:《论朱熹之“道”》,山东大学,2020 年硕士论文。

胡玉立:《经学视域下的方玉润〈诗经原始〉研究》,中山大学,2020 年硕士论文。

蓝苑玲:《由“心”偏向“身”——对山崎闇斋“敬说”的再认识》,北京外国语大学,2020 年硕士论文。

李　红:《朱熹“变化气质”的思想研究》,山西大学,2020 年硕士论文。

李　倩:《朱熹教法研究》,山东师范大学,2020 年硕士论文。

李　彤:《朱熹〈大学〉“正心”工夫研究》,山西大学,2020 年硕士论文。

李　垚:《南宋政局与学士院官研究》,河北大学,2020 年硕士论文。

李　熠:《〈朱子语类〉中的方言词研究》,上海师范大学,2020 年硕士论文。

李浩凯:《〈朱子语类〉鬼神思想研究》,河南大学,2020 年硕士论文。

李亭蔚:《张栻政治伦理思想研究》,杭州师范大学,2020 年硕士论文。

卢　珊:《朱子与阳明〈大学〉“三纲领”比较研究》,山东大学,2020 年硕士论文。

马　涛:《朱熹〈文集〉与〈论语〉学》,河南大学,2020 年硕士论文。

马海旺:《〈朱子语类·训门人〉篇修养工夫研究》,河南大学,2020 年硕士论文。

马思雨:《朱松诗歌研究》,河北师范大学,2020 年硕士论文。

马云云:《从静坐工夫入手比较朱子阳明的根本差异》,山东大学,2020 年硕士论文。

孟　荣:《〈三鱼堂文集〉校注及研究》,河北师范大学,2020 年硕士论文。

聂　威:《功夫哲学视野下的朱子敬论研究》,江西师范大学,2020 年硕士论文。

彭蓝君:《程洵及其思想研究》,南昌大学,2020 年硕士论文。

彭　倩:《〈朱子家礼〉中意识形态生活化的经验与当代启示研究》,厦门大学,2020 年硕士论文。

宋辉峰：《曹端著述考》，河南大学，2020 年硕士论文。

唐　杰：《新安理学对〈黄帝内经素问吴注〉之影响》，安徽中医药大学，2020 年硕士论文。

王　岩：《中日韩〈孟子〉学研究》，山西大学，2020 年博士论文。

王明璐：《汪莘的理学思想及文学创作研究》，曲阜师范大学，2020 年硕士论文。

吴坤晓：《刘基理学思想研究》，湖南师范大学，2020 年硕士论文。

伍振轩：《理学主导下的南宋书院社会教化研究》，四川师范大学，2020 年硕士论文。

席中亚：《宋代洛学命运的历史考察》，郑州大学，2020 年硕士论文。

解晓昕：《朱张论学视野下张栻理学体系建构》，山东大学，2020 年硕士论文。

谢　英：《程朱学派和谐思想及其当代价值研究》，西华大学，2020 年硕士论文。

闫　玮：《日本战国时代思想由佛教向朱子学转化研究》，中央民族大学，2020 年硕士论文。

杨　婵：《宋代乡饮酒礼研究》，延安大学，2020 年硕士论文。

杨　哲：《程廷祚新理学思想研究》，安徽大学，2020 年硕士论文。

袁嘉莹：《白鹿洞书院道德教育研究及其当代启示》，浙江师范大学，2020 年硕士论文。

张　恒：《理学的发生——基于范式转换的视角》，山东大学，2020 年博士论文。

张高阳：《论儒家对“格物致知”的多维化诠释》，安徽大学，2020 年硕士论文。

张吉林：《儒释之辨与胡宏性学建构研究》，山东师范大学，2020 年硕士论文。

张彤颐桢：《胡宏工夫论研究》，中央民族大学，2020 年硕士论文。

张子琦：《朱熹南康时期诗歌研究》，哈尔滨师范大学，2020 年硕士论文。

赵　玫：《“心法”即“心学”》，山东大学，2020 年博士论文。

郑纳刚：《由动静观诠释朱子的心性论》，上海师范大学，2020 年硕士论文。

郑晓霞：《〈朱子语类·论文〉研究》，青岛大学，2020 年硕士论文。

# 2020年度中国台湾朱子学研究成果目录

江鎏渤

## 一、期刊论文(19种)

1. 曾春海:《朱熹与戴震的理欲之辨》(哲学与文化,2020(1))

2. 连凡:《试论楠本正继对宋明儒学史的建构与诠释——以〈宋明时代儒学思想之研究〉为中心》(哲学与文化,2020(1))

3. 常新:《晚清关学中朱子学之学术空间》(哲学与文化,2020(8))

4. 陈永宝:《从朱利安的功效论谈朱熹的“兴”观念》(哲学与文化,2020(9))

5. 陈永宝:《朱熹“理学家”的称谓考辨》(鹅湖月刊,第45卷第7期(总号535))

6. 王志阳:《论杨复礼图思想及其学术渊源》(鹅湖月刊,第45卷第11期(总号539))

7. 赖柯助:《〈朱子的穷理工夫论〉的节选探析:来自理由论视角与诠释厘清的二三问》(鹅湖月刊,第45卷第12期(总号540))

8. 梁奋程:《朱子学中“真知”意涵的诠释方向问题:心灵哲学或语言哲学》(鹅湖月刊,第45卷第12期(总号540))

9. 陈志强:《朱子穷理之学重探——从阳明心学的立场回应与提问》(鹅湖月刊,第45卷第12期(总号540))

10. 吴启超:《答三位先生有关〈朱子的穷理工夫论〉之评论》(鹅湖月刊,第46卷第1期(总号541))

11. 唐明贵:《顾梦麟〈论语说约〉的诠释特色》(鹅湖月刊,第46卷第1期(总号541))

12. 洪明超:《折中与衡定:朱子格物论的哲学建构》(鹅湖月刊,第46卷第1期(总号541))

13. 李瑞全:《论德性之知与见闻之知之实践意义:常知、真知与自然的辨证》(鹅湖学志,第46期)

14. 郭雨颖:《土田健次郎〈江戸の朱子学〉》(书评介绍,近代史研究所集刊,第107期)

15. 张莞苓:《由罗整庵,李退溪“人心道心”说看朱子“心性论”的两种发展

型态》(汉学研究,第 38 卷第 1 期)

16. 姜龙翔:《太宰春台〈朱氏诗传膏肓〉之思想主旨探析》(高雄师大国文学报,第 31 期)

17. 杨自平:《论赵采〈周易程朱传义折衷〉折衷程、朱〈易〉及治〈易〉特色》(政大中文学报,第 33 期)

18. 陈逢源:《"万事尽纷纶,吾道一以贯":朱熹与张栻交谊及义理思考》(政大中文学报,第 33 期)

19. 梁奋程:《朱子伦理学是理由内在论吗?》(政治大学哲学学报,第 44 期)

**二、硕博论文(8 种)**

1. 陈佳励:《〈朱子语类〉中的〈诗〉说研究》(高雄师范大学,2020)

2. 任洧廷:《朝鲜前期"辟佛论"研究——朱熹思想的受容及变容》(台湾大学,2020)

3. 黄豪:《荻生徂徕学说之"道"的功利性思想研究——与陈亮的事功学说的比较为中心》(淡江大学,2020)

4. 张琬莹:《吕祖谦经学研究》(东吴大学,2020)

5. 张素升:《宋明理学家朱熹与王阳明之书道研究》(明道大学,2020)

6. 黄立森:《朱熹与王阳明"心性学"的哲学咨商蕴涵》(辅仁大学,2020)

7. 张经科:《朱熹所编乡礼对〈仪礼〉贾公彦疏文之承袭与删订》("国立"中山大学,2020)

8. 吕铭崴:《顾宪成、高攀龙的思想形态:从二子对阳明学与朱子学的诠释与反省说起》(台湾"中央大学",2020)

**三、会议论文(4 种)**

1. 陈逢源:《朱熹〈论语集注〉孔门系谱分析:以子夏、子贡、颜渊、曾子为考察范围》(选自《第九届中国经学国际学术研讨会论文选集》,万卷楼图书股份有限公司,2020)

2. 陈金木:《〈朱子语类〉考察朱子师生论学〈论语·学而时习之章〉》(选自《第九届中国经学国际学术研讨会论文选集》,万卷楼图书股份有限公司,2020)

3. 林淑贞:《自然平淡与惩戒教化:朱子论诗要义及其对〈诗经〉的承接与转化》(选自《第十、十一届中国经学国际学术研讨会论文选集》,万卷楼图书股份有限公司,2020)

4. 赵中伟:《大观在上,中正以观天下:朱熹对〈观卦〉的视域解析》(选自《第十、十一届中国经学国际学术研讨会论文选集》,万卷楼图书股份有限公司,2020)

**四、专著(6种)**

1. 韩东育：《从“道理”到“物理”：日本近世以来“化道为术”之格致过程》(台湾大学人文社会高等研究院东亚儒学研究中心，2020)

2. 金玟：《“理”与“上帝”之间：朱熹与丁若镛“道心人心论”之比较研究》(花木兰文化出版社，2020)

3. 张莞苓：《内圣外王的重整与贯彻——朱熹的哲学思想与道德事功之学》(政大出版社，2020)

4. 王利：《王鸣盛〈尚书后案〉研究》(万卷楼图书股份有限公司，2020)

5. 王琦：《朱熹帝学思想研究》( 花木兰文化事业有限公司，2020)

6. 江彦希：《戴震〈中庸补注〉论朱熹“隐为道体”说探析》(选自《经学研究论丛》第25辑，学生书局，2020)

(作者单位：厦门大学哲学系)

# 2020年度日本朱子学研究成果目录

殷晓星

## 一、朱子学相关经典注解与翻译

1. 二松学舍大学宋明资料轮读会里仁篇班译,《〈朱子语类〉卷二六～卷二九译注(16)》(『朱子語類』卷二六～卷二九訳注(16)),《阳明学》第30期,2020年3月。

2. 本间次彦译,《〈朱子语类〉卷六十四"中庸三"译注(4)》(『朱子語類』卷六十四「中庸三」訳注(4)),《明治大学教养论集》第546期,2020年3月。

3. 孙路易译,《〈论语集注〉(朱熹纂)的日语翻译(八佾第三 后半)——〈论语集注〉为主的朱子〈论语〉解释》(『論語集注』(朱熹撰)の日本語訳(八佾第三後半)——『論語集注』を主とする朱子の『論語』解釈),《冈山大学大学院社会文化科学研究科纪要》第49期,2020年3月。

4. 市来津由彦译,《〈朱子语类〉卷九十五"程子之书 一"译注稿(6)》(『朱子語類』卷九十五「程子之書 一」訳注稿(6)),《东洋古典学研究》第49期,2020年5月。

5. 福冈《朱子语类》研讨会译,《〈朱子语类〉卷百九"论取士"译注(3)》(『朱子語類』卷百九「論取士」訳注(3)),《东洋古典学研究》第49期,2020年5月。

6. 恩田裕正译,《朱子语类译注(25)》(朱子語類訳注(25)),《汲古》第77期,2020年6月。

7. 本间次彦译,《〈朱子语类〉卷六十四"中庸三"译注(5)》(『朱子語類』卷六十四「中庸三」訳注(5)),《明治大学教养论集》第549期,2020年9月。

## 二、学术专著

1. 阿里木・托和提:《日中儒学的比较思想研究——面向解体与重构》(『日中儒学の比較思想史研究——その解体と再構築に向けて』),东京:明石书店,2020年1月。

2. 片冈龙:《16世纪后半至19世纪初朝鲜、日本、琉球的"朱子学"迁移诸相》(『16世紀後半から19世紀はじめの朝鮮・日本・琉球における「朱子学」遷移の諸相』),春风社,2020年2月。

3. 松川雅信:《儒教礼仪与近世日本社会——暗斋学派的〈家礼〉实践》

(『儒教儀礼と近世日本社会——闇斎学派の「家礼」実践』)，东京：勉诚出版社，2020 年 7 月。

**三、学术论文**

1. 垣内景子：《朱子与两位亚圣》(朱子と二人の亜聖)，土田健次郎教授退休纪念论文集编委会编，《朱子学及其展开——土田健次郎教授退休纪念论文集》(『朱子学とその展開：土田健次郎教授退職記念論集』)，东京：汲古书院，2020 年 2 月。

2. 宫下和大：《朱熹言说中的负债感情考察——以君臣关系与家族关系之恩为中心》(朱熹の言説における負債感情の考察——君臣関係と家族関係における恩を中心に)，《朱子学及其展开——土田健次郎教授退休纪念论文集》，2020 年 2 月。

3. 三泽三知夫：《关于王畿的〈易〉大象解释——从其与程颐、朱熹说的关系出发》(王畿における『易』大象解釈について——程頤、朱熹の説との関係から)，《朱子学及其展开——土田健次郎教授退休纪念论文集》，2020 年 2 月。

4. 松野敏之：《朝鲜古写徽州本〈朱子语类〉编纂考——黄士毅语类与黎靖德语类》(朝鮮古写徽州本『朱子語類』編纂考——黄士毅語類と黎靖德語類)，《朱子学及其展开——土田健次郎教授退休纪念论文集》，2020 年 2 月。

5. 江波户亘：《〈悟真篇注疏〉翁葆光注成书考——以新出薛道光自序为基础的针对戴起宗说的再考证》(『悟真篇註疏』翁葆光注成書考——新出の薛道光自序に基づく、戴起宗説の再検証)，《朱子学及其展开——土田健次郎教授退休纪念论文集》，2020 年 2 月。

6. 中岛谅：《南宋钱时思想再考——关于“礼”与“自得”》(南宋銭時思想再考——「礼」と「自得」をめぐって)，《朱子学及其展开——土田健次郎教授退休纪念论文集》，2020 年 2 月。

7. 大场一央：《〈答顾东桥书〉中所见王阳明万物一体论动机》(「答顧東橋書」に見える王陽明万物一体論の動機)，《朱子学及其展开——土田健次郎教授退休纪念论文集》，2020 年 2 月。

8. 阿部亘：《李贽与宋儒——“道统”与“儒臣”之间》(李贄と宋儒——「道統」と「儒臣」のあいだ)，《朱子学及其展开——土田健次郎教授退休纪念论文集》，2020 年 2 月。

9. 阿部光麿：《作为主张的“福善祸淫”——仁斋与藤树各自的教导》(主張としての「福善禍淫」——仁斎と藤樹。それぞれの教導)，《朱子学及其展开——土田健次郎教授退休纪念论文集》，2020 年 2 月。

10. 许家晟：《春台与徂徕之间》(春台と徂徠との間)，《朱子学及其展开——土田健次郎教授退休纪念论文集》，2020 年 2 月。

11. 片冈龙:《从日本的"周边"看东亚的和平与宗教——以安藤昌义的和平论为中心》(日本の「周辺」から見た東アジアの平和と宗教——安藤昌益の平和論を中心に),《朱子学及其展开——土田健次郎教授退休纪念论文集》,2020 年 2 月。

12. 清水则夫:《关于 18 世纪上半叶的朱子学者——徂徕之后的朱子学者》(十八世紀前半の朱子学者について——徂徠以後の朱子学者),《朱子学及其展开——土田健次郎教授退休纪念论文集》,2020 年 2 月。

13. 永富青地:《佐藤一斋是朱子学者吗——从〈栏外书〉的记载出发》(佐藤一斎は朱子学者か——『欄外書』の記載より見たる),《朱子学及其展开——土田健次郎教授退休纪念论文集》,2020 年 2 月。

14. 蒋建伟:《会泽正志斋的朱子像》(会沢正志斎の朱子像),《朱子学及其展开——土田健次郎教授退休纪念论文集》,2020 年 2 月。

15. 原信太郎・亚历山大:《三岛中洲与冈本天岳——关于山田方古思想的继承》(三島中洲と岡本天岳——山田方谷思想の継承をめぐって)《朱子学及其展开——土田健次郎教授退休纪念论文集》,2020 年 2 月。

16. 土田健次郎:《观心》(「心を観る」),《东洋的思想与宗教》第 37 期,2020 年 3 月。

17. 王鑫:《中井履轩的心性论——以〈孟子逢原〉为中心》,《东亚文化交涉研究》第 13 期,2020 年 3 月。

18. 吾妻重二:《朱子学再考——关于"三纲五常"》(朱子学再考——「三綱五常」をめぐって),《东亚文化交涉研究》第 13 期,2020 年 3 月。

19. 姜海守:《近代日本的〈东亚的朱子学〉与李退溪——"崎门"及"熊本实学派"中关于李退溪的议论与"道义"》(近代日本の〈東亜の朱子学〉と李退渓——「崎門」および「熊本実学派」における李退渓をめぐる議論と「道義」),《日本研究》第 60 期,2020 年 3 月。

20. 松宫贯之:《有关〈朱子语类〉所见"下学上达"的熟思想与〈书谱〉的考察》(「『朱子語類』に見られる下学上達」の熟思想と『書譜』に就いての一考察)),《汲古》第 77 期,2020 年 6 月。

21. 下川玲子:《朱子学之理的确立》(朱子学的理の確立),《人间文化——爱知学院大学人间文化研究所纪要》第 35 期,2020 年 9 月。

**四、词典、工具书**

汤浅邦弘:《中国思想基本用语集》(『中国思想基本用語集』),京都:ミネルヴァ书房,2020 年 3 月。

(作者单位:日本学术振兴会)

# 2020年度美国朱子学研究成果目录

吴瑞荻

## 一、学术论文

（1）Kai-chiu Ng，Yong Huang eds.，*Dao Companion to ZHU Xi's Philosophy*（Cham：Springer International Publishing，2020）

1. 伍安祖(Ng，On-cho)：朱熹的诠释学(Zhu Xi's Hermeneutics)

2. Don Wyatt：朱熹与先秦儒家(Zhu Xi and Pre-Qin Confucianism)

3. Don Wyatt：朱熹与汉唐儒生(Zhu Xi and the Han-Tang Confucians)

4. 田浩(Hoyt Cleveland Tillman)：朱熹与其同时代人物：张栻、吕祖谦、陈亮、陆九渊(Zhu Xi and his Contemporaries：Zhang Shi，Lü Zuqian，Chen Liang，and Lu Jiuyuan)

5. Stephen C. Angle 与 Justin Tiwald：道德心理学：心、性、与情(Moral Psychology：Heartmind (Xin)，Nature (Xing)，and Emotions (Qing))

6. 信广来(Shun，Kwong-loi)：朱熹与一体观(Zhu Xi and the Idea of One Body)

7. 倪培民（Ni，Peimin）：道德修养：功夫—个人之修养（Moral Cultivation：Gongfu — Cultivation of the Person)

8. Diana Arghirescu：道德修养：功夫—个人之修养(Zhu Xi's Ideal of Moral Politics：Theory and Practice)

9. 司马黛兰（Deborah A. Sommer)：朱熹的宗教哲学（Zhu Xi's Philosophy of Religion)

10. 沈清松（Vincent Shen)：朱熹的批判性自然主义：其自然知识与哲学的方法论(Zhu Xi's Critical Naturalism：Methodology of His Natural Knowledge and Philosophy)

11. James D. Sellmann：朱熹与道教：论朱熹成圣理论与方法中内省的炼金术(Zhu Xi and Daoism：Investigation of Inner-Meditative Alchemy in Zhu Xi's Theory and Method for the Attainment of Sagehood)

12. 费乐仁(Lauren F. Pfister)：朱熹与基督教(Zhu Xi and Christianity)

13. Donald L. Baker：朱熹与韩国哲学(Zhu Xi and Korean Philosophy)

14. Donald L. Baker：朱熹与西方哲学(Zhu Xi and Western Philosophy)

15. Eiho Baba：朱熹与日本哲学(Zhu Xi and Japanese Philosophy)

16. Catherine Hudak Klancer：朱熹与自由主义/社区主义的论争：一个不完美的配对（Zhu Xi and the Liberalism/Communitarianism Debate：An Imperfect Fit）

17. 刘纪璐（Liu，JeeLoo）：朱熹规范的现实主义与内在道德现实主义（Zhu Xi's Normative Realism and Internal Moral Realism）

18. Kirill O. Thompson：朱熹的伦理理论：有关德性的思考与康德的相似性（Zhu Xi's Ethical Theory：Virtue Ethics Considerations and Kantian Parallels）

19. Justin Tiwald：朱熹论聚焦自我与他者的同理心（Zhu Xi on Self-Focused vs. Other-Focused Empathy）

（2）Diana Arghirescu，"Spiritual Discipline，Emotions，and Behavior during the Song Dynasty：Zhu Xi's and Qisong's Commentaries on the *Zhongyong* in Comparative Perspective，" *Philosophy East & West* 70. 1 (2020)：1 - 26.

（3）Diana Arghirescu，"Song Neo-Confucian Conceptions of Morality and Moral Sources（Zhu Xi）：Connections with Chan Buddhism，" *Journal of Chinese Philosophy* 47. 3 - 4 (2020)：193 - 212.

（4）Zhaokun Xin，"A Fatal Encounter：Anger，Ritual，and Righteousness in The Romance of the Three Kingdoms，" *Chinese Literature：Essays，Articles，Reviews* 41 (2019)：1 - 24.

（5）Hoyt Tillman，"Chinese Responses to Max Weber's Study of Confucianism and Daoism：Yü Ying-shih as a Significant Example，" Oriens Extremus 56 (2020)：73 - 100.

## 二、学术著作

（1）Ying-shih Yü，Charles Yim-tze Kwong tran.，*The Religious Ethic and Mercantile Spirit in Early Modern China*，edited and with an introduction by Hoyt Cleveland Tillman（New York：Columbia University Press，2021).

（2）Hiu Yu Cheung，*Empowered by Ancestors：Controversy over the Imperial Temple in Song China*（*960—1279*）（Hong Kong：Hong Kong University Press，2021).

（本目录根据戚轩铭《2020 年北美朱子学研究综述》整理）

（作者单位：厦门大学哲学系）